中华人民共和国气象法规汇编

2021

中国气象局政策法规司　编

气象出版社
China Meteorological Press

图书在版编目（ＣＩＰ）数据

中华人民共和国气象法规汇编. 2021 / 中国气象局
政策法规司编. —— 北京 ： 气象出版社，2022.11
ISBN 978-7-5029-7843-3

Ⅰ. ①中… Ⅱ. ①中… Ⅲ. ①气象法－法规－汇编－
中国－2021 Ⅳ. ①D922.179

中国版本图书馆CIP数据核字（2022）第202760号

中华人民共和国气象法规汇编 2021

Zhonghua Renmin Gongheguo Qixiang Fagui Huibian 2021

出版发行：气象出版社（内部发行）

地　　址：北京市海淀区中关村南大街 46 号　　**邮政编码**：100081

电　　话：010-68407112（总编室）　010-68408042（发行部）

网　　址：http://www.qxcbs.com　　**E-mail**： qxcbs@cma.gov.cn

责任编辑：陈　红　　　　　　　　　　　**终　　审**：吴晓鹏

责任校对：张硕杰　　　　　　　　　　　**责任技编**：赵相宁

封面设计：詹　辉

印　　刷：三河市百盛印装有限公司

开　　本：850mm×1168mm　1/32　　　**印　　张**：17.75

字　　数：456 千字

版　　次：2022 年 11 月第 1 版

印　　次：2022 年 11 月第 1 次印刷

定　　价：30.00 元

本书如存在文字不清、漏印以及缺页、倒页、脱页等，请与本社发行部联系调换

前　言

为了适应气象法治建设和气象依法行政工作的需要,根据国务院《法规汇编编辑出版管理规定》和《中国气象局职能配置、内设机构和人员编制规定》确定的职责分工,中国气象局政策法规司于1987年起定期出版《中华人民共和国气象法规汇编》(以下简称《汇编》)。

本《汇编》收集了2021年1月1日至2021年12月31日发布的,并在2021年12月31日前仍然有效的气象法规、规章以及重要的政策性文件等共49件。其中,与有关部(委、局)联合发布的规范性文件2件,政策性文件32件,气象地方性法规和地方政府规章15件。

2021年1月1日至2021年12月31日应予废止的气象方面规章和规范性文件9件,列在书后。

在本《汇编》中收录的气象法规、规章以及重要的政策性文件目录先按照分类,然后按照发布实施的时间顺序排列。对规范的内容基本维持原状,仅对少数法规中的附录、附件部分进行了省略,并校正了有错误的用词、用字和标点。

本《汇编》在编辑过程中,得到中国气象局职能机构和各省、自治区、直辖市气象局的支持和协助,在此谨表谢意。

中国气象局政策法规司

2022年8月

目　录

前　言

```
╔══════════════════════════════════╗
  与有关部(委、局)联合发布的规范性文件
╚══════════════════════════════════╝
```

"十四五"交通气象保障规划 …………………………………（3）
　　中国气象局　公安部　交通运输部　国家铁路局
　　国家邮政局　（气发〔2021〕112 号）　2021 年 11 月 12 日
全国气象发展"十四五"规划 …………………………………（15）
　　中国气象局　国家发展改革委　（气发〔2021〕133 号）
2020 年 11 月 24 日

```
╔════════════╗
   政策性文件
╚════════════╝
```

中国气象局创新团队建设与管理办法 ………………………（51）
　　（气发〔2021〕11 号）　2021 年 1 月 25 日
气象部门机关办公用房管理办法 ……………………………（58）
　　（气发〔2021〕14 号）　2021 年 2 月 10 日
中国气象局关于推动气象灾害预警联动机制建设的通知 …（66）
　　（气发〔2021〕79 号）　2021 年 8 月 25 日
中国气象局重点工程项目管理办法 …………………………（71）
　　（气发〔2021〕88 号）　2021 年 9 月 23 日

"基层气象工作 30 年纪念章"颁发办法······(79)

　　(气发〔2021〕96 号)　2021 年 9 月 29 日

气象部门综合考评办法 ······(81)

　　(气发〔2021〕97 号)　2021 年 9 月 29 日

"十四五"数值预报业务发展规划 ······(86)

　　(气发〔2021〕100 号)　2021 年 9 月 30 日

中国气象局提升气候资源保护利用能力的指导意见······(103)

　　(气发〔2021〕101 号)　2021 年 10 月 11 日

"十四五"气象预报业务发展规划······(112)

　　(气发〔2021〕103 号)　2021 年 10 月 18 日

中国气象局督查检查工作实施办法······(133)

　　(气发〔2021〕105 号)　2021 年 10 月 20 日

中国气象局推进大城市气象保障服务高质量发展的指导

　　意见 ······(138)

　　(气发〔2021〕106 号)　2021 年 10 月 25 日

气象部门法治宣传教育第八个五年规划(2021—2025 年)

　　······(148)

　　(气发〔2021〕108 号)　2021 年 11 月 8 日

"十四五"公共气象服务发展规划······(158)

　　(气发〔2021〕130 号)　2021 年 11 月 24 日

"十四五"中国气象局野外科学试验基地发展规划······(174)

　　(气发〔2021〕132 号)　2021 年 11 月 25 日

"十四五"中国气象局应对气候变化发展规划······(186)

　　(气发〔2021〕134 号)　2021 年 11 月 30 日

全国气象部门管理信息化工作管理办法······(199)

　　(气发〔2021〕135 号)　2021 年 11 月 30 日

中国气象局管理信息化实施计划(2021—2025 年) ······(205)

　　(气发〔2021〕136 号)　2021 年 12 月 9 日

中国气象局关于加强县级气象部门财务管理工作的

　意见…………………………………………………………（224）

　（气发〔2021〕137号）　2021年11月30日

气象部门内部审计查出问题整改办法…………………（230）

　（气发〔2021〕142号）　2021年12月3日

中国气象局重点开放实验室管理办法…………………（236）

　（气发〔2021〕143号）　2021年12月9日

"十四五"全国人工影响天气发展规划…………………（244）

　（气发〔2021〕145号）　2021年12月9日

"十四五"气象信息网络业务发展规划…………………（269）

　（气发〔2021〕147号）　2021年12月20日

风云气象卫星应用能力提升工作方案…………………（318）

　（气发〔2021〕157号）　2021年12月31日

雷达气象业务改革发展工作方案………………………（333）

　（气发〔2021〕158号）　2021年12月31日

"十四五"生态气象服务保障规划………………………（346）

　（气发〔2021〕163号）　2021年12月31日

气象部门全面推行证明事项告知承诺制的实施方案………（369）

　（气办发〔2021〕2号）　2021年1月4日

中国气象局机关文件材料归档范围和文书档案保管

　期限规定…………………………………………………（373）

　（气办发〔2021〕5号）　2021年2月25日

中国气象局园区科普基地建设指导意见…………………（377）

　（气办发〔2021〕8号）　2021年3月17日

关于进一步规范气候可行性论证有关工作的通知…………（381）

　（气办发〔2021〕32号）　2021年8月25日

关于建立防雷安全责任落实工作清单的指导意见…………（385）

　（气办发〔2021〕36号）　2021年9月30日

风能太阳能资源气象业务能力提升行动计划(2021—
　　2025 年) ………………………………………………… (391)
　　(气办发〔2021〕39 号)　2021 年 10 月 13 日
全国气象灾害综合风险普查实施方案(修订版)………… (403)
　　(中气函〔2021〕90 号)　2021 年 6 月 10 日

地方性法规和地方政府规章

天津市人工影响天气管理条例 …………………………… (415)
抚顺市气象灾害防御条例 ………………………………… (420)
长春市人工影响天气管理办法 …………………………… (429)
吉林市气象灾害防御条例 ………………………………… (438)
鸡西市防御雷电灾害管理条例 …………………………… (447)
江苏省气象灾害防御条例 ………………………………… (452)
温州市气候资源保护和利用条例 ………………………… (462)
河南省气象条例 …………………………………………… (467)
广东省防御雷电灾害管理规定 …………………………… (476)
深圳市气象灾害预警信号发布规定 ……………………… (483)
汕头市防御雷电灾害条例 ………………………………… (509)
潮州市气象灾害防御规定 ………………………………… (516)
云南省人工影响天气管理办法 …………………………… (532)
玉溪市人工影响天气管理办法 …………………………… (539)
西宁市防御雷电灾害条例 ………………………………… (546)

附录:2021 年 1 月 1 日至 2021 年 12 月 31 日应予废止的
　　气象方面规章和规范性文件目录(9 件) ……………… (551)

与有关部(委、局)联合发布的规范性文件

"十四五"交通气象保障规划

中国气象局　公安部　交通运输部
国家铁路局　国家邮政局
（气发〔2021〕112 号）
2021 年 11 月 12 日

　　交通运输是国民经济的基础性、先导性、战略性产业，是重要的服务性行业，是可持续发展的重要支撑。截至 2020 年底，我国铁路营业里程达到 14.6 万公里，公路里程达到 519.81 万公里，内河航道通航里程达到 12.77 万公里，综合交通网络初步形成，正从交通大国向交通强国迈进。我国气象灾害频发、多发，每年因恶劣天气导致的重特大交通事故、严重的交通阻断、交通设施损毁事件时有发生，给人民生命财产安全和社会经济发展带来严重影响。为深入贯彻习近平总书记关于"生命至上、安全第一"的重要指示精神，贯彻落实党中央、国务院关于加快建设交通强国的决策部署，全面提升现代综合交通运输气象保障服务能力，中国气象局牵头，会同公安部、交通运输部、国家铁路局、国家邮政局联合制定《"十四五"交通气象保障规划》（以下简称《规划》）。

　　《规划》主要涉及公路、铁路、内河水运、海上交通、多式联运五大重点方向的交通气象保障工作，期限为 2021 年至 2025 年。

一、现状和形势

(一)发展现状

交通气象监测站网建设初具规模。全国高速公路沿线安装各类交通气象观测站 2076 套,建成 304 个海岛(海上平台)自动气象站、200 个强风观测站、39 个船载自动气象站、33 个锚系浮标气象站等,初步具备综合交通气象观测能力。

交通气象预报预警服务业务快速发展。建立了基于公路路段、高时空分辨率的主要路网交通气象预报业务和全国铁路沿线、长江主干道水运气象监测预报预警业务,国家、区域、省、市四级海洋气象预报预警服务业务体系基本形成。

部门间合作机制基本形成。公安、交通运输、气象等部门初步建立了数据共享、联合会商、信息发布、应急联动等工作机制,在重大天气过程、重要活动保障、重大节假日的交通安全保障中发挥了重要的作用。

(二)问题挑战

交通气象监测能力不足。公路交通气象监测密度严重不均,尤其是在灾害多发、易发路段的气象监测普遍缺失,明显不足。内河航道沿线气象监测严重缺乏,尚无有效的移动监测手段。海上交通气象观测尚处起步阶段。

交通气象服务针对性有待加强。交通与气象信息融合分析不深入,基于影响的交通气象服务产品研发、生产能力不足,交通气象服务需求掌握不够,交通气象服务的针对性不强。

部门间合作机制有待深化。交通气象资源多部门共建、共享、共用的格局尚未形成,重大气象灾害会商、预报预警、信息发布、联防联控与应急协同机制有待完善,交通气象基础设施建设运行和保障服务投入机制不健全。

(三)形势要求

交通强国战略的实施对发展高质量综合交通气象保障服务提

出了更高的要求。随着我国交通基础设施从"连线成片"到"基本成网",运输服务从"走得了"到"走得好",构建安全、便捷、高效、绿色、经济的现代化综合交通运输体系,全面提升综合交通运输网络效率和服务品质,对高质量发展交通气象保障服务体系提出了新的更高要求。

气象现代化建设为交通气象保障服务能力的提升开辟了空间。我国建成了地基、空基和天基相结合的综合气象观测系统,气象监测时空精度不断提升,为完善交通气象监测网络奠定了基础。智能网格分析预报技术的发展为基于影响的交通气象服务提供有力支撑。全球监测、全球预报能力的提升,为服务"一带一路"、面向国际交通气象保障拓展了空间。

新一代信息和智能技术的发展为交通气象科技创新注入了动力。大数据、互联网、人工智能、区块链、5G 等新技术、新成果广泛应用,已经进入交通气象观测、恶劣天气预报、预警信息发布等各个环节,为交通气象专业装备更新换代、交通气象服务技术升级、交通气象服务业态革新提供了发展动能。

二、指导思想、基本原则和主要目标

(一)指导思想

以习近平新时代中国特色社会主义思想为指导,全面贯彻党的十九大和十九届二中、三中、四中、五中、六中全会精神,坚持"人民至上、生命至上",贯彻新发展理念,认真落实习近平总书记关于气象工作和交通运输工作的重要指示精神,以推动交通气象高质量发展为主题,以保障服务现代化综合交通运输体系建设为主线,建立健全面向需求、点面结合、特色突出、深度融合的现代交通气象保障服务体系,着力补齐交通气象服务短板,着力强化交通气象服务科技创新支撑,着力提升交通气象服务综合能力,为加快建设交通强国提供有力支撑。

（二）基本原则

需求引领，创新驱动。面向交通强国建设，紧盯经济社会高质量发展、人民出行和国家安全的需求，围绕交通重点领域、国家重大交通工程建设，加强交通气象服务核心技术的科技研发与创新攻坚、强化高新技术在交通气象服务中的应用，提升智慧气象对交通服务的综合保障水平。

统筹兼顾，试点先行。加强顶层设计、统一规划、科学布局，聚焦公路、铁路、内河水运、海上交通等领域，推动公路交通气象服务国省一体化发展，加强面向重点铁路局集团公司的重点区域铁路气象服务体系建设，发展特色明显的内河水运、港航气象服务，推动交通气象服务业务高质量发展。

共建共享，融合发展。将气象元素作为交通强国一流设施、一流技术、一流管理、一流服务的重要组成部分，促进开放合作，加大国际国内交流力度，推动形成政府主导、多部门协作、社会企业参与的交通气象保障资源共建共享共创共融发展格局。

（三）主要目标

1. 总体目标

到 2025 年，聚焦公路、铁路、内河水运、海上交通、多式联运五大重点方向，综合交通气象监测站网布局更加优化，基于交通安全影响的气象监测预报预警能力显著提升，气象在交通路网规划、设计、施工、运行各环节的保障服务作用有效发挥，多部门协同规划、协同部署、协同实施、协同保障的综合交通气象服务格局基本形成。

2. 分项目标

——公路交通气象保障服务能力明显提升。实现高速公路恶劣天气高影响路段气象观测站网布局优化提升，重点路段气象要素实时、精准、全方位、多维度智能感知，浓雾、道路结冰等恶劣天气交通气象灾害预报预警时效提升至 30～60 分钟，为恶劣天气交通预警处置提供制度化、规范化、自动化和智能化的交通气象保障服务。

——铁路全链条气象保障作用更加凸显。实现繁忙干线铁路沿线气象监测信息共享共用,实现"八纵八横"高速铁路主通道和"一带一路"国际互联互通线路气象灾害全要素、全过程监测预警服务,从规划设计、施工建设到运营保障的全链条气象服务能力显著提升。

——长江主航道水运协同气象保障服务格局基本形成。长江主航道多部门、跨区域协同气象保障服务机制初步形成,长江重点水域千吨级及以上航道的气象灾害预警能力明显提升。

——海上交通气象保障服务能力自主可控。实现海上交通通信设施在海上交通气象服务中的全方位支撑,实现岸基、海基、船基气象设施和海洋海事信息的共建共享共用,海上交通气象保障服务覆盖我国近海和"一带一路"、北极航道等重点海域,远洋气象导航服务能力进一步提升,在国际海事服务中的作用突显。

——多式联运特色物流气象服务成效更加突显。实现全国重要物流分拨点的物流信息共享,多式联运物流气象服务体系基本建立,实现天气高敏感商品的物流保障服务。

三、主要任务

(一)构建交通气象精密监测系统

1. 设计交通气象观测网布局方案

公安交管及铁路、公路部门会同气象等部门制定分交通类型的全国交通气象观测站网布局指导意见。各地根据已建交通气象观测站点的观测项目、技术指标、运行质量,结合气象影响排查情况,编制公路交通气象观测站网布局方案。

2. 建立健全交通气象观测系统

强化交通气象监测能力建设,积极开展川藏铁路等国家重大工程气象监测站网的布局设计和建设,优先开展气象监测薄弱的公路、铁路线路监测站网建设。逐步对已经运营的公路、铁路交通沿线监测点布局进行评估与优化。加强恶劣天气高速公路、高速铁路等致灾隐患点的监测能力建设。建立京津冀、长三角、珠三角、西南高原山地等公路交通气象监测站网建设试点示范区。

3. 提升交通气象观测装备保障能力

制定并实施针对公路、铁路、水运交通气象观测设备的技术标准和计量标校规范,建设公路、铁路、水运交通气象监测设备计量实验室。加强交通沿线气象监测设备关键核心技术国产化研发,提升交通沿线气象监测设备的防辐射、防腐蚀、防潮湿、防爆性能。发展交通气象实景监测和智能识别技术。探索建立海(水)上交通设施专业观测信息双向反馈机制。建立交通气象监测设备多部门共建、共用、共保运行保障机制。

(二)开展交通气象灾害风险普查

4. 排查恶劣天气交通影响情况

公安交管及铁路、公路部门会同气象部门,针对高速公路、铁路分别开展恶劣天气交通影响情况排查,制定分交通类型、分灾种、分等级的交通影响情况排查和整改标准规范,建立恶劣天气交通影响情况数据库,形成全国恶劣天气交通影响情况一张图。建立动态更新制度,实现对恶劣天气交通影响信息的统一动态管理和整改效果的跟踪评估。

5. 编制交通气象灾害风险区划

气象部门会同交通运输管理部门,汇集交通气象灾害孕灾环境、承灾体、致灾因子等数据信息,构建交通气象灾害风险评估指标体系,研发交通气象灾害风险评估模型,进行分类别、分灾种、分行业的交通气象灾害风险区划,为交通规划设计、气象观测站网优化布局提供依据。开展气候敏感重大交通建设项目工程气候可行性和气象灾害风险性评估。

（三）打造高质量交通气象服务体系

6. 增强基于影响的精细化交通气象服务供给

基于智能网格预报,研发面向不同类型、不同等级、不同路段/航段的数字化交通气象要素预报产品。融合交通流量、公路路况、船舶定位等交通信息,制作基于影响的交通气象风险预警产品。改进和完善面向航运、港口运行、海洋导航、无人寄递等的气象服务产品。针对全国商贸、邮政快递物流、冷链运输需求,发展面向生产领域、全流程的交通气象服务产品体系。针对公众交通气象服务需求,研制道路交通安全和拥堵气象风险以及节假日等专题交通气象服务产品。

7. 发展基于场景的分众交通气象保障服务

发展多部门联合的分众交通气象保障服务。推动交通气象服务信息融入交通安全应急指挥体系,为交通运输管理部门科学管控、指挥调度提供支撑。推动交通气象服务信息接入地图导航,融入驾乘人员路线规划、风险规避等应用场景中,实现基于位置的精准服务。开展面向物流、冷链运输等生产领域的交通气象服务。开展面向社会公众的交通气象服务,为公众查询、定制交通气象服务产品提供支持。

（四）提升交通气象服务支撑能力

8. 提升交通气象观测信息规范处理能力

建立针对公路、铁路、水运交通气象监测网的质量控制、诊断勘误、质量评估业务流程,建立交通气象站元数据库,建立观测数据质量异常事件监控及跟踪管理业务机制,完善交通气象监测数据质量考核机制,制定质量控制业务评价指标体系。针对陆海空天交通气象观测网,研究海量观测数据的误差识别和量化分析方法,探索规范定量的智能质量诊断与订正技术。

9. 构建交通气象大数据

加强交通气象信息跨行业互通共享,建立信息共享目录清单,推动公安交管、交通运输、气象等部门建立安全可靠、运行稳定的实时信息交换通道,构建全国一体交通气象大数据集,融入气象大数据云平台统一管理,规范多行业、多源异构数据的信息汇集、数据挖掘、质量控制、存储管理、共享服务,建立交换数据的质量控制和传输时效评估制度。形成气象、公路、铁路、内河水运、海上交通等多行业的横向联合、纵向衔接、共建共享的交通气象大数据体系。

10. 建设全国一体化交通气象业务支撑系统

基于气象大数据云平台,构建全国一体化综合交通气象业务系统,支撑精细化交通气象服务产品加工制作、订正检验、汇集展示等功能,提供交通气象服务数据接口或插件,形成上下贯通、全流程监控、服务效益评估等的国省综合交通气象服务业务体系,为开展融入式交通气象服务赋能。

(五)推动交通气象科技创新

11. 加强交通气象智能感知技术和设备研发

研发基于交通工具内部和沿线固定点交通气象关键要素智能感知传感器和设备。开展特定需求的风、雾遥感设备研发和应用技术研究,获取特定风场和雾的结构特征。研发基于图像识别的低能见度、强降水、路面积雪、结冰等智能监测预警技术和设备,以及基于热谱图的路面低温冰情监测技术和设备。研发交通气象移动监测预警系统。

12. 发展交通气象预报预警技术

开展恶劣天气对公路、铁路、水运的致灾机理研究。应用大数据、云计算、人工智能、5G、北斗等技术,建立针对浓雾(团雾)、横风、道路结冰等致灾临界气象条件监测和短时临近预报预警技术。研发公路交通气象预报模型,开展基于智能网格的高分辨率能见度、道路结冰、强降水等风险预警技术研发。研发基于智能网格的高精度内河水运气象要素预报模型。针对寒潮、大雾、海冰、大风等恶劣天气下船舶禁限航、煤炭油气安全抢运等特殊情况,研发高精度港口作业气象服务模型。研发快递物流配送天气保障与服务模型。

13. 加强交通气象标准化体系建设

完善交通气象标准规范,在交通工程设计、建设和运营中优先应用。开展交通气象监测设备质量标准研究,建设交通气象监测、预报、预警、评估等服务产品的质量评价体系,开展交通气象服务质量效益评估。编制高速公路恶劣天气高影响路段交通安全隐患排查与提升标准,规范开展隐患路段的排查与提升工作。开展交通气象服务信息共享标准研究,逐步完善面向交通运输、交通安全、交通工程等分类、专业、精细、精准气象服务及评估标准,探索交通气象灾害风险管控标准。

(六)强化"一带一路"综合交通运输气象保障

14. 提升陆运交通及物流气象综合服务能力

以中巴经济走廊陆运交通气象服务为试点,开展综合交通气象观测试验,强化卫星遥感技术研究和应用,提高陆运交通各类灾害性天气监测预报和防御技术,建立中巴经济走廊陆运交通气象服务平台,推动与沿线国家监测和服务产品共享,为中巴经济走廊沿线的陆运交通提供气象服务和技术支持。以中欧班列、东北亚陆海联运通道综合交通运输为试点,研发物流商品运输适宜性评价模型和产品,搭建多级联运物流气象综合服务平台,开展洲际物流气象服务。

15. 提升海上交通气象保障能力

针对"一带一路"和"北极航道"重要港口、主要航线及气象条件恶劣或剧烈变化的重点海域,研发和优化我国自主知识产权的海上航行气象要素预报和风险预警技术,研发航行风险指数产品,提升面向航运企业、行业管理部门以及保险业的航运天气服务能力。研发远洋导航航线优化算法,改进全球气象导航业务系统和移动端业务平台,开发远洋导航多源数据服务平台。优化海上搜救漂移轨迹模型,为海上搜救机构制定搜救方案、最佳搜救行动规划和搜救力量布置提供快捷的决策支持。

四、建设项目

"十四五"期间,公安部、交通运输部、国家铁路局、国家邮政局、中国气象局以及相关交通行业龙头企业,围绕上述主要任务,依托重点建设项目开展业务技术研发和能力建设,不断提升交通气象服务供给水平。具体包括但不限于以下所列项目:

(一)高速公路交通预警处置气象服务保障项目

以共建合作机制和试点项目为推手,促进全国高速公路交通预警处置气象服务保障项目建设。稳步推进全国高速公路交通气象监测站网优化布设,针对浓雾(团雾)、道路结冰、强降水等,强化道路交通安全隐患排查和风险评估,开展高速公路交通高影响天气的智能识别和监测预警关键技术研发,制定高速公路交管气象服务规范标准和交通预警处置业务流程,建立国省一体交管气象信息共享服务平台,实现全国高速公路交通气象服务保障业务化运作。

(二)铁路气象灾害监测预警系统示范项目

面向川藏铁路,开展契合铁路综合需求的气象灾害影响与风险评估,建立铁路沿线气象资料库;制定川藏铁路沿线气象监测方案,提出满足工程设计施工需要的风、雨、雪、温度等关键气象参数,做好川藏铁路建设气象保障服务。在沿海、京沪等"八纵"通道和陆桥、沿江等"八横"通道,各选择2~3段高铁或复杂地质线路,以沿线实时气象监测信息共享为基础,建设优化干线铁路智慧气象观测网;研发铁路气象灾害监测预警系统,进行大风、降雨、降雪、雷电等高影响天气的致灾条件和成灾过程分析,研发精准、精细的线路区段气象预警产品,并通过预警系统进行发布。

(三)长江主航道水运安全气象保障服务示范项目

面向长江主航道水运安全保障服务需求,在长江千吨级及以上航道分别选取若干高影响航段、客运和危化品码头以及重要旅游客运库湖区,针对大风、低能见度、强对流3种恶劣天气,开展长江主航道水运交通气象灾害风险普查,开展气象监测站网布局设计和完善建设。研发水上交通气象灾害风险预警技术,建立面向水运安全的智能化气象综合保障服务系统,融入水运安全指挥调度体系。通过项目建设,形成技术先进、稳定可靠的现代化水运气象综合保障能力。

（四）海上交通安全气象保障能力提升项目

面向保障海上交通安全的气象服务需求,建立全球大洋海洋数据库以及全球主要港口及航线信息基础数据库;依托北斗卫星、5G、传真、广播等多渠道通信网络,研发预警信息发布技术,实现预警信息时空无缝隙全覆盖;研发高精度船舶靠离泊、港口作业气象服务技术,提升应急能力;针对"一带一路"重要港口、航线、海域及极地地区,研发海上灾害性天气预警、气象水文精细化预报技术以及航行风险预报技术;发展全球船舶气象导航技术,建设全球气象导航业务系统;发展海上应急搜救以及溢油处置气象保障技术。

（五）多式联运物流气象保障项目

围绕京沪、京广、沪广、西部陆海新通道和中欧班列、东北亚陆海联运通道等多式联运保障服务需求,开展核心物流运输网络气象保障能力建设,研发基于物流终端位置的精准气象服务技术,研制天气易损度和货物损毁率预测技术,研发天气影响路径安全规划技术;研发(制)满足物流仓储、运输、分拨、配送全链条环节的风险预警技术和基于动态位置的安全提示服务技术及信息交换标准,建立物流运输实时天气服务系统,融入物流安全管理体系。通过项目建设,形成精细、稳定可靠的现代化多式联运物流气象保障能力。

五、保障措施

（一）加强组织领导

建立健全气象、公安、交通运输等部门部际联席会议制度,共同研究重大政策、重大机制和重大工程,协调解决重大问题,明确责任分工,确保规划任务全面落实。加强与各部门"十四五"相关发展规划的有机衔接,统筹业务布局,优化资源配置,增强规划协同效益。

(二)创新工作机制

探索建立"政府＋部门＋企业"的交通气象服务模式、保障投入机制,推动交通气象服务健康持续发展。形成公安、交通运输、气象等行业部门、企业、社会组织等广泛参与的交通气象服务联合创新机制,不断提升交通气象服务业务水平。

(三)强化科技支撑

组建多部门参与的国家级交通气象领域创新团队,围绕重大研究方向和重点任务开展联合攻关。提升交通气象服务科技含量和技术水平,加强科研成果、服务经验的总结和推广,建立试点示范品牌。加强交通气象服务队伍建设,提高交通气象新技术、新方法培训的广度和深度。

(四)增强经费保障

加强交通气象发展投入政策的支持保障,建立稳定、多源的投入渠道。推动将交通气象服务纳入中央和地方财政保障范围,积极争取相关科技计划、基金和专项的投入。鼓励包括民企在内的各类社会力量共同参与交通气象观测设施建设和运营。

全国气象发展"十四五"规划

中国气象局　国家发展改革委

（气发〔2021〕133 号）

2021 年 11 月 24 日

前　言

　　气象事业是科技型、基础性社会公益事业,气象工作关系生命安全、生产发展、生活富裕、生态良好,做好气象工作意义重大、责任重大。"十四五"时期是我国全面建成小康社会、实现第一个百年奋斗目标之后,乘势而上开启全面建设社会主义现代化国家新征程、向第二个百年奋斗目标进军的第一个五年。根据《中华人民共和国国民经济和社会发展第十四个五年规划和 2035 年远景目标纲要》的部署要求,中国气象局会同国家发展改革委编制了《全国气象发展"十四五"规划》（以下简称《规划》）。《规划》编制历经前期研究、文本起草、征求意见等多个阶段,于 2021 年 7 月通过论证。

　　《规划》以习近平总书记对气象工作的重要指示精神作为根本遵循,紧扣气象强国建设目标,围绕加快科技创新、做到监测精密预报精准服务精细要求,阐明了"十四五"时期气象事业高质量发展的总体思路,提出了指导思想、发展目标和主要任务,是我国开启更高水平气象现代化的宏伟蓝图,是未来五年我国气象事业发展的行动纲领。

第一章　发展环境

一、"十三五"时期气象事业取得显著成绩

在以习近平同志为核心的党中央坚强领导下,气象工作取得显著成绩,圆满完成了"十三五"规划的目标和任务。

(一)公共气象服务和气象防灾减灾效益显著

面向防灾减灾救灾,成功应对超强台风、特大洪水、严重干旱等重大气象灾害,建成多部门共享共用的国家突发事件预警信息发布系统,充分发挥了气象防灾减灾第一道防线作用,气象灾害造成的死亡失踪人数由"十二五"年均约 1300 人下降到 800 人以下,经济损失占国内生产总值的比例由 0.6% 下降到 0.3%。面向经济社会发展,主动融入国家重大战略和现代化经济体系建设,成功保障了新中国成立 70 周年等重大活动,为各行各业提供优质气象服务,气象投入产出比达到 1:50。面向人民美好生活,围绕衣食住行游购娱学康等多元化需求,大力发展智慧气象服务,气象科学知识普及率达到 80.2%,公众气象服务满意度达到 90 分以上。面向生态文明建设,构建了覆盖多领域的生态文明气象服务保障体系,应对气候变化、人工影响天气、气候资源保护利用、大气污染防治气象保障、生态保护修复气象保障等成效明显。

(二)气象现代化整体实力再上台阶

综合气象观测能力达到世界先进水平,建成了由近 7 万个地面自动气象站、224 部雷达、6 颗在轨业务运行风云气象卫星等组成的综合气象观测系统,全国卫星遥感综合应用体系基本建成。气象预报预测能力稳步提升,建立了以自主知识产权数值预报模

式为核心的无缝隙智能化气象预报业务体系,实现了从站点、落区预报到数字格点预报的跨越,全国 24 小时晴雨预报准确率达到86%,强对流天气预警时间提前至 38 分钟,台风路径预报 24 小时误差缩小到 70 公里。气象信息化水平不断提高,建成了高速气象网络、海量气象数据库和国产超级计算机系统,形成了"云+端"的气象信息技术新架构,物联网、大数据、人工智能等新技术得到应用,自主研发的中国第一代全球大气/陆面再分析系统及产品(CRA)已业务化运行。

(三)气象科技创新和高层次人才队伍建设成果丰硕

不断优化气象科技创新功能布局,形成了由跨部门跨行业科研力量构成的国家气象科技创新体系。强化气象科技与业务服务深度融合,大力发展研究型业务。数值预报模式、卫星雷达等关键核心技术装备取得较大进展,全部门国际科技论文数量和影响力大幅提升,267 项成果获国家和省部级科技奖励,科技支撑业务能力大幅增强。中国气象局被认定为全球九大世界气象中心之一。新增中国工程院院士 1 人,国家人才工程(奖励)人选 35 人次。新增专业技术二级岗专家 187 人,正高级专家 1025 人,正高级岗位数量增加一倍。气象培训体系进一步健全,人才投入机制和激励保障机制不断优化。

(四)气象发展保障体系更加完善

气象法治环境不断优化,制修订气象法律法规规章 58 部,发布标准 865 项。双重领导管理体制以及与之相适应的双重气象计划体制和相应的财务渠道不断完善,中央财政累计投入较"十二五"时期增长 30%,地方财政投入增长 50%。气象改革开放成效进一步凸显,"放管服"改革深入推进,防雷减灾体制改革任务全面完成,业务技术体制和服务体制改革有力推动,积极引导社会力量参与气象服务。与地方政府、部委、高校、科研院所、企业的合作进一步深化拓展。与 160 多个国家和地区开展科技合作,深度参与

"一带一路"建设,在气象国际治理中充分展示负责任大国形象。

(五)党的领导和党的建设全面加强

深入学习贯彻习近平新时代中国特色社会主义思想,增强"四个意识",坚定"四个自信",做到"两个维护",把党的领导贯穿和体现到气象事业发展各领域全过程。全面推进气象系统党的政治、思想、组织、作风、纪律建设,强化制度建设和反腐败工作。加强基层党组织建设,突出政治功能,提升组织力,4765个基层党组织和5.6万名党员的战斗堡垒作用和先锋模范作用进一步发挥,198个单位获全国文明单位称号,14个气象站被世界气象组织认定为百年气象站。大力弘扬求真务实精神和敢于担当作风,持之以恒落实中央八项规定精神,持续整治"四风"。层层压实全面从严治党责任,深入推进气象部门巡视巡察工作。

二、"十四五"时期气象发展面临新的形势

站在新的历史起点上,辩证认识国内外发展大势,必须准确把握气象发展新形势,牢牢抓住发展新机遇。

(一)机遇与挑战

以习近平同志为核心的党中央为气象工作指明方向。新中国气象事业70周年之际,习近平总书记作出重要指示,为气象工作发展指明了前进方向、提供了根本遵循、注入了强大动力。"十四五"时期,气象工作必须牢牢把握"坚持党的领导、坚持服务国家服务人民"的根本方向,牢牢把握气象工作关系"生命安全、生产发展、生活富裕、生态良好"的战略定位,牢牢把握"推动气象事业高质量发展、加快建成气象强国"的战略目标,牢牢把握"发挥气象防灾减灾第一道防线作用"的战略重点,牢牢把握"加快科技创新,做到监测精密、预报精准、服务精细"的战略任务。

把握新发展阶段对加快建设气象强国提出新要求。党的十九届五中全会明确提出要乘势而上开启全面建设社会主义现代化国家新征程、向第二个百年奋斗目标进军,明确了我国发展的历史方位。"十四五"时期,气象工作要始终坚持科技型、基础性社会公益事业定位,准确把握新发展阶段提出的新要求,准确把握气象发展方位,立足"两个大局",坚定不移地推动更高水平气象现代化,加快建设气象强国,更好地服务于实现第二个百年奋斗目标和中华民族伟大复兴的中国梦。

贯彻新发展理念对推动气象实现高质量发展提出新任务。创新、协调、绿色、开放、共享的新发展理念阐明了发展的目的、动力、方式、路径等一系列理论和实践问题,回答了实现什么样的发展、怎样实现发展这个重大问题,明确了我国现代化建设的指导原则。"十四五"时期,气象工作要全面贯彻新发展理念,牢牢把握高质量发展要求,推动质量变革、效率变革、动力变革,着力解决气象在服务供给、区域发展、科技支撑、职能发挥等方面的不平衡不充分问题,统筹服务保障国家安全和气象发展安全,科学防范化解重大气象灾害和气候安全风险,努力实现更高质量、更有效率、更加公平、更可持续、更为安全的发展。

构建新发展格局对实现气象科技自立自强、提高气象服务保障能力提出新需求。构建新发展格局的关键在于经济循环的畅通无阻,最本质的特征是实现高水平的自立自强,必须实行高水平对外开放,明确了我国经济现代化的路径选择。"十四五"时期,气象工作要牢牢把握在构建新发展格局中的职能定位和重要作用,认真研究扩大内需、改善供给、畅通循环给气象服务带来的新需求和新空间,推动气象服务供给侧结构性改革,着力提高气象保障新发展格局的能力和水平。同时,要坚持科技创新在我国气象现代化建设全局中的核心地位,不断加强关键核心技术研发,实现科技自立自强。

新技术迅猛发展为气象工作带来新挑战和新机遇。气象学科发展已迈入地球系统时代,地球系统数值模式、地球系统观测、地球系统大数据已成为国际气象发展趋势。与此同时,新一代信息技术加速突破应用,众核混合架构高性能计算将在破解数值预报模式超大规模并行化计算问题中发挥重大作用,气象大数据与人工智能的融合将成为发展趋势。"十四五"时期,气象工作要把握世界科技发展大势,加强跨领域多学科交叉融合,着力发展地球系统框架下的气象监测预报预警,推进新一代信息技术在气象科研、业务和服务等领域的深层次应用。

(二)差距与不足

对标习近平总书记对气象工作的重要指示精神,对照国际先进水平和国家重大需求,气象事业高质量发展仍然存在着一些亟待解决的突出困难和瓶颈制约。主要表现在:一是气象发展方式与高质量发展的要求不适应,气象治理现代化水平亟待提升,规模、速度、质量、效益和安全相统一的气象发展格局有待形成。二是气象科技创新体系整体效能不高,高层次领军人才和高水平的创新团队缺乏,数值预报、灾害性天气监测预警等关键核心技术薄弱。三是气象服务供给不平衡不充分,难以满足经济社会高质量发展和人民对美好生活向往的精细化需求,智慧气象服务体制机制、内涵外延亟须完善和拓展。四是地球系统科学框架下的无缝隙多尺度天气气候一体化数值预报系统尚未建立,气象预报的准确率、精细化水平还有差距。五是以大气圈为主的气候系统观测有待加强,海陆空天一体化、综合互补的智能协同观测格局尚未形成,观测的覆盖面、精密化水平有待提高。六是大数据、人工智能等新一代信息技术在气象领域的深度融合应用不够,高性能计算与发展需求不相适应,数据质量亟待提高,数据价值有待深入挖掘。

第二章　总体要求

一、指导思想

以习近平新时代中国特色社会主义思想为指导，深入贯彻党的十九大和十九届二中、三中、四中、五中、六中全会精神，以习近平总书记对气象工作的重要指示精神作为根本遵循，准确把握新发展阶段，深入贯彻新发展理念，加快构建新发展格局，以推动气象事业高质量发展为主题，以推进高水平气象现代化建设为主线，以改革创新为根本动力，以满足人民日益增长的美好生活需要为根本目的，推动气象向经济社会各领域融合、向地球系统延伸、向全球范围拓展、向数字智能新业态转变，实施数值预报、气象大数据和人工智能应用、"气象＋"赋能行动三大攻坚战，构建自立自强、开放协同的气象科技创新体系，面向地球系统、智慧精准的气象业务体系，保障国家战略、普惠精细的气象服务体系，规范有序、协调发展的气象治理体系，提高气象服务保障国家经济社会发展和构建人类命运共同体的能力和水平，为全面建设社会主义现代化国家提供有力支撑。

二、基本原则

坚持党的领导，服务人民。始终把党的领导贯穿和体现到气象事业发展各领域全过程，在贯彻落实党中央重大决策部署中发展气象事业。坚持以人民为中心的发展思想，把满足人民生产生活需求作为根本任务，不断增强人民群众气象服务获得感、幸福感、安全感。

坚持科技创新，人才优先。强化科技创新在我国气象现代化建设全局中的核心地位，优化创新资源配置，突破关键核心技术，实现科技自立自强。把人才资源开发放在科技创新最优先位置，完善人才培养、引进、使用等机制，打造高水平气象人才队伍。

坚持系统观念,统筹协调。提升高质量发展的整体性和协同性,推动观测、预报、服务等各环节有效衔接和高效协同。发挥好中央、地方和各方面积极性,统筹推进气象资源的合理配置和高效利用,推进东中西部气象协调发展。统筹发展和安全,完善风险防控机制,及时防范化解潜在风险。

坚持深化改革,依法治理。坚定不移全面深化气象改革,发挥好改革的开路先锋、示范引领和突破攻坚作用,破除制约气象事业高质量发展的体制机制障碍,持续增强发展活力和动力,不断加强气象法治建设,全面提升气象治理现代化水平。

坚持开放合作,融合共赢。处理好开放和自主的关系,深化气象开放合作,深度融入国内国际双循环,联合国内外优势资源,大力推进气象全球监测、全球预报、全球服务,积极参与全球气候治理。

三、发展目标

到 2025 年,实现关键核心技术自主可控,适应需求、结构完善、功能先进、保障有力的现代气象科技创新、服务、业务和治理体系更加健全,监测精密、预报精准、服务精细的能力进一步提升,气象保障生命安全、生产发展、生活富裕、生态良好的水平显著增强,气象现代化建设迈上新台阶,为气象强国建设打下坚实基础。具体如下:

——科技创新在气象现代化全局中的地位更加凸显。创新活力、创新效益持续提升,天气气候一体化模式系统、气象装备、人工智能应用等关键核心技术攻关取得明显进展,气象科技创新体制机制和人才发展环境不断优化。

——气象监测预报预警能力持续增强。面向气候系统的全时全域全要素气象监测能力显著提高,多尺度天气气候一体化数值预报模式框架初步建立,无缝隙全覆盖、智能数字气象预报业务更加完善,高质量的气候系统多圈层数据集接近同期世界先进水平。

——气象服务保障能力稳步提升。充分发挥气象防灾减灾第一道防线作用,全社会气象防灾减灾水平明显提高,与高影响行业和部门深度融合的"气象＋"服务业态基本成型,生态文明气象服务保障及碳达峰碳中和目标支撑能力稳步提升,气象服务供给能力和均等化水平显著提高。

——气象治理效能明显提升。气象重点领域改革取得新突破,以气象法为主体的法律法规标准体系不断完善,行业管理和社会管理更加规范,基层基础工作进一步夯实,气象事业高质量发展保障水平稳步提高。

"十四五"时期气象发展主要指标

序号	指标		现状值	目标值	指标属性
1	公众气象服务满意度(分)		91.9	保持90以上	约束性
2	气象服务公众覆盖率(%)		99	保持99以上	约束性
3	天气预报准确率	24小时城镇晴雨预报准确率(%)	85.9	90	预期性
		24小时气温预报准确率(%)	83.2	85.5	
		24小时暴雨预警信号准确率(%)	89	92	
4	网格预报精细水平(分)		86	90	预期性
5	气候预测准确率(%)		73.2	77	预期性
6	人工增雨(雪)作业影响面积(万平方公里)		500	550	预期性
7	观测装备技术水平(分)		71.3	82.5	预期性
8	全国气象灾害监测率(%)		70.6	80	预期性
9	气象观测要素覆盖度(%)		80	90	预期性
10	气象卫星全球观测能力(分)		80	86.7	预期性
11	24小时台风路径预报误差(公里)		70	65	预期性
12	强对流天气预警提前量(分钟)		38	45	预期性
13	全球数值天气预报水平	可用预报时效(天)	7.8	8.5	预期性
		水平分辨率(公里)	25	12.5	预期性
		气象卫星资料同化量占比率(%)	76	85～88	预期性
14	科技成果转化率(%)		45	55	预期性

注:指标1、4、7、10满分为100分,现有分值基于相应调查及加权后综合得出。

第三章 坚持创新驱动发展，加快气象科技自立自强

面向世界科技前沿、经济主战场、国家重大需求、人民生命健康，瞄准监测精密、预报精准、服务精细，组织实施关键核心技术攻关，着力打好数值预报攻坚战，完善国家气象科技创新体系，建设高水平气象人才队伍，提高气象科技创新体系整体效能。

一、组织实施关键核心技术攻关

加强重大天气气候机理研究。针对青藏高原、海洋、极地、季风和复杂地形对天气气候的影响机理、关键物理过程，开展科学试验研究。加强东北冷涡、西南涡及中小尺度灾害天气机理和预报方法及影响研究。深入开展云降水和人工影响天气机理、地球系统多圈层相互作用研究。开展气候变化及碳达峰碳中和监测预报评估基础理论和技术研究。

研发下一代数值预报模式。研究地球系统框架下的无缝隙多尺度天气气候一体化预报技术、尺度自适应的关键物理过程参数化方案和资料同化技术。开展数值预报模式异构加速技术研究，改进高可扩展并行算法。开展基于数值预报的观测预报互动研究。研发公里级气象要素智能网格预报系统。

研发第二代再分析系统。研发我国第二代"全球—区域"一体化资料再分析业务系统，研制空间分辨率 25 公里、逐小时的第二代全球再分析产品，空间分辨率 3～10 公里、逐小时的中国区域再分析产品，空间分辨率 3～10 公里中国区域大气化学—天气耦合再分析产品。研究大气化学—天气耦合再分析关键技术。加强非传统观测资料应用研究，发展全球和区域多圈层多源资料实况分析关键技术。

推进气象观测装备技术研发。研制适应复杂海况和极端气象

条件下的高精度气象探测传感器和观测设备,实现湿度传感器自主可控并批量生产。研发观测系统的智能感知、识别和控制技术,提高云观测中少样本云状的智能识别准确率。研制多功能天气雷达探测系统和应用技术,实现新一代天气雷达与局域多波段多体制天气雷达精细化组网探测。

强化气象卫星遥感应用研究。加强气象卫星遥感基础理论方法和新型卫星遥感技术研究,发展空间辐射测量基准与应用技术,优化快速辐射传输模式和高精度遥感产品反演技术。加强卫星遥感资料在数值模式、资料再分析、天气预测、气候变化评估、专业气象服务等重点领域应用研究。

加强新一代信息技术应用研究。开展气象数据云存储及云计算技术研究。加强人工智能算法在大气科学中的适用性研究,发展机器学习型、知识推导型和人机协同型人工智能引擎技术,加强人工智能在气象中的应用研究。加强量子计算在机器学习、方程求解等领域前沿探索。探索开展边缘计算技术、区块链技术应用研究。

推进气象服务数字化智能化。在航空、远洋导航、金融保险等重点领域,加强气象服务专业模式、模型、算法研发,突破一批制约气象服务高质量发展的关键核心技术。开发数字气象服务插件或影响预报数字地图,提升气象服务产品的自动化加工制作和按需自动推送分发能力。

二、完善国家气象科技创新体系

强化战略科技力量。推动气象相关国家重点实验室建设,开展灾害天气、人工影响天气等相关研究。联合高校、科研院所组建数值预报研发机构。做大做强国家级气象科研院所,培育具有全球竞争力的气象科技企业。

建设科技创新平台。加强气象卫星创新平台及海洋气象、高原气象、亚太台风研究能力建设。积极支持泛珠三角、长江经济带、大北方等区域和流域建设气象科技创新联盟,鼓励粤港澳大湾区等建立气象新型研发平台。推进产学研用深度融合,打造一批具有"产业园＋气象"的气象产业孵化器和产学研资源集聚地。加强气象国家野外科学试验基地规范化建设。

健全气象科技创新体制机制。构建气象核心技术联合攻关的新型举国体制。加强气象科技成果知识产权保护,完善气象科技评价机制,建立以科技创新质量、贡献、绩效为导向的分类评价体系。健全科技成果转化应用和收益分配机制。探索实行科研项目"揭榜挂帅"制度,开展基于信任的科学家负责制试点。深化气象科研院所改革,强化省级气象科研所科研属性,赋予科研院所更大科研自主权。建立气象科研经费投入稳定增长机制。

三、建设高水平气象人才队伍

强化高层次科技人才队伍建设。继续实施新时代气象高层次科技创新人才计划,加快培养造就一批勇于创新发展的战略科技人才、科技领军人才和创新团队、青年科技人才、卓越工程师。聚焦气象重点领域"卡脖子"技术,精准引进"高精尖缺"人才。支持气象科技企业创新领军人才培养。

强化高素质管理人才队伍建设。坚持党管干部的原则,落实好干部标准,建设具备领导气象事业高质量发展能力的干部队伍,提高各级领导干部和领导班子把握新发展阶段、贯彻新发展理念、构建新发展格局的能力。加强对敢担当善作为干部的激励保护,以正确用人导向引领干事创业导向。优化干部队伍结构,加快实施"三百年轻干部培养锻炼计划",大力选拔培养锻炼优秀年轻干部。

优化人才发展环境。完善气象干部教育培训体系建设,强化中国气象局气象干部培训学院(中共中国气象局党校)理论教育、党性教育、新技术培训能力,加强分院(分校)特色专业、能力培养、教学平台环境建设。完善气象创新团队支持机制,推动形成"人才

＋团队＋基金"的发展模式。健全以创新能力、质量、实效、贡献为导向的科技人才评价体系,构建充分体现创新要素价值的激励机制,激发气象人才创新活力。

专栏1 加快推进气象科技创新

1. 做强气象大数据科学

开展安全可靠的全球地球环境数据资源发现、收集和服务工作,拯救馆藏主要纸质历史记录数据,建立完备的多圈层观测数据质量控制与评估体系,推动全球实况分析和再分析产品质量达到或接近同期国际先进水平,中国区域产品优于国际同类产品。实现气象档案资源数字化管理和利用,为气象大数据智能分析做好服务。

2. 提升国产超算技术应用能力

开展中国数值预报模式与国产异构超级计算技术的整体适配研究,实现十万至百万核并行的高可扩展性计算,推动计算资源精细化利用效率达到世界先进水平。持续提升模式数据后处理能力达到或超过 200TB/日水平,推动模式数据在预报和服务中的有效应用。

3. 发展地球系统模式

开发统一的地球系统模拟计算框架,实现多分量模式耦合,涵盖物理、化学、生物及人类影响等过程的相互作用,相应发展高分辨率大气、海洋资料同化系统,针对不同时空尺度应用需求设计模式配置方案。

4. 推进观测装备国产化

研发高精度气象探测传感器、观测设备和探测技术,推进综合探测能力达到或接近国际先进水平,提升非传统观测数据的收集和应用能力,持续提高气象装备国产化程度。

第四章　促进陆海空天一体化，发展精密气象监测

优化综合立体观测站网、发展先进观测技术装备、健全集约高效观测业务，形成全时全域全要素立体精密气象监测能力，实现气象监测向中小尺度深化、向气候系统延伸、向全球拓展。

一、优化综合立体观测站网

优化升级天气观测站网。在人口聚集地、经济发达区等重点区域升级和补充建设地面自动观测、天气雷达等观测设备，提升我国天气系统上游地区的监测能力，实现东部地区及西部人口聚集区地面站间距小于 20 公里，天气雷达覆盖率较 2020 年提升22%。升级和建设探空及地基遥感垂直观测系统，实现地面到对流层顶基本气象要素垂直连续观测，水平分辨率小于 250 公里。发展海洋气象综合观测和空基移动气象观测。强化移动观测设备合理配备，增强汛期、重要天气过程和重大活动保障等应急观测能力。发展志愿气象观测，统筹利用社会化观测资源。

完善气候及气候变化观测站网。推进国家气候观象台、大气本底站建设，实现 65 个气候区关键气候变量全覆盖、16 个关键气候区本底观测全覆盖。开展以二氧化碳为主的温室气体及通量观测，形成覆盖全国的温室气体及碳观测网。建设臭氧立体观测系统。强化风能和太阳辐射观测系统建设。开展生态、冰冻圈等气候系统多圈层观测系统建设。

发展专业气象观测站网。加强建设农业气象综合观测、雷电观测、清洁能源气象观测、交通气象观测，拓展健康、旅游等重点领域专业气象观测。强化空间天气观测能力建设，开展太阳活动、行星际空间等关键区域的综合观测，支撑天气变化分析的上边界从30 公里向上延伸至太阳表面。

完善风云气象卫星及遥感应用体系。完善风云气象卫星在轨布局，形成风云三号卫星组网观测，风云四号光学星"组网观测、在轨备份"的业务格局。研制风云四号微波星。探索发展用于微波温湿度廓线、掩星测风、高时空分辨率云和降水观测的小卫星星座。建成具备支撑气象"全球监测、全球预报、全球服务"的卫星地面业务系统。完善全国卫星遥感综合应用体系，建成国省两级遥感应用业务平台，加强卫星定位定标、数值模式同化、辐射传输模式等核心技术攻关能力，卫星应用服务能力全面提升，达到国际先进水平。

二、发展先进观测技术装备

推动观测装备迭代更新。发展智能化、小型化、低功耗、高可靠性的新型地面气象观测装备。完成全国新一代天气雷达双偏振升级，突破双偏振相控阵天气雷达关键技术并开展示范应用。发展基于超高频无线微波等方法的城市降雨密集监测新技术。研发温湿廓线仪等航空器平台搭载的气象载荷，发展无人机、飞艇等气象观测装备。推进大气成分等观测装备国产化及业务应用。推动生态气象观测技术装备发展和应用。健全观测装备标准，促进国内外标准对接。

加强气象计量与保障能力。优化完善国省市县四级气象计量与保障业务布局，发展全自动智能化气象计量系统。建设国家级光学和电学气象计量实验室，更新省级气象计量检定装置和标准器，建设地市级计量检定实验室，强化观测装备计量校准和现场核查能力。加强综合气象观测试验基地基础设施和测试能力建设，开展新技术、新装备试验和验证。分类推进观测装备的社会化保障，强化监督管理。

三、健全集约高效观测业务

完善观测业务分工。强化国家级业务单位在创新发展中的引领作用，重点在新技术新装备、数据质量、产品加工、遥感应用和计量检定等领域开展技术攻关。加强省级业务单位的技术装备计量保障、运行监控、数据质控和产品制作等领域的主体作用。强化地市级气象部门对观测业务技术装备保障、遥感产品检验和服务能力。提升县级气象部门运行维护能力和服务水平。

优化观测业务流程。推进集数据质控、加工、分析、检验和应用于一体的观测业务流程再造，实现观测业务运行扁平化。构建基于"云＋端"架构、以大数据为中心的观测数据通信模式，实现观测数据从台站直传气象大数据云平台，数据可用率在90％以上。健全观测质量管理体系。完善观测业务检验评估流程，健全与预报、服务互动反馈机制。

拓展全球监测业务。健全以卫星遥感为主的全球监测业务，提高全球覆盖率和观测密度。加强"一带一路"风云卫星国际服务，建立健全风云卫星全球遥感产品体系。提升共建"一带一路"国家和南北极地区的气象观测能力。强化全球海洋气象观测。建立全球灾害性天气实况监视与追踪业务。建设天地协同、全球布局的空间气象观测系统。推进世界气象组织全球综合观测系统（WIGOS）区域中心（北京）建设，强化全球气象观测数据的收集交换和质量控制。

专栏2　加强气象精密监测

1. 提升气象卫星观测能力

继续发展第二代风云气象卫星，形成风云三号黎明星、上午星、下午星和降水测量星组网观测，风云四号光学星"组网观测、在轨备份"的业务格局。发展风云四号微波星。

2. 完善天气雷达观测

补充 S 波段和 X 波段双偏振天气雷达，完善气象雷达网，开展新一代天气雷达技术升级和双偏振技术改造。发展大型相控阵天气雷达技术。发展多波段天气雷达，推进技术发展和业

务应用。提升雷达应用、保障、培训、新技术研究和试验能力。

3.优化自动站网布局

建立自动气象站、垂直探空等观测装备迭代升级机制。在重点易灾地区、人口聚居地区监测盲区和天气系统上游地区加密地面气象观测、探空观测、地基垂直遥感观测等，发展空基移动气象观测。加强全球气候变暖对我国承受力脆弱地区影响的观测，完善气候观象台及大气本底站布局，强化温室气体及碳观测等。加强农业、雷电、交通、能源、生态等专业气象观测能力。完善空间气象观测。

第五章 推进数字化智能化，
发展精准气象预报

以智能数字为特征，以数值预报为核心，以检验评估为导向，构建数字智能、无缝隙全覆盖的精准预报业务，为精细气象服务做好支撑。

一、发展高水平的数值预报

发展全球数值天气预报。升级全球数值天气预报模式，推进集合四维变分同化、变分偏差订正、尺度自适应物理过程的业务应用，全球数值天气预报模式水平分辨率达到 7～13 公里，可用预报天数接近 8.5 天，卫星资料同化占比达到 85%～88%，风云气象卫星等遥感资料同化应用能力明显提高。全球集合预报系统水平分辨率达到 25 公里，实现业务运行。

改进区域数值天气预报。基于统一技术框架发展区域高分辨率数值模式，提升区域数值预报的分辨率和更新频次。区域模式亚太区域分辨率提高至 5 公里。中国区域 3 公里对流尺度集合预报实现业务运行，强降水概率预报技巧提升 5%～10%。建立全国1公里、局部达次公里,逐小时更新的快速循环同化预报系统。发展高水平的台风、海洋、核应急、环境等专业模式,台风路径和强度预报误差较 2020 年下降 10% 以上。

发展短期气候预测模式。建立次季节到年代际尺度的无缝隙气候预测业务系统,全球气候业务模式分辨率达到 30 公里、模式顶达到 0.01 百帕,东亚季风、厄尔尼诺与南方涛动(ENSO)、热带大气季节内振荡(MJO)等指标的预测能力达到国际同期先进水平。

二、完善智能数字预报业务

加强大气实况业务。建立"全球—区域—局地"一体化的多要素、多圈层实况业务,全球分辨率达到 10 公里、6 小时,中国区域分辨率达到 1 公里、10 分钟,局地分辨率达到百米级、5 分钟。优化中国区域陆面数据同化分析业务,分辨率提高到 1 公里、1 小时,从气象基本要素扩展到生态、环境和水等领域气象相关要素。开展多源数据融合实况的历史回算业务。

发展无缝隙预报业务。加强以突发灾害性天气预警为重点的短时临近预报预警业务,强对流预警时间提前量超过 45 分钟。提高中短期预报准确率与精细化水平,0～10 天气象要素预报空间分辨率达到 1 公里,时间分辨率达到 1～3 小时。推进气象预报向水文、环境、海洋等专业领域和三维空间拓展。加强空间天气预报,提高基于影响的空间天气预报预警能力。

强化气候预测业务。建立国省级一体化气候预测业务体系,实现全国次季节气温和降水预测空间分辨率达到 25 公里,月、季气温和降水预测精细到县。发展年景和年代际气候预测能力,发布 1～5 年平均的气候展望预测产品。建立全球 30 公里分辨率的无缝隙客观化气候预测业务。

实现全球预报新突破。发展环境、农业、海洋、航空、能源、空间天气等"一业一策"的全球专业气象预报。完善世界气象中心

（北京）能力建设，加强共建"一带一路"国家和全球重要区域的城市天气预报、灾害性天气预报和重要气候事件预测，发布全球热点或极端灾害性天气监测预报预警信息。

三、加强预报业务智能协同

提升智能预报业务能力。采用"云＋端"技术架构加强国省两级天气预报和气候预测业务协同，提高集成化和智能化程度，增强大数据处理、信息挖掘和可视化交互分析功能，形成横向联动、上下协同的业务环境。

建立集约高效业务流程。建立灾害性天气预报预警国省市县四级实时协同，短中期天气、环境气象及海洋气象等预报业务国省两级协同制作、市县两级服务应用的天气预报业务流程。完善协同互动的国省两级一体化气候预测业务流程。

加强业务全流程检验评估。发展精细定量的检验评估技术，建设预报业务检验评估系统，开展客观定量的检验评估业务，健全检验评估技术指标和业务规范，实现预报业务检验评估全流程覆盖。

第六章　坚持趋利避害并举，
发展精细气象服务

面向生命安全、生产发展、生活富裕、生态良好，筑牢气象防灾减灾第一道防线，打好"气象＋"赋能行动攻坚战，深化民生气象服务，科学应对气候变化，提升气象服务质量和效益。

一、提高气象防灾减灾能力

加强气象灾害监测预警。强化气象灾害全天候、高精度的综合立体监测，提升气象灾害预报预警精准度，延长气象灾害预见期。做好防汛抗旱防台、低温雨雪冰冻、风雹雷电灾害及山洪灾害、地质灾害、森林草原火险等次生灾害气象服务。加强气象灾害

监测预警信息共享。

强化气象灾害预警信息发布。提升国家突发预警信息发布系统应用水平。完善广覆盖立体化的预警信息发布手段,建立高时效的监测预警一体化机制,具备秒级精准靶向预警信息发布能力。健全气象灾害预警信息发布和社会传播制度,建立预警信息发布"绿色通道"。强化亚洲区域多灾种预警系统的推广应用,实现亚洲区域预警信息的共享服务。

强化气象灾害风险防范。完成主要气象灾害风险普查和区划。加强风险普查成果在城乡规划、金融保险等方面的深度应用。强化气象灾害定量化风险评估,建立面向不同承灾体的风险评估模型和全国气象灾害风险数字化分析应用。继续发展基于影响的预报和风险预警,完善气象风险预警服务。开展浙江、广东、陕西等全国气象防灾减灾示范省和温州等示范市建设。

完善气象防灾减灾工作机制。建立健全快速响应、高效联动的气象灾害多部门防范应对机制,推动建立气象灾害防御标准制修订制度、重大气象灾害停工停课停业停运停航制度、气象灾害防御重点单位管理制度,修订完善气象灾害应急预案。建立健全气象防灾减灾社会参与机制,加强气象信息员、社区网格员、灾害信息员等共建共享共用。

二、增强应对气候变化支撑

优化气候变化工作布局。建立以国家级为创新龙头、以区域为共性示范、以省级为特色服务的气候变化工作体系。强化国家级气候变化及风能太阳能开放利用与保护、温室气体及碳中和监测评估科技支撑能力建设,加强区域和省级气候变化工作,开展青海创建应对气候变化示范省行动。

加强气候变化科学研究与影响评估。深化气候变化机理、检测归因、数值模式与影响评估研究,建成气候变化数据库。面向粮食安全、水资源、生态环境、人体健康、基础设施、防灾减灾等重点领域,开展气候变化风险预测、预估和预警产品,建设气候变化风险早期预警平台。强化气候容量评估。开展碳中和行动有效性评估。加强全球气候变暖对我国承受力脆弱地区影响的监测评估,重点做好对青藏高原生态屏障区冰川、冻土、积雪及西北干旱半干旱地区、黄河与长江重点生态区的水资源、植被覆盖、荒漠化等影响评估。开展京津冀、粤港澳大湾区等重点区域和"一带一路"沿线的影响评估。开展南北极和青藏高原等气候敏感区气候变化对国家安全影响分析。

强化气候资源开发利用和保护。强化风能太阳能等气候资源的监测、评估评价,开展全国精细化气候资源普查,提高农业、生态、旅游和康养等气候资源的开发利用能力。开展碳达峰碳中和目标下高精度的风能和太阳能资源互补的气候评估,重点地区分辨率分别达到百米级和 1 公里,完善风能太阳能监测预报。完善国家气候标志评价体系并继续推进品牌建设,提升气候品质评价服务能力。加强重大工程建设、生态修复、国土空间规划等气候可行性论证。

积极参与全球气候治理。深度参与政府间气候变化专门委员会工作,充分发挥国内牵头部门作用,积极探索气候变化科学评估与全球气候治理关键问题相结合的途径和方式。积极参与国家碳达峰碳中和战略与行动方案制定与实施,围绕碳达峰碳中和目标愿景开展决策咨询服务。深度参与《联合国气候变化框架公约》谈判,提升参与国际气候治理的科技支撑能力,为全球气候治理提供中国方案。

三、强化生产发展气象服务

服务乡村振兴战略。提升农业气象服务水平,强化关键农时气象服务。深化高标准农田精细化气象服务,探索开展国家育制种基地气象服务,提升全球粮食产量预报服务水平,拓展主要作物监测预报预警主产国覆盖数量,提升国外粮食产量预报能力,强化国家粮食安全保障。加强特色农业气象服务。积极推动农村气象防灾减灾纳入数字乡村建设，做好平安乡村建设气象服务。强化脱贫地区特色种养业气象服务保障，为巩固脱贫成果及增强内生发展能力提供支撑。

服务交通强国建设。提高道路交通、铁路、内河航运、航空等交通气象灾害监测预报预警能力，高速公路浓雾、低温结冰短临预警提前量分别达到 0.5 小时和 1 小时。健全交通气象监测网络共建共享机制，提升交通气象服务快速响应水平，强化交通工程建设、运营调度、行车行船安全气象保障服务。开展道路交通气象预警处置试点工作。强化川藏铁路建设和中欧班列气象保障服务，组建长江等内河航运气象服务联合体。开展全球商贸物流气象保障服务。

服务海洋强国建设。发展海洋气象业务，构建海洋气象灾害监测预报预警体系。建立海洋气象服务系统。强化船舶航行、海洋渔业、港口作业、海上搜救打捞、油气开采涉海重大工程和海洋权益维护等气象保障服务，初步实现海洋气象服务在我国重点港口、近海航线、重点海域和全球重点航线全覆盖。建立具有自主技术的全球远洋气象导航业务，探索开展北极航道气象服务。建成覆盖全球的传真广播系统，持续提升海洋广播能力，基于北斗卫星加强预警发布。

服务国家能源安全。强化大风舞动、电线覆冰等电力气象灾害预报预警，发展电力负荷预测业务。加强煤电油气产、调、运全过程气象服务，建立能源行业高影响气象因子预报预警指标体系及服务模型。开展大规模风能太阳能开发利用工程、重要能源工程建设的气候风险评估和影响效应评价。

服务金融保险。建设金融、保险、农产品期货气象服务系统，开展台风、干旱、洪涝等巨灾保险气象服务，加强政策性农业保险和商业保险气象服务，发展天气指数保险、天气衍生品和气候投融资新产品,健全气象金融保险标准。推动气象融入数字经济,开展上海自贸区等气象服务贸易数字化和气象金融创新制度试点。

服务重大工程和重大活动。开展西部陆海新通道、国家水网建设等重大工程建设气象保障服务,建立重大工程建设的全周期气象服务机制。加强重大政治、文化、经济、体育等活动精细化气象服务,做好北京冬奥会和冬残奥会、杭州亚运会等气象保障服务。

四、深化民生气象服务

推进气象基本公共服务均等化。推进城乡、区域、人群之间气象基本公共服务均等化,实现每 10 分钟向公众提供全国 1 公里分辨率温度、降水、风速、风向等气象实况监测产品和短临预报,每 1 小时提供分辨率 1 公里的气象要素预报。提供基于位置和场景,精准推送的普惠化、分众式气象服务。开展面向民众衣食住行游购娱学康个性化、定制化的气象服务。打造以中国天气为品牌的气象服务融媒体矩阵,发展网络机器人气象服务。

发展城市气象服务。发展精细到城市网格的三维天气实况和预报,研发多灾种的城市气象风险图,提高城市气象灾害防御能力和水平。围绕城市治理科学化精细化智能化要求,推动气象与规划建设、安全运行、风险防控等深度融合,为建设城市防洪排涝体系和增强公共设施应对风暴、干旱等灾害能力提供支撑,全面提升宜居、智慧、绿色、韧性城市建设气象保障能力。开展北京、上海、广州、深圳、杭州等大城市气象保障服务国际示范。加强城市群一体化发展和现代化都市圈建设气象保障服务。

助力健康中国行动。发展运动、康养等气象指数服务,提供差异化个体健康生活天气提示。强化紫外线强度、负氧离子等监测。建立国家花粉监测和预警体系。加强气象条件与过敏性疾病、传染病、心脑血管、呼吸道等疾病的关系研究,建立疾病发生发展风险预测模型,及时发布风险预警。提升一氧化碳中毒、高温中暑气象条件预报预警服务能力。

发展旅游气象服务。推动将气象服务纳入旅游安全保障体系,开展旅游景区气象灾害风险排查,强化旅游安全气象风险预警,推动 3A 级以上旅游景区建设灾害性天气监测站网和预报预警信息传播设施,实现气象灾害预警信息面向各级旅游部门责任人全覆盖。研发趋利增值型旅游气象服务产品,开展旅游与康养特色气候资源评价,加强冰雪旅游、生态旅游、乡村旅游气象服务,助力旅游产业发展。

提升全民气象科学素养。建成 50 个左右国家气象科普基地和数字气象博物馆(科技馆)。繁荣气象科普创作,实施气象科普精品行动,挖掘、整理和传承气象科技文化遗产。开展气象科普进校园、进社区、进农村、进企事业等活动,打造"世界气象日"等气象科普品牌。加强气象科普创新团队和科普名家队伍建设。鼓励社会力量投入气象科普工作,推进气象科普事业和产业融合发展。

五、加强生态文明建设气象服务

加强生态系统保护和修复气象保障。面向"三区四带"等重点区域及气候敏感区,开展生态质量和生态服务功能气象影响评估,提升全国一体化生态系统气象影响评估能力。加强生态系统安全气象风险预警,建设生态系统安全气象风险预警系统,提高森林草原防灭火、沙尘暴、有害生物和水体藻类等气象风险预警服务能力。推进福建、江西、贵州、海南国家生态文明试验区和长三角生态绿色一体化发展示范区气象保障服务。

服务深入打好蓝天保卫战。发展精细化的环境气象数值模式及释用技术。继续做好空气质量、空气污染气象条件、重污染天气等预报预警服务。探索开展大气自净能力预报预测。开展大气环境承载力及气象条件对污染防治效果的定量化评估。加强细颗粒物与臭氧协同控制监测预报预警服务。加强国家、区域、省三级环境气象综合业务协同。强化重污染天气应对和核应急等突发环境事件应急气象保障。

科学开展人工影响天气。强化重点区域和重要农事季节抗旱防雹型、森林草原火灾火险和重大活动应急型、"三区四带"等重点区域及气候敏感区的生态修复型人工影响天气。做好"中华水塔""中央水塔""华北水塔"涵养和保护工作。继续推进国家、区域、省级人工影响天气工程建设,持续加强人工影响天气监测、作业和指挥能力建设。推进地面作业装备标准化、信息化改造和列装,发展高性能增雨飞机,探索大型无人机等作业新手段。健全完善人工影响天气一体化业务系统和指挥平台。加强人工影响天气作业效果评估。强化对复杂恶劣天气导致的安全风险研判,提升安全技术水平和重点环节监管能力。

专栏3　加强气象精准预报和精细服务

1.提升气象灾害监测预警能力

完善无缝隙智能化的气象灾害精准预报预警体系,提升数值预报及网格预报水平和气候预测能力,建立国省市县高清视频会商系统迭代升级机制。加强融媒体气象服务,提高气象服务集约化、智能化水平。提高气象灾害风险管理业务支撑能力。

2.加强气候变化监测评估与生态气象保障

加强气候变化、极端气候事件、气象灾害对我国重点生态功能区及生态脆弱敏感区的影响评估。提升气候资源合理开发利用能力,为气候承载力评价、气候可行性评估、碳中和评估提供气象服务。

3.加强山洪、地质灾害防治气象保障

围绕全面有效监测、核心技术突破、气象现代化持续发展,继续加强山洪、地质灾害气象监测预报预测、风险管理、信息网络支撑、装备保障能力,针对性地开展技术培训,不断提升暴雨实时监测预报预警及信息发布能力,推进气象资源跨部门互联

互通和共建共享。

4.加强海洋气象综合保障

依托海空天一体化海洋气象综合观测系统,提升面向全球的精细化海洋气象监测预报预警能力,实现个性化、专业化、精准化和全球化海洋气象服务能力,推进海洋气象资源跨部门互联互通和共建共享。

5.提升人工影响天气能力

发展高性能人影作业飞机,持续提升区域人工影响天气能力,优化完善人影业务指挥及地面作业。因地制宜开展区域特色试验示范,开展研究试验和关键技术攻关。在重点生态功能区开展常态化生态修复型、应急救灾型(森林草原灭火)人工影响天气作业。

6.提升国家突发事件预警信息发布能力

健全完善突发事件基础信息资源,做强预警信息发布业务,加强云基础支撑,制定相关标准规范,不断提升预警信息发布能力。

7.川藏铁路沿线气象监测预报预警服务

支持配合国铁集团和川藏两省(区)气象局加强川藏铁路沿线气象观测站网布局建设,提高川藏铁路沿线气象灾害预报预测水平,建立健全川藏铁路沿线气象预警服务机制,保障川藏铁路安全生产。

第七章　激活数据潜能,推动气象信息化建设

以提升气象大数据应用、完善数字气象基础设施、加强新一代信息技术融合应用等为重点任务,打好气象大数据和人工智能应

用攻坚战,着力打造集约开放、安全智能的数字引擎,全面支撑气象业务转型升级。

一、提升气象大数据应用

强化气象大数据收集。健全气象数据汇交机制,加强数据共享平台建设,推进部门间数据共享交换。发挥全球信息系统北京中心(GISC-Beijing)职能,建立面向互联网和物联网的全球数据收集业务,提高主动发现、安全访问、合法获取、挖掘提炼气候系统多圈层数据能力。加强纸质气象档案拯救与数字管理和利用能力建设,完成馆藏主要纸质记录数据提取。

建立多类别气象数据集。依托公共数据开放平台,发布气象公共数据产品。研制种类丰富、高质量、高时空密度、长时序、持续更新的气象数据产品。研发升级具备国际先进水平的全球和区域大气再分析产品、陆面再分析产品、中国区域大气化学-天气耦合再分析产品。加强精准预报、精细服务、生态保护、碳达峰碳中和、气候变化等专题数据管理。

规范有序管理气象数据。建设我国气象信息标准规范体系,积极参与相关国际规则和标准制定,加快气象信息标准业务强制应用。强化数据产权保护,建立统一归口的数据管理体制,完善气象数据共享开放、授权许可、交易流通、风险管控等制度,深化高价值气象数据跨地区、跨部门、跨层级共享共用。加强气象数据全生命周期监管,构建数据质量保障体系,实现数据质控与业务需求无缝对接。

二、建设数字气象基础设施

扩大高性能计算资源供给。实施气象高性能计算迭代工程,建设总峰值运算速度不低于 200PFlops、可用存储容量不低于 500PB 的低能耗国家级高性能计算机系统。推进节能环保的超算中心建设,提高算力支撑水平。基于国产异构众核混合架构,开发可移植的高性能代码库,开展数值模式移植。建设气象高性能计算资源监控管理系统,实现算力资源的精细化管理和调度使用。

强化"云＋端"的基础设施能力。利用政府和社会数据中心资源，建设集约高效、绿色低碳的数据和算力基础设施，形成国省协同的气象一朵"云"。加强气象大数据备份管理，实现与主中心间万兆互联。融入国家空天地海立体化网络，对气象通信网络带宽提速、协议升级，推进互联网、电子政务外网、移动互联等国家网络资源的业务应用。推动气象大数据云平台"天擎"智能升级。构建气象业务仿真中试环境，国省业务系统实施"云融入"改造，推进业务应用"云原生"。完善"天镜"综合监控系统，实现业务全流程监控和数字气象基础设施的高效使用。

健全整体防控的信息安全体系。加快备份能力建设，加强智能化监控运维，完成剩余 20 省气象档案馆安防设施综合改造，全面提升气象业务安全。加强国省网络安全架构标准化改造和规范化管理，与业务系统同步建设整体防御、智能防控网络安全保障体系。推广应用国产化软硬件设备和密码技术。强化多元化数据汇聚融合的风险识别与防护、数据脱敏、安全合规性评估认证、加密保护。建立基于气象数据唯一标识的流通监管。

三、加强新一代信息技术融合应用

推动气象行业数字化转型升级。推动气象数据融入数字经济、数字社会、数字政府建设。建立气象数据与行业数据融合的标准规范与对接机制，推动气象深度融入数字孪生城市和数字乡村建设，融入购物消费、居家生活、旅游休闲、交通出行等各类数字化场景中。强化气象数据在突发公共事件应对中的应用，全面提升预警和应急处置能力。加快"业务数据化"，构建气象运维大数据，推进数据变革流程。

加快新一代信息技术应用。基于物联网、5G、北斗系统、卫星通信网等数据通信和传输技术，提高气象数据获取与全球服务能力。持续扩充、增强气象云计算基础设施资源，形成集群化、规模化、服务化的云算力资源支撑能力，提升云计算资源调度能力。依托气象大数据云平台人工智能支撑和智能应用数据集,推动人工智能在数据分析、资料同化、数值模式、气象预报和气象服务中的深入应用。开展边缘计算在特定业务服务领域的试点应用。推进区块链技术在数据交易、元数据管理等领域的应用试验。

专栏4 提升气象信息化水平

发展国产气象高性能计算系统,迭代升级绿色低能耗、匹配无缝隙全覆盖的全球高精度数值预报和地球系统模拟应用的高效算力。完善气象高性能计算资源监控管理,加强数值预报中试能力和气象高性能计算安全保障能力。做强气象信息感知网和基础设施云平台,推动气象大数据云平台向智能化方向发展,升级异地容灾备份中心。推进业务布局从"国省联通"向"国省协同"演变,推进各领域业务系统集约整合,提升气象信息系统集约化水平。

第八章 全面深化气象改革,提升气象治理效能

以深化重点领域改革、加强气象法治建设、加强行业管理和社会管理,统筹气象事业协调发展为重点任务,构建规范有序气象治理体系。

一、深化重点领域改革

深化业务技术体制改革。继续完善"云+端"气象业务技术体制。强化气象业务的系统性、协同性、集约性布局设计,优化国省市县业务布局和分工,推进技术研发和产品制作向国省集约、产品应用检验和气象服务向市县下沉。完善支撑研究型业务发展的体制机制。探索建立覆盖全业务流程、全生命周期的质量管理体系,创建贯穿全业务链条的检验评估业务。

深化气象服务体制改革。建立基本公共气象服务清单制度，形成保障基本公共气象服务体系有效运行的长效机制。鼓励专业气象服务集约化、规模化发展和跨区域、跨层级的联动发展。联合相关部门鼓励发展气象经济，建设气象服务众创平台，推进产业示范园或示范基地建设，形成多元化气象服务供给格局。促进国有气象服务企业集团化、规模化发展。建立气象服务市场监管机制和质量评价制度，强化中国气象服务协会等第三方机构作用。

深化管理体制改革。落实国家事业单位改革部署，适应国家自然灾害防治和应急管理要求，优化调整气象业务和管理机构设置及职能。完善双重领导管理体制以及与之相适应的双重气象计划体制和相应的财务渠道，落实与地方气象事权相适应的支出责任。深化"放管服"改革，落实防雷安全责任，依法依规开展防雷技术服务。加强气象科学管理，建立气象事业高质量发展评价体系，推进气象技术管理制度和体系建设。

二、加强气象法治建设

推进气象立法执法普法工作。完善气象立法机制，推进气象法律法规和部门规章修订，加强重点领域立法，推动立法与改革决策相衔接。全面推行气象行政规范性文件合法性审核机制。完善气象行政执法体制机制，加强气象执法机构和队伍建设，构建气象行政执法信息化体系。推行气象行政执法公示制度、全过程记录制度、重大执法决定法制审核制度。落实"谁执法谁普法"普法责任制，提高法治宣传的精准性、实效性。

加强气象标准化建设。完善气象标准体系，提升气象标准制修订的系统性，加强基础性、关键性气象标准制定。推进开门制标、开放贯标，促进气象标准的多元参与，提高国际气象标准参与度。强化标准与业务服务的互动融合，以标准促进气象关键核心技术的业务化、产业化，提升标准的实施应用水平。建立标准制定、实施、监督、反馈、改进的良性联动机制，加强标准化技术支撑能力建设。

三、加强行业管理和社会管理

推进行业气象协同发展。优化气象行业资源配置，统一规划设计行业气象现代化建设。建立完善全行业互动合作机制，强化气象相关行业领域间的知识流动、人才培养和资源共享，引导和激励有关行业部门优势资源共同开展气象业务重大核心技术协同攻关。强化对兵团、民航气象等支持和指导，完善行业气象标准和规范，强化行业气象监督管理。

强化气象社会管理职能。构建竞争有序的现代气象市场体系。推进气象政务服务标准化。建立健全公共监督机制。依法依规加强气象预警与灾害普查、气候可行性论证、气象信息服务、雷电灾害防御等事中事后监管。完善气象服务主体多元监管体系。完善相关技术标准、规范和要求，强化对气象产业科技创新发展的引导。进一步强化各级政府和有关部门的责任，加强气象设施和气象探测环境保护。

加强新时代气象文化建设。加强气象文化基础设施和人才队伍建设，建立气象文化建设交流机制，积极创新气象文化，建设特色气象文化品牌。强化气象文化宣传，拓展气象文化传播途径。加强文明单位建设。

四、统筹气象事业协调发展

夯实气象基层基础工作。加强对基层发展的顶层设计和指导。统筹省市县资源配置，用好机构编制资源，强化基层防灾减灾、乡村振兴、生态文明建设等气象服务职能，加强县级气象服务需求收集和供给。加大对基层人员的引进培养使用，稳定基层人才队伍。建立与地方经济社会发展水平相适应的基层投入机制，推进各项保障到位。加强革命老区、民族地区、边疆地区和高山、海岛、荒漠等艰苦台站现代化建设。

深化区域气象协调发展。围绕推进形成西部大开发新格局，着力发挥西部地区在天气系统上游的关键作用,提升西南地区综合业务能力,强化应对气候变化和生态环境保护服务保障能力,补齐我国气象现代化短板。助力东北振兴取得新突破,着力在保障国家粮食安全、赋能产业发展、调整经济结构等领域提高气象服务能力,建设气象强国辽宁践行实验区,培育事业发展的新增长极。保障中部地区加快崛起,推进中部地区防灾减灾、流域生态保护与高质量发展和新型城镇化气象保障服务的协同发展,打造气象事业高质量发展的新动能区域。搭上东部地区加快推进现代化快车,着力构建气象事业高质量发展样板、科技创新研发高地和高水平开放平台,打造气象强国建设的示范引领区。支持各省(区、市)、计划单列市气象局结合实际,围绕自身发展开展气象现代化能力提升工程建设(详见附表)。

保障区域重大战略。加强京津冀协同发展、长江经济带发展、粤港澳大湾区建设、长三角一体化发展、黄河流域生态保护和高质量发展等区域重大战略气象保障服务,建立与国家区域发展战略相适应的气象管理机制。因地制宜构建区域气象发展的新模式,建设京津冀智慧气象示范区、长江经济带绿色发展气象服务窗口、粤港澳大湾区气象科技创新高地、长三角一体化发展气象先行区、黄河流域生态保护和高质量发展气象服务样板区、成渝地区双城经济圈气象保障实验区及两岸气象融合发展先行区。

专栏5 提升基层台站能力

持续推进打造现代化基层台站,开展高质量发展示范台站建设。围绕监测精密、预报精准、服务精细,提高基层台站信息网络、业务平台和监测预警发布支撑水平。围绕确保安全运行,提高基层台站围墙、护坡、给排水、供配电等附属配套设施性能。加快提升尚未进行综合改造的120个基层台站基础设施水平。有序提升气候观象台、大气本底站、百年气象台站基础设施水平。

第九章　保障措施

一、加强组织领导

坚持党的全面领导,充分发挥党总揽全局、协调各方的作用。加强规划实施的组织领导和统筹协调,建立健全保障机制,确保规划发展目标和各项重点任务顺利完成。做好与《中华人民共和国国民经济和社会发展第十四个五年规划和2035年远景目标纲要》的衔接,做好与省级规划、区域规划、专项规划的协调,确保总体要求一致,空间配置和时序安排协调有序。

二、完善多元化投入机制

完善与气象部门现行领导管理体制相适应的双重气象计划体制和相应的财务渠道,积极争取各级政府对气象的支持力度,强化部门预算与规划实施的衔接协调,更好地发挥规划的战略导向作用。健全政府购买服务机制,鼓励社会资源参与气象服务供给,推动相关专业气象服务纳入政府购买服务指导性目录。

三、加大开放合作

扩大国内开放合作力度,推动省部、局校、局企等合作,共同推进气象现代化建设。推进产学研深度融合,支持企业组建产业联盟。深化全球气象合作与交流,加强全球和区域专业气象中心履职,全面参与国际气象事务,探索发起国际气象大科学计划和工程,提高全球气象治理的话语权。

四、加强监督检查

加强规划实施的监督检查,完善规划实施监测评估制度,健全规划实施评价标准,将规划指标分解到年度进行监督和考核。加强工程项目实施的咨询和论证工作,规范相关建设程序,提高决策的科学化和民主化水平。

附表:各省(区、市)、计划单列市重点项目(略)

政策性文件

中国气象局创新团队建设与管理办法

（气发〔2021〕11号）
2021年1月25日

第一章　总　　则

　　第一条　为贯彻落实中国气象局党组《关于增强气象人才科技创新活力的若干意见》《关于进一步激励气象科技人才创新发展的若干措施》精神，大力实施人才强局战略和创新驱动发展战略，加强创新团队建设，加快气象科技创新，实现监测精密、预报精准、服务精细，制定本办法。

　　第二条　中国气象局创新团队（以下简称创新团队），是指以高层次人才为核心，以骨干人才和优秀青年人才为主体，面向国家重大需求，面向世界科技前沿，面向气象现代化建设，以解决气象业务服务发展重点领域关键科技难题为目标，开展气象科技研发活动的国家级创新群体。

　　第三条　创新团队建设坚持以下原则

　　（一）需求牵引，鼓励创新。

　　（二）顶层设计，合理布局。

（三）统筹资源，重点支持。

（四）目标考核，动态调整。

第四条 中国气象局人才工作领导小组负责对创新团队建设的组织领导，及时研究解决创新团队建设中的重大问题，统筹推进各项工作。中国气象局人才工作领导小组办公室（设在人事司，以下简称人才办）负责创新团队建设和管理的组织协调；科技司等相关职能司负责创新团队的目标任务审核和技术路线指导；创新团队依托单位负责其日常管理和服务，优化创新环境，激发团队活力。

第二章 建设条件和要求

第五条 创新团队应依托国家级业务科研单位、省部级以上重点开放实验室等支撑平台进行建设。其所从事科技研发工作应符合服务国家、服务人民的根本方向和气象现代化建设的核心需求，具有明确的阶段性发展目标和研发计划，具有较强的研发能力和良好的发展潜力。支撑平台所在司局级单位为创新团队依托单位。

第六条 创新团队一般应由 1 名带头人、若干骨干成员等组成，其规模根据任务需要具体确定。团队应有合理的人才梯队结构和学术技术结构，骨干成员中 40 岁以下青年人才占比应不少于三分之一。

第七条 团队带头人应德才兼备、学风优良；有较强的创新思维，在相关专业领域有较高的学术技术影响力；组织协调能力强；一般应具有正高级职称，有主持省部级以上重大科研项目或重大业务工程的经历，并取得重要成果；原则上只能担任一个创新团队的带头人。

团队骨干成员应在相关领域具有扎实的专业基础和较强的研

发实力,有良好的团队协作精神和发展潜力;原则上不能同时参加两个(含)以上的创新团队。

第八条 秉持开放合作理念,创新团队建设既注重充分发挥国家级、省级优秀气象科技骨干的作用,又注重吸引集聚急需紧缺的气象行业科技力量和海外高层次人才。

第三章 建设方式和程序

第九条 创新团队可采用组织确定的方式组建,也可采用推荐遴选方式确定。

第十条 创新团队的组织确定程序:

(一)根据国家重大战略气象服务保障和推进气象科技创新需要,人才办会同科技司等相关职能司提出重点领域创新团队组建的初步意见,包括组建创新团队的必要性、目标任务、依托单位和总体要求,以及团队带头人人选建议等,由人才办根据创新团队建设原则提出组建建议,报局审定。

(二)依托单位会同创新团队带头人,根据创新团队的目标任务和总体要求,编制创新团队组建方案,明确岗位职责要求、成员遴选标准和程序等。组建方案经人才办会同科技司等相关职能司审核后执行。

(三)创新团队带头人会同依托单位,按照创新团队组建方案,组织遴选团队骨干成员,制定完善阶段性目标、技术路线、任务分工、进度安排等。

(四)创新团队组建后一个月内,团队带头人应组织填写创新团队任务书,经依托单位审核后,报人才办备案。

第十一条 创新团队的推荐遴选程序:

(一)人才办会同科技司等相关职能司,每一年或每两年组织开展一次创新团队遴选。

（二）对于研发方向符合国家重大战略气象服务保障和气象现代化建设的发展方向和核心需求，具有良好运行机制和竞争优势的司局级单位创新团队，依托单位可按遴选要求组织推荐申报创新团队，并将创新团队申报书等申报材料在本单位公示不少于五个工作日后，报人才办。

（三）人才办会同科技司等相关职能司对推荐材料进行审查，组织专家组对推荐团队进行评审，形成专家组评审意见，报局审定。

（四）创新团队获批后一个月内，团队带头人应组织填写创新团队任务书，经依托单位审核后，报人才办备案。

第四章　管理与考核

第十二条　创新团队实行带头人负责制。团队带头人对依托单位和相关职能司负责，主要职责：

（一）会同依托单位组织制定团队日常运行管理办法和团队内部绩效分配细则。

（二）按照创新团队目标任务要求，制定研发任务技术路线，确定团队骨干成员分工。

（三）制定创新团队年度任务计划，组织开展研发工作。

（四）组织团队成员年度考核，根据考核结果或工作需要动态调整团队组成。

（五）定期向相关职能司和依托单位汇报进展情况。

第十三条　创新团队实行岗位聘用制度。依托单位要与团队带头人签订聘用合同，团队带头人与团队其他成员直接或分级签订聘用合同，明确研发任务和职责。

第十四条　创新团队实行年度跟踪评估和阶段综合评估。评估结果分为优秀、合格、不合格三个等次。

年度跟踪评估。依托单位负责对团队带头人和团队的年度工作进展、创新成果、目标完成等情况组织开展年度考核和跟踪评估。团队带头人负责对骨干成员的年度工作绩效组织开展考评。

阶段综合评估。每三年左右对创新团队实行综合考核评估。人才办会同科技司等相关职能司组织综合考评组或结合第三方评估专家组评估意见，对创新团队的目标任务完成情况和主要成果、创新团队带头人的履职情况进行阶段综合评估。

第十五条 创新团队实行基于考核评估的动态调整机制。对阶段综合评估不合格的，取消创新团队称号，终止支持。

根据年度跟踪评估、阶段综合评估结果，团队带头人不能完成目标任务和履行职责时，依托单位或相关职能司有权提出调整建议。

创新团队带头人可根据年度跟踪评估、阶段综合评估结果，以及团队研发任务的需要，动态调整团队骨干成员。

第十六条 创新团队实行重大事项报告制度。创新团队运行过程中，涉及主要任务目标等重大事项调整或变更时，团队带头人通过依托单位按程序向人才办报批。人才办会同科技司等相关职能司核批后执行。

团队带头人因特殊原因不能继续履行职责时，依托单位应及时提出调整申请，人才办会同相关职能司审查后提出调整建议，报局批准。

第十七条 创新团队实行协同管理。团队骨干成员之间应密切合作，须经常性开展技术交流，促进协同攻关，坚决杜绝各自为政现象。重要问题需逐级报告，分层化解。

第十八条 团队骨干成员出现下列情形之一者，团队带头人应解除其团队聘用合同，并报依托单位和人才办备案：

（一）违法犯罪；或不遵守职业道德、弄虚作假，有学术不端行为；或严重失职，违反相关规章制度并造成重大损失。

（二）出国逾期不归，或长期（一年内累计 4 个月以上）因病或其他原因不能正常履行团队职责。

（三）缺乏协作精神，不服从工作安排；或团队年度考评不合格或团队内部阶段性检查无显著工作进展；或偏离攻关任务整体要求，且拒不听从劝说或指导。

第五章　支持措施

第十九条　中国气象局根据创新团队目标任务等给予专项经费支持。依托单位可根据需要给予配套支持。

第二十条　创新团队实行绩效激励分配制度。团队带头人按照团队绩效分配细则，根据职责任务、年度或阶段评估结果，对团队骨干成员绩效分配等次提出方案，报依托单位审定后实施。团队带头人绩效奖励可根据工作情况核定，一般不超过团队成员平均绩效奖励的 3 倍。团队绩效不受所在单位年度工资总额限制。

第二十一条　中国气象局对取得重大突破的创新团队和突出成绩的团队带头人、团队骨干成员给予额外的特别奖励。

第二十二条　中国气象局优先支持创新团队在其优势研究方向承担科研项目。优先支持团队成员开展国内外学术交流和培训。优先支持创新团队聘请海内外优秀专家指导团队工作。

第二十三条　团队骨干成员所在单位应全力支持并确保其工作时间。在职称评审、岗位竞聘等人才评价工作中，注重个人评价与团队评价相结合，尊重和认可团队所有参与者的实际贡献。

第二十四条　依托单位应为创新团队提供良好的工作条件和科研环境，充分尊重团队带头人在团队管理方面的自主权，及时了解团队工作开展情况。依托单位应建立和完善创新团队专项经费管理责任制，确保专项经费合规、有效使用。

第二十五条　依托单位要按照国家和中国气象局对科技成果

认定、评价和转化的要求,结合本单位实际,制定科技成果认定、评价和转化实施细则,对突破重大核心技术和成果转化应用产生重要影响的技术报告给予认定,对开展的科技创新活动给予评价,对完成、转化科技成果做出重要贡献的团队成员给予奖励。

第六章　附　则

第二十六条　本办法由人才办负责解释。

第二十七条　各省(区、市)气象局、各直属单位可参照本办法制定本单位创新团队建设与管理办法,做好司局级创新团队建设工作。

第二十八条　本办法自印发之日起施行。《中国气象局创新团队建设与管理办法(试行)》(气发〔2010〕152号)同时废止。

气象部门机关办公用房管理办法

（气发〔2021〕14 号）

2021 年 2 月 10 日

第一章　总　　则

第一条　为进一步规范气象部门机关办公用房管理，推进气象部门机关办公用房资源合理配置和节约集约使用，保障正常办公，促进党风廉政建设和节约型机关建设，根据《党政机关办公用房管理办法》《中央国家机关所属垂直管理机构、派出机构办公用房管理办法（试行）》《党政机关办公用房建设标准》等规定，结合气象部门实际，制定本办法。

第二条　本办法适用于气象部门机关办公用房（以下简称办公用房）的规划、权属、配置、使用、维修、处置等管理工作。

本办法所称气象部门机关，是指中国气象局机关、省（区、市）气象局机关、计划单列市气象局机关、地市级气象局机关。县级气象局、地方编制的气象机构参照本办法执行。

本办法所称办公用房，是指气象部门机关占有、使用的，为保障气象部门机关正常运行需要设置的基本工作场所，包括办公室、服务用房、设备用房和附属用房。

第三条　办公用房管理应当遵循下列原则：

（一）依法合规，严格执行法律法规和党内有关制度规定，强化监督管理。

（二）科学规划，统筹机关办公和公共服务需求，优化布局和功能。

（三）规范配置，科学制定标准，严格审核程序，合理保障需求。

（四）有效利用，统筹调剂余缺，及时依规处置，避免闲置浪费。

（五）厉行节约，注重庄重朴素、经济适用，节约能源资源。

第四条　建立健全办公用房集中统一管理制度，统一规划、统一权属、统一配置、统一处置。中国气象局负责气象部门办公用房权属管理、使用监管、建设项目审批及指导开展资产管理等工作。

气象部门按照分级管理原则，负责本单位办公用房占有、使用的内部管理和日常维护及资产处置等工作，指导下级办公用房管理并进行监督检查。

第二章　权属管理

第五条　办公用房的房屋所有权、土地使用权等不动产信息，按照上登一级的原则进行登记，同时将上述信息录入行政事业单位资产管理信息系统。中国气象局办公室负责指导权属单位与使用单位签订办公用房使用协议，核发办公用房分配使用凭证。办公用房分配使用凭证可以按照有关规定用于办理使用单位法人登记、集体户籍、大中修项目施工许可等，不得用于出租、出借、经营。

技术业务用房与办公用房实行统一权属登记，从严控制使用范围和用途，原则上不得调整用作办公用房。

第六条　建立健全办公用房清查盘点制度。气象部门机关应当建立本单位办公用房资产管理分台账，并定期进行清查盘点，资产信息发生变更的，及时调整更新。

第七条 建立健全办公用房档案管理制度、信息统计报告制度。

使用单位应及时归集权属、建设、维修等办公用房原始档案，定期统计汇总办公用房管理情况，报上一级管理部门。

第三章　配置管理

第八条 严格按照党政机关办公用房相关办法和部门"三定方案"合理配置办公用房，具备条件的单位要逐步推进集中或者相对集中办公，共用配套附属设施，严禁违规、超标配置办公用房。

办公用房由基本办公用房（包括办公室、服务用房、设备用房）和附属用房两部分组成。

（一）办公室：包括领导人员办公室和一般工作人员办公室。

（二）服务用房：包括会议室、接待室、档案室、图书资料室、机关信息网络用房、机要保密室、文印室、收发室、医务室、值班室、储藏室、物业及工勤人员用房、开水间、卫生间等。

（三）设备用房：包括变配电室、水泵房、水箱间、中水处理间、锅炉房（或热力交换站）、空调机房、通信机房、电梯机房、建筑智能化系统设备用房等。

（四）附属用房：包括食堂、停车库（汽车库、自行车库，电动车、摩托车库）、警卫用房、人防设施等。

第九条 办公用房配置方式包括调剂、置换、租用和建设。

第十条 使用单位需要配置办公用房的，应当严格履行审批程序，由上一级管理部门优先整合现有办公用房资源调剂解决。

与地方各级党政机关之间调剂、置换使用的，在与同级地方人民政府协商一致后，厅（局）级单位办公用房的调剂、置换，由本级党组对该事项研究决定后报中国气象局，由中国气象局审核提出意见，经国家机关事务管理局会同财政部批准后实施；厅（局）级以下单位办公用房调剂、置换,由本级党组对该事项研究决定后报上一级管理单位批准。涉及资产处置相关事项,按资产管理相关规定执行。

通过租用方式配置办公用房的,由本级党组对该事项研究决定后报上一级管理单位批准。厅(局)级单位办公用房租用情况,报国家机关事务管理局备案。

第十一条 无法调剂、置换、租用办公用房,或者涉及国家秘密、国家安全等特殊情况的,可以采取建设方式解决,应按照国家有关政策从严控制,严格履行审批程序。办公用房建设包括新建、扩建、改建、购置。

第十二条 办公用房配置所需资金,应当通过政府预算安排,不得接受任何形式赞助或者捐款,不得搞任何形式集资或者摊派,不得向其他任何单位借款,不得让施工单位垫资,严禁挪用各类专项资金。

土地收益和资产转让收益按照非税收入有关规定管理,不得直接用于办公用房配置。涉及新增资产的,应申报新增资产配置预算。

第四章　使用管理

第十三条 气象部门机关应当严格按照有关规定在核定面积内合理安排使用办公用房,不得擅自改变办公用房使用功能,不得调整给其他单位使用。办公用房安排使用情况应当按年度通过政务内网、公示栏等平台进行内部公示,严禁超标准使用办公用房。

厅(局)级单位办公用房使用安排方案需报中国气象局核定,并报国家机关事务管理局备案;厅(局)级以下单位办公用房使用安排方案由上一级管理单位核定,并报各省(区、市)气象局备案。

领导干部有兼职的,应当在主要任职单位安排1处办公用房;

主要任职单位与兼职单位相距较远且经常到兼职单位工作的,经严格审批后,可以由兼职单位再安排1处小于标准面积的办公用房,并在免去兼任职务后2个月内腾退兼职单位安排的办公用房。

工作人员调离或者退休的,所在单位和部门应当在办理调离或者退休手续后1个月内收回其办公用房。

第十四条 使用单位机构、编制调整的,应当重新核定办公用房面积。超出面积标准的,应该在1个月内进行腾退;机构撤销的,应在6个月内将原有办公用房腾退移交上级管理单位。

第十五条 气象部门机关工作人员办公室具备条件的,应当采用大开间等形式,提高办公用房利用率。办公室面积测量以内墙至内墙的距离为基础计算,扣除立柱等面积。有封闭阳台的,阳台全部面积计入办公室使用面积;阳台未封闭的,按阳台一半面积计入办公室使用面积。

会议室、接待室等服务用房,可以采取可拆卸式隔断设计,提高空间使用的灵活性。

第十六条 项目批复中已经明确和气象部门机关一并建设办公用房的事业单位,按照面积标准核定后可以继续无偿使用办公用房。

生产经营类事业单位、国有企业和行业协会、商会等社团组织,原则上不得占用办公用房。

第十七条 建立健全政府向社会购买物业服务机制,逐步实现办公用房物业服务社会化、专业化,具备条件的逐步推进统一物业管理服务。

办公用房物业服务内容、服务标准和费用定额,参照中央及地方相关标准执行。

第五章　维修管理

第十八条　办公用房维修包括日常维修和大中修。维修标准严格按照中央办公用房维修标准的有关要求执行。

第十九条　对未达到大中修更新改造标准的日常维修,所需资金通过部门预算解决。

第二十条　办公用房因使用时间较长、设施设备老化、功能不全、存在安全隐患等原因需要大中修的,应当严格履行审批程序,未经审批的项目,不得安排预算。各省(区、市)气象局机关、计划单列市气象局机关办公用房大中修项目应报中国气象局审批,并报归口的机关事务管理部门备案。厅(局)级以下单位办公用房大中修项目应报上一级管理单位审批。

第六章　处置利用管理

第二十一条　办公用房有下列情形之一闲置的,可以按照有关规定采取调剂使用、转换用途、置换、拆除等方式及时处置利用:

(一)办公用房总量满足使用需求,仍有余量的。

(二)因地理位置、周边环境、房屋结构等原因,不适合继续作为办公用房使用的。

(三)因城乡规划调整等需要拆迁的。

(四)经专业机构鉴定属于危房,且无加固改造价值的。

(五)其他原因导致办公用房闲置的。

处置利用办公用房涉及权属、用途等变更的,应当依法办理相关手续。

第二十二条　闲置办公用房处置利用应优先调剂使用,提高办公用房资产使用效率,审批程序按本办法第十条执行。闲置办公用房无法通过调剂、置换等方式处置利用的,按照资产管理相关规定实施。使用单位不得擅自出租办公用房。

第七章 监督问责

第二十三条 建立健全单位内部办公用房使用管理制度,强化监督检查、信息公开和责任追究,及时发现和纠正违规问题。

第二十四条 严格履行相关管理程序,对有令不行、有禁不止的,依照有关规定严肃追究相关人员责任。

管理部门有下列情形之一的,依纪依法追究相关人员责任:

(一)违规审批项目或者安排投资计划、预算的。

(二)不按照规定履行调剂、置换、租用、建设等审批程序的。

(三)为使用单位超标准配置办公用房的。

(四)不按照规定处置办公用房的。

(五)办公用房管理信息统计报送中存在瞒报、漏报的。

(六)对发现的违规问题未及时处理的。

(七)有其他违反办公用房管理规定情形的。

使用单位有下列情形之一的,依纪依法追究相关人员责任:

(一)擅自将办公用房权属登记至本单位或者所属单位名下或者不配合办理权属登记的。

(二)未经批准建设或者大中修办公用房的。

(三)不按规定腾退移交办公用房的。

(四)未经批准租用、借用办公用房的。

(五)擅自改变办公用房使用功能或者处置办公用房的。

(六)擅自安排企事业单位、社会组织等使用办公用房的。

(七)为工作人员超标准配备办公用房,或者未经批准配备两处以上办公用房的。

(八)有其他违反办公用房管理规定情形的。

第八章　附　则

第二十五条　各省(区、市)气象局、计划单列市气象局应当根据本办法,结合实际制定办公用房管理细则。

第二十六条　本办法由中国气象局办公室负责解释。

第二十七条　本办法自印发之日起施行。

中国气象局关于推动气象
灾害预警联动机制建设的通知

（气发〔2021〕79 号）

2021 年 8 月 25 日

在全球气候变暖背景下，极端天气气候事件多发频发，特别是 7 月 20 日河南省郑州市遭受特大暴雨灾害，造成重大人员伤亡和财产损失。党中央、国务院高度重视。习近平总书记、李克强总理作出重要指示批示，国务院连续召开会议对加强防汛救灾工作进行部署，要求始终把保障人民生命财产安全放在第一位，强化建立健全以气象灾害预警为先导的应急联动机制建设，严格落实灾害性天气情况下交通、旅游等重点行业和地铁、地下空间等重点场所安全管控措施，提高群众防汛避险意识。为深入贯彻落实习近平总书记关于防汛救灾工作和对气象工作的重要指示精神，以及党中央、国务院决策部署，切实推动完善气象灾害预警联动机制建设，现将有关事项通知如下：

一、坚持人民至上、生命至上，始终把保障人民群众生命财产安全放在第一位

各单位要认真学习贯彻落实习近平总书记关于防汛救灾重要指示精神，坚持人民至上、生命至上，切实增强政治敏锐性，不断提高政治判断力、政治领悟力、政治执行力。要始终坚持以人民为中心的发展思想和全心全意为人民服务的根本宗旨,把思想和行动统一到党中央、国务院的决策部署上来,把最大限度减轻和避免气象灾害对人民生命财产安全造成影响作为防汛减灾气象服务的最高目标,作为检验防汛减灾气象服务工作成效的首要标准,作为"我为群众办实事"的重要行动。要进一步强化气象灾害监测预警服务,积极主动提醒各类用户采取应急联动措施,推动将气象灾害预警信息转化为防灾减灾的实际行动,充分发挥气象防灾减灾第一道防线作用。

二、进一步推动建立健全以气象灾害预警为先导的应急联动机制

各级气象部门要严格落实属地责任,对本地现行的气象灾害防御法规、气象灾害应急预案的可行性、可操作性、科学性等进行评估,主动加强向当地党委政府汇报和相关部门的沟通,推动修订完善本地气象灾害防御法规和气象灾害应急预案,建立健全以气象灾害预警为先导的部门应急联动机制和社会响应机制,特别要推动建立健全基于重大气象灾害高级别预警信息高风险区域、高敏感行业、高危人群的自动停工停业停课机制。推动各地方政府建立健全气象灾害重点防御单位认定及风险防控机制,建立健全预警信息接收和应急联动机制,定期开展应急演练和隐患排查,全面落实气象灾害防御主体责任。积极联合相关部门制定气象灾害应急联动阈值指标和防御指南,提供基于阈值的预警服务,不断提高社会应急联动的科学性、有效性。大力推动发展面向社区网格员、气象信息员的气象灾害预警服务和应急联动机制。建立健全政府部门快速响应部署、相关行业依规停工停产停课、社会公众主动防灾避灾的科学、高效、快速的气象灾害应急联动体系。

三、进一步优化气象灾害预警标准规范及业务分工

各级气象部门要坚持问题导向、结果导向,积极主动作为,梳理目前本级气象部门气象灾害预警信息发布情况,要建立针对各类用户不同级别、不同类别气象灾害预警信息差异化发布策略,避免因预警信息"大水漫灌"而降低高级别预警信息的警示作用。要站在用户视角,优化省、市、县三级预警信息发布流程,避免多层级重复发布。推进预警信息属地化发布,解决预警信息多级重复发布问题,确保预警信息对外发布内容的一致性。县级承担本级行政区域内预警信息的发布职责,市级承担未设立气象台(站)县级行政区的预警信息的发布职责,发布的预警信息要精细到乡(镇、街道)。省级负责全省预警信息业务支撑和指导。提升预警信息内容的规范性,同时出现或者预报可能出现多种气象灾害时,根据服务效果,选择级别较高或者影响程度较重的一种预警信息发布,同时在发布内容中明确其他灾种的相关预警信息。预警信息的发布用语遵循"重点突出、简明扼要、通俗易懂"原则,精细描述灾害种类、发生发展趋势、影响时段、影响范围等。提高预警信息时间提前量,科学有效兼顾预警信息发布的时间提前量和准确率,进一步落实《暴雨、雷雨(暴)大风预警信号有效性评价办法(试行)》(气预函〔2021〕7号),切实提高预警信息的时间提前量。增设强对流天气预警信息,根据本地实际增加相应的雷雨(暴)大风预警信息,在雷雨(暴)大风预警信息中,既包含雷电,也包含强对流天气短时大风、短时强降水等预警内容。

四、进一步提升气象灾害风险预警服务能力

各级气象部门要抓住机遇,扎实推进气象灾害综合风险普查工作,推动与当地政府普查办和相关部门的信息共享,获取气象灾害承灾体暴露度和脆弱性信息,建立气象防灾减灾大数据平台,形成辖区内气象灾害风险"一张图"和各类风险点、隐患点及其致灾阈值清单、应急责任人预警服务对象清单。在省级气象部门支撑下建立"网格预报+隐患点及致灾阈值→风险预警"业务,开展分灾种、分区域、分行业的气象灾害风险预警服务。加强与发展改革、住房建设、自然资源等部门沟通和合作,积极开展城市规划、重要基础设施、重大工程建设等气象灾害风险评估,科学设计防灾减灾设防标准。联合教育部门共同建立健全重大气象灾害停课工作机制。继续联合应急管理等部门,推动综合减灾示范社区的认定,提高基层社区防范气象灾害能力。强化与保险等行业的合作,探索建立气象灾害风险分担和转移机制,推进重大灾害保险气象服务。

五、进一步强化气象灾害预警信息发布工作

针对地方党委政府和重点部门,要结合实际建立重大灾害性天气"叫应"服务标准和工作流程,特别是对于台风、极端强降雨、雷暴大风等高致灾性天气,要建立重大天气过程面向党委政府主要领导的直通式报告机制。要充分利用电视、网站、微博、微信、手机短信、手机 App、抖音、农村预警大喇叭等多种渠道第一时间向社会公众发布预警信息,第一时间向社会媒体和相关部门共享预警信息,切实通过气象部门自己发、其他部门同步转、社会媒体协同播进一步提高预警信息覆盖率。针对高影响地区、高风险人群,要联合广播电视、通信管理等部门试点开展预警信息精准靶向发布工作。预警信息及防御指南要采用通俗易懂的语言,具有可操作性,便于广大公众依据指南开展防灾避险和自救。

六、进一步提高社会公众主动防御气象灾害意识和能力

各级气象部门要进一步加强气象灾害预警科普宣传,推进科普进学校、进企业、进社区、进工地,发展体验式科普。联合社会力量,充分应用新媒体平台和短视频等新宣传手段,面向公众加强对气象灾害致灾风险、气象灾害预报预警信息、灾害防御措施的宣传和解读,科学、权威解释极端天气成因,引导公众正确认识、科学防范气象灾害。联合宣传、教育、科协等部门加强极端天气自救互救知识宣教和技能培训,提高社会公众依据气象灾害预警信息自主快速开展防灾避灾的意识和能力。针对灾害天气和社会关注热点,加强舆情监测研判,及时组织专家予以回应,统筹做好科普宣

传和舆论引导工作。

各省(区、市)气象部门要高度重视推动完善气象灾害预警联动机制建设工作,专题研究部署,成立工作专班,加强调研分析,实事求是总结以往经验和教训,坚持问题导向、目标导向和结果导向,形成专项工作方案并推动实施。制定的专项工作方案于 9 月 15 日前上报中国气象局应急减灾司应急减灾处。

中国气象局重点工程项目
管理办法

（气发〔2021〕88 号）
2021 年 9 月 23 日

第一章　总　则

　　第一条　为全面加强中国气象局重点工程项目（以下简称"重点工程"）管理，明确管理职责，规范管理程序，确保工程质量，提高投资效益，依据《政府投资条例》（国务院令第 712 号）、《中央预算内直接投资项目管理办法》（国家发展和改革委员会令第 7 号）等规定，结合气象工程特点，制定本办法。

　　第二条　本办法适用于国务院或国家发展改革委批复立项的中央预算内投资项目。

　　第三条　重点工程决策应充分发挥评估评价、专家评议等作用。重点工程实施应当遵循科学决策、规范管理、注重绩效等原则。重点工程建设应执行项目法人责任制、招标投标制、工程监理制和合同管理制等制度。

第二章　职责与分工

第四条　重点工程实行局党组决策、局领导分工负责、计划财务司归口管理、牵头业务司主管、项目法人单位组织各建设单位联合实施的管理体制。

第五条　重点工程组织管理方案以及申报立项、重大调整、投资安排等重大事项应报局党组审定。

第六条　分管局领导负责组织审定重点工程业务布局、技术方案、主要建设内容等,协调解决项目建设管理中出现的重大问题,确定需报中国气象局审议的重大事项。

总工程师协助分管局领导指导技术管理工作。

第七条　牵头业务司是重点工程主管部门(以下称"主管职能司"),负责组织编制和审查项目建议书、可行性研究报告和初步设计,审查和批复实施方案,开展项目实施日常监管及业务验收,组织制定项目管理细则等。

相关职能司在主管职能司的指导协调下完成本领域上述有关工作。

第八条　计划财务司是重点工程归口管理部门,负责项目管理的组织、协调、监督。负责组织项目建议书、可行性研究报告、初步设计的审核和报批(批复),年度投资计划综合管理,监管落实情况检查,组织项目竣工验收、竣工财务决算批复和后评价等工作。

第九条　项目法人单位是重点工程建设的全过程管理单位,对项目实施全过程负责。负责编制项目建议书、可行性研究报告、项目初步设计和实施方案,提出项目年度投资计划需求和建设进度计划;负责控制投资、工期和质量,组织编制项目财务预决算和验收准备工作;制定项目管理细则,完善项目法人单位与项目各建设单位的工作流程和协调机制等,指导协调项目各建设单位开展项目建设工作。

重大业务工程负责人在项目法人单位管理和监督下履行职责（重大业务工程负责人的管理参照有关规定执行）。

第十条　项目建设单位是本单位建设任务的直接管理单位，对本单位项目实施承担主体责任。参与编制项目可行性研究报告、初步设计和实施方案，组织本单位项目实施，负责质量进度安全和信息管理，承担本单位项目财务预决算和验收等工作。

项目建设单位指有建设任务的中国气象局直属事业单位、省（区、市）气象局及计划单列市气象局。

第十一条　中国气象局气象发展与规划院是重点工程管理的技术支撑单位，负责项目设计的集约统筹，具体承担立项、准备、实施等阶段技术审查工作。

第三章　申报立项

第十二条　根据已批准、印发的规划，计划财务司提出拟立项重点工程组织管理方案并报局党组审定。

组织管理方案主要包括立项依据、业务布局、建设内容、投资匡算等初步考虑，及项目分管局领导、主管职能司、项目法人单位、项目管理办公室组建等建议。

第十三条　重点工程组织管理方案确定后，主管职能司组织项目法人单位开展项目建议书的编制、论证工作，计划财务司组织审核，主管职能司按程序报中国气象局审定后，由计划财务司报送国家发展改革委审批。

第十四条　依据批复的项目建议书，主管职能司指导项目法人单位编制、论证可行性研究报告，计划财务司组织审核，主管职能司按程序报中国气象局审定后，由计划财务司报送国家发展改革委审批。

第四章　前期准备

第十五条　依据批复的可行性研究报告,主管职能司指导项目法人单位委托具有相应资质的单位编制初步设计并组织审查。

第十六条　计划财务司组织审核初步设计投资概算,经中国气象局审定后,报国家发展改革委核定。

第十七条　依据核定的初步设计概算,主管职能司指导项目法人单位修订初步设计,计划财务司组织审核后由项目法人单位报中国气象局审批。

第十八条　依据批复的初步设计,项目法人单位组织编制重点工程实施方案并报主管职能司审批。

第十九条　项目建设单位应按照国家有关规定的要求做好建设条件准备工作。不符合规定的,不得开工建设。具体参照附件《中国气象局重点工程要件办理实施细则》执行。

第二十条　已纳入相关规划的项目,可直接编报可行性研究报告;可行性研究报告深度达到初步设计要求且中央预算内投资不超 3000 万元的项目,不再审查初步设计。

第五章　项目实施

第二十一条　项目法人单位在批复的初步设计和实施方案的基础上提出年度投资需求,并报主管职能司审核。

第二十二条　计划财务司商主管职能司,统筹安排年度重点任务,编制年度投资计划需求,经中国气象局审定后报送国家发展改革委。

第二十三条　项目法人单位应开展工程建设质量安全进度、资金使用、建设调整等日常管理,指导并督促各项目建设单位严格执行招标投标、工程监理、合同管理、安全防范等制度。

第二十四条　重点工程的招标投标,应严格执行《中华人民共和国招标投标法》及其实施条例等国家法律法规的有关要求。项目建设单位应严格按照批复的招标范围、招标组织形式、招标方式等执行招标投标活动。不得化整为零或者以其他任何方式规避招标。项目建设单位在招标活动中对审批的招标范围、招标组织形式、招标方式等做出改变的,应向原审批部门申请重新办理审批手续。

第二十五条　重点工程建设实行工程监理制。项目法人单位应按照有关规定,委托具有相应资质的监理单位承担监理工作。

第二十六条　重点工程建设应按照国家有关规定加强合同审查和管理。项目建设单位应完善内部管理流程,对本单位合同的签订和变更履行相应的审批程序。

第二十七条　重点工程建设应加强质量管理。项目法人单位负责组织制定质量管理标准、规范。项目建设单位加强对实施阶段各环节的质量控制,建立健全工程质量安全检查制度。主管职能司加强对项目建设质量安全的监督检查。

第二十八条　重点工程建设应严格按照国家有关规定加强资金管理。项目法人单位、项目建设单位应根据批复的项目概算、投资计划,做好建设项目的预算编制、执行、控制工作;不得擅自改变资金用途,不得转移、侵占或者挪用建设资金。

第二十九条　重点工程应严格按照批复的建设地点、建设规模和建设内容实施,项目投资原则上不得超过审批部门核定的投资概算。确需调整的,按照中国气象局概算管理的有关规定执行。

第三十条　重点工程应建立项目建设情况报告制度。项目法人单位应逐月向主管职能司和计划财务司报告项目建设进展情况、项目建设单位履职情况及存在问题等。

第三十一条　重点工程应按照国家有关规定做好建设项目档

案管理。项目法人单位应指导并督促项目建设单位及时收集、整理、归档从项目筹划到工程竣工验收各环节的文件资料,做好项目整体档案管理。

第六章 验收评价

第三十二条 重点工程由国家发展改革委或由其授权中国气象局负责竣工验收,打捆切块类项目由立项审批单位负责竣工验收。

第三十三条 重点工程原则上应在全部投资计划下达后两年内建成并开展竣工验收工作。

第三十四条 竣工验收程序包括业务验收、竣工财务决算及全面验收。业务验收应对重点工程建设规模、标准、内容、目标完成情况,资金使用及调整情况,业务运行情况等进行全面审查。竣工财务决算应对重点工程财务报表及财务审计情况进行审核。业务验收和竣工财务决算完成后,应立即进行全面验收,审查项目批复、建设、运行、档案、财务等验收材料。

第三十五条 计划财务司归口管理竣工验收,主管职能司负责组织业务验收,计划财务司批复竣工财务决算并组织全面验收。项目法人单位负责验收准备工作。全面验收后,项目法人单位负责编制竣工验收总结报告,经计划财务司审核后按要求报送国家发展改革委备案。

第三十六条 项目竣工验收两年后,计划财务司可组织开展项目后评价工作。后评价应当根据项目建成后的效果,对项目审批、实施和运行进行全面评价并提出明确意见。后评价认为项目未达到预期效果的,项目建设单位要限期整改。

第七章　监督问责

第三十七条　主管职能司应采取在线监测、现场核查等方式，加强对重点工程实施情况的监督检查。主管职能司负责制定项目建设实施过程的监督工作方案，明确相关职能司、项目法人单位的监督责任，提出具体监督方式和要求，建立台账，每年至少开展一次项目监督检查。监督检查主要围绕项目建设各环节开展，主要包括以下内容：

（一）建设手续是否齐全规范；

（二）建设进度是否符合投资计划要求；

（三）资金使用是否规范；

（四）建设内容、规模等与批复是否相符；

（五）项目信息和进度数据上报是否及时、准确、完整；

（六）法律法规规定的其他内容。

第三十八条　计划财务司对重点工程监督管理情况开展整体检查评估，评估结果作为完善政策、安排投资、改进管理的重要依据。

第三十九条　项目建设单位有以下情形之一的，限期整改，逾期未整改的，暂停或停止拨付资金，取消或减少后续项目和资金安排。对负有责任的领导人员和直接责任人员，由有关部门依法依规给予处分：

（一）未经批准或不符合条件开工建设；

（二）未经批准变更项目建设地点或者对建设内容和建设规模等作重大变更；

（三）必须进行招标而不招标的，将必须进行招标的项目化整为零或者以其他任何方式规避招标的；

（四）合同签订或变更未履行相关审批程序。

第八章　附　则

第四十条　中国气象局使用非中央预算内投资建设的项目参照执行,地方投资的建设项目可由省级气象部门参照本办法制定实施细则。

第四十一条　本办法由中国气象局计划财务司负责解释。

第四十二条　本办法自印发之日起施行。《中国气象局重点工程建设项目管理办法》(气发〔2009〕314号)同时废止。

附件:中国气象局重点工程要件办理实施细则(略)

"基层气象工作30年纪念章"颁发办法

（气发〔2021〕96号）

2021年9月29日

为激励广大基层气象工作者更加热爱气象事业,提高职业荣誉感自豪感,增强做好气象工作的责任感使命感,中国气象局决定设立颁发"基层气象工作30年纪念章"。为做好"基层气象工作30年纪念章"颁发工作,特制定本办法。

一、发放范围

长期从事基层气象工作的人员。首次发放包含已经离退休的人员。

在职期间经组织选派参加脱产培训、挂职借调、到国际组织工作的时间可以连续计算。

二、发放条件

在地市级以下基层气象部门工作满30年(工作年限计算时间点为每年6月30日)的人员。

纪念章由中国气象局按国家有关要求统一制作,实行编号管理。

纪念章作为荣誉性纪念,重在精神鼓励,不专门享有相关待遇。可邀请纪念章获得者代表参加中国气象局举行的重要庆典、纪念活动等。

三、发放程序

按照申报、审核、发放的程序组织开展。即由省（区、市）气象局根据发放条件逐年向中国气象局进行申报。审核后符合发放条件的，以中国气象局名义在每年12月8日前后组织发放。

各单位可视情况举行发放仪式，发放仪式庄重简朴，不得铺张浪费。

四、其他相关事项

（一）年度考核为不称职（不合格）等次人员，自考核等次确定年度（含）到下一个被评定为称职（合格）及以上等次确定年度（不含）期间，暂不发放。

（二）正在接受纪检监察部门立案调查，或者在刑事诉讼期间的人员，暂不发放。

（三）尚在党纪政务处分、组织处理影响期内的人员，暂不发放。受到撤销党内职务、留党察看、开除党籍等党纪处分，降级、撤职等政务处分，降职等组织处理的人员，自处分影响期满后的下一个年度起，由所在单位根据其错误性质及平时表现作出鉴定，经省（区、市）气象局审核，报中国气象局批准后方可发放。

（四）受到过开除公职处分、刑事处罚的人员，不予发放。

气象部门综合考评办法

（气发〔2021〕97 号）
2021 年 9 月 29 日

第一章　总　　则

第一条　为进一步完善气象部门年度工作考核机制，充分发挥考核评价的导向和激励作用，确保中国气象局党组决策部署和全局年度重点工作任务全面落实，不断提高工作质量和水平，全面促进气象高质量发展，制定本办法。

第二条　本办法适用于中国气象局对各内设机构、各直属单位和各省（区、市）气象局（以下简称各单位）的年度工作进行综合考评。综合考评的时间段为每年的 1 月 1 日至 12 月 31 日。

第三条　综合考评坚持强化客观公正与公平公开，突出分级管理与分类考核，加强宏观指导和督促检查的原则。

第四条　中国气象局成立综合考评工作小组，分管综合考评工作的局领导担任组长，各内设机构负责人担任成员。综合考评工作小组负责组织实施气象部门的综合考评工作。

第二章　考评内容

第五条　对中国气象局各内设机构的考评内容包括机关工作效能考核和单位工作测评。考评总分为 100 分,其中机关工作效能 60 分、单位工作测评 40 分。

第六条　对中国气象局各直属单位的考评内容包括目标管理和单位工作测评。其中目标管理分为基础工作和重点工作两部分。考评总分为 500 分,其中目标管理 400 分(基础工作 200 分、重点工作 200 分)、单位工作测评 100 分。

第七条　对各省(区、市)气象局的考评内容包括目标管理、单位工作测评和部门外评价。其中目标管理分为基础工作和重点工作两部分,部门外评价包括社会评价和政府评价。考评总分为 550 分,其中目标管理 400 分(基础工作 200 分、重点工作 200 分)、单位工作测评 100 分、社会评价 50 分,政府评价不计入分值。

第八条　综合考评设置修正指标。

(一)对贯彻落实党中央国务院决策部署和中央领导同志对气象工作的重要指示批示精神落地见效、中国气象局党组重大部署和局领导交办任务完成好、圆满完成重大活动气象保障、改革创新意识较强且取得实效、对气象事业发展大局做出突出成绩和贡献的单位视情况给予适当加分。

(二)对贯彻落实党中央国务院决策部署和中央领导同志对气象工作的重要指示批示精神不到位、中国气象局党组重大部署和领导交办任务完成不力的单位视情况给予适当减分。

加减分事项结合中国气象局党组年度重点工作,经局党组研究确定,加分后的分值不得超过相应考评总分。

第三章　考评程序和方式

第九条　综合考评按照年初制定目标任务、中期督促检查并调整目标任务、年底集中考核的程序开展。

第十条　年度目标任务由综合考评归口管理部门组织中国气象局各内设机构提出,明确考核内容、考核标准、责任单位和完成时限,印发中国气象局重点工作任务分解表及中国气象局直属单位、省(区、市)气象局工作目标。

第十一条　综合考评归口管理部门对目标任务阶段性完成情况开展中期督促检查,了解工作进展情况,并结合客观实际,组织提出目标任务调整建议。

第十二条　综合考评归口管理部门在年底集中组织开展机关工作效能考核、目标管理考核、单位工作测评、社会评价、政府评价等。

(一)机关工作效能考核由中国气象局办公室按照机关工作效能考核方案,对各内设机构落实中国气象局重点工作任务和重要督办事项情况,以及办文办事办会质量和效率等进行审核评分。

(二)目标管理考核由中国气象局各内设机构按照年度工作目标规定的考核标准,对中国气象局直属单位和省(区、市)气象局工作目标完成情况进行审核评分。

(三)单位工作测评由中国气象局办公室会同人事司、机关党委(巡视办)负责组织实施。

(四)社会评价以公众气象服务满意度评价为主,由减灾司按照相关规定负责组织,并提供评价结果。政府评价由各省(区、市)人民政府对该省(区、市)气象局提出评价意见,由中国气象局办公室负责组织,评价结果作为该单位年度工作成效的重要参考。

第十三条　综合考评工作小组对考评结果进行复核,并提交中国气象局党组审定。

第四章　考评结果

第十四条　各单位综合考评结果分为优秀、达标、不达标 3 个等次。中国气象局内设机构按照业务类、综合类分别评优,优秀单位不超过 7 个。中国气象局直属单位按照业务服务类、支撑保障类和企业类分别评优,优秀单位不超过 9 个。各省(区、市)气象局被评为优秀的单位不超过 20 个。

第十五条　各单位年度考核中有下列情形之一的,取消该单位年终评优资格。

(一)各单位领导班子或成员及其所属处级(含)以上机构领导班子或副处(含)以上领导干部发生刑事案件且被判处刑罚的。

(二)各单位领导班子或成员及其所属处级(含)以上机构领导班子或副处(含)以上领导干部违纪违规,被上级部门或地方纪检监察等机构查处,主要负责人受到党内警告(含)以上处分或行政记过(含)以上处分的,或副处(含)以上领导干部受到党内严重警告(含)以上处分或行政记大过(含)以上处分的。

(三)各单位及其所属处级(含)以上机构发生重大安全生产责任事故并造成严重影响且被上级部门或地方政府部门通报的。

上述情形认定依据以处理结果的正式公文日期为准,计入当年的考核结果,同一事件不重复认定和统计。认定结果由中国气象局机关纪委牵头,办公室、人事司、减灾司配合提出,提交中国气象局党组审定实施。

第十六条　中国气象局综合考评结果按排名向全国气象部门通报。考评结果可作为各单位年度考核及相关奖惩条件的重要参考。

第五章　附　则

第十七条　各单位的综合考评自评材料应通过气象政务管理信息系统填报。

第十八条　综合考评工作应在次年的全国气象局长会议前完成。中国气象局对综合考评结果进行分析评估,相关考核结果及扣分情况通过综合考评管理系统向被考核单位公开。

第十九条　各单位年度目标任务另行制定印发。

第二十条　本办法自印发之日起施行。《气象部门综合考评办法》(气发〔2018〕107号)和《气象部门综合考评"一票否决"实施办法》(气办发〔2018〕1号)同时废止。

"十四五"数值预报业务发展规划

（气发〔2021〕100 号）

2021 年 9 月 30 日

　　"十四五"时期是我国全面建成小康社会、实现第一个百年奋斗目标之后，乘势而上开启全面建设社会主义现代化国家新征程、向第二个百年奋斗目标进军的第一个五年。为大力发展我国气象事业"芯片"，实现我国数值预报业务自主可控，以及模式研发和业务应用良性循环，在总结"十三五"数值预报业务发展和应用成果的基础上，面向落实党中央、国务院重大决策部署，面向加快建设气象强国的新要求，把握未来数值预报新技术发展带来的机遇，紧密结合天气气候预报预测业务新需求，立足当前，突出重点，统筹规划数值预报业务，明确 2021—2025 年的发展目标、主要任务和保障措施。

　　一、现状与需求分析

　　（一）国内现状

　　"十三五"以来，通过深入实施《现代气象预报业务发展规划 (2016—2020 年)》《国家气象创新工程》《数值天气预报发展规划 (2016—2020 年)》，基本形成了从短临、中短期、次季节、季节到年际，从区域高分辨率到全球的确定性与集合预报相结合的完整数值预报业务体系,探索了大气再分析技术,系统梳理了从常规到非常规的海量历史观测资料,初步建立了再分析产品业务。

国家级数值天气预报建立了从全球到对流尺度、短时到中期、确定性到集合的中国气象局数值天气预报模式(原 GRAPES)业务体系,基本实现核心技术自主可控;全球模式分辨率达 25 公里,可用预报天数达 7.7 天,卫星资料同化占比达 76%(风云卫星资资料占所有卫星同化资料的 11%),区域模式我国范围分辨率达 3 公里,实现每日 8 次循环同化更新。华北、华东和华南区域气象中心均建立了水平分辨率 1～3 公里、覆盖重点区域、逐 1～3 小时循环同化的区域高分辨率数值预报业务系统,实现产品全国共享,基本形成国家级和区域气象中心"1+3"的区域数值预报业务模式发展格局,为全国强对流、极端天气预报预警和智能网格预报服务提供了有力支撑。建立了中国气象局高分辨率次季节—季节—年际尺度一体化气候模式预测业务系统(CMA-CPS v3.0)和 10～30 公里区域高分辨率气候模式,气候预测技巧显著提升。"十三五"期间还建立了中国第一代全球大气/陆面再分析产品(CMA-RA v1.0)。

(二)国际现状

现阶段,欧洲中期天气预报中心(ECMWF)基本建立了全球天气预报、气候预测、大气环境预报以及全球监测的完整体系。以英、美两国为代表的西方发达国家,均发展了自主可控、完整的数值预报业务体系,研制和业务运行海洋、海冰、陆面等气候系统其他圈层关键变量的同化分析系统;其中,英国气象局实现基于同一大气模式架构构建天气和气候模式。

数值天气预报方面,国际主要业务中心的全球模式水平分辨率已达到 9～37 公里,全球集合预报水平分辨率为 20～60 公里;区域高分辨率模式分辨率为 1～3 公里,中尺度集合预报分辨率为 2～5 公里。ECMWF 全球模式采用集合与变分相结合的四维变分同化技术,可同化全天候全空域卫星资料,卫星资料同化占比超过 90%,可用预报天数为 8.5 天。区域高分辨率模式多采用快速循环策略,吸收高频、高空间密度观测,快速预报预警中小尺度天气事件。短期气候预测方面,ECMWF 气候模式水平分辨率已达到 30 公里,模式层顶提升至 0.01 百帕,并已开展多圈层耦合同化和多模式集合预报。大气再分析方面,ECMWF 已完成第五代全球大气再分析产品(ERA5)的研制。

（三）主要问题和挑战

数值天气预报虽然基本实现了核心科技的自主可控,但在技术体系链条的完整性、全球气象数据再分析、数值模式物理过程自主发展等方面还存在一定差距。短期气候预测虽然研发了具有国际影响力的气候系统模式,但仍存在分辨率偏低、模式动力框架自主创新发展较少、资料同化和初始化方法简单、资料应用有限等问题。大气再分析与最先进的全球大气再分析 ERA5 相比,同化方法、时间分辨率、质量水平等均存在一定差距,且目前尚未开展基于我国自主研发的全球数值预报系统的再分析,不能为全面诊断评估自主模式和同化提供支持。由于天气模式、气候模式和再分析采取了不同的技术路线,相互之间的协调发展未来将成为天气气候预报预测业务高水平发展的重要瓶颈,是未来五年数值预报业务发展的重大挑战。

（四）发展趋势

国际发达数值预报业务中心的重要发展方向包括:从分钟到年代际,从局地到全球,从天气、水、气候到环境及其影响的全覆盖、无缝隙全球数据处理和预报系统的建设;适应未来精细化和无缝隙天气预报、气候预测业务需求和异构众核高性能计算机的发展;局地百米级、全球公里级分辨率的高精度高可扩展性的数值模式系统。ECMWF 计划到 2025 年实现全球公里高分辨率集合预报系统,进一步提升对极端天气事件的预报能力。随着科学认知的不断深入和新的多圈层观测数据的出现,全球数值预报正朝向基于地球系统科学框架下的多圈层耦合模式系统发展。

二、指导思想和发展目标

（一）指导思想

以习近平新时代中国特色社会主义思想为指导，深入贯彻党的十九大和十九届二中、三中、四中、五中全会精神，认真落实习近平总书记对气象工作的重要指示精神，贯彻新发展理念，加快科技创新，面向国家战略和经济社会发展需要，对标国际先进水平，完善数值预报研发体制机制，凝聚各方力量，突破核心关键技术，努力实现我国数值预报业务从跟跑到并跑的跨越。

（二）基本原则

坚持底线思维，自主可控。认识和把握日趋复杂的国际形势，坚持数值预报业务安全底线思维，对标国际先进水平，聚焦关键技术，补齐业务短板，夯实自主可控的数值预报业务模式体系。坚持统筹集约，科技创新。依靠科技创新，集约气象部门数值预报研发资源和力量，充分利用国内外创新资源，集中攻关关键核心技术，统筹开展从研究到业务的全链条技术研发。

坚持系统观念，协同发展。强化数值预报业务研发与观测、预报、服务的互动；解决数值预报基础技术和预报业务难点痛点，通过预报业务开展检验，及时为观测系统建设提供合理的需求分析，满足气象服务需要。

（三）发展目标

到 2025 年，面向天气气候一体化数值预报业务发展和气象服务保障需求，建成技术自主可控，长、中、短期有机衔接的数值预报业务体系，探索发展天气气候一体化的地球系统数值预报，构建统筹集约、协同发展的数值预报研发体制机制。

全球天气模式水平分辨率达到 7～13 公里，可用预报天数达到 8.5 天，卫星资料同化占比达到 85%（风云卫星资料占所有卫星同化资料的 22%～25%）。全球集合预报系统水平分辨率为 25

公里,集合成员达 41 个,10 天预报时效的大尺度环流集合预报平均误差与离散度的一致性提升 8%～15%。统筹发展区域高分辨率数值预报系统,建立具有统一技术架构的全国 1 公里、局部百米级、逐小时更新的快速循环同化预报系统,能有效同化多型号天气雷达、风廓线雷达、静止/极轨气象卫星、闪电和地面稠密观测资料,24 小时大雨预报 TS 评分提高 5%;区域天气模式亚太区域分辨率提升至 5 公里;中国区域 3 公里对流尺度集合预报实现业务运行,集合成员数不少于 20 个,强降水概率预报技巧提升 5%～10%。建立次季节到年代际尺度的无缝隙气候预测业务系统,全球气候业务模式分辨率达到 30 公里、模式顶达到 0.01 百帕,东亚季风、ENSO、MJO 等指标的预测能力达到国际同期先进水平。推进具有自主知识产权的天气气候一体化模式动力框架建设,初步实现海、陆、气、冰、大气化学等多分量耦合。基于中国气象局全球/区域模式,研制水平分辨率 25 公里、逐小时的第二代全球再分析产品和水平分辨率 3 公里、逐小时的中国区域再分析产品,东亚地区全球再分析产品达到同期国际先进水平。

三、主要任务

(一)全球数值天气预报业务

目标:全面提升中国气象局全球天气模式分辨率,实现集合四维变分同化、变分偏差订正、尺度自适应物理过程等更加先进技术的业务应用;水平分辨率达到 12.5 公里,可用预报天数达到 8.5 天,卫星资料同化占比达到 85%(风云卫星资料占所有卫星同化资料的 22%～25%)。实现 25 公里水平分辨率中国气象局全球集合预报业务运行,集合成员 41 个,10 天预报时效的大尺度环流集合预报平均误差与离散度的一致性提升 8%～15%。

任务 1:12.5 公里分辨率全球天气模式研发

优化改进全球天气模式(CMA-GFS)动力框架中赫姆霍兹方程求解算法,实现高可扩展性和高效率。优化 RRTMG 辐射算法,实现高效计算。实现陆面过程 CoLM 的优化升级,提升计算效率和近地面要素的预报精度。改进云—降水物理过程,显著改进 CMA-GFS 在热带的预报系统性偏差。研发尺度自适应对流参数化,实现物理过程全面优化。基于 EKF,研发全球陆面同化系统,实现业务应用。

任务 2:中国气象局全球集合四维变分同化业务化

基于集合变分同化技术(EDA)和全球集合预报系统(CMA-GEPS),研制全球集合四维变分(En-4DVar)同化系统,实现全球分析能力从 4DVAR 向 En-4DVar 的技术升级,以及变分同化和集合预报的协同发展。建立和完善 12.5 公里水平分辨率的全球集合四维变分同化系统,提高分析质量和计算效率,升级 CMA-GEPS 全球四维变分同化业务系统。

任务 3:变分偏差订正技术业务应用和卫星资料同化技术研发

改进卫星辐射率资料的同化技术,提高卫星资料的使用占比和应用效果。研究新一代风云静止与极轨气象卫星红外高光谱高时空分辨率资料的同化技术,实现 FY-3 晨昏星、降水星等的微波、红外探测资料,风场反演数据,掩星资料等,以及 FY-4 02 批业务星的红外探测资料、水汽成像数据的同化应用。实现国际上主流数值预报中心业务使用的卫星资料在全球业务系统中的有效应用。发展先进的卫星资料同化技术,包括变分质量控制技术、变分偏差订正技术、以及受云雨影响条件下和复杂下垫面的卫星资料同化技术等。

任务 4:25 公里分辨率全球集合预报系统业务化

实现 25 公里分辨率 CMA-GEPS 的业务化,集合成员为 41 个。结合全球模式集合变分同化技术,发展全球多尺度奇异向量(SVs)初值扰动方法,获得既代表全球同化分析不确定性又能够快速增长的多尺度初始误差扰动结构;研究热带地区初值、海温异常和季节性变化对热带环境大气影响,发展热带地区集合预报初值扰动技术,改善热带地区集合预报离散度,减少全球台风路径、强度集合预报误差;发展多尺度随机物理过程扰动方法,改进全球集合预报分布和平均误差。

任务5:全球大气化学数值预报耦合系统构建

在全球模式中引入大气成分排放源清单、处理系统和化学作用等,实现大气化学模式 CMA-CUACE-Haze 与 CMA-GFS 全球模式的完全在线耦合,在天气模式中解决大气成分(包括气溶胶和臭氧)的高效时间积分和高精度空间积分,研究天气/大气化学非线性双向反馈机制,研究大气成分—大气化学与物理宏微观过程对天气要素预报的影响,研究全球大气化学切线性和伴随模式,研发大气成分四维变分同化系统。构建 CMA-GFS/CMA-CUACE-Haze 数值预报耦合系统。

任务6:观测预报互动的研究型业务构建

开展基于数值预报的观测系统评估研究,开发基于伴随与基于集合的观测对预报影响系统,开展灾害监测敏感区识别和观测敏感要素布局研究,建立基于我国和国际主流数值模式定期评估卫星、雷达、风廓线雷达、飞机、探空、地面观测站网业务,研究天地空一体化监测布局方法,形成观测站网应用效能评估业务,推动数值预报能力提升。研究复杂地形区观测对预报贡献及布局优化,研究海洋气象监测网布局技术。开展针对我国观测系统的观测误差分析,提供数值预报模式应用。

(二)区域高分辨率数值天气预报业务

目标:基于统一技术框架发展区域高分辨率数值模式,预报能力实现显著提升,对流尺度集合预报进入业务应用。全面提升区域数值预报的分辨率和更新频次,建立覆盖全国1公里、局部百米级、逐小时循环同化预报系统,能有效同化多型号天气雷达、风廓线雷达、静止/极轨卫星、闪电和地面稠密观测资料,显著提高对多源资料的应用效果。实现中国区域3公里对流尺度集合预报业务运行,集合成员数不少于20个,强降水概率预报技巧提升5%～10%。提高台风、海洋、环境等专业模式的自主研发能力,台风路径和强度预报误差减少10%以上。

任务7:中小尺度先进资料同化方法研发

以业务应用为目标发展区域集合—变分混合同化方法,解决公里级高分辨率资料同化的关键参数估计问题。发展多分辨率区域四维变分同化方案,实现局地加密观测资料的有效应用,增加资料使用量,并优化计算效率,具备可业务应用的能力。

任务8:高时空密度多源探测资料同化技术研发

发展高频次快速循环更新技术。评估和改进自动站等地面稠密观测资料的实际同化效果,提高模式近地面要素的预报准确率。发展雷达、闪电等对流尺度观测资料同化技术。优化S/C波段天气雷达和风廓线雷达观测资料的质量控制技术,优化雷达径向风直接同化和基于雷达反射率反演三维水汽、水凝物以及非降水回波资料的间接同化技术;发展闪电观测资料的间接同化技术;开展双偏振雷达偏振量直接或间接同化方法研发。开展云雷达、微波辐射计等新型遥感观测资料在区域模式中的同化应用技术研究。发展多尺度资料同化技术,加强雷达、卫星、地面自动站等观测资料的快速协同同化能力。

发展卫星辐射率观测资料的同化技术。实现多源极轨卫星辐射率资料在区域模式中的业务同化应用。发展FY-4号新一代静止卫星红外成像仪、干涉仪辐射率资料的云污染清除、通道选择、偏差订正、质量控制和观测误差统计技术。发展晴空红外成像仪和红外干涉仪辐射资料的变分同化方法并实现业务应用。

发展陆面资料同化技术。优化太阳辐射与云量、地表植被、地表风速与降水等影响参数,改善土壤湿度分析质量,发展适合业务应用的土壤湿度分析技术。发展基于多物理过程陆面模式的同化系统,同化融合地面气象观测站资料以及站点和卫星观测的积雪资料,获得更精准的陆面初始场。实现陆面资料同化系统与区域模式的耦合应用,改善地表要素与降水的预报质量。

任务9:公里/次公里尺度物理过程研发

发展适用于对流尺度和次公里尺度的物理方案。研发和改进适合公里级模式的次网格混合和浅对流的统一参数化方案;改进调整积云与云微物理过程的耦合策略,提升对流尺度模式定量降水预报性能。开展边界层、近地层物理过程研究,基于水平湍流参数化和边界层湍流通量的尺度依赖改进适用于灰区及次公里尺度的三维边界层方案。利用偏振雷达等观测资料评估及改进云微物理方案。

发展高分辨率多物理过程区域陆面模式。基于高时间分辨率的卫星遥感资料,优化并准实时动态更新植被覆盖等高分辨率下垫面静态数据集,并开展相关应用研究。发展优化城市冠层模式,研究与植被、水文、农业灌溉、积雪等地表特征相关的物理过程和陆气耦合特征,在陆面模式中引进相应的先进物理过程参数化方案,构建能准确描述陆面特征及过程的多物理过程陆面模式,提升模式对陆气耦合过程的模拟精度。

发展气溶胶与模式物理过程的离线耦合技术。发展环境气象模式的气溶胶预报场或考虑污染物同化的再分析场与气象模式的离线耦合技术,完善和优化耦合技术方案,提升模式对辐射和云微物理过程的模拟能力。

任务10:对流尺度集合预报技术开发

研究对流可分辨尺度数值预报初始误差和模式误差多尺度增长特征及传播机制,发展描述初值误差非线性增长过程的集合预报多尺度初值扰动方法;分析物理过程参数化预报误差特征,构建充分考虑湿物理过程不确定性的模式随机误差扰动技术,提升模式系统对中小尺度对流天气系统的预报能力,改进强降水预报概率密度分布;研究模式系统性偏差影响,构建合理的集合预报方法,减缓集合平均预报偏差;研制对流尺度集合预报系统构建方法,实现 3 公里对流尺度集合预报业务化,强降水集合预报能力达到同期国际先进水平。

发展对流尺度集合预报后处理技术。基于高分辨率集合预报系统制作基本集合预报产品(如集合平均与概率预报)。采用"最优成员"技术提取最接近真实估计的集合预报成员,利用聚类分析、管子法与距平相关系数分簇法,生成集合预报分类产品,采用动力释用法构造对流天气预报指标。

任务 11:区域大气化学数值预报耦合系统构建

在 CMA-MESO 模式中引入大气成分排放源清单、气相—非均相—颗粒物—臭氧化学反应、气溶胶—辐射—边界层相互作用、气溶胶—云—辐射—降水相互作用,以及云重叠不确定性优化、冰云—沙尘—海盐非球形辐射强迫不确定性优化等模块,实现大气化学模式 CMA-CUACE-Haze 与 CMA-MESO 的完全在线耦合,构建区域大气化学数值预报耦合系统。研发区域大气成分集合三维变分同化系统,实现高效快速同化预报循环。

任务 12:台风、海洋、核应急等专业数值预报模式发展

发展台风、海洋专业预报模式系统。研发高分辨率台风模式物理过程和移动嵌套网格技术,发展卫星资料和涡旋初始化的融合应用技术,研究针对影响台风强度预报的关键要素开展扰动技术;开展海洋模式资料同化,研发全球/区域海气模式耦合技术,实现洋流数值预报应用;发展海浪模式系统、全球海浪集合预报,改进海浪、风暴潮预报能力;优化影响海雾预报的关键物理过程和海雾数值预报诊断方案,提高海雾预报能力。实现近海 1~3 公里台风、海雾快速循环预报能力;实现空间分辨率达 5~9 公里、预报时效达 7 天的西北太平洋、北印度洋等海域的台风、海雾和海上大风预报能力。24 小时台风路径预报误差控制在 65 公里以内;24 小

时台风强度预报误差控制在 5.0 米/秒。

发展核应急专业预报模式系统。完善大中小尺度无缝衔接的核及污染物扩散应急响应模式系统。深入开展大气扩散集合预报技术研发,提升大气扩散预报产品性能,发展百米级污染扩散应急系统,提升突发环境事件响应能力。

(三)短期气候预测业务

目标:研发下一代天气尺度到次季节—季节—年际—年代际尺度气候变率的无缝隙一体化集合预测模式业务系统 CMA-CPS v4.0,全球分辨率 30 公里(海洋区域为 25 公里),模式顶达到 0.01 百帕,对东亚季风、ENSO、MJO 等指标的预测能力达到国际同期先进水平。

任务 13:高分辨率气候系统模式研发

发展 T382L70 分辨率气候系统模式,水平分辨率提高至 30 公里,模式顶达到 0.01 百帕(约 80 公里)。提高模式动力框架的并行规模和计算效率;完善重力波参数化方案,提高对中层大气关键动力过程的模拟能力;加强海—气相互作用研究,改进洋面湍流通量算法,减小西北太平洋降水模拟误差;改进云相关过程参数化方案;完善陆面过程参数化方案;开展海冰模式热力过程参数化改进工作,提高对极地海冰变化的模拟能力。

任务 14:基于高分辨率模式的耦合同化系统研发

在 30 公里分辨率气候系统模式的耦合平台上,基于集合同化方法发展全球海洋—海冰—陆面—大气资料同化技术,构建并行计算高效、便于气候业务使用的耦合海洋—海冰—陆面—大气资料同化系统,实现对海洋温盐、海表高度、海冰密集度、海冰厚度、陆面温度、大气温度和风场等多变量多源观测资料的协调同化,同化精度与国际主要业务机构相当。

任务 15:基于高分辨率模式的集合预测方法研制

基于奇异向量初值扰动法和随机物理参数扰动法构建多初

值、多物理参数相结合的集合预测方案,设计次季节、季节、年际尺度气候预测的不同集合策略,研制建立高分辨率海洋—陆面—大气—海冰耦合气候预测模式业务系统(CMA-CPS v4.0),实现对天气变率和次季节—季节—年际—年代际气候变率的多尺度一体化无缝隙预测,对东亚季风、ENSO、MJO、QBO 等指标的预测能力达到国际同期先进水平。

(四)大气资料再分析

目标:基于中国气象局全球/区域模式,建立我国第二代全球/区域一体化资料再分析业务系统,强化中国特有观测资料及风云卫星资料同化应用,研制 1949 年以来资料再分析产品,全球产品水平分辨率 25 公里,区域产品水平分辨率 3 公里,时间分辨率 1 小时。

任务 16:全球区域一体化资料再分析系统研发

研究四维集合变分混合同化技术,建立全球/区域一体化的大气和陆面再分析系统。开展重处理的风云卫星资料同化应用研究,开展天气雷达、风廓线雷达等同化技术研究。优化历史时期卫星红外和微波观测资料偏差评估与订正技术,降低卫星观测系统变化导致再分析产品不连续性。研究观测资料时空密度、质量、种类等对再分析产品的影响,研究集合分析产品质量不确定性,以及不同历史时期背景误差协方差多尺度分析和估计技术。

任务 17:全球观测资料质量控制与基础数据集研制

面向同化应用研发区域地面自动站、地基 GNSS 水汽资料综合质量控制技术,优化探空、船舶浮标、飞机报、风廓线雷达、天气雷达资料的多要素协调综合质量控制技术和重处理算法,实现同化前质量控制系统优化升级。优化全球常规观测黑名单制作技术。优化历史探空温湿度观测资料偏差订正技术,降低长序列探空资料非均一对再分析产品的影响。建立新版本全球常规与卫星观测基础数据集。

任务 18:第二代资料再分析产品研制及质量评估

建立资料再分析运行监视系统,研究分段研制策略,研制1979年以来全球/区域一体化大气和陆面再分析产品,水平分辨率 3～10 公里,时间分辨率 1 小时。建立资料再分析产品质量检验评估系统,加强全球/区域一体化大气和陆面再分析产品的天气学、气候学等检验评估,为天气气候监测检测提供自主可控的再分析数据产品。

(五)数值预报检验评估

目标:统筹考虑建立对天气模式、气候模式、大气再分析产品等的检验评估体系。

任务 19:适用于数值天气预报业务的检验评估体系构建

探索实况资料在短临预报和资料同化应用效果的评估方法,发展符合快速循环系统业务应用需求的评估方法;建立面向公里尺度高分辨率模式精细化预报能力的检验评估指标,探索面向日内预报准确率的评估机制;发展针对高影响天气过程的评估方法,建立针对起止时间、强度、影响范围、时空演变特征等的过程评估检验指标;结合实况格点、外场观测试验和再分析资料,建立通过三维水汽、云微物理、能量谱、稳定度等诊断模式动力过程、物理过程、预报稳定性等的定量化检验评估能力;研究基于多模式对比、趋势分析、集合预报分析等技术的模式预报评估方法,研发适用于不同预报对象的确定性和概率性预报能力的综合评估指标。

任务 20:面向短期气候预测的气候模式评估方法研发

发展基于特性对象、面向物理过程的评估方法,提炼定量化的评估指标,组建可用于定量描述高分辨率气候模式性能的评估指标体系,以适应模式分辨率的提升。通过大样本集合,评估气候模式系统性偏差来源,定量厘清模式初始态、模式内部变率、模式外部强迫信号以及模式特定物理参数化方案对气候模拟不确定性的相对影响。

（六）地球系统数值预报研究

目标：完成天气气候一体化模式动力框架研发，初步实现海、陆、气、冰、大气化学等多分量耦合，为 2035 年实现具有自主知识产权的地球系统数值预报业务运行奠定坚实基础。

任务 21：下一代全球/区域一体化模式动力框架研发

针对下一代模式动力框架新要求，从基础数值算法设计、模式动力框架搭建和并行系统研发三方面着手，开展一体化模式动力框架研发。设计能够适用于球面各类准均匀网格的基础数值算法，实现全球/区域一体化框架分辨率灵活可调；提高和改善动力框架在计算精度和守恒方面的性能，使之满足天气气候模拟要求；实现对非静力现象的准确刻画；提升陡峭地形区的计算稳定性；构建具有高可扩展性的一体化框架。

任务 22：尺度自适应物理过程研发

针对大气分量模式，发展改进与模式分辨率相匹配的积云对流物理过程、边界层物理过程、显式云微物理过程、气溶胶物理过程和平流层物理过程等参数化方案；改善陆面分量模式的能量和水文物理过程以及植被生态过程，改进陆面模式次网格框架；改进高分辨率海洋、海冰分量模式的中尺度涡、海冰融池等物理过程；充分考虑不同网格尺度上云—辐射—对流—边界层—陆面过程的相互协调作用；发展适用于高分辨率模式的三维物理参数化方案。细化气溶胶分档，改进云—气溶胶—辐射等相互作用过程，增加平流层大气化学过程，改进陆地生态循环过程。

任务 23：耦合资料同化技术研发

建立全球海洋、海冰资料同化系统，实现对卫星遥感数据、海洋浮标资料等多源观测资料的耦合协调同化；建立陆面资料同化系统，实现陆面与大气同步同化分析；扩展大气化学控制变量，使之能同化卫星、地面观测资料，建立大气化学资料同化系统；改进快速辐射传输模式，提高其模拟陆地窗区通道及云和气溶胶辐射资料的精准度;研发与全球海、陆、气、冰、大气化学等多分量耦合数值预报模式相配套的耦合同化系统,实现利用耦合模式提供背景协方差协调同化多圈层分量模式观测资料。

任务 24:耦合再分析技术研发

针对全球的天气气候观测记录,进行历史观测数据的修复、整合、质量控制及再处理,构建可被同化系统有效利用的观测数据库;针对地球系统"海—陆—气—冰"多圈层多源高时空分辨率观测资料,研发并建立高效灵活的耦合同化方法,构造动力协调的初始场以减少初始化冲击,并更有效应用地面、雷达、卫星等多源观测资料,实现物理协调的表征地球系统多尺度演变特征;依托质量更加可靠的多源观测资料、灵活协调的耦合同化技术以及一体化数值预报模式建立全新一代耦合再分析资料;研发并构建多成员集合,定量评估耦合再分析资料输出变量的不确定性范围,并开展再分析资料的质量控制及可视化。

任务 25:异构众核高性能计算技术应用

开展并行可扩展计算,基于模式情况对其通信性能、I/O 性能、负载均衡等计算特性进行测试评估,针对主要性能瓶颈,制定优化方案并实施。开展异构计算技术研究应用、模式在异构系统的适应性与移植优化研究,实现通用处理器和其他协处理器的协同联合计算。基本实现数据规范与应用、模式软件代码有效管理、软件成果的集成中试等关键技术与数值模式发展深度融合,为模式研发提供全方位技术支撑。改进资源负载均衡管理,提高运行效率;开展应用运行数据的深度分析,提高气象高性能资源管理决策的自动化和智能化程度。

任务 26:天气气候一体化数值预报运行软件架构研制

开展天气气候一体化模式在众核架构高性能计算机上高效大规模并行的并行框架研究,研制高效通用异步并行通信库、高效并行异步 I/O 库和高效 MPI＋OpenMP 混合并行编程框架;在国产自主耦合器的基础上,研发适合未来地球系统数值预报不同业务应用配置的耦合、嵌套技术,研发耦合器对区域/全球同化、集合同化、耦合同化的支持功能;完成基于耦合器的全新业务系统运行架构设计。

任务 27:天气气候一体化数值预报系统研制

面向未来众核高性能计算,基于数值基础算法,开展一体化模式并行框架研究;研发可支持多种网格结构以及多分量模式灵活插拔的高效耦合技术,实现地球系统模式多圈层、多过程、多要素的高效耦合;开展模式嵌套耦合技术研究;研究支持模式嵌套的自动耦合生成技术。

开展基于一体化模式的无缝隙预报流程的研发工作,设计不同同化方案和预报方案的对比回报试验,择优确定无缝隙预报流程,确保快变信号能够从高分辨率天气预报向较粗分辨率次季节预报的平稳传递,有效提高慢变信号时空演变的预测精度。

任务 28:面向无缝隙预报的检验评估标准和流程构建

建立无缝隙预报流程的评估标准,对无缝隙预报流程及预报结果开展时空连续的评估研究,通过一体化模式开展跨越小时尺度、天气尺度、季节—次季节尺度、季节尺度的连续模拟,评估模式偏差的发生及其发展演变特征,溯源模式的系统性偏差并分析其影响,建立天气尺度物理过程的预报偏差与气候模拟偏差之间的联系。

四、保障措施

(一)加强领导,优化数值预报业务研发体制机制

统筹集约气象部门优势力量和资源,组建中国气象局地球系统数值预报中心,集中开展数值预报模式业务研发。建立与预报业务紧密结合机制、用户单位评价机制,强化基础研究、业务研发、资料处理等各单位上下游合作关系。建立国家级和区域气象中心统筹发展区域模式、专业模式工作机制;强化省级气象部门数值预

报模式的本地化应用。建设数值预报开放共享的业务科研创新平台,建立有利于气象部门内外、国际国内的数值预报科技创新发展机制。

(二)强化合作,建立部门内外技术协同发展机制

充分利用国内外创新资源,强化与国内外高校、科研院所、军队有关部门以及相关企业的开放协作,加强与地球系统模拟装置的协同、合作,深化学术交流和专业人才培养。建立数值预报研发成果业务转化激励机制,吸纳高校、科研院所力量积极参与。加强与国际先进的数值预报业务及研究机构的深度合作,引进吸收先进技术。

(三)培育人才,强化队伍建设,建立科学考评机制

依托气象高层次科技创新人才计划,强化数值预报业务模式研发领军人才队伍建设;加强数值预报模式研发青年骨干人才培养,在项目评审、职称评定、出国审批等方面予以倾斜;优化考评办法,注重评价在业务模式研发全链条过程中的作用发挥和工作实效,营造良好的模式研发环境。

(四)加大投入,形成稳定持续模式研发支持机制

积极争取国家设立重大科技专项,优化气象联合基金项目指南,加大中国气象局数值预报发展专项经费投入,统筹使用业务维持、工程建设、科研项目,辅以其他资金,加大对数值预报工作的支持力度,保障数值预报科技人员、研发、业务建设和运维等需求。

中国气象局提升
气候资源保护利用能力的指导意见

（气发〔2021〕101 号）
2021 年 10 月 11 日

为深入贯彻落实习近平总书记对气象工作的重要指示精神，更好服务国家生态文明、防灾减灾、应对气候变化和"碳达峰、碳中和"目标，进一步提升气候资源监测评估预报水平，推进气候资源业务高质量发展，提出以下指导意见。

一、重要意义

党的十九大报告将"坚持人与自然和谐共生"作为新时代坚持和发展中国特色社会主义的基本方略，习近平总书记关于气象工作关系生命安全、生产发展、生活富裕、生态良好的重要指示精神以及向全世界宣布的"碳达峰、碳中和"目标和愿景对气候资源保护利用气象服务指明了新的方向。做好气候资源保护利用工作，对于支撑坚持节约资源和保护环境的基本国策、应对气候变化、防灾减灾、保障国家能源安全有着重要意义。

二、总体要求和目标

（一）总体要求

以习近平总书记对气象工作的重要指示精神为指导，牢牢把握推进气象事业高质量发展战略部署，坚持需求导向、科技引领，完善业务体制和人才培养机制。主动融入和服务生态文明建设、国家综合防灾减灾救灾、应对气候变化、"碳达峰、碳中和"目标、乡村振兴和"一带一路"等国家重大战略,切实发挥气候资源保护利用业务的趋利和避害双重作用。下大力气改进业务体系不够健全、核心科技和业务系统平台支撑能力不足、法规标准建设不完善、组织和运行保障机制不健全等问题,切实提升气候资源保护利用业务水平。

(二)基本原则

需求引领,问题导向。重点围绕国家"碳达峰、碳中和"和推进绿色发展需求,结合各级业务现状,重点解决制约当前气候资源保护利用业务发展的核心技术瓶颈问题,做强长板、补齐短板,全面提升气候资源保护利用业务能力。

科技支撑,标准先行。加快研发气候资源保护利用急需的数值预报、卫星和激光雷达测风等新观测资料应用、实况融合的监测评估和智能网格预报技术,提升气候资源监测评估预报水平。完善相关的气候资源、气候可行性论证、国家气候标志等相关标准。

统筹推进,分步实施。加强统筹、合理布局,明晰国家级业务单位和特色化省级业务单位任务、各有侧重。加强各单位协调联动、共建共享、互促互进,以点带面,有计划、分步骤加快推进实施。

(三)发展目标

到 2025 年,围绕"碳达峰、碳中和"风能太阳能发展需求,全面提升风能太阳能精密监测、精准预报、精细服务能力,建立精细化风能太阳能资源实时监测业务和无缝隙高时空分辨率的风能太阳能资源预报预警业务,形成面向政府决策、规划布局、发电生产、能源安全、电网消纳及防灾减灾的全链条气象服务能力。建立覆盖重大规划和重点工程建设主要领域的气候可行性论证技术体系和业务支撑系统,提升重大规划和重点工程项目的气候生态效应评估和预估能力。完善精细化农业气候资源监测、评估、预估和预警业务服务。充分挖掘宜居宜游宜业优质气候资源潜力,打造国家气候标志品牌。完善气候资源保护利用法规和标准技术体系。

三、重点工作任务

(一)全面提升风能太阳能精密监测、精准预报、精细服务能力

1.研发风能太阳能数值预报技术

依托中国气象局现有数值天气预报、气候预测等模式系统,改进风、太阳辐射等要素预报技巧,建立中国自主可控的风能太阳能数值预报模式系统,扭转目前客观化风能太阳能预报大部分采用国外模式的现状。发展风能太阳能多模式释用技术、实况融合的监测评估和智能网格预报技术,提升风能太阳能监测预报水平。

2.进一步提升风能太阳能资源评估能力

全面摸清全国风能太阳能资源家底,面向风电光伏大规模发展需求,综合考虑土地用途、生态保护、城乡建设、土地利用等,开展适应更高风机轮毂高度、更多太阳能利用方式、更为复杂地形、多种能源综合利用的全国第一次太阳能资源精细化详查和重点地区风能资源评估及高层风特性研究,加强风光互补资源潜力评估。根据全国气候变化预估结果,开展未来我国风能太阳能资源潜力预估,为国家规划和产业发展布局提供科技支撑。

3.建立风能太阳能实时监测评估业务

完善清洁能源基地、海上风电基地等重点地区以及全国风能太阳能资源观测稀缺地区的风能太阳能资源观测网。充分利用现有卫星、雷达、测风塔和地面气象站数据,加强行业风能太阳能资源观测数据共享汇交,建立地面观测、雷达和卫星等多源数据融合的风能太阳能资源实况监测和分析业务,实现全国气候资源 4 公里空间分辨率的逐日、月、季和年的动态监测评估。加强气候变化背景下,我国风能太阳能资源监测、影响评估与风险分析。

4.建立分钟至月季年尺度无缝隙气候资源预报和预警业务

围绕大规模风电、太阳能发电并网和消纳的气象服务需求,建立短临—中短期—延伸期—月—季无缝隙风能太阳能资源预报业务,提升产品的精细化和准确率水平。开展1~3年气候资源预估能力建设,提供咨询服务产品。重点针对大风(台风)、暴雨(雪)、覆冰、极端高(低)温和长期寡照、静风天气等极端天气气候事件对风能太阳能发电、电网设施和能源安全可能造成的风险,提升气象灾害预警能力,有效减轻极端气象条件造成的能源风险。

5.建设国省一体的风能太阳能资源综合业务系统

面向风能太阳能资源规划、选址、运营、消纳等全链条业务需求,集成全国高时空分辨率风能太阳能资源数据库、风能太阳能精细化评估、无缝隙精细化网格预报、风能太阳能发电和电网安全运行的灾害性天气气候事件预警等功能模块,建立国省一体的风能太阳能资源综合业务系统。

6.提高风能太阳能精细服务能力

基于风能太阳能资源动态评估与实时预报业务,面向政府、行业组织、企业及公众,提供基础风能太阳能资源信息查询及风能太阳能预报服务;面向新能源支撑乡村振兴,积极对接国家"千乡万村驭风计划"和"千乡万村沐光行动",加强气象服务保障;面向高质量共建"一带一路",支撑国家新能源国际合作,尤其是"一带一路"欠发达国家和地区的新能源国家合作项目,加强风能太阳能资源评价和气象灾害评估,提升新能源全球气象服务能力;形成面向政府决策、规划布局、发电生产、能源安全、电网消纳及防灾减灾的全链条气象服务能力。

(二)进一步完善气候影响评估和气候可行性论证业务

7.加强气候可行性论证关键技术研发

面向重大规划和重点工程所需的气象科技支撑和气候可行性论证核心技术短板,发展中、微尺度的气象数值模式和流体力学模拟仿真技术,提升涵盖区域、城市、街区的气候可行性论证数值模拟分析能力。研发天气雷达、风廓线雷达和卫星等多种遥感观测资料的融合应用技术,提升新资料的应用能力。针对规划、建设和运行不同情景,构建重大规划和重大工程建设与局地气候双向影响评估模型,研发未来气候变化情景的预估技术,加强面向"碳达峰、碳中和"目标愿景中长期行动的科技支撑。

8. 加强国土空间规划体系和城乡建设的气候可行性论证

面向中央构建国土空间开发保护新格局要求,提升国家、省、市、县、乡等不同层级的总体规划、详细规划和专项规划的气候可行性论证业务能力。积极融入新型城镇化、海绵城市和气候适应性等城市建设,完善气象风险评估、防洪排水设计、气候环境容量、城市通风廊道、工业园区区域评估、城市热岛效应评估等气候可行性论证工作,提升国家城乡生态保护和防灾减灾水平。

9. 形成重大规划和重点工程对气候生态影响的评估能力

实现重大规划实施以及大规模风电场群、大型水利等建设工程对局地气候生态环境影响的评估能力,开展不同典型生态系统保护和恢复工程对局地气候效益的影响评估和情景预估。

10. 推进气候可行性论证特色化业务布局

以需求为导向,结合各单位发展实际,在不同类型规划以及清洁能源利用、交通、旅游观光、电力设施、化工、农牧渔业调整等重大工程和区域性经济调整的气候可行性论证领域,确定国家级业务单位和优势省份的重点发展方向,持续深入发展。以点带面,形成全国重点突出、分布合理的特色化气候可行性论证业务发展布局。

11. 打造气候可行性论证综合业务系统

面向气候可行性论证的主要领域,依托大数据云平台,建立动态交互、可视化的气候可行性论证业务系统,实现气候可行性论证资料处理、数据一致性分析、参证站选址、各类规划工程参数评估计算的全技术流程支持,对各类重大规划、风能太阳能发电站、核电厂、输变电设施、大型桥梁和机场选址等领域实现全覆盖,进一步提升气候可行性论证业务系统集约化、标准化和通用化水平。

（三）开展精细化农业气候资源区划与评估

12.开展精细化农业气候资源区划

基于多种数据,研发精细化农业气候资源区划技术,形成全国百米级粮食作物、重要农产品种植区划"一张图",开展精细化作物种植气候区划和作物新品种推广气候区划。建立新一代精细化农作物种植和气象灾害区划业务服务平台。

13.开展基于气象灾害风险管理的农业气候资源精细化评估

分地区、分作物研发针对性的农业气候资源评价技术和应用指标;在气候和气候变化尺度,发展基于实时—预测—预估数据集的农业气候资源实时评估与动态风险评估业务体系;建设不同应用情景下的多时空尺度农业气候资源评估业务系统,提供国—省—市—县四级的分区域、分作物、分类型的精细化农业气候资源监测、评估、预估、预警服务。

（四）开展宜居宜游宜业的优质气候资源评价

14.打造国家气候标志服务品牌

开展全国优质气候资源普查,建设全国气候基础信息库,形成全国气候舒适度、气候旅游适宜性指数、特色农产品气候品质等全国气候资源基础信息"一张图",完成宜居宜游宜业等气候生态及气候品质的全国县域区划。研发特色气候资源监测评估业务系统和特色气候品质可追溯服务平台。打造"中国天然氧吧"等国家气候标志品牌产品。推动各省(区、市)发展本地优质气候资源利用品牌。

（五）完善气候资源保护利用法规和标准体系

15.健全气候资源保护利用法律法规和管理制度

按照国家生态文明建设和"放管服"部署要求,开展《中华人民共和国气象法》中涉及气候资源保护利用、气候可行性论证等方面条款的修订与完善研究。推动各省(区、市)出台气候资源保护利用和气候可行性论证方面的法规规章。按照国家涉及安全的强制性评估和开发区区域性评估对气候可行性论证的要求,加强气候可行性论证事中事后监管制度建设,推动各地因地制宜建立本省(区、市)气候可行性论证监管落地政策,规范气候可行性论证工作,切实减轻企业负担。推进行业自律,开展气候可行性论证机构信用评价和能力确认。

16. 完善气候资源保护利用标准技术体系

完善风能太阳能资源气象标准体系。结合"碳达峰、碳中和"目标愿景下新能源开发利用对气象的需求,重点发展风能太阳能资源观测、精细化监测、评估、预报、高影响气象灾害预警、气候环境生态效应评估等方面的标准规范。加强与能源电力行业的沟通合作,促进相关标准规范与产业融入式发展。加强与国际电工委员会(IEC)、国际标准化组织(ISO)等国际标准化机构风能太阳能专业委员会的合作,提升标准国际化水平。

完善重大规划和重点工程建设气候可行性论证标准体系。结合气候可行性论证发展新需求,重点发展数值模拟、雷达卫星遥感和再分析等新技术、新资料应用以及重大规划和工程建设对局地气候生态影响的气候可行性论证技术标准。

更好发挥标准支撑国家气候标志品牌建设。面向国家和地方生态文明建设、绿色城镇化和产业发展需求,坚持标准先行,开展中国天然氧吧等优质气候资源评价系列标准研制,完善国家气候标志评价标准和技术体系,促进国家气候标志评价工作的规范化、集约化和品牌化发展。

四、保障措施

1. 加强组织领导

各单位要加强领导和统筹部署,加强组织实施,健全工作机制,强化部门协同和上下联动,协调推动气候资源保护利用气象服务能力和业务发展。结合国家、地方重大战略需求和"碳达峰、碳中和"具体目标要求以及本单位特色,确定重点发展方向,细化各项具体任务,提出行之有效的落实措施。加强总结和指导,及时掌握各项任务进展,深入研究实施中的新情况和新问题,确保各项任务有序、有效推进。

2. 加强与现有气象业务体系对接

积极融入现有气象业务布局。充分利用现有气象现代化技术,特别是精细化数值模拟和卫星遥感、再分析资料等技术产品在气候资源保护利用领域的应用。充分依托国家和区域现有区域数值预报模式和气候预测模式,做好针对性的改进完善。积极推进现有预报预测技术方法在风能太阳能预报领域的转化应用。充分对接中国气象局大数据云平台,最大限度利用现有计算和数据资源。形成与综合观测、气象预报、气象信息、气象服务和科技人才相互支撑、协同发展的新格局。

3. 理顺气候资源保护利用气象业务工作机制

融入国家和地方规划发展格局。积极融入国家和地方综合防灾减灾救灾、生态文明建设、乡村振兴等发展战略,融入国家和地方空间规划体系,融入城市总体规划、城市适应气候变化行动方案、海绵城市建设、城市生态保护与建设规划、城市生态建设环境绩效评估等国家和地方工作体系。

理顺气候资源保护利用业务工作机制。推动各地各单位要将气候资源和气候可行性论证等气象服务纳入到服务体制改革、业务体制改革和业务布局调整中。鼓励气象事业单位最大限度发挥活力和积极性,健全和规范相关利益分配机制、激励机制、人才保障机制。

建立与气候资源保护利用业务服务相适应的激励机制。制定相应的科技成果转化政策和激励保障措施,鼓励职称评审向在技术研发和业务服务中做出较大贡献的人员倾斜,激发研发人员的积极性,促进研发成果更快转化为实际效益。创新多种形式、灵活多样的分配形式,建立与气候应用业务特色相匹配的激励制度。

建立国省联动共享发展机制。建立国省业务联动、平台互通、效益共享的气候资源保护利用业务发展机制,充分发挥国家级业务单位的技术优势和省级业务单位的地方协调优势,提升气候资源保护利用业务发展质量和效益。

4.加强人才队伍建设

推进中国气象局风能太阳能中心建设。推行气候资源保护利用技术服务联盟运行机制。加强气象和规划工程交叉应用领域的复合型高级人才培养。把握气候资源保护利用的重点领域和重点方向,支持相关专家牵头相关标准、规范编制和关键技术研发,实现科研、业务与实践有机融合,培育气候可行性论证领军人才,形成特色化的气候应用业务人才发展布局。加强交流培训,国省互动,互促互进,以点带面,有序提升相关业务人员能力。

5.加强项目支持

积极纳入各相关规划、工程建设、业务布局中,建立健全多元化的资金投入机制,充分利用山洪建设、小型基建、科技创新等工程、科技项目的投入支持,调动和利用好地方资源和投入,建立服务收入经费反哺气候资源保护利用基础研究、技术研发、系统建设等能力建设的支撑机制。

"十四五"气象预报业务发展规划

（气发〔2021〕103 号）
2021 年 10 月 18 日

  "十四五"时期是我国全面建成小康社会、实现第一个百年奋斗目标之后，乘势而上开启全面建设社会主义现代化国家新征程、向第二个百年奋斗目标进军的第一个五年，对气象事业融入国家战略发展全局、全方位提升气象服务保障能力提出新要求。站在历史关键点谋划新时代气象预报业务发展，必须准确把握新形势新要求，以习近平总书记对气象工作重要指示精神为根本遵循和行动指南，立足新发展阶段，完整、准确、全面贯彻新发展理念，构建新发展格局，坚持以人民为中心的发展思想，坚持系统观念，坚持改革创新，聚焦提高预报准确率和精细化这一核心目标，努力提高精准预报预警能力。

  本规划在总结"十三五"气象预报业务发展现状的基础上，面向国家重大战略实施和人民福祉安康的新需求，面向加快建设气象强国的战略目标，把握新一轮科技革命带来的新机遇，结合国际气象科技发展的新趋势，明确 2021—2025 年气象预报业务的发展目标、主要任务和保障措施，为 2035 年基本实现气象强国的远景目标开好局、起好步。

一、形势分析

(一)业务现状

无缝隙气象预报业务体系趋于成熟。初步建立了从零时刻到月季年,从中国区域到全球,涵盖基本气象要素、灾害性天气和气候事件及影响预报等较为完整的无缝隙气象预报业务体系。气象实况和预报实现了从站点、落区到格点、数字跨越。智能网格预报正式业务运行,产品空间分辨率中国区域陆地达到5公里、海洋达到10公里,全球达到10公里;时间分辨率0～24小时1小时间隔、逐小时更新,1～10天3小时间隔、逐12小时更新;气候预测空间分辨率达到45公里,延伸期逐日、次季节逐周、季节逐月更新;风能、太阳能资源监测评估精细到1公里,全国风能预报时间分辨率达到15分钟,未来3天太阳能光伏预报逐小时更新。

完整的数值预报业务体系基本形成。逐步形成了从短临、短中期、次季节、季节到年际,从区域高分辨率到全球的确定性与集合预报相结合的完整数值预报业务体系。建立了从全球到对流尺度、短时到中期、确定性到集合的中国气象局数值天气预报模式(原GRAPES)业务体系,基本实现了核心技术自主可控;全球模式分辨率25公里,可用预报天数达7.7天;区域模式分辨率3公里,每天8次快速同化更新。形成了国家级与北京、上海、广东"1＋3"的高分辨率区域模式发展格局。全球气候模式分辨率45公里,区域气候模式分辨率10～30公里。建成区域高分辨率数值预报检验评估业务平台。

业务系统和支撑环境向集约化方向发展。引入现代信息技术,MICAPS4、CIPAS2海量气象数据应用效率显著提升;MICAPS4专业版平台能有效支撑各类预报业务需求;实现MICAPS4、CIPAS2等系统升级版本在全国的业务应用;预报预测业务支撑环境向"云＋端"架构转变,实现海量实时数据集约、高效网络服务和更加安全、稳定的用户端服务。

气象预报预测准确率稳步提高。与"十二五"期间相比,基本气象要素短期预报准确率平均提升 2.28%,气温和降水月预测质量评分提高 2 分,气象灾害预警准确率提升 3.5%。2020 年,暴雨预警准确率达到 89%,强对流天气预警时间提前至 38 分钟;台风路径预报 24 小时误差减小到 70 公里;提前 6 个月的 ENSO 预测技巧达到 0.8,MJO 预测技巧超过 20 天,接近世界先进水平。

(二)机遇和挑战

高质量发展新阶段为气象业务发展提供了良好机遇。以习近平总书记为核心的党中央高度关心气象工作,新中国气象事业 70 周年之际习近平总书记专门作出重要指示,为气象事业高质量发展提供了根本遵循和发展方向。新一轮科技革命兴起正在为以数值模式为内核的气象事业发展增添更强劲动力。党的十九届五中全会进一步强调创新在我国现代化建设全局中的核心地位,把科技自立自强作为国家发展的战略支撑,为气象事业充分发挥其科技属性提供更有利的发展机遇。

数字时代的到来给气象业务形成强烈冲击。以人工智能、大数据、云计算、量子信息、移动通信等为代表的新一轮科技革命的兴起,推动了信息技术产业的蓬勃发展。先进的气象服务公司凭借社会化数据广泛收集、信息新技术快速运用以及与市场紧密结合的优势,对气象业务形成强烈冲击,业务发展面临来自行业竞争的新挑战,倒逼气象业务加快数字化进程。同时,信息化技术在气象预报领域的应用不断深入,气象业务技术发生深刻变化,这就要求我们坚持科技引领,强化创新驱动,加快促进业务与科研的深度融合发展,利用智能技术不断改进数字算法,才能适应时代需求,推动气象业务高质量发展。

国际环境变化加大了气象业务"卡脖子"的风险。当前,随着逆全球化、保护主义、单边主义等思潮逐渐抬头且愈演愈烈,国际经济、科技、文化、安全等格局都在发生深刻调整,气象业务发展面临的外部环境也将发生深刻复杂的变化。数值预报关键技术较国际先进水平还存在较大差距,预报业务对国外资料依赖程度依然居高不下,气象业务核心技术受制于人仍是气象高质量发展最大软肋。这就要求我们要增强忧患意识、风险意识,统筹安全与发展,积极防范和化解影响我国气象现代化进程中的各种风险。依靠科技创新,着力增强气象业务自身竞争能力、风险防控能力,才能更加开放地参与国际气象合作和竞争。

（三）存在问题

一是精准预报能力有待进一步提高。对灾害性天气特别是极端天气强度、落区和起止时间的预报准确率还有待提升。气象灾害预警的时效性和实用性还有待进一步提高,先导作用发挥还有差距。基于灾害影响的预报和基于风险的预警技术还有待提升。二是关键科技攻关有待进一步强化。对极端天气的形成机理、变化规律、致灾机理和致灾因子等科学认知不全面深入。数值模式与国际领先水平还存在差距,对局地性、突发性灾害天气的预报能力不强。三是预报检验评估作用发挥不够充分,精细化预报检验技术还不成熟,面向全业务全流程检验评估体系尚未建成。四是科研和业务融合发展的思想认识还需提高,气象预报业务技术体制改革力度还要加大,气象预报新业态建设质量效率亟待提高。五是现有业务流程规范与智能预报业务的不相适应愈发凸显,突破认知、创新理念迫在眉睫。

二、指导思想与发展目标

（一）指导思想

以习近平新时代中国特色社会主义思想为指导,深入贯彻落实习近平总书记对气象工作和防汛减灾救灾的重要指示精神,坚持"人民至上、生命至上",贯彻新发展理念,强化系统观念,加快科技创新,牢牢把握气象保障生命安全、生产发展、生活富裕、生态良好的战略定位,紧紧围绕发挥气象防灾减灾第一道防线作用的战略重点,聚焦精密监测、精准预报、精细服务,努力构建无缝隙全覆盖、智能数字预报新业态,为 2035 年基本实现气象强国的远景目标开好局、起好步。

(二)基本原则

坚持问题导向,求精图强。对标服务国家、服务人民提出的新需求,聚焦气象预报业务高质量发展的突出问题,补短板、强弱项,全面提升预报精准化水平,加快建设气象强国。

坚持创新驱动,跨越前行。紧跟科技进步,以数值预报为核心,依托大数据、人工智能、云计算等新一代信息技术,推动气象预报业务向无缝隙全覆盖、智能数字方向发展。

坚持底线思维,自主研发。认识和把握日趋复杂的国际形势,增强忧患意识、风险意识,强化自主可控的数值模式系统研发,发展具有全面自主支撑保障能力的气象预报业务。

坚持深化改革,统筹集约。坚持系统观念,持续深化改革,统筹国省市县各级预报业务,构建适应气象新业态的业务流程、技术评价、业务考核、人才培养、平台建设、技能培训等制度和机制,实现质量变革、效率变革和动力变革。

(三)发展目标

到 2025 年,基本建成产品精细、算法先进、检验科学、流程高效、管理规范的无缝隙全覆盖、智能数字预报业务体系,全球气象基本要素预报和气象灾害预警水平再上新台阶,基本形成气象预报新业态。

全面建立"全球—区域—局地"一体化的多要素、多圈层实况业务体系,全球实况产品分辨率达到 10 公里、6 小时,中国区域实况产品分辨率达到 1 公里、10 分钟,局地分辨率达到百米级。优化从局地天气到全球气候的多尺度、多种类监测评估业务,分类、分强度强对流天气监测产品达到公里级、分钟级。

分区域、分时段、分强度精准预报能力有效提升。完善智能数字预报业务,网格预报中国区域 10 天内空间分辨率精细至 1 公里,0～24 小时时间分辨率达到 1 小时,1～10 天时间分辨率达到 3 小时,短临预报更新频次达到 10 分钟。降水、气温等预报准确率较"十三五"平均提高 2％～5％。暴雨天气过程预报准确率达到 90％。预警空间分辨率精细到乡镇(街道),暴雨预警准确率达到 90％,强对流天气预警时间提前量超过 45 分钟。24 小时台风路径预报误差小于 65 公里。建立次季节到年代际的气候预测业务,拓展面向行业的影响预测业务,次季节网格预测空间分辨率达到 10～25 公里,气候预测准确率较"十三五"提高 3％左右,初步发布 1～5 年平均的气候展望预测产品。

分流域、分类型、分灾种精准预报能力有效提升。长江、黄河等江河流域气象水文预报预警、防汛抗旱等气象保障服务能力逐步提升。西南涡、东北冷涡等天气系统活动特征和变化规律的科学认识不断深入。暴雨(雪)、强对流、台风、大风(龙卷风)、高温、寒潮、大雾等灾害性天气发展发生机理和影响机制逐步清晰,预报预测预警技术体系不断完善。

三、主要任务

(一)完善无缝隙全覆盖预报业务体系

完善从综合实况及监测、短时临近、短中期、次季节,到多尺度气候预测的无缝隙智能预报业务;提升分区域、分时段、分强度、分流域、分类型、分灾种精准预报能力;气象预报业务范围向地球系统框架下的生态、环境和水等领域拓展;实现全球重点区域、重点领域的全方位气象保障服务。

1.加强综合实况及监测业务

建立"全球—区域—局地"一体化的多要素、多圈层实况业务。改进全球大气实况业务,分辨率提高到 10 公里、6 小时,改进中国区域实况业务,分辨率提高到 1 公里、10 分钟。优化中国区域陆面数据同化分析业务,分辨率提高到 1 公里、1 小时,气象基本要素扩展到生态、环境和水等多圈层要素。发展局地区域实况业务，分辨率达到百米级、5分钟。开展多源融合实况的历史回算业务。

建立从局地天气到全球气候的多尺度、多种类监测评估业务。发展分类、分强度突发性、极端性灾害天气监测业务，自动制作公里级、分钟级监测产品，提升局地强天气自动、精密监测能力。改进台风、暴雨（雪）、低能见度等灾害天气过程监测业务，实现实时、定量、智能评估和预评估。完善自主可控和多源数据融合的全球大气环流和重要气候现象监测业务，着力提升自主监测能力。建立气候及影响监测诊断业务，发布异常气候事件监测预测评估诊断一体化服务信息。拓展影响中国气候关键海区监测业务，加强海—陆—气水分循环监测。建立生态系统监测业务，开展我国主要生态系统及关键生态功能区实时监测评估。建立高时空分辨率气候资源监测和评估业务，发布"全球—中国—重点区域"高时空分辨率的风能、太阳能监测评估产品。

2.完善无缝隙精准化预报业务

加强极端天气气候规律研究。深化对灾害性天气特别是极端天气的科学认识，加强精细特征和变化规律、形成机理、致灾机理和致灾因子等研究。深入研究西南涡、东北冷涡等天气系统活动特征和影响机制。加强对全球变暖、区域人类活动强迫对气候背景和气候变异规律改变研究。针对持续强降水、极端高温、持续性干旱等极端气候事件，探索前期外强迫物理因子，分析潜在可预报性及其来源。

升级智能网格天气预报业务。发展短时强降雨、雷暴大风、冰雹、龙卷等临近预报业务，更新频次10分钟、分辨率0.5～1公里。发展分类强对流、基本气象要素等短时预报业务，更新频次1小时、分辨率1公里；完善气象要素短中期网格预报业务，空间分辨率1公里，时间分辨率1～3小时。进一步完善暴雨（雪）、台风、高温、寒潮、大雾等灾害性天气智能监测、精准预报预警业务。完善全球网格预报业务,发布短临逐 1 小时更新、短中期逐 6 小时更新的全球 5 公里气象要素网格预报产品;开展全球热带气旋、强降水、洪涝、高温、干旱、寒潮等天气气候事件的实时监测评估和早期预警业务。

改进完善气候预测业务。发布次季节—季节(14～60 天)要素确定性和概率预报网格产品及年景预测网格产品,其中次季节产品逐日滚动,季节—多季节产品逐月滚动。完善次季节灾害性天气预测业务,提升或拓展次季节台风、强降水、高温、寒潮等灾害性天气过程的发生频率和转折期预测能力,提高面向流域和极端气候灾害的精细化预测能力。发展客观化智能预测业务,进一步提升次季节—年际尺度气候预测业务能力。发展年际—年代际气候预测业务框架和业务流程,完善气候年景预测产品,初步发布1～5 年平均的气候展望预测产品。

建立区域特色气候预测业务。基于次季节—季节气象要素和重要天气过程预测产品,完善区域性沙尘暴、连续性降水、冬季降雪、干旱、异常气温事件等高影响天气气候事件的客观化预测业务,发展春季透雨、霜冻、伏旱、寒露风、倒春寒、连阴雨等农业气象灾害和关键农时季节气候事件的区域特色客观化预测业务,改进流域气象水文环境、秋冬季森林草原火险气象等级、气候生态环境等气候预测业务,建立面向能源、交通等行业及关键经济区的气候预测业务。建立具有区域特点、满足地方服务需求的专业化、特色化预测业务,发布精细化的确定性和概率性预报产品。

3.深化和拓展专业气象业务

推进气象预报业务向环境、海洋以及大气三维空间等领域扩展。建立环境气象"天地空"立体监测和评估业务,发展霾、臭氧、空气污染条件等短临、短中期、次季节—季节预报预测业务,提升林火、大气自净能力次季节—季节预测服务能力,发展森林火险、火山爆发等突发环境事件应急响应气象保障业务。提升面向航海、航空的气象服务支撑能力,建立覆盖全球机场、港口、航路航线的三维立体预报技术,制作低空飞行等航空保障业务产品,发展航线优选算法。进一步拓展空间天气预报业务的要素种类及时空分辨率,提升地球空间环境定量描述的精细化水平。推动次季节—季节多模式数据在过程预测中的解释应用和多模式集成,完善面向专项、灾害、农事和行业的气候定量评价和客观化预测业务体系。

提升流域气象业务。提升松花江、辽河、海河、黄河、淮河、长江(含太湖)、珠江等江河流域气象保障能力。完善流域精细化气象要素网格预报业务。加强水文、航运气象监测及实况业务。建立精细至中小流域(水库)的全国流域面雨量全覆盖业务体系。强化气象与水文、航运交叉结合,发展精细化气象水文预报模型。强化流域降水过程和强度预测业务,完善重点防汛流域、重点水库和中小河流洪水气象风险预警业务,发展流域气候影响评估业务。提升流域防汛抗旱、水土流失、生态保护与修复气象保障服务能力。

4. 推进影响预报与风险预警业务

发展多领域融合的影响预报与风险预警业务。提高分灾种、分区域、分行业的影响预报和风险预警能力。推进气象预报预警与水文、地质、环境等多领域跨学科融合。发展完善台风、暴雨(雪)、城市内涝、高(低)温、干旱、寒潮、大雾等多灾种对承灾体的精细化、针对性影响预报和风险预警业务,实时滚动发布定量化评估和风险预警产品。开展重点航道和内河航运气象影响预报业务。开展"一带一路"等重点区域的全球影响评估服务业务。

发展应用气候业务。建立针对陆地生态系统的气候预测业务,构建生态风险评价与预警体系。开展全国主要生态功能区、重点生态恢复区和生态脆弱敏感区生态预测与预估服务。建立气候条件和极端事件对生态系统的影响评估业务。建立无缝隙高时空分辨率的涵盖短临到季节尺度的风能、太阳能等气候资源预报业务,4 小时内每 5 分钟更新、逐 15 分钟任意点位的风能、太阳能预报准确率达 85%;72 小时内每 12 小时更新、逐 15 分钟全国风能、太阳能预报,空间分辨率达 3 公里、预报准确率达 78%;每日更新 3～10 天逐 3 小时、11～30 天逐 6 小时的中期和延伸期预报,气候资源月预测准确率达 68 分。

（二）发展先进算法技术体系

以数值模式发展和应用为内核,以自主可控的数值天气预报和气候预测模式为基础,发展以大数据人工智能技术和方法支撑的国家级和省级气象"二次算法"技术体系。

5. 发展自主可控数值模式

升级天气预报模式。全面提升全球天气模式分辨率,实现集合四维变分同化、变分偏差订正、尺度自适应物理过程等更加先进技术的业务应用;水平分辨率达到 12.5 公里,可用预报天数达到 8.5 天,卫星资料同化占比达到 85%(风云卫星资料占所有卫星同化资料的 22%～25%);实现 25 公里水平分辨率全球集合预报业务运行,10 天预报时效的大尺度环流集合预报平均误差与离散度的一致性提升 8%～15%。统筹发展区域模式,建立全国 1 公里分辨率、逐 1 小时循环同化预报系统,24 小时大雨预报 TS 评分提高 5%,24 小时台风路径和强度预报误差减少 10%;实现中国区域 3 公里对流尺度集合预报业务运行,强降水概率预报技巧提升 5%～10%。

改进气候预测模式。研制全球 30 公里分辨率、模式顶达到 0.01 hPa 的气候系统模式。研究耦合海洋—海冰—陆面—大气资料同化技术,构建高分辨率海洋—海冰—陆面—大气耦合气候预测模式业务系统,实现对次季节—季节—年际—年代际气候变率的多尺度一体化无缝隙预测,发布周—月—季—年尺度的大气、陆面、海洋和海冰格点预测产品,对东亚季风、ENSO、MJO 等指标的预测能力达到国际同期先进水平。基于区域气候模式研发

10～15 公里分辨率多初值多物理配置相结合的集合预测系统,研发高分辨率区域气候模式在京津冀、粤港澳、长三角、三江源、成渝等重点区域解释应用技术,开展次季节尺度预测试验。

完成第二代全球—区域资料再分析。基于中国气象局全球/区域模式,建立我国第二代全球—区域一体化资料再分析业务系统,强化中国特有观测资料及风云卫星资料同化应用,研制 1949 年以来资料再分析产品,全球产品水平分辨率 25 公里,区域产品水平分辨率 3 公里,时间分辨率 1 小时。

6.改进实况融合和监测评估算法

发展多圈层实况融合算法。研究集合与变分分析、多时空尺度分析、大数据分析等技术在多源气象数据融合中集成应用,发展从公里到米级的多尺度非规则分析网格一体化表示技术。研究三维大气与三维云实况分析快速更新技术,陆面土壤湿度、积雪、地表温度等集合同化技术,洋面温度、海冰等要素融合分析技术,叶面积、蒸散发、碳通量等集合同化技术。研究多源观测资料质量控制与偏差订正技术、资料稀疏区有效遥感信息提取技术、背景误差协方差优化技术,提高观测稀疏区融合分析实况产品质量,开展人工智能分析技术在新兴观测资料信息提取中的应用研究。研究实况产品时空代表性及真实性检验技术。

发展天气气候事件精细化监测算法。发展基于双偏振雷达等新型观测资料的强对流天气精细化监测技术。应用卫星遥感数据,发展基于深度学习的多参数台风定强、海雾、强降水及对流初生识别等技术。构建面向全球、全国、重点城市和敏感区域的极端天气气候事件监测识别技术方法。发展暴雨洪涝、干旱、高温、低温、台风等的检测归因技术。研发全球主要气候现象和关键大气环流系统的多时间尺度自主监测技术。

7.完善无缝隙智能预报算法

发展基于机器学习的短时临近预报算法。针对中小尺度强对流天气,发展集成多种机器学习方法的分类分级短临预报技术,包括主客观及多成员融合技术、多尺度数值模式短时预报融合订正技术、对流尺度(集合)模式的概率预报技术等。发展基于多元线性回归、随机森林、神经网络等机器学习的短时临近快速滚动要素预报技术,实现多种连续和非连续变量的预报外推、偏差滚动订正等技术。

发展基于海量数据集成的短中期预报算法。发展面向海量预报信息的统计后处理技术,包括发展不同种类的精细化偏差订正处理技术、基于贝叶斯理论的多源预报集成方法、面向长历史序列的相似订正方法、考虑复杂下垫面的时空统计降尺度技术等,以及发展新一代统一、完整的统计后处理框架和系统。发展灾害性天气早期预警技术,包括应用非线性统计模型、集合预报挖掘等方法发展暴雨(雪)、寒潮、大风、低能见度等灾害性或极端天气信息预警技术;发展物理机制和统计模型结合的分类强对流天气潜势预报技术;基于多种机器学习模型,研制全球热带气旋路径及强度订正预报技术,建立台风生成预报客观方法。

发展基于可预报信号挖掘的次季节气象要素网格预测算法。研究基于旋转正交分解、聚类分析等方法的我国降水、气温场气候客观分区技术。充分挖掘数值模式信息,利用前期季节内变化观测信号和模式可预报性较高的大尺度环流异常信息,研发气象要素的统计降尺度预报技术、动力模式降水系统性偏差订正技术、不同时效雨带偏差订正技术和动态最优百分位降水预报订正技术。发展基于多模式集成、演化建模方法和时空投影模型的次季节气象要素网格预报技术和重要天气过程预报的融合协同技术。研发前兆信号和数值模式不确定性特征的概率性预报误差订正技术和降水概率预测技术。

发展基于多模式的客观化月、季节预报算法。建立动力—统计相结合、多模式集合订正和人工智能信息挖掘等多种预报方法融合的月、季节气候预测技术。开展多尺度、多类别气象预报(趋势、过程、事件)异常综合预报技术研究。以次季节—季节多模式可视化系统为支撑,结合月、季节预测可预报性来源,研发动力统计相结合预测技术。基于第三代气候模式系统,研发月、季节尺度气候预测相似误差订正技术和统计降尺度预测技术。

发展基于多模式集合的年际到年代际预测算法。基于中国多模式集合预测系统,发展适用于面向年际气候预测的多分量初值扰动集合预测新技术,研制适用于东亚年际气候异常的动力—统计相结合的多源信息最优组合集成预测新方法。发展基于气候模式的年代际预测初始化方法,考虑土壤湿度、海冰等多圈层要素,进一步提高年代际预测能力。针对北太平洋年代际涛动和北大西洋年代际涛动,研发基于气候模式年代际预测数据集的订正技术。

8. 研发应用气候技术

加强雷达、卫星等遥感资料、测风塔观测资料、再分析资料等气象大数据融合应用。基于中微尺度气象模式,结合高性能计算流体力学仿真技术等,开展涵盖区域、城市、街区(村镇)、建筑及工程布局等最高可精细到米级的多时空尺度数值模拟技术研发。面向风能、太阳能预报,提升复杂地形下风能预报和云、气溶胶的中尺度数值预报能力,发展延伸期和月季尺度风能、太阳能多模式集成预测技术。基于多元数据融合技术,重点解决城市、不同生态植被类型等复杂下垫面对气候环境要素影响的评估指标研究,建立重大生态保护修复工程和城乡规划建设后对局地气候影响的定量评估和预估模型,提升气候可行性论证定量化水平。

9. 探索人工智能气象应用算法

开展人工智能算法应用性研究。开展不同人工智能算法在气象科学中的适用性研究,发展面向气象数据特点的人工智能算法技术。加强人工智能算法的可解释性分析研究,揭开应用的"黑匣子"。开展人工智能算法的基础训练数据集开发,构建用于灾害性天气或高影响天气的高质量、长序列基础训练数据集。研究基于人工智能的灾害性天气特征提取技术,加强对灾害性天气时空分布、属性特征、变化规律等的分析。利用人工智能的图像识别、时空降尺度和非线性预报能力,基于卫星、雷达、实况和数值预报等开展多尺度灾害性天气识别和预警技术研究。

发展影响预报和风险预警智能算法。加强行业大数据和气象数据的聚合、关联分析以及应用,发展融合行业大数据的影响预报技术。发展结合承灾体的风险识别预警技术,包括发展承灾体暴露度精准识别技术、构建承灾体易损性指标、基于区域灾害风险理论的风险快速识别和评估预警技术等。发展生态系统关键要素对气候条件变化的响应模拟预测和预估技术。发展气象灾害风险定量化预评估技术,包括建立灾情评估模型和灾害标准、致灾因子与灾害损失关系模型、面向行业影响的灾害风险综合评估模型等。

发展专业气象预报智能算法。面向水文、环境、海洋、航空、空间天气等不同应用场景,搭建气象大数据人工智能算法平台,利用大数据分析与数据挖掘手段,推进气象数据与多领域数据的融合应用,重点针对流域气象水文集合预报、污染爆发性增长预报、海上作业及突发事件应急响应、全球航空和海洋主要航线危险天气预报、太阳风暴监测及预警等领域,结合相关行业用户的多元需求,建立辅助决策模型,发展定制化个性化预报产品。

（三）建立精细检验评估体系

构建面向气象预报业务的全业务、全流程、精细化检验评估体系,实现有预报必有检验,以精细化的检验评估促进算法技术水平提高和业务产品的准确率提升。

10. 建立全流程检验评估业务

开展客观定量的检验评估业务,实现检验全覆盖。构建多中心全球和区域数值模式检验评估业务,改进和提高数值模式预报水平。研制和完善客观预报"二次算法",开展客观预报检验评估,改进和提高客观预报水平。对国家级和省级智能网格预报预测业务产品开展精细化定常检验评估。将各种检验评估结果分析融入各级业务岗位工作流程。

11.发展精细化检验评估技术

构建精细定量的检验评估技术,有效支撑业务流程各环节的价值发挥。发展数值模式四维时空的误差诊断分析方法,揭示误差产生及传播机制。研发气候模式对次季节、季节预报信号捕捉能力的检验评估技术。开展分区域、分季节的多尺度时空精细化检验,评估在山地、湖面、沙漠、海陆等复杂下垫面条件下的预报误差分布规律,以及开展不同要素、天气过程的日变化、强度变化等精细检验评估。基于模式初始场误差、上下游敏感系统误差以及模式物理过程反馈机制等分析方法,发展典型天气预报误差的来源诊断技术。研究和引入检验评估新指标,反映高时空分辨率网格预报带来的应用价值。研发次季节气温、降水网格预测、月、季精细化预测,主要气候现象、雨季进程、专项预测、特色化气候预测、年代际气候预测的检验技术。

12.构建完整统一检验评估支撑平台

研发海量信息聚合的诊断分析系统和全流程检验评估程序库,建立全流程、多尺度的气候检验评估支撑系统,为检验过程的标准化、科学化,以及检验结果的共享提供有效支撑。实现不同检验评估结果在各层级业务间的快速共享反馈,有效支撑数值模式研发人员改进模式、预报技术开发人员完善客观算法、预报一线人员增加附加值以及管理者监控预报价值链。

(四)构建高效业务布局和流程体系

以数值模式和"二次算法"为核心,面向业务体系发展需求,构建适应气象新业态的预报业务布局,重构集约贯通的业务技术流程,构建基于"云+端"的协同预报预测平台。

13.构建适应气象新业态的预报业务布局

坚持技术研发和产品制作向国家级和省级集约,产品应用、检验反馈和气象预警服务向市级和县级下沉原则,持续优化调整国家、省、市、县四级业务布局。

国家级加强基础科学研究、核心技术研发、通用技术和业务平台开发,负责开展数值预报、实况监测,短时、短中期、延伸期天气预报和气象灾害预警及其影响预报以及风险预警业务,负责次季节、季节、年、年代际气候监测评估和预测,生态和气候资源预测,气候应用服务,强化国家级技术引领和产品支撑的牵头作用。

省级开展本地实况监测,临近短时、短中期天气预报和气象灾害预警及其影响预报和风险预警业务,开展精细化的次季节、季节、年际和区域特色气候监测评估及预测、生态和气候资源预测、气候应用服务,组织下级做好精准预报预警业务,统筹市、县级业务人才开展预报客观算法研发和改进,强化省级技术引领和产品支撑的关键作用。

市级开展责任区内实时监测、气象灾害预报预警和气候应用服务业务,提高本地实况、预报预测产品的应用能力,完善富有本地特色的气象预报服务。

县级开展责任区内实时监测、气象灾害预报预警和气候应用服务业务,按需加强预报预测产品的服务应用。

14. 建立高效集约业务流程

加强顶层设计和规划,基于气象大数据云平台,建立开放的客观预报算法池,实现国省两级客观算法向国家级"云"集约化部署、融合处理和统一调度运行,逐步实现短临预报和智能预报技术开发及产品制作在"云"上生成,全国各级业务共在"一平台"上操作、共织预报数据"一张网"的业务运行流程,实现预报预警数据在各级业务间全程不落地的交互共享。构建观测、预报、服务相互衔接、融合贯通的业务流程,推动气象业务协同高效发展。建立气象灾害预警国家、省、市、县四级实时协同,短中期天气、环境气象及海洋气象等业务国省两级协同制作、市级和县级服务应用的集约高效扁平协同预报业务流程。

基于气象大数据云平台，构建"两级集约、国省互动"的次季节、月、季节监测预测业务流程，国家级将定时制作的全球和全国气象要素网格预测、重要天气过程预测、大气环流系统、重要天气气候现象、季风进程、典型雨季监测预测产品共享到气象大数据云平台。省级基于实时共享的国家级产品，制作和滚动订正本省责任区气候监测预测产品并反馈到大数据云平台，构建滚动更新、国省两级预报协同、实时共享的一体化业务流程。省级建立本省内气候预测产品共享流程，支撑市县级应用气候预测产品开展服务。

15.完善以智能网格预报产品和检验评估为主线的技术流程

建立以智能网格预报产品为主线的智能预报技术流程，逐步实现基本气象要素以客观预报为主、短临天气预报和灾害性天气预报预警以主客观融合为主的业务技术流程，预报产品的客观化程度达到80%。将实时检验评估融入天气监测、分析、预报和决策服务等业务全链条，通过客观定量的精细化检验评估引导预报员天气气候分析预报决策行为，实现在智能网格预报预测产品基础上的价值增益。

16.开发基于"云+端"协同预报预测平台

建设智能集约高效的新一代 MICAPS 系统。基于气象大数据云平台发展新一代 MICAPS 系统，实现灾害性天气综合监测预警、海量数值模式信息挖掘、全流程检验及客观方法集成、历史个例分析等技术在云端集成。建立轻量级多场景、功能聚合的以数字化预报为核心的预报服务协同云端应用；增强对三维大气结构的可视化交互分析应用能力；基于智能化检索和数据挖掘，实现对预报关键信息的提取和推送；研发智能交互和跨岗位的协同预报及智能编辑技术，支持高效预报订正及一致性处理；基于自然语言和空间推理技术，实现数字化预报产品的自动生成与加工处理；实现专业应用算法集成，增强专业版本技术支撑能力；发展网络化、移动化的天气预报应用软件,实现基于移动设备的数据分析和预报制作功能。

建设全球气候预测业务系统 CIPAS。面向全球系统气候业务发展需求,基于大数据、云平台进一步增强国省一体化、国省众创的 CIPAS 系统建设,完善全球陆地、海洋、大气环流、高影响极端气候事件等多尺度精细化气候监测功能;集成延伸期次季节要素精细化网格预报、灾害性天气过程事件预报、动力与统计相结合气候预测、多模式集成等气候预测功能;研发国省一体化预测产品制作与实时综合检验功能;发展信息多维可视化分析、自动识别、图文产品生成、产品智能推荐等核心技术,形成全国统一的气候监测、诊断、预测信息快速获取、智能加工处理和集成显示的新一代气候预测业务系统。

（五）建设研究型人才体系

17. 优化气象预报科技人才梯队

围绕未来预报业务"数字—算法"发展需求,扩大数值预报基础队伍,加快培养数值预报关键领域的领军和带头人,注重培养和引进人工智能应用、系统软件开发、大数据分析等领域人才。围绕"全球监测、全球预报、全球服务"和适应地球系统框架下的预报发展需求,培养具有全球视野和国际水平的气象专家。依托气象高层次科技创新人才计划,培养勇于创新发展的优秀高层次气象预报人才。充分发挥国省两级人才和资源优势,推进国省两级业务人员向研究型人才发展,依据市级和县级气象业务服务特点,鼓励基层业务人员向综合型人才发展。

18. 加快研究型预报队伍建设

继续完善预报员班下科研机制,国家级预报员每年进行研究和技术总结的时间达到 6～8 个月,省级预报员达到 4～6 个月,市级预报员不少于 3 个月。改进预报值守班制度,国家级和省级因地制宜改革值守方式,市级和县级构建预报服务一体化的工作模式,最大程度保障集中时间科研开发。

完善预报员培养和交流机制,建成国家级、省级互为补充的预报员培训体系,实现对全国预报员培训全覆盖,开展多层次、复合型预报能力培养,强化基层预报员特别是县级预报员对雷达、卫星资料的理解和应用能力以及极端天气监测预警能力。打破传统地域限制,推进省域间、省市县多级间预报员交流。加大对气象预报管理人员的培训力度。

19. 整合力量加强创新团队建设

聚焦气象事业发展重点领域业务科技难题和关键技术,发挥团队凝聚科研和业务人才优势。以国家级牵头、省级参与,建立中国气象局数值预报、灾害性天气机理研究、智能预报、气候预测和大数据应用等领域创新团队;以省级主导、市县级参与,建设省级气象局创新团队,培养灾害性天气监测预警、智能预报及其应用等领域创新人才。

(六)健全科学规范管理体系

破解制约气象预报高质量发展的机制体制障碍,强化有利于调动预报科技人员积极性、有利于业务科研融合的改革举措,完善适应业务发展需求的业务制度和标准,构建富有活力的气象预报新业态。

20. 打造业务科研融合发展的创新平台

依托重点实验室、工程技术中心、成果中试基地打造科研业务融合平台,强化业务科研协同创新,促进高校、科研院所、企业的科研优势和业务单位的技术优势充分融合,推进产学研用结合。依托气象联合基金、气象创新发展专项等科研项目,聚集国家、省、市、县四级预报科技人才,联合部门内外科技力量,围绕制约气象预报发展的重大科技瓶颈问题开展联合攻关。加强访问交流和集中研发,引导业务、科研人员有序开展研究型业务建设。

21. 改革业务考核评价体系

建立以预报客观精细精准为导向,预警准确率和时间提前量科学兼顾,国、省、市、县分级分类的考核体系,引导预报预警业务向精细化、客观化发展,促进预报员向研究型转型发展,推动预报技术向先进性发展。

改革预报预警质量考核办法,中央气象台重点考核指导预报、气象灾害预警和重大天气过程预报;省级重点考核 24 小时内逐小时、1～3 天内逐 3 小时精细化预报和客观方法预报;市级和县级重点考核气象灾害预警信号准确率和时间提前量。

改革预报员考核评价制度,建立以创新质量和业务贡献为导向的评价体系,健全激励奖励机制,鼓励和引导预报员敢于突破极值预报、勇于提前发布预警。

22. 深入推进天气气候会商改革

中央气象台突出天气过程预报、气象灾害预警的分析及指导,省级侧重 24 小时内逐 1 小时精细化预报、灾害性天气影响预报和气象灾害风险预警的分析及预报。推进以中国气象局为主导的汛期气候趋势会商改革,简化会商形式和流程,突出国家级业务单位的指导意见;加强开放合作,将主要技术研讨纳入专题讨论,加强预测效果评估的应用和反馈。省级单位开展以客观化气候预测为主的气候会商改革,简化流程,提高会商效率和质量。

四、保障措施

(一)加强组织领导

国家级业务单位和各省(区、市)气象局作为推进气象预报业务发展的责任主体,要全面掌握和深刻理解规划规定的目标和任务,结合本单位实际,细化各项具体任务,制定切实可行的实施计划,提出行之有效的推进措施,明确职责分工和进度安排。加强总结和指导,及时掌握各项任务进展,深入研究实施中的新情况和新问题,确保各项任务有序、有效推进。各级管理部门要强化监督检查,抓好跟踪督办,建立定期评估机制,确保任务落到实处。各单位要坚持问题导向、目标导向,在解决问题当中深化预报业务改革,精准发力、强化责任,协调推进预报业务布局流程优化调整、业务考核评估改革、天气气候会商改革等,提升预报业务改革综合效能。

（二）强化协同发展

加强与气象现代化发展纲要、气象发展、数值预报业务、海洋气象业务、气象信息化、气象科技、气象人才等"十四五"规划的有机衔接,形成气象预报业务与综合观测、气象服务、科技人才相互支撑、协同发展的新格局。

强化国家、省、市、县四级业务协调发展,国家级发挥技术引领和业务指导作用,省级发挥业务组织、优势技术提升和产品支撑作用。继续加大对中西部、东北地区的支持力度,统筹推进东、中、西部业务的协调发展。

（三）加大投入力度

统筹国家和地方公共财政、企业社会资金投入,建立气象预报业务发展稳定投入机制。把气象预报发展重点项目纳入各地气象事业"十四五"发展规划,切实加大对业务技术和业务建设的投入力度。统筹国家重大科技专项、气象联合基金、创新发展专项和重大工程项目,针对制约业务发展的技术瓶颈,组织全国力量开展联合攻关,努力实现关键领域核心技术的重大突破。

中国气象局督查检查工作
实施办法

（气发〔2021〕105 号）
2021 年 10 月 20 日

第一章　总　则

　　第一条　为落实《政府督查工作条例》，根据中共中央办公厅关于统筹规范督查检查考核工作的有关要求，强化和规范中国气象局督查检查工作，保障政令畅通和重点任务落实，提高管理效能，推进廉政建设，健全行政监督制度，制定本办法。

　　第二条　本办法所称督查检查，是指中国气象局在法定职权范围内根据工作需要组织开展的监督检查。

　　第三条　中国气象局督查检查工作按照服务大局、统筹协调、各司其职、分级负责、上下联动、务求实效的原则开展，改进方式方法，推动政策落实和问题解决，切实为基层减负，力戒形式主义、官僚主义。

　　第四条　中国气象局督查检查工作实行年度计划管理，加强综合协调，强化结果运用。

第二章　　主体与对象

第五条　建立健全中国气象局统一领导、局办公室综合协调、局内设机构协同配合的督查检查工作体系。

（一）中国气象局负责督查检查制度、计划、结论的审定。

（二）局办公室指导全国气象部门督查检查工作，组织实施中国气象局督查检查。局办公室督查机构承担中国气象局督查有关具体工作。

（三）局内设机构负责组织实施专项督查检查，以及职权范围内重点工作的日常督办。

第六条　中国气象局督查检查对象主要包括各省（区、市）气象局、各直属单位和各内设机构（以下简称"承办单位"），必要时可以对全国各级气象部门开展督查检查。

第三章　　内容与形式

第七条　中国气象局督查检查工作分为综合督查、专项督查、效能督查和日常督办等工作。

（一）综合督查。主要包括党中央、国务院重大决策部署落实情况，中央领导同志对气象工作的重要指示批示精神落实情况，中国气象局党组和中国气象局年度重点工作部署落实情况，由局办公室牵头组织实施。

（二）专项督查。主要包括党中央国务院相关会议或政策文件、中国气象局规划及重要专项工作等落实情况，由局内设机构按照职责牵头组织实施。

（三）效能督查。主要包括法定职责履行情况、行政效能以及党中央、国务院及其所属部门移交的事件调查和线索核查，由法规部门指导相关内设机构组织实施,并做好报告和反馈。

(四)日常督办。综合、专项、效能督查之外的重要文件、重要会议、领导批示指示等事项,纳入日常督办工作范围,由局内设机构按照职责负责实施,按照日常工作制度和流程开展,并做好报告和反馈。

第八条 督查检查机构可以要求承办单位自查、说明情况,听取承办单位汇报,开展检查、访谈、暗访,组织座谈、统计、评估,调阅、复制与督查检查事项有关的资料,通过信函、电话、媒体等渠道收集情况,必要时约谈相关负责人或责任人,运用现代信息技术手段开展"互联网+督查检查"。

第四章　程序与要求

第九条 加强计划管理。年初按照党中央、国务院有关要求制定全年督查检查工作计划并报备,全年牵头负责单位按计划规定的时间、范围、内容和方式组织实施,年底开展督查检查计划工作总结。计划之外需要临时开展的督查事项,严格执行一事一报。针对处置自然灾害、事故灾难、公共卫生事件、社会安全事件等紧急突发事件开展的督查事项,可边报备边开展。

第十条 综合督查和专项督查工作程序:

(一)立项。局内设机构制定督查检查方案,明确督查检查对象、范围、内容、时间、方式和要求,经分管局领导审阅同意后,局办公室统筹形成督查检查计划报局党组审定,并按要求报备后立项。涉及同一类型督查检查,统一安排,统筹部署,防止重复督查检查和多头交办,减轻基层负担。

(二)交办。督查检查机构应通过中国气象局督查督办管理系统或以书面方式向承办单位发出;特殊情况下,也可以通过电话、行文、面谈或召开会议等方式向承办单位交办;交办时应明确办理要求、办理时限、主办单位和协办单位。

（三）跟踪。督查检查机构对重要督查检查事项建立工作台账，进行动态跟踪与提醒，掌握全过程的进展情况并提醒承办单位按时办理。

（四）反馈。承办单位应按督查检查机构要求办理并反馈完成情况。遇特殊情况不能按时办结的，应及时向督查检查机构书面说明原因，申请延期办理，并按新批准的时限抓紧办结。

（五）复核。督查检查机构根据工作需要，可以对重要督查检查事项进行调查复核，视情况再次开展督查检查，切实增强督查检查工作实效。

（六）报告。督查检查机构应及时汇总督查检查事项完成情况，并向中国气象局报告，提出供领导决策参考的意见和建议。

（七）归档。督查检查机构应对督查检查事项进行登记，按照档案管理规定搜集整理材料，及时立卷归档。

第十一条 督查检查机构要严格执行督查检查方案，不得随意扩大对象、范围、内容，严格执行工作纪律，严格执行保密规定。

第十二条 承办单位反馈办理情况应全面、真实、准确；同一事项涉及两个以上承办单位的，协办单位应主动协同配合主办单位办理落实。

第五章 结果应用

第十三条 督查检查工作应当与行政执法监督、职能监督、备案审查监督等工作相衔接。建立与纪检、巡视、审计、考评等工作联动机制，推动督查检查信息共享、结论互认、成果共用。

第十四条 督查检查中发现党员干部涉嫌违反党纪的问题线索，移交纪检部门依规依纪处置；发现公职人员涉嫌职务违法或者职务犯罪的问题线索，移送有关部门调查处置；发现涉嫌其他犯罪的问题线索，移送司法机关依法处理。

第十五条　督查检查机构根据督查检查结论,提出对督查检查对象表扬、激励、批评以及依法依规追究责任等建议,经中国气象局党组批准后由相关部门组织实施,局办公室视情况给予通报。

第六章　组织与保障

第十六条　建立督查检查工作协调机制。办公室行使督查检查综合协调职能,审计、巡视、法规、人事等部门及专兼职队伍共同参与,形成督查合力,必要时由分管局领导调度。

第十七条　督查检查人员应当具备与其从事的督查检查工作相适应的政治素质、工作作风、专业知识、业务能力和法律素养,严格落实中央八项规定精神,自觉接受监督。

第十八条　将督查检查工作理论和业务纳入培训课程,建立施行督查检查干部定期培训制度,提高其综合协调、把握政策、调查研究、决策参谋等能力。

第十九条　督查检查工作经费应纳入部门预算管理,确保经费落实,保障督查检查工作顺利开展。

第二十条　推进督查检查工作信息化建设,实现分头交办、分类督查、分级督办,实时跟踪、自动提醒、智能分析,提高督查检查工作效率。

第七章　附　则

第二十一条　各省(区、市)气象局负责对所辖单位的督查检查工作,参照本办法制定督查检查工作制度,并报中国气象局备案。

第二十二条　本办法由中国气象局办公室负责解释。

第二十三条　本办法自印发之日起施行。《中国气象局督查督办工作管理办法》(气发〔2018〕103号)同时废止。

中国气象局推进大城市气象保障服务高质量发展的指导意见

（气发〔2021〕106 号）

2021 年 10 月 25 日

城市是我国经济、政治、文化、社会等方面活动的中心，在党和国家工作全局中具有举足轻重的地位。做好城市气象保障服务是助推气象高质量发展的重要引擎，是实现气象现代化的重要标志。受全球气候变化和城市建设的叠加影响，天气气候对城市防灾减灾、生产生活、精细化治理、重大活动等影响加剧，对城市气象保障服务提出了新要求、新挑战。为贯彻落实习近平总书记对防灾减灾救灾、对城市化和气象工作重要指示精神，指导直辖市、省会城市和计划单列市等大城市气象部门为城市安全、绿色、智能发展提供更高质量气象保障服务，提出如下意见。

一、**总体要求**

（一）指导思想

以习近平新时代中国特色社会主义思想为指引，深入贯彻党的十九大和十九届二中、三四、四中、五中全会精神，全面贯彻落实习近平总书记对防灾减灾救灾、对城市化和气象工作重要指示精神，坚持人民至上、生命至上，牢牢把握气象工作关系生命安全、生产发展、生活富裕、生态良好的战略定位，对标监测精密、预报精准、服务精细要求,做好城市防灾减灾救灾、生产生活、精细化治理、重大活动气象保障服务。

（二）基本原则

需求导向,分城施策。主动融入智慧城市、数字城市、海绵城市、韧性城市、气候变化适应城市建设及国家安全发展示范市建设,准确把握更加多元、更加精细、更加智能的城市气象保障服务需求和重点,因地制宜,打造各具特色的城市气象服务模式。

科技引领,创新发展。树立全球视野,对标国际先进,把强化气象科技创新作为推动城市气象保障服务高质量发展的强大引擎,优化创新资源配置,加强城市气象关键技术攻关和应用研究,用好用足科技成果转化政策,实现科技自立自强。

系统思维,协调发展。将城市气象服务与深化气象改革、推进现代化工作有机结合,统筹推进各级各类气象资源的合理配置和高效利用,提升城市气象保障服务高质量发展的整体性和协同性,推动城市气象观测、预报、服务、科研等各环节有效衔接和高效协同。

分级负责,联动发展。坚持属地主体责任,分层分级抓好城市气象保障服务。中国气象局重点加强宏观政策、通用关键技术研发指导,各省（区、市）气象局要加大对直辖市、省会城市、计划单列市气象局的业务技术支撑保障力度,并做好对辖区内其他城市的指导。形成上下联动、紧密配合、优势互补、特色鲜明的城市气象保障服务高质量发展新格局。

聚合资源,开放发展。强化与相关部门、科研院所、高校和社会企业合作,充分聚合和利用各类资源,打造城市气象保障服务的众创平台,形成推动城市气象保障服务高质量发展的强大合力。

（三）发展目标

到 2025 年,全国直辖市、省会城市、计划单列市建成布局科学、立体精密、智慧协同的气象观测网,极端灾害性天气捕捉能力明显增强。建立城市分区、分时段、分强度气象预报预警业务,数字网格预报空间分辨率达到 1 公里,0～12 小时更新频次不低于 1 小时,0～2 小时更新频次为 10 分钟。城市气象预警信息快速靶向发布与传播能力显著增强,预警信号精细到街道,预警服务信息精细到城市治理网格。面向城市生命线、城市建设、综合交通、旅游康养、生态环境等高影响行业的气象影响预报和风险预警体系初步建成。城市气象法规标准体系进一步完善,气象趋利避害作用显著发挥,为城市规划建设管理、生产生活生态、政府社会市民提供优质的气象保障服务。

二、主要任务

(一)筑牢城市气象防灾减灾第一道防线

1.开展城市气象灾害综合风险隐患排查。完成城市主要气象灾害综合风险普查,推动气象灾害防御重点单位气象灾害风险隐患排查,获取气象灾害承灾体暴露度和脆弱性信息,摸清风险底数,建立气象防灾减灾大数据平台,形成数字化、精细化城市气象灾害风险地图,以及各类风险点、隐患点及其致灾阈值清单、应急责任人预警服务对象清单。

2.完善城市综合气象观测体系。积极争取在风险隐患点、人员密集场所和重大工程周边地区增补气象观测站点和观测要素。建立大气垂直廓线探测和梯度气象观测,建立以气象雷达为核心的多系统协同观测模式,提高中小尺度灾害性天气系统捕捉能力和城市大气边界层观测能力。加强与各行业主管部门协作,引导市场主体合作建设专业气象观测网,推进发展"泛在感知"的社会化智慧气象观测。实现分辨率不低于 1 公里、重点区域百米级的一体化多要素、多圈层城市气象实况监测业务。

3.提升城市气象精准预报预警能力。建立空间分辨率 1 公里,0～12 小时更新频次不低于 1 小时,0～2 小时更新频次 10 分钟的分区、分时段、分强度的城市精细化气象要素网格预报业务。

加强以突发灾害性天气智能识别和预警为重点的短时临近预报预警业务。提升强对流（大风）客观预警技术支撑能力，强对流（大风）预警信号时间提前量达到45分钟。开展0～24小时龙卷潜势预报。提升极端高温（≥40℃）和极端低温事件的预报能力，高温和低温预报时效延长至7～10天。开展城市主城区分区预报预警业务，预警信号空间分辨率精细到街道，预警服务信息精细到城市治理网格。

4.发展基于影响的预报和风险预警。加强气象灾害综合风险普查成果深度应用，构建基于网格预报和隐患点致灾阈值的气象风险靶向预警业务。实现空间分辨率5公里、0～12小时逐小时、12～72小时逐6小时的城市及周边地区中小河流洪水、山洪和地质灾害精细化气象风险预警；开展暴雨诱发城市内涝阈值研究，为城市精细化的防汛调度与水资源配置提供技术支撑。探索开展面向气象灾害防御重点单位分行业分企业的气象影响预报预警服务。

5.提升城市气象预警信息发布能力。继续推动突发事件预警信息发布系统建设，完善预警信息发布"绿色通道"，提升突发灾害性天气快速、精准发布和面向全城市民的快速覆盖能力。推进气象数据与多部门、多领域数据的融合应用，实施分区域、分用户、分级别、分类别的气象灾害预警信息差异化发布策略，建立健全气象灾害预警信息靶向发布业务。进一步健全与相关部门、社会媒体预警信息即时共享机制和渠道，依托其他部门同步转、社会媒体协同播提升预警信息快速传播能力。实现预警信息可在3～5分钟内到达相关应急责任人。

6.健全城市气象灾害预警应急联动机制。推动地方人大政府出台完善气象灾害防御法规规章和文件，建立健全以预警信号为先导、具有法律约束力的部门应急联动机制和社会响应机制。重点建立基于重大气象灾害红色预警信号高风险区域、高敏感行业、高危人群的自动停工停业停课机制。联合相关部门出台气象灾害应急联动阈值指标和防御指南。推动建立健全面向社区、气象灾害重点防御单位的气象灾害预警服务和应急联动机制。完善重大灾害性天气"叫应"服务标准和工作流程,建立面向党委政府主要领导的直通式报告机制。推进建立气象巨灾保险等灾害风险分担和转移机制。

(二)气象服务融入城市生产生活

7.加强城市建设气象服务。开展城市重大工程、重要基础设施建设气象灾害风险评估,推进城市暴雨强度公式修编,提高城市基础设施抵御各类气象灾害的能力。与住建、城管部门联合推进开展深基坑开挖、大型塔吊施工、大型构筑物吊装等气象高敏感工程建设气象风险预警服务。

8.加强城市综合交通气象服务。推进以道路交通、轨道交通、桥隧、水运、重要枢纽为重点的城市综合交通气象影响预报和风险预警服务。强化城市雪亮工程摄像头等图像识别天气要素技术应用,开发城市道路低能见度、道路结冰、路面湿滑、拥堵,城市跨江桥梁大风、大雾、结冰、隧道口积水,游船、游艇、城市轮渡、岛际交通等交通方式,高铁站、机场、码头、港口等交通枢纽气象条件监测预报预警服务。探索建立城市群一体化联合交通气象业务服务机制和标准体系。

9.加强城市旅游气象服务。面向各级旅游主管部门开展城市A级以上景区和网红景点的精细化天气监测预报预警服务。探索与旅游景区合作开展大型游乐设施、高空及水上等气象高敏感游乐项目气象风险预警服务。融合实景观测和多行业数据,开发气象荐游、特色气象景观预报和天气预报实景展示等产品,开展花期预报、采摘等都市现代农业观光气象服务,形成城市旅游天气地图,探索面向公众的定制式、伴随式、沉浸式精细旅游气象服务。

10.强化市民康养气象服务。完善城市高温中暑、紫外线辐射、城市空气质量、花粉、负氧离子和蚊虫叮咬等健康气象服务产品，与卫生健康部门联合开展气象高敏感疾病、传染病、慢性病等气象影响研究，开发疾病发生气象风险预报预警产品，开展不同人群可定制的健康气象服务。探索开展健康气象风险预报预警服务。发展城市气候康养保障服务。

11.打造市民专属气象台。发展公众气象服务需求自动感知技术，研发衣食住行游购娱等多领域，图形、视频、动画等多形式的个性化、场景化、直观形象的公众气象服务产品，利用网络机器人、手机 App 等渠道为市民提供需求自动感知、精准匹配、主动推送的分众化气象服务。建立气象科普与预报服务联动机制，强化城市高影响天气解读，充分运用新媒体平台，建立气象科普传播矩阵，提高城市气象科普的深度和广度。

（三）气象赋能城市精细化治理

12.加强城市规划气候服务。顺应气候规律，优化城市国土资源空间布局，开展城市细致气候特征以及热岛、雨岛、干岛、浑浊岛效应的综合分析，积极为城市通风廊道、绿地选址布局等设计提供气候服务。定量识别气候变化对城市安全的影响，科学合理设计防灾减灾设防标准，为海绵城市、韧性城市、气候适应性城市建设提供气候可行性论证服务。

13.加强城市生命线安全运行气象保障。聚焦台风、暴雨、大风、雷电、大雾、高温、低温雨雪冰冻等灾害性天气，与水务、电力、燃气、通信、应急、住建、城管、公安、交通、绿化市容等部门联合开发城市生命线安全运行数字化气象服务产品，将气象风险评估服务融入城市安全运行指挥系统，建立基于气象的城市运行风险数字地图。加强城市超高层建筑抗风、防雷气象监测预警服务。

14.加强城市内涝防御气象服务。与应急、水务部门共同加强城市内涝气象风险监测预警，建立完善暴雨内涝气象风险"灾前预估、灾中预警、灾后检验"服务流程，建立完善暴雨内涝气象风险预警联动工作机制,自动推送气象风险预警信息,提高城市积水应急处置效率。

15.加强城市生态环境治理气象保障。大力发展城市高分辨率遥感产品开发应用,强化对城市生态质量的监测评估;开展月季尺度不同生态环境系统气候影响预测预估。联合生态环境部门,做好空气质量和重污染天气预报预警。探索开展城市郊野公园生态气象效应评估和城市(群)生态绿化建设碳汇效益评估。加强城市温室气体监测评估,探索为城市节能减碳、清洁能源开发利用及工业、交通、建筑等重点领域碳排放碳达峰提供气象服务。

16."+气象"赋能"城市大脑"。积极推进数字气象融入"城市大脑",赋能城市数字化转型和城市运行"一网统管"建设。建设开发城市精细化管理气象保障系统和"气象插件",嵌入城市运行管理各个指挥系统。深耕基于气象的城市安全运行数字化风险管控应用场景,全程融入建筑工地、交通、内涝、网格化管理等城市灾害重点场景的灾害风险管理。

(四)强化城市重大活动气象保障服务

17.健全重大活动气象保障工作流程和标准规范。建立重大活动气象保障服务需求分析清单制度,完善跨层级、跨省际观测设备、人工影响天气作业装备、技术平台和专家资源等调配协调机制。完善重大活动分级分类气象保障服务机制,分类制定前期筹备、测试演练、实战运行、总结评估四个阶段工作流程;分级建立联合会商、加密观测、产品签发、风险处置、宣传科普等重要环节工作规范。城市气象保障服务应遵循"一活动一方案"原则,针对大型会展活动提供现场气象保障、城市面保障和观展公众气象服务;针对大型体育赛事活动建立赛前、赛中、赛后标准化服务流程。逐步建立完备的重大活动气象应急预案,细化大风、降水、雷击、体感温度等关键气象要素不利条件下的应急处置措施,为重大活动提供明晰的决策依据。

18.建立完善重大活动气象保障服务系统。完善重大活动加密观测系统,提高重大活动精细到场馆、分钟级的定时、定点、定量预报能力。基于城市气象综合业务平台,建立集历史数据、实况监测、预报产品、风险评估于一体的精细化无缝隙重大活动气象保障服务系统,细化关键气象要素影响风险评估,开展重大活动从筹备、设施搭建、彩排、演练到正式活动全流程的精细化数字化综合气象风险预估;提供特定空间、特定时间段精细化百米级、分钟级降水、风力、温度短临预报产品;与重大活动运行指挥平台对接,提供数字化、精细化三维动态气象服务产品实时展示,满足城市重大赛事、重大活动的现场实时移动气象保障服务需求。

19.提升重大活动人工影响天气作业保障能力。建立政府主导的跨区域联合人工影响天气作业协调机制。制定军地联动、空地联合的人影保障常态化实施方案,建立完善人工影响天气试验、演练、作业的联动工作机制和指挥流程,明确前方指挥和后方技术保障职责分工。强化人工影响天气作业装备、作业阵地、作业队伍、作业指挥平台等能力储备,提升人工影响天气作业效果。强化人工影响天气作业装备、弹药的生产、购销、运输、存储、使用等重点环节的安全监管。

(五)提升城市气象业务科技支撑水平

20.加强城市气象信息化建设。气象大数据云平台建设要优先保障城市气象服务所需海量数据算法、算力和存储资源,为与政府部门开展数据交换和气象服务提供安全、便捷、高效的信息化基础支撑保障。发展多源气象观测数据标准化处理技术和城市实景监测的人工智能分析技术。加强气象核心业务备份能力建设,确保气象数据安全和业务服务系统持续稳定运行。

21.加强城市气象服务核心技术攻关。加强我国主要城市群的城市气象联合科学试验和高影响天气关键影响机制研究。研发城市群多源稠密资料同化技术,构建公里和次公里尺度城市数值天气预报系统。加强面向城市气象服务的中期、延伸期预报和短期气候预测核心技术研发。研发城市灾害天气精密监测"一张网"预警、城市"百米级、分钟级"短临无缝隙预报和强降水、强对流（大风）、高温、强降温等极端天气预报预警技术。面向城市生命线、城市建设、综合交通、旅游康养、生态环境等发展跨领域多学科交叉融合的气象风险预警服务技术。增强面向城市规划的气候可行性论证关键技术研发。

22. 完善城市气象科技创新机制。优化完善城市气象科技成果分类评价、成果转化、业务准入及奖励激励制度。建立城市气象科技成果共享目录。采用任务委托、竞争以及"揭榜挂帅"制度，解决制约城市气象发展的科技难题和"卡脖子"技术。构建城市气象服务科技成果中试平台。依托北京城市气象研究院筹备建设中国气象局城市气象研究重点开放实验室，打造国际一流的城市气象研究、科研与应用紧密结合的示范基地。

23. 强化城市气象业务科技人才队伍建设。以部门内外城市气象领域的专家为主，吸收城市运行管理方面的高水平专家参加，组建城市气象服务专家组，加强对城市气象业务服务的指导。完善国、省、市高层次人才访问交流机制，加强城市气象重点领域科技创新团队建设。加强系统性、前瞻性气象服务技能培训，加大城市气象业务科技人才队伍培养力度，建立健全人才培养激励机制。

三、组织保障

（一）加强组织领导

各级气象部门要把做好城市气象保障服务作为贯彻落实总书记对防灾减灾救灾、对城市化和气象工作重要指示精神的重要抓手，高度重视城市气象保障服务工作，完善领导协调机制，分级分层组织制定城市气象保障服务工作方案，做到"一城一案"，加大工作指导力度、协调解决重大问题，加快推进重点项目建设，促进业务能力提升和服务任务落实。

（二）深化开放合作

发挥城市高校、科研院所科技和人才优势，加强局校（院）合作，强化城市气象关键核心技术的自主创新。加强与城市运行部门的对接协作，深度融入城市精细化治理和城市全面发展，提高城市气象保障服务质量和效率。

（三）强化协同联动

国省两级统筹优化资源配置，加强对城市气象保障服务业务指导和技术支撑。各地城市气象部门要及时调研掌握城市气象保障服务需求，明确提出城市气象业务科技支撑需求，加强国省两级业务科技成果的转化应用。强化灾害天气国家重点实验室、北京城市气象研究院在城市共性气象科技攻关与成果推广应用中的引领作用。

（四）加大投入力度

充分发挥双重计划财务体制优势，更多争取地方规划项目支持，统筹中央和地方资金，加大城市气象保障工作投入力度。建立健全保障城市气象服务发展的长效机制。

（五）强化科学管理

推动城市人民政府出台文件支持城市气象发展。建立健全促进城市气象保障服务规范有序发展的法规标准体系。中国气象局将城市气象服务纳入对各省（区、市）气象局年度目标考核。加强试点示范建设和经验交流。

气象部门法治宣传教育第八个五年规划
（2021—2025 年）

（气发〔2021〕108 号）
2021 年 11 月 8 日

为深入学习宣传贯彻习近平法治思想，推动全面建设气象现代化，营造"十四五"时期气象事业高质量发展良好法治环境，落实《法治中国建设规划》有关要求，根据《中央宣传部、司法部关于开展法治宣传教育的第八个五年规划（2021－2025 年）》和《全国人民代表大会常务委员会关于开展第八个五年法治宣传教育的决议》，结合气象部门实际，制定本规划。

一、指导思想、主要目标和工作原则

（一）指导思想

坚持以马克思列宁主义、毛泽东思想、邓小平理论、"三个代表"重要思想、科学发展观、习近平新时代中国特色社会主义思想为指导，全面贯彻党的十九大和十九届二中、三中、四中、五中全会精神，深入贯彻习近平法治思想和习近平总书记关于气象工作的重要指示精神，增强"四个意识"、坚定"四个自信"、做到"两个维护"，坚定不移走中国特色社会主义法治道路，紧紧围绕服务"十四五"时期经济社会发展和保障气象事业高质量发展新要求，以使法治成为部门、社会共识和基本准则为目标,以持续提升气象部门干部职工法治素养为重点,以提高普法针对性和实效性为着力点,全面落实普法责任制,深入开展气象法治宣传教育,为保障气象事业高质量发展、建设气象强国夯实法治基础。

(二)主要目标

落实《中央宣传部、司法部关于开展法治宣传教育的第八个五年规划(2021—2025年)》要求,到2025年,气象部门干部职工法治素养和气象依法行政水平显著提升,气象部门普法工作体系更加健全。气象部门干部职工和社会公众对法律法规的知晓度、法治精神的认同度、法治实践的参与度显著提高,尊法学法守法用法的自觉性和主动性显著增强。气象领域依法治理深入推进,气象部门办事依法、遇事找法、解决问题用法、化解矛盾靠法的法治环境显著改善。普法制度完备、实施精准、评价科学、责任落实的气象普法工作体系基本形成。

(三)工作原则

——坚持党的全面领导。把党的领导贯彻到气象普法全过程各方面,始终坚持正确政治方向。

——坚持以人民为中心。树立以人民为中心的普法理念和工作导向,做到普法为了人民、依靠人民、服务人民,依法保障人民权益,促进人民高品质生活,夯实气象法治建设的群众基础。

——坚持服务大局。紧紧围绕党和国家中心工作,立足气象服务经济社会发展和气象防灾减灾第一道防线作用发挥,有针对性地组织开展普法,促进依法维护公平正义,促进在法治轨道上推进气象治理体系和治理能力现代化。

——坚持与法治实践深度融合。坚持普法与立法、执法一体推进,弘扬社会主义核心价值观,将气象普法融入国家普法,融入气象法治实践,融入气象事业改革发展全过程。

——坚持改革创新。研究和把握气象部门法治宣传教育工作的特点与规律，完善工作机制，改进工作方法，创新宣传形式，注重宣传实效，提高气象法治宣传的时代性、实效性和精准性，使气象法治宣传教育更加贴近实际、贴近生活、贴近群众。

二、明确普法重点内容

（一）突出学习宣传习近平法治思想

把学习宣传习近平法治思想作为气象部门法治宣传教育的首要任务，深入学习宣传习近平法治思想的重大意义、丰富内涵、精神实质和实践要求，引导广大干部职工坚定不移走中国特色社会主义法治道路。把习近平法治思想作为气象部门各级党组（党委）理论学习中心组学习重点内容，列入干部培训的重点课程，推动领导干部不断深化思想认识、筑牢理论根基，提高领导干部运用法治思维和法治方式开展工作的本领。加强宣传解读，通过多种形式，运用各类媒体和平台，发挥好气象普法阵地作用，使气象部门干部职工学深悟透习近平法治思想，切实用以武装头脑、指导实践、推动工作。

（二）突出宣传宪法

深入持久开展宪法宣传教育活动，切实加强对气象部门各级干部职工特别是各级领导干部的宪法教育，把宪法培训课程列入干部培训的课程体系，组织推动干部职工学习宪法文本。依照法律规定落实宪法宣誓制度。加强国旗法、国歌法等宪法相关法的学习宣传，强化国家认同。结合"12·4"国家宪法日，开展"宪法宣传周"集中宣传活动，推动宪法宣传教育常态化、制度化。在部门内推动形成尊崇宪法、学习宪法、遵守宪法、维护宪法、运用宪法的良好氛围。

（三）突出宣传民法典

广泛开展民法典普法工作，推动各级气象部门领导干部深入学习宣传民法典，做学习、遵守、维护民法典的表率，提高运用民法典维护权益、化解矛盾纠纷、促进社会和谐稳定的能力和水平。以

"美好生活·民法典相伴"为主题,认真组织好民法典主题宣传活动,让民法典走到干部职工和群众身边,走进干部职工和群众心里。

(四)广泛宣传与推动国家高质量发展和社会治理现代化密切相关的法律法规

继续把宣传中国特色社会主义法律体系作为基本任务,大力宣传国家基本法律,强化"十四五"期间制定和修改的法律法规宣传教育。适应立足新发展阶段、贯彻新发展理念、构建新发展格局需要,大力宣传平等保护、公平竞争、激发市场主体活力、防范风险的法律法规。适应统筹发展和安全的需要,组织开展"4·15"全民国家安全教育日普法宣传活动,大力宣传总体国家安全观和国家安全、保守国家秘密、网络安全、数据安全等法律法规,推动气象部门干部职工增强国家安全意识和风险防控能力。针对突发事件应对、社会治安、疫病防治、防范打击网络电信诈骗、个人信息保护等问题,开展经常性法治宣传教育。

(五)深入宣传与推动气象事业高质量发展密切相关的法律法规

围绕保障气象事业高质量发展,大力宣传气象法律法规。重点加强《中华人民共和国气象法》《人工影响天气管理条例》《气象灾害防御条例》《气象设施和气象探测环境保护条例》等法律法规及其配套规章的宣传学习,促进全社会依法参与气象预报预警信息传播、极端天气应对、雷电灾害防护、气象设施和气象探测环境保护、气候资源保护与利用、气象数据安全、气象信息服务等活动,提高气象法律法规的知晓度和社会影响力。

围绕全面履行法定职责,做好气象部门权责清单的宣传落实工作。大力宣传行政许可、行政处罚、行政复议、政府信息公开、安全生产、审计、预算、政务处分等法律法规,推动干部职工牢固树立"法定职责必须为,法无授权不可为"意识。

围绕国家发展战略和区域重大战略，大力宣传有关乡村振兴、粮食安全、防灾减灾、生态文明以及长江、黄河保护等方面的法律法规。适应实施创新驱动发展战略需要，大力宣传知识产权保护、科技成果转化等方面的法律法规。

（六）深入学习宣传党内法规

以党章、准则、条例等为重点，深入学习宣传党内法规，把党内法规学习与党史学习教育相结合，注重党内法规宣传同国家法律宣传的衔接和协调。突出学习宣传党章，教育引导气象部门广大党员以党章为根本遵循，尊崇党章、遵守党章、贯彻党章、维护党章。加强党员领导干部党内法规学习，把重要党内法规列为党组（党委）理论学习中心组学习的重要内容，把党内法规的学习贯彻情况纳入党组织书记年度述职内容。把学习掌握党内法规作为合格党员的基本要求，列入党组织"三会一课"内容，在考核党员、干部时注意了解相关情况，促进党内法规学习宣传常态化、制度化。

专栏1　加强普法重点内容学习宣传

系统深入学习习近平法治思想、宪法、民法典、党内法规、气象相关法律法规等内容，组织开展气象部门法律知识竞赛。

三、持续提升气象部门干部职工法治素养

（一）强化气象领导干部法治教育

重点抓好"关键少数"，提高各级领导干部运用法治思维和法治方式深化改革、推动发展、化解矛盾、维护稳定、应对风险的能力。建立领导干部应知应会法律法规清单制度，分级分类明确领导干部履职应当学习掌握的法律法规和党内法规，完善配套制度，促进知行合一。健全党组（党委）集体学法制度。把法治素养和依法履职情况纳入考核评价干部的重要内容，让尊法学法守法用法成为领导干部的自觉行为和必备素质。

（二）加强气象部门干部职工法治教育

落实学法用法制度,引导干部职工牢固树立宪法法律至上、法律面前人人平等、权由法定、权依法使等基本法治观念。把法治教育纳入气象部门干部职工教育体系,加强基层行政执法人员和新入职人员的法治教育培训,提升依法履职能力。鼓励与司法机关、高校、法学会等合作,引进法治教育资源,引导干部职工自觉履行法定义务、社会责任和家庭责任。把提升干部职工法治素养与推进依法治理等实践活动有机结合,从遵守交通规则、培养垃圾分类习惯、制止餐饮浪费等日常生活行为抓起,大力宣传崇法向善、坚守法治的先进典型,让气象部门干部职工提高规则意识、养成守法习惯。

专栏 2   提升气象部门干部职工法治素养

1.建立气象领导干部年度学法述法制度

将学法用法作为气象领导干部考核总结述职的重要内容,确定班子和干部的考核等次时,充分考虑依法履职情况。

2.完善气象部门干部职工法治教育培训

将习近平法治思想、宪法、民法典、党内法规、气象相关法律法规列入气象干部培训重点课程。每年至少举办 1 次法治专题讲座。

四、加强气象法治文化建设

（一）推进气象法治文化阵地建设

扩大气象法治文化阵地覆盖面,将气象法治元素融入各级气象科普场馆,因地制宜打造各具特色的气象法治文化墙、法治文化长廊、法治文化专栏等,形成"科普＋普法"的"双普模式",提高利用率和群众参与度,推动从有形覆盖到有效覆盖转变。将气象法治元素纳入气象台站提质增效系统工程,塑造气象台站法治文化形象,建设气象法治"微景观"。积极推动气象法治元素融入地方法治文化建设,有效促进气象法治文化与传统文化、红色文化、时代文化、行业文化融合发展。

（二）支持创作气象法治文化精品

鼓励创作一批彰显气象时代精神、体现气象行业特色、深受干部职工和群众喜爱的气象法治文化精品，探索创建气象法治文化宣传品牌。加强与国家法治宣传资源共享，提升基层气象法治文化作品供给能力。鼓励各地结合实际开展气象法治文艺展演，引导干部职工说法治、写法治、画法治、演法治、唱法治，增强气象法治文化感召力。组织参与全国法治动漫微视频征集展播等活动，传播气象法治声音，提升气象法治工作影响力。

专栏3　建设气象法治文化

1.将气象法治元素融入各级气象科普场馆，打造"科普＋普法"的"双普模式"。

2.因地制宜建设气象法治文化墙、法治文化长廊、法治文化专栏等普法阵地。

3.创作气象法治文化产品，探索形成气象法治文化宣传品牌。

4.组织参与全国法治动漫微视频征集展播。

五、加强普法与依法治理有机融合

（一）开展气象行业依法治理

引导支持气象行业协会、学会等依法建立健全规约、章程，发挥气象行业自律和专业服务功能，实现气象行业自我约束、自我管理，依法维护成员合法权益。推进业务标准程序完善、合法合规审查到位、防范化解风险及时和法律监督有效的法治化气象行业治理。深化依法治企，落实经营管理人员学法用法制度，提高经营管理人员依法经营、依法管理能力。深化"法律进网络"，加强网络安全教育，完善网络管理制度规范。

（二）参与专项依法治理

积极参与应急状态下的专项依法治理，配合开展公共卫生安全、传染病防治、防灾减灾救灾、突发事件应急管理等方面的法治宣传教育，引导和促进气象部门和社会公众在应急状态下依法行动、依法办事、依法维护社会秩序。

（三）参与法治示范创建

积极参与法治示范创建活动，培育宣传先进典型。加强动态管理，提高创建质量，发挥气象法治先进示范引领作用。

六、着力提高普法针对性实效性

（一）在立法、执法过程中开展实时普法

在气象法律法规制修订过程中，通过公开征求意见、听证会、论证会等形式扩大社会参与；气象法律法规出台后，通过政府网站、新闻媒体等渠道对主要内容进行解读宣传。在落实行政执法公示、执法全过程记录、重大执法决定法制审核制度过程中，加强普法宣传，实现执法办案的全员普法、全程普法。落实行政复议人员、执法人员、法律顾问以案释法制度，健全以案普法长效机制；充分利用典型案件向公众进行法律解读，使典型案件依法解决的过程成为全民普法的公开课。

（二）充分运用新技术新媒体开展精准普法

创新普法内容，运用新技术分析各类人群不同的法治需求，提高普法产品供给的精准性和有效性，使普法更接地气，更为群众喜闻乐见。丰富普法手段，坚持效果导向，充分依托各级气象部门"报、网、端、微、屏"等资源和平台，形成气象普法成果的集群优势和规模效应。拓展普法渠道，充分利用中央和地方主流媒体以及全国智慧普法平台、学习强国平台等主流渠道，传播气象普法精品，不断扩大气象法治宣传的传播力和影响力。积蓄普法资源，完善全国气象部门普法产品资源库，加强普法资源的共享共用。

```
┌─────────────────────────────────────────────────┐
│          专栏 4    积蓄气象普法产品资源               │
│                                                   │
│     1.建设全国气象部门普法产品资源库,积极推进与全国智  │
│  慧普法平台资源共享。                                │
│     2.丰富资源库服务功能,满足全国气象部门普法产品共享  │
│  共用。                                            │
│     3.加强资源库推广应用,使之成为普法工作好帮手,成为气 │
│  象普法重要渠道。                                   │
└─────────────────────────────────────────────────┘
```

(三)面向社会公众开展分类普法

面向青少年开展气象普法宣传,将气象法律法规知识融入课堂教学、校园气象科普和全国青少年网上学法用法活动等。面向农民群众,宣传与其生产生活密切相关的气象法律法规,将气象法律法规纳入"气象科技下乡"和"流动气象科普万里行"等活动,纳入气象信息员培训课程。面向管理和服务对象,开展"送法上门"等活动,提高其遵守气象法律法规和依法开展生产经营活动的意识。面向各类媒体,加强气象普法宣传,充分发挥媒体传播优势,正确积极有效宣传解读气象法律法规。采取多种举措,切实推动气象法治宣传"进机关、进乡村、进社区、进学校、进企业、进单位"。

七、强化组织实施

(一)加强组织领导

各级气象部门要更加注重系统观念、法治思维,把推进部门普法和守法摆上重要工作日程,加强统筹协调、工作部署和督促检查,根据本规划科学制定本单位五年普法规划或实施方案,认真组织实施,推动各项普法工作落到实处。要强化经费保障落实,将普法工作经费列入本单位预算。各级气象部门主要负责人要严格按照推进法治建设第一责任人职责的要求,认真履行普法领导责任。

（二）全面落实普法责任制

强化"谁执法谁普法"普法责任制。完善普法责任清单制度，细化普法内容、措施标准和责任单位。推行"谁执法谁普法"责任单位年度履职报告评议制度。逐步形成清单管理、跟踪提示、督促指导、评估反馈的管理模式，压实各责任单位的普法责任。推行"谁管理谁普法""谁服务谁普法"，加强气象部门干部职工学法用法，加大对管理服务对象普法力度，落实普法责任。

（三）强化基层基础工作

推进普法工作重心下移，强化政策、机制保障，推动各类资源向基层下沉，为基层气象部门开展普法和依法治理创造更好条件。加强能力建设，选配政治过硬、熟悉气象法律和业务的人员进入到法治宣传队伍中来，强化对基层普法工作人员系统培训。加强政策研究，围绕气象部门特点，加强新时代气象普法工作的应用性、对策性研究。

（四）加强评估检查

落实普法工作评估指标体系要求，加强规划实施中的动态监测，对普法工作开展情况、工作成效以及部门干部职工法治素养提升效果开展中期评估和总结验收。加强对气象法治宣传教育工作的指导和监督检查，鼓励各级气象部门聚焦问题开展差异化探索，及时发现、总结、推广经验，推动普法实践创新。强化责任落实，确保普法工作有声有色、有力有效开展。

"十四五"公共气象服务发展规划

(气发〔2021〕130号)
2021年11月24日

一、现状和形势分析

(一)发展现状

"十三五"时期,气象部门紧紧围绕党和国家的部署要求,坚持公共气象发展方向,深化气象服务体制改革,全力推进气象服务现代化,基本建成中国特色的气象服务体系。

气象防灾减灾成效显著。完善气象灾害监测预警体系,成功应对超强台风、特大洪水、干旱、森林火灾等重大气象灾害。基本完成基层气象防灾减灾标准化建设,建立统一规范的基层气象灾害预警服务业务。建成覆盖全国的突发事件预警信息发布系统,灾害预警信息传播时效由30分钟缩短到5~8分钟,预警信息发布公众覆盖率达92.7%,气象灾害造成的死亡失踪人数由"十二五"时期年均1300人下降到800人以下,充分发挥了气象防灾减灾第一道防线作用。

气象服务现代化取得明显进展。开展气象灾害影响评估和风险预警,初步建立精细化气象服务业务,实现基于任意位置的精细气象服务。打造"中国天气"公众气象服务品牌,公共气象服务与公众衣食住行关联度不断提高,公众气象服务满意度连续 5 年保持 88 分以上。专业气象服务领域全面拓展,专业化水平不断提高。全国气象科普教育基地超过 350 家,气象科学知识普及率达到 80%。国家级人工增雨作业条件识别准确率达 80%。

重大战略气象保障持续深入。主动融入脱贫攻坚、乡村振兴、生态文明建设、"一带一路"、区域协调发展等国家重大战略及现代化经济体系建设。设立乡村振兴气象服务专项,建立完善农村气象灾害防御体系和农业气象服务体系,保障粮食安全和农民增产增收。构建了生态文明气象保障服务体系,全面推进气候资源开发利用、大气污染防治气象保障服务,开展了重点生态功能区空中云水资源开发利用。拓展全球气象服务,开展"一带一路"沿线精细化气象保障。

气象服务管理机制逐步健全。完善了党委领导、政府主导、部门联动、社会参与的气象防灾减灾工作机制,初步建立以预警信号为先导,多部门联动的应急响应机制。推进气象服务供给侧结构性改革,探索气象服务多元供给。初步建立气象服务市场管理标准制度,规范气象信息传播与服务。举办气象服务创新大赛,推动气象服务创新发展。

"十三五"时期,气象服务工作虽然取得显著成绩,但对标对表习近平总书记对气象工作的重要批示指示精神,仍然存在不足和短板。主要表现在:一是气象服务有效供给不足。气象服务的质量和效益有待进一步提升,专业化、精细化、个性化程度难以满足高质量发展和人民对美好生活向往的需要,不断增长的气象服务需求与有限的公共气象服务能力之间的矛盾仍然突出。二是气象服务科技创新驱动不强。气象灾害风险预警、影响预报、精细化服务等关键核心技术缺乏,跨领域、跨行业的技术融合有待提升;人工智能、大数据等新一代信息技术在气象服务领域应用的深度和广度还不够。三是气象服务业务体系亟待升级。以自动观测和智能预报为基础的气象服务体系尚未建立,气象服务数字化、自动化程度较低,气象服务发展不平衡不充分。四是气象服务机制有待进一步优化。气象服务集约化、品牌化发展机制尚未理顺,全国一盘棋发展合力亟须加强。多元供给机制不健全,社会管理职能作用没有充分发挥。

(二)形势要求

"十四五"是我国开启全面建设社会主义现代化国家新征程的关键时期,站在新的历史起点,需要坚持新发展理念,构建新发展格局,辩证认识国内外发展形势,深刻把握我国社会主要矛盾变化带来的新需求,深入分析气象服务发展面临的新形势。

党中央国务院对气象服务工作提出新要求。新中国气象事业70周年之际,习近平总书记关于气象工作的重要指示精神,指明了新时代气象事业发展的根本方向、战略定位、战略目标、战略重点和战略任务,是新时期气象服务工作的根本遵循和行动指南。做好气象服务必须坚持党的领导,做到监测精密、预报精准、服务精细,充分发挥防灾减灾第一道防线的作用,切实保障生命安全、生产发展、生活富裕、生态良好,为经济社会发展提供高质量的气象保障。

高质量发展对气象服务工作提出新任务。"十四五"时期,我国进入新发展阶段,生态文明、乡村振兴、区域协调发展等重大战略的实施以及碳达峰与碳中和目标愿景,数字中国、健康中国、交通强国、海洋强国建设对气象保障提出新的任务。要面向国家现代化的战略需求,着力补短板、强弱项、提能力,全面提高气象服务保障国家战略和经济社会发展的水平。

新时代人民美好生活对气象服务提出新需求。社会公众高品质生活对气象服务需求愈发旺盛,呈现个性化、多元化、精细化特征。要适应不断升级的气象服务品质需求,持续提升气象服务精细水平,全面提高气象服务的实用性、便利性和覆盖度,促进基本公共气象服务普惠共享。

新一轮科技变革为气象服务发展催生新动能。当前,人工智能、移动通信、物联网等新一代信息技术广泛应用,信息化已经进入跨界融合、加速创新的阶段。科技变革为气象服务业态的革新、气象服务供给结构的优化、气象服务技术的升级提供了机遇。要以科技创新培育壮大新动能、塑造发展新业态,建立以智慧精细、开放融合为重要特征的现代气象服务体系。

国家治理能力和治理体系现代化使气象服务面临新变革。防范化解重大风险体制机制不断健全,突发公共事件应急能力显著提高,发展安全保障更加有力是推进国家治理体系和治理能力现代化的必然要求。要深入研究现阶段我国气象服务机制与国家治理体系现代化总体要求不相适应的问题,深化气象服务体制改革,不断完善气象服务运行管理机制,更好地将中国特色的气象服务制度优势转化为治理效能,促进气象强国建设。

二、指导思想、基本原则和主要目标

(一)指导思想

以习近平新时代中国特色社会主义思想为指导,深入贯彻落实党的十九大和十九届二中、三中、四中、五中、六中全会精神,以习近平总书记对气象工作的重要指示为根本遵循,坚持服务国家、服务人民,坚持将新发展理念贯穿气象服务发展的全过程,以推动气象服务高质量发展为主题,以深化气象服务供给侧结构性改革为主线,以改革创新为动力,以满足人民日益增长的美好生活需要为目标,加快构建智慧精细、开放融合、普惠共享的现代气象服务体系,为全面建设社会主义现代化国家提供有力支撑。

(二)基本原则

——坚持以人民为中心。始终坚持"人民至上、生命至上",做到发展为了人民、发展依靠人民、发展成果由人民共享,把高质量的气象服务成果体现在为民服务上,更好地满足人民对美好生活的向往。

——坚持以需求为牵引。贯彻落实党中央和国务院重大决策部署,主动适应各级党委政府和有关部门需求,把服务保障国家重大战略、经济社会高质量发展和满足各行各业用户需求作为气象服务发展的重点。

——坚持以创新为驱动。始终将创新作为引领发展的第一动力,加强关键核心气象服务技术的研发,强化新技术在气象服务领域的应用,构建适应新时代的公共气象服务发展新模式。

——坚持以改革促发展。贯彻新发展理念,深化公共气象服务供给侧结构性改革,优化气象服务业务布局,推进气象服务方式的变革,着力解决制约气象服务发展的资源配置等深层次问题,推动公共气象服务高质量发展。

——坚持以开放促融合。深化气象服务开放合作,以社会需求为导向、以技术和产品为核心、以资产和要素为纽带,鼓励和支持引导社会力量开展气象服务技术研发,发展面向个性化需求的服务,构建开放融合、主体多元、充满活力的气象服务"朋友圈"。

(三)主要目标

到 2025 年,气象服务数字化、智能化水平明显提升,智慧精细、开放融合、普惠共享的现代气象服务体系基本建成。气象服务保障生命安全、生产发展、生活富裕、生态良好更加有力,气象防灾减灾第一道防线作用更加凸显。

——公共气象服务效益明显提升。气象防灾减灾成为国家综合防灾减灾体系的重要组成,气象灾害导致的直接经济损失占GDP 比重低于 0.5%。用户理解和利用气象服务的能力明显提高,人民群众对美好生活向往的气象服务需求基本得到满足,全国公众气象服务满意度平均水平保持在 90 分以上。气象服务农业、交通、生态、能源、海洋、旅游、健康等重点行业领域的成效明显。

——公共气象服务能力取得新突破。以影响预报和风险预警为核心的气象服务业务基本建立,气象服务基本实现以气象要素为主向影响服务为主转变。突发事件预警信息发布能力显著增强,预警信息公众覆盖率达到95％以上。到2022年,初步实现气象服务数字化;到2025年,气象服务智能化水平明显提升,基本实现气象服务产品的自动制作、内容按需定制和服务的在线交互。

——现代气象服务体系基本建成。"智能预报＋气象服务"的业务服务体系逐步完善,实现气象观测、预报和服务的系统协调发展。"气象＋"服务业态基本形成,气象服务布局进一步优化,气象服务集约化、品牌化发展机制更加完善,气象服务供给能力和均等化水平明显提高,气象服务国际影响力显著提升。

三、主要任务

(一)坚持人民至上、生命至上,筑牢气象防灾减灾第一道防线

深入贯彻落实习近平总书记"两个至上"和防灾减灾"两个坚持、三个转变"理念,全面融入国家应急管理体系和自然灾害防治体系建设。增强风险意识,强化底线思维,注重补短板、强弱项,提升气象防灾减灾能力,为综合防灾减灾救灾和平安中国建设提供基础支撑。

强化气象监测预警的先导作用。健全气象灾害速报业务,完善气象灾害落区、强度和发生时段精细化预报,开展精细到乡镇的气象灾害预警服务。进一步强化强对流天气监测预警服务体系建设,提高突发性、极端性天气监测预警服务能力。建立健全气象灾害致灾临界阈值指标体系,发展气象灾害影响预报和风险预警业务,强化基于气象灾害风险评估预警的防灾减灾决策气象服务。加强部门信息共享和应急联动,实现对气象灾害及其次生衍生灾害的早发现、早预警。

强化突发事件预警信息发布的枢纽作用。推进国家突发事件预警信息发布系统能力提升工程建设,建立新一代突发事件预警信息发布系统。进一步完善重大气象灾害预警信息快速发布机

制。强化与工业和信息化、广播电视等部门合作,拓展预警信息发布手段,构建广覆盖、立体化的预警信息发布网络。发展精准靶向预警信息发布技术和业务。持续推进气象灾害预警服务部际联络员、基层气象信息员队伍建设。健全预警信息发布和社会传播标准规范体系,通过"气象部门发、其他部门转、社会媒体播"三方共同发力,提高预警信息发布的覆盖面。

强化风险管理的支撑作用。完成台风、暴雨、干旱、高温、低温、风雹、雪灾、雷电和沙尘暴等主要气象灾害综合风险普查和区划,建设气象灾害风险大数据应用平台,研发定量化风险评估方法,建立影响评估模型,强化气象灾害风险的监测识别和研判,提高气象灾害风险预警服务能力和水平。完善精细化、定量化的中小河流、山洪、地质灾害气象风险预警业务。积极开展重大工程建设气象灾害风险评估服务。推动建立气象灾害风险分担和转移机制,开展台风、干旱、洪涝等巨灾保险气象服务。

强化应急处突保障作用。加强具备移动监测、移动通信、移动会商、移动服务等功能的多场景便携式气象应急保障系统建设,根据需求为各级党委政府及部门应急处突提供针对性气象保障。加强复杂地形下森林草原火灾精细化气象服务能力建设。建立健全重大交通事故、危化品泄漏事故、重大公共卫生事件、地震地质等灾害的应急处置气象保障服务流程,完善应急处突气象保障预案体系。

构建协同联动的气象灾害防御机制。开展气象防灾减灾示范省、示范市和综合减灾示范社区建设,推动将气象灾害防御纳入应急管理和基层社会治理体系。积极构建多部门高效联动、快速响应的气象灾害防范应对机制。推动建立重大气象灾害停工停课停业制度,建立健全气象灾害防御重点单位预警服务机制。持续推动气象信息员与社区网格员、灾害信息员、地质灾害群测群防员等共建共享共用。完善气象防灾减灾社会参与机制,鼓励社会力量参与气象灾害预警信息传播、气象灾情收集和气象灾害防御科普宣传等工作。

（二）融入生产发展，增强气象服务经济社会发展能力

围绕国家重大战略，面向国计民生的重点行业和气象敏感行业，以推进气象服务数字化、智能化为抓手，实施"气象＋"赋能行动，将基于影响预报的数字化气象服务产品植入各行业用户智能决策指挥平台、生产运营系统，构建气象服务与相关行业深度融合的气象服务新业态，实现全产业的实时交互、全链条在线服务，为生产发展和生产安全提供有力保障。

强化粮食安全气象保障服务。强化粮食主产区和关键农时的气象保障服务，提高国内外粮食产量预报能力，发挥农业气象服务趋利避害作用，保障国家粮食安全。开展全国大宗作物精细化农业气候区划和主要农业气象灾害风险区划，建立精细化农业气象灾害影响预报和风险评估业务。强化病虫害发生发展气象条件预报和病虫害防治气象保障服务。开展种子培育气象服务。强化气候和气候变化对我国粮食安全影响及应对措施研究。完善智慧农业气象服务平台，强化面向新型农业经营主体的直通式气象服务。

强化乡村振兴气象保障服务。开展农村气象灾害综合风险普查和区划，发展分乡镇的气象灾害预警服务业务，坚持因地制宜，采取多种手段和措施提升农村预警信息发布能力，为平安乡村建设提供更有力的气象服务保障。积极拓展乡村产业发展气象保障服务，围绕农业产业结构和区域布局优化，加强特色农业气象服务中心建设，为"一县一业""一村一品"提供更有针对性的服务。大力发展农业保险气象服务。强化农村生态气象保障服务，助力美丽乡村建设。

强化交通强国气象保障服务。发展现代交通气象服务业务体系。联合相关部门共建共享公路交通气象监测网络，研发交通气象影响模型，开展公路交通气象风险预警服务。联合公安、交通等

部门全面推广公路交通气象预警应急处置试点成果。强化气象、铁路数据的融合分析,建立涵盖铁路工程建设、运营调度、行车安全等全链条的气象保障服务。强化川藏铁路建设和中欧班列气象保障服务。组建长江等内河航运气象服务联合体,建立内河航运气象风险实时业务,实现分灾种、分航段的精细服务。开展国产大飞机试飞气象保障服务。推进精细化物流气象服务。

强化国家能源气象保障服务。发展基于用户端的电力负荷预测业务,强化大风舞动、电线覆冰等电力气象灾害预报预警。建立能源行业高影响气象因子预报预警指标体系和服务模型,强化煤电油气产、调、运全过程服务。开展新一轮精细化风能太阳能资源详查评估,发展风能太阳能专业预报评估模型,联合能源相关部门和企业共建共享风能太阳能资源监测、评价和预报系统,实现精细化风能太阳能资源实时监测和预报。开展新能源定制化服务以及大规模风能太阳能开发利用工程、重要能源工程建设的气候风险评估和影响效应评价。

强化海洋强国气象保障服务。建立从近海到全球的海洋气象服务平台,构建以海洋广播和北斗为核心的海洋气象信息服务网络,实现对近海航线、重点海域和全球重点港口的精细服务。建设海洋气象专业服务系统,开展船舶航行、海洋渔业、港口作业、海洋油气开采以及涉海重大工程等精细化、专业化定制服务。建立完善具有自主技术的全球导航气象服务业务,努力实现“国船国导”,保障远洋航运安全。

强化区域协调发展气象保障服务。健全工作机制,提升服务能力,做好京津冀协同发展、长江经济带高质量发展、粤港澳大湾区建设、黄河流域生态保护和高质量发展等重点区域气象保障服务。为跨区域的重大工程建设、大气污染治理、水资源综合开发应用等提供气象保障服务。

发展全球气象服务业务。强化亚洲区域多灾种预警系统的推广应用,实现亚洲区域预警信息的共享服务。完善世界气象中心(北京)网站,发布全球热点地区极端灾害性天气监测预报信息。加强网络新媒体气象服务能力建设,研发多语言、多终端的分众化、个性化服务产品,为国家驻外机构和企业、出境国民提供"伴随式"气象服务。开展全球商贸物流气象保障服务。加强"一带一路"风云卫星国际服务,建立健全风云卫星全球遥感产品体系,为沿线国家提供卫星数据、监测产品及技术援助培训。

(三)助力生活富裕,为美好生活提供高质量气象服务

紧贴百姓高品质生活的需求,推进公众气象服务向数字化和智能化转变,强化气象服务标准化、品牌化建设,探索开展基于场景,定制式、个性化的气象服务,提升公众气象服务质量。拓展气象服务渠道,实现气象服务触手可及。

提高公众气象服务供给能力。基于智能预报和精密实况信息,探索利用网络机器人为用户提供定制式服务。构建超市式分众气象服务产品库,研发覆盖老百姓衣、食、住、行、游、学、康等多元化需求的气象服务产品。拓展新媒体气象服务,发展图形、视频、动画等直观快餐式服务产品,强化对重大天气过程的直播追踪。推进高清影视和短视频气象服务业务发展。

推进基本公共气象服务均等化。推进城乡、区域气象基本公共服务均等化,建设公共气象服务融媒体传播平台,提升"中国天气"等公众服务品牌影响力,构建以网站、广播、电视、微信、微博、手机 App 等为载体的公共服务全媒体服务矩阵,逐 10 分钟向社会提供天气实况监测信息,逐小时提供气象预报信息。建立健全与社会媒体合作机制,推动将公共气象服务产品有机植入主要媒体、主流资讯、生活服务平台、政务服务,提高城乡公共气象服务覆盖面。

强化城市气象服务。做好城市防灾减灾气象保障服务。推进气象信息融入城市大脑和网格化管理,为城市精细化治理提供保

障。做好城市交通、供电、供水、供暖等气象服务,提高城市生命线安全运行气象保障水平。为城市规划、通风廊道设计和韧性城市、海绵城市建设提供气象服务。做好重大活动气象保障服务。

发展健康气象服务。加强气象条件与过敏性疾病、传染病、心脑血管、呼吸道等疾病的关系研究,建立疾病发生发展风险预测模型,建设健康气象风险监测、预警和影响系统,及时发布风险预警提示。优化人体舒适度、负氧离子、户外锻炼、康养等生活指数气象服务。提升一氧化碳中毒、高温中暑气象条件预报预警服务能力。探索开展慢性病患者终身医疗气象保障服务,提供差异化个体健康生活天气提示。

发展旅游气象服务。推动气象服务纳入旅游安全保障体系,开展旅游景区气象灾害风险普查和隐患排查,分类制定景区旅游气象服务标准,及时发布旅游安全气象风险预警。推动 3A 级以上旅游景区气象观测站点和预报预警信息传播设施建设。强化天气对旅游出行、观景等影响分析,为公众提供旅游线路推荐等个性化服务。强化天气景观资源开发利用,助力旅游产业发展。

提升全民气象科学素养。加强气象科普基础设施建设。建立气象科普资源众创共享机制,提升气象科普能力和水平。利用新的信息技术和新媒体手段,推进气象科普工作融入重大天气气候事件监测、预报、预警业务服务体系,打造一批优秀气象科普作品。持续推动气象科普进校园、进社区、进农村等活动,指导百姓正确理解气象灾害预警信号和气象知识,科学采取防灾避险措施,增强应用气象信息趋利避害能力。

(四)保障生态良好,提升生态文明建设气象能力

坚持需求导向,实施气象服务赋能绿色发展和保障生态安全行动,充分发挥气象在生态系统保护和修复中的保障支撑作用、在绿色发展中的趋利增效作用、在环境问题治理中的预警先导作用。

加强生态系统保护和修复气象保障。围绕"三区四带"生态系

统保护和修复,实施生态气象保障重点工程建设。强化国省两级生态气象卫星遥感监测服务,发展气候变化、气候条件和气象灾害对生态系统影响监测评估服务业务,加强影响生态系统安全的气象风险预警,提升森林草原火灾、沙尘暴、有害生物和水体藻类等气象风险预警服务能力。完善中国天然氧吧、避暑旅游目的地等评价工作,建立气候生态产品的价值实现机制。

服务大气污染防治攻坚战。建立健全空气质量、空气污染气象条件、重污染天气预报预警服务体系。建设国家、区域、省级环境气象综合业务平台,提升大气化学成分、臭氧、霾等分析评估和预报预警能力,重点实现对京津冀、汾渭平原、成渝、东北等地区大气颗粒物,长三角、珠三角臭氧等环境气象定量化预报和影响评估。开展气象条件对污染防治效果的定量化评估服务。强化重污染天气应对和核应急等环境事件的气象保障。

科学安全发展人工影响天气。持续推进国家、区域人工影响天气工程建设,优化云水资源立体监测网络布局,升级人工影响天气业务系统和作业指挥平台,完成地面作业装备标准化和信息化改造。开展云降水和人工影响天气机理研究,强化云水资源评估、作业效果检验和效益评估。探索大型无人机等人工影响天气作业新手段的应用,推广应用高效、安全和绿色的作业弹药。面向重点生态功能区,实施常态化生态修复型人工增雨(雪)作业。加强物联网等技术和新装备的应用,提升人工影响天气的安全技防水平。

(五)夯实基础支撑,加强气象服务能力建设

坚持问题导向和目标导向,补短板,强弱项,推进气象服务基础能力建设,构建数字化气象服务体系,提升气象服务自动化和智能化水平。

建设气象服务业务支撑平台。依托气象信息化建设成果,强化社会和行业数据的共享,构建气象服务大数据集,开展气象服务大数据的应用分析,分类研发气象服务算法,推动建立分地域、分

时段、分灾种、分行业的风险预警阈值指标体系,支撑气象灾害风险预警业务。升级改造国省两级建设、国省市县四级应用的气象服务业务支撑平台,开发气象服务数字化接口、插件和图层,提升数字化产品供给能力。

分类升级气象服务业务系统。开展决策气象服务业务平台建设,升级决策气象服务 App、决策服务高速传真系统和手机短信预警平台,实现以决策用户为中心的气象服务个性化定制、精准化生产和快速推送。构建"网格实况和智能网格预报+气象服务"新一代公众系统,实现公众气象服务需求智能感知、产品自动化制作和发布。推进气象影视高清改造。建立健全农业、生态、交通、能源、海洋等专业气象服务系统和大城市气象保障服务平台。

(六)坚持创新驱动,提升气象服务现代化水平

强化气象服务核心技术集中攻关、成果转化以及信息技术的集成应用,提升智慧气象服务能力,实现气象服务产品的个性化定制、自动化制作、精准化推送。

加强气象服务核心技术研发。发展"智能预报+气象服务"业务,研发应用基于格点化实况、多系列卫星遥感和智能预报产品的气象服务产品加工制作技术,实现气象服务数字化和智能化。开展社会需求挖掘研究,发展跨行业、跨学科交叉融合技术,建立基于影响的气象服务专业模式、模型和算法。开展风险判别的指标阈值和分析的技术模式研究。发展基于影响的决策支持服务技术,提高决策用户应对极端天气气候事件的支撑能力。建立气象服务质量和效益评估体系,实现气象服务的智能化、持续性改进。

深化信息技术融合应用。加快发展以大数据分析与用户画像技术为核心的气象服务需求智能感知技术,建立用户信息识别管理系统,实现用户特定场景的气象服务解决方案和快速定制响应。推动人工智能技术在气象服务场景的高效应用,构建气象服务知识图谱和网络机器人,支撑智能分析、智能制作、智能分发、智能评

价功能。开展新一代信息技术的分众化气象服务,实现气象服务的个性定制、按需推送、在线互动,增强用户交互式服务效果。强化三维成像技术在气象服务产品展示中的应用,依托数字化气象服务产品,提供虚拟三维动态展示服务和仿真模拟,优化升级用户体验。

提升气象服务自动化水平。依托气象服务融媒体矩阵,打造智慧化气象服务供给前台,实时感知用户需求,智能推送服务产品。基于开放式基础构架,建立智能化气象服务业务中台,承载气象服务业务,支撑前台供给。依托国、省两级气象大数据云平台,建设分布式气象服务数据后台,构建集约化数据环境,驱动中台业务。优化全链条气象服务业务流程,建设贯穿后台、中台、前台全业务流的自动化气象服务业务系统,智能驱动掌控气象服务全流程数据流、产品流,实现气象服务产品的自动化制作和按需一键式发布。

加快科技创新与成果转化。充分利用高校、科研院所、社会企业等科技力量,组建跨部门、跨领域气象服务创新团队。推动建立气象服务技术重点实验室。发挥多平台人才开放聚合作用,凝聚多方"智"力,提高协同创新效能。搭建气象服务技术众创平台,优化大众创新环境。充分挖掘气象服务领域科技成果,建立动态成果转化清单,建设成果中试转化平台,提升成果转化效率。强化国省两级技术创新主体地位,建立气象服务基础技术供给体系,打通国省市县气象服务技术成果转化通道,实现国省两级对基层气象服务的有效赋能。

(七)适应改革要求,创新气象服务机制

贯彻新发展理念,坚持系统观念,推进气象观测预报服务的有机衔接。强化气象与相关行业系统的有机融合,构建气象服务"朋友圈",实现气象服务与相关行业的正向互动、共生发展。发挥市场机制的重要作用,培育和支持社会气象服务企业发展,规范气象服务市场监管,促进气象服务提供主体多元化。

推进系统发展,强化气象服务上下游衔接。强化观测预报产品和现代化成果在气象服务中的集成应用,进一步推动气象观测预报服务的衔接,探索建立观测、预报、服务一体化的气象服务流程,推进建立服务端对观测和预报产品质量的检验评估和反馈机制,打破观测、预报、服务分割的业务布局,形成观测、预报、服务相互支撑的业务闭环。强化观测、预报等基础业务对气象服务的支撑,推动观测和预报业务对气象服务需求的快速响应和持续改进。

推进融入发展,协调气象服务业务内外共生。开展"气象+"赋能行动,主动适应并挖掘国家重大战略气象服务需求,推动将气象服务纳入国家重大战略相关规划、实施方案和行动计划。积极融入数字政府建设,发展插件式、基于影响的数字气象服务。优化行业气象合作机制,对接行业发展需求,推动将气象服务纳入各行业发展规划,实现与相关行业规划同部署、同落实。对接高影响行业微观运营需求,将气象服务作为企业运营保障指挥平台有机组成,融入企业生产管理全过程,提升气象服务效能。

推进集约发展,增强国省协作一盘棋合力。国家级发挥基础支撑和技术龙头作用,开展服务核心技术研发,重点加强业务系统建设、指导产品、科研开发、标准规范等方面的技术辐射。省级发挥服务中坚作用,开展核心技术本地释用,统筹集约开展全省专业和公众气象服务。市县级重点突出防灾减灾和生态气候服务,注重发挥服务触手优势,强化基础信息收集、服务需求挖掘和服务技术对接。建立健全跨区域跨层级专业气象服务联动机制。

推进开放发展,稳步推动服务社会化进程。强化公共气象服务部门主体责任,进一步明确公共气象服务事权与支出责任,尽力而为,量力而行,健全基本公共气象服务体系。逐步推进气象数据资源的开放机制,规范气象资源的提供、使用、反馈和评估工作。积极推动建立公私合作伙伴关系,优化气象服务发展环境,鼓励和支持社会气象服务的发展。建立健全气象服务市场管理标准,建立气象服务监管机制。加强社会气象服务质量的评价和信用管理,引导企业规范开展气象服务。

四、保障措施

(一)强化组织推进

加强对规划实施的组织领导和统筹协调,落实目标责任。做好与中央、地方以及相关行业规划之间的衔接,科学组织,推动各层次、各领域、各区域气象服务协同发展。完善对规划实施的评估制度,建立规划实施评估与动态修订机制,适时开展规划修编和必要的调整工作。

(二)加强资金保障

积极落实财政投入,用好社会资源,探索建立稳定、多元的气象服务发展投入渠道。统筹各类资源,加强对气象服务基础建设、科学研究等方面的支持。鼓励吸引社会资本在气象服务领域投入,切实提高气象服务现代化水平。

(三)加强人才培养

优化气象服务科技人才梯队和学科结构,加大跨学科、跨行业、跨领域等复合型人才培养。打造气象服务创新团队,强化重点领域、关键核心技术的突破。统筹利用高校、院所、社会企业等行业力量开展气象服务。

(四)健全法规标准

以《中华人民共和国气象法》为主体,健全气象服务法规规章。完善气象服务标准体系,建立标准化工作机制,推动标准规范的整合统一。提高标准质量,保持标准体系科学适用、适度超前。积极参与国际标准制定,提升气象服务标准的社会参与程度和实施应用水平。

"十四五"中国气象局
野外科学试验基地发展规划

（气发〔2021〕132 号）
2021 年 11 月 25 日

　　为贯彻习近平总书记关于科技创新和气象工作的重要指示精神，落实《国家野外科学观测研究站建设发展方案（2019—2025）》（国科办基〔2019〕55 号）和全国气象科技创新工作会议精神，进一步强化气象科技创新体系建设，统筹集约推进中国气象局野外科学试验基地（以下简称试验基地）建设与发展，提升地球系统多圈层科学观测能力和多学科联合研究水平，制定本规划。

一、发展需求与现状分析

（一）发展需求

　　试验基地主要是依托国家级科研院所，在现有地面气象观测台站、各类试验示范基地基础上，通过配备相应的科研仪器设备、建立科学研究团队，健全相应的运行管理机制，面向国家重大战略气象服务保障、全球气象业务服务和地球系统前沿研究的需求，开展长期野外科学观测试验，以揭示天气气候形成机理及其与地球系统相关圈层相互作用关系，获取新信息、发现新现象、验证新技术、研发新装备等的科学研究平台。加强试验基地的规划和建设，是新时期气象科技创新的重点工作之一。

1.国家重大战略气象服务保障需要建设试验基地

提升防灾减灾救灾、生态文明建设、应对气候变化、军民融合、乡村振兴、"一带一路"建设、京津冀协同发展、粤港澳大湾区建设、长三角一体化发展、新时代东北振兴、黄河流域生态保护和高质量发展、海南自由贸易港建设等国家和区域重大发展战略的气象服务保障能力,迫切需要开展暴雨、强对流、龙卷、大风等极端灾害性天气气候事件的形成机理、自然生态系统的生理生态过程、陆面热力和水分过程的耦合关系等试验研究,提高天气气候预报预测准确率,揭示极端天气气候事件对经济社会和生态系统的相互影响,增强服务国家发展的气象保障能力。

2.发展全球气象业务需要建设试验基地

提升全球监测、全球预报和全球服务能力,迫切需要开展气象观测仪器精度验证,观测系统升级换代的指标体系、技术路线、软硬件标准规范体系,观测数据与业务产品的真实性检验,数据质量控制、偏差订正以及产品改进等的观测试验研究,迫切需要通过野外科学观测试验,改进数值天气气候模式物理过程及参数化方案,实现监测精密、预报精准、服务精细的目标。

3.推进大气科学基础性、前瞻性和原创性研究需要建设试验基地

大气科学已经从天气、气候的机理研究发展到对地球系统演化的全面探索,迫切需要开展野外科学观测试验研究,从不同时间和空间尺度认识大气圈、水圈、岩石圈、生物圈以及冰冻圈的演变及其相互作用规律,了解典型下垫面陆—气和海—冰—气相互作用及其对天气气候的影响机理,认识人类活动对大气成分及其环境的影响特征,推进大气科学前沿探索。

(二)现状分析

1.基本情况

至2019年,科技部所辖的国家野外科学观测研究站有97个,

其中与气象工作关系密切的有 4 个大气本底站、52 个生态站、3 个极地与高原站、2 个滑坡泥石流站、1 个空间天气站,而中国气象局核心科研业务急需的天气气候、农业气象、海洋气象、极地与高原气象等野外站严重缺乏,制约着新时期气象事业的发展,急需增补与完善。

2016 年中国气象局出台了《中国气象局野外科学试验基地管理办法》(气办发〔2016〕33 号),现已批准建设运行 31 个试验基地。主要分布在青藏高原、沙漠戈壁、内陆山区、东南沿海等典型气候区,涵盖了灾害性天气、大气物理、大气化学、生态与农业气象、海洋气象、高原气象等领域。与此同时,也逐步建立起了一支学历层次较高、人员结构较合理、创新能力较强的科研团队,开展了一系列野外科学试验,提高了相关领域的科学认知,为气象科研业务发展提供了重要的支撑保障。

支撑了大气科学研究和核心技术研发。试验基地围绕灾害性天气、生态与农业气象、大气物理、大气化学及大气探测等领域,对我国关键区、敏感区的天气气候变化及其相关的大气物理化学和生态环境变化等过程开展了多项大型科学试验和综合研究,如第三次青藏高原大气科学试验、华南暴雨试验、西南涡加密观测试验、干旱科学试验等,获取了我国典型区域陆面过程变化、陆气相互作用、复杂地形气象要素的精细化特征等资料,揭示了相关的科学事实和变化规律。

推动了气象部门科技创新能力的提升。试验基地显著支持了气象科研机构在优势领域的研究进展,部分研究成果进入国际先进水平,如台风、暴雨、雷电、大气化学、高原气象等。在这些领域培育了一批高水平的科技领军人才、青年英才以及科技创新团队,增强了气象部门的科技创新能力。

促进了现代气象业务发展。部分试验基地的科学试验数据在GRAPES 区域数值模式、高分辨率快速更新循环同化预报系统、台风数值预报模式、雷电临近预报系统、干旱监测预警系统、地基GPS大气水汽准实时自动解算系统等重大业务系统研发中发挥了重要作用,促进了科研成果在业务中的转化应用。

推进了科技合作与交流。试验基地充分利用学科优势或区位优势,积极吸引外部门的专家和团队联合开展观测试验和合作研究。北京大学、南京大学、南京信息工程大学、中国科学院大气物理研究所、中国科学院南海海洋研究所等高校和科研院所与气象部门科研业务单位合作,联合开展了华南暴雨、南海海气相互作用、干旱气象、沙漠大气边界层等科学试验,实现了数据和成果共享,提升了气象科技合作水平。

2.存在问题

科学目标有待进一步明确。部分试验基地的科学目标不够明确,对试验基地学科方向的国内外科学进展缺乏了解,科学试验的总体设计能力不高,以常规业务观测代替科学试验,无法充分发挥试验基地的科学观测和研究的功能。

布局有待进一步完善优化。部分试验基地的区域典型性和学科代表性不强,在青藏高原、沿海、重点产粮区等地域以及针对敏感行业的试验基地较少,无法满足保障国家战略、全球气象业务和地球系统前沿研究等的需求。

科学试验能力有待进一步提升。部分试验基地开展科学试验的能力不足,开展试验所需的仪器设备配置结构和水平不高,缺乏系统性;观测试验的规范性有待提高,资料的标准化和质量不高;利用观测试验数据开展科学研究的能力不足;缺乏组织和开展科学试验的高水平科研团队。

开放合作共享有待进一步加强。部分试验基地的科学管理水平还较低,没有建立统一的试验基地管理服务平台,科学数据和仪器设备的开放共享程度不高。部分试验基地与外部门科技合作水平较低,合作领域也还不够广泛,科研人员没有真正参与到合作研究中,自身的科研能力和水平没有得到明显提升。

运行保障有待进一步完善。部分试验基地的仪器购置及运行维护等基础条件建设经费保障没有稳定渠道,仪器设备更新、升级还不能满足相关领域的观测试验研究要求。基地普遍缺乏有效的人才激励政策,制约了科技成果的产出与人才队伍的培养。

二、发展目标

(一)指导思想

以习近平新时代中国特色社会主义思想为指导,坚持创新、协调、绿色、开放、共享发展理念,以提升气象创新能力、推动气象事业高质量发展为目标,遵循科学观测、试验、研究、示范和服务的定位,面向服务保障国家重大战略、支持全球气象业务和大气科学前沿研究的需求,统筹谋划,科学布局,创新机制,全面提升试验基地的能力水平,促进原创性重大科技成果产出,推动高水平人才队伍成长,带动开放共享及科普示范,为实现气象强国奠定坚实基础。

(二)基本原则

统筹集约,完善优化布局。以业务需求为导向,统筹原有试验基地能力提升与新建基地数量拓展的关系,统筹现有地面气象观测站、综合气象观测基地、气候观象台、大气本底站等与试验基地的关系。在地域上,重点考虑在青藏高原、海洋和重点产粮区等布局薄弱地区建设;在学科上,重点考虑在天气气候、海洋气象和农业气象等重要领域建设。注重与国家或其他部门野外观测研究站的协调发展。

强化定位,提升能力。围绕解决气象业务服务的关键核心技术,强化试验基地观测、试验、研究、示范、服务的目标定位,突出试验基地的科研属性;加强试验基地基础设施和人才队伍建设,规范试验方案和数据标准;强化运行管理,提升观测试验效能和创新研究能力,发挥辐射带动作用。

开放合作,科学管理。强化试验基地的合作平台作用,推进仪器设备、科学数据等科技资源共享;推动跨部门、跨行业、跨学科的开放联合;进一步明确试验基地建设发展和管理的主体责任,建立完善科学管理和稳定发展的体制机制,以评估为抓手,实行优胜劣汰,充分发挥试验基地一站多能以及网络式协同发展的效能。

(三)发展目标

到 2025 年基本形成科学目标明确、功能设施齐全、涵盖主要学科领域和典型区域的试验基地布局。试验基地的观测试验能力及研究水平有效提升,观测数据质量得到优化,仪器设备结构基本完善,人才队伍及团队建设水平明显提高,开放合作的成效显著增强,对气象科技创新的基础支撑作用得到大幅度提高,在国家重大战略气象服务保障、全球气象业务发展和大气科学前沿研究中发挥重要基础作用。推动若干基础条件好、科技成果突出、人才队伍水平高的试验基地进入国家野外科学观测研究站序列,强化气象部门国家野外站支撑和服务国家重大战略的能力。

三、科学目标与功能定位

根据新时期国家重大战略气象服务保障、全球气象业务发展和大气科学前沿研究等需求,强化野外科学观测试验和基础研究,揭示天气气候形成机理及其与地球系统其他圈层的相互作用规律,支撑气象科研及业务服务高质量发展。

(一)科学目标

阐明大气圈及其与地球系统其他圈层相互作用的机理,揭示不同时空尺度陆—气、海—气、人类活动—大气相互作用过程的变化规律,改进数值模式物理过程和参数化方案,增强对地球系统及其各圈层的模拟能力,提高气象预报预测准确率。完善气象探测技术及方法,提高气象观测仪器设备精度,优化气象观测系统升级换代的指标体系。揭示气象对农业、生态环境、地质、能源、交通等行业的作用机制及反馈效应。

（二）功能定位

围绕天气气候、农业气象、生态气象、大气成分、海洋气象、极地与高原气象、城市气象、气象探测、气象敏感行业等 9 个领域，开展大气圈、水圈、冰冻圈、生物圈、岩石圈以及大气圈与其他各圈层相互作用的机理及相关参数、指标等观测试验和研究。

不同类型试验基地的科学目标和功能定位，详见表 1。

表 1 不同类型试验基地的科学目标与功能定位

领域	科学目标	功能定位
天气气候	揭示灾害性天气气候事件的物理机制和地球系统各圈层之间的相互作用，改进数值模式物理过程参数化方案，提高天气气候预报预测准确性	针对台风、暴雨、强对流等高影响灾害性天气气候事件和代表性下垫面的地球系统各圈层之间的物质和能量交换、大气三维结构等，开展形成机理及数值预报模式改进观测试验与检验研究
海洋气象	揭示海洋与大气的相互作用规律、海洋对天气和气候变化的影响机理以及海洋天气气候演变规律，提高海洋监测技术及天气预报能力	针对海—气相互作用变化的典型或代表性区域，开展岸基和海基海洋气象、海洋与大气之间的物质和能量交换、大气三维结构的观测试验研究
农业气象	揭示主要农作物的生长发育规律以及气候资源利用和气象灾变机制，优化主要农作物的农业气象模型，提高农业生产气象服务保障能力和粮食安全保障能力	针对重点产粮区主要农作物生长发育、产量与品质形成，开展气候资源利用和气象灾变过程的气象、农作物、水分和土壤等要素及其应对措施的综合观测试验研究
生态气象	揭示自然生态系统的生理、生态过程与陆面热力和水分过程的耦合关系与机制，发展生态气象数值模式，提高生态文明建设气象服务保障能力	针对农田、森林、草地、荒漠、湿地（湖泊）等典型或代表生态系统结构和功能变化，开展气象、生物、水分和土壤等要素及陆—气相互作用的综合观测试验研究

领域	科学目标	功能定位
大气成分	揭示大气成分演变规律及影响因素,弄清大气成分变化及其对气候变化和生态环境的影响规律,认识人类活动对大气成分及其环境的影响特征	针对大气成分变化的典型或代表性区域,开展大气化学成分和相关物理特性(温室气体、气溶胶、反应性气体、大气干湿沉降以及臭氧、辐射等)以及大气环境平均状况的观测试验研究
极地与高原气象	揭示三极地区雪、冰川、冻土、大气成分的演变规律,典型下垫面陆—气和海—冰—气相互作用及其对天气气候的影响机理,优化冰冻圈特征相关参数化方法,提升冰冻圈天气气候模拟能力	针对青藏高原和极地典型或代表性区域,开展气象、积雪、冻土、冰川、陆—气相互作用、温室气体、气溶胶、大气臭氧、辐射及对流层常规探空观测试验研究
城市气象	揭示不同气候区、不同类型城市(群)相关的天气、气候系统演变机理以及城市—大气相互作用,弄清城市气象对区域可持续发展的影响及其反馈作用	针对典型或代表性气候区、不同类型城市(群)和超大城市,开展天气、气候、生态、环境以及大气边界层内的大气热力、动力、大气化学和生态特征的观测试验研究
气象探测	验证气象先进观测仪器精度,建立观测系统升级换代的指标体系、技术路线、实施方法、软硬件标准规范体系;检验卫星遥感数据定标与产品真实性,支撑卫星数据质量控制、偏差订正、产品改进、载荷提升以及遥感新理论、新方法	针对气象先进观测仪器或卫星遥感反演,选取典型或代表性区域,开展气象先进观测仪器的针对性观测试验研究或卫星遥感相关反演产品的观测试验研究

领域	科学目标	功能定位
气象敏感行业	揭示气象条件对可再生能源、地质灾害、交通运输等气象敏感行业的影响机理、演变规律和定量关系,提升气象敏感行业服务能力	针对可再生能源、地质灾害、交通运输、森林草原火灾等气象敏感行业,选取典型或代表性区域,开展具有针对性的天气、气候及行业要素观测试验研究

四、重点任务

（一）统筹优化完善基地建设布局

中国气象局负责组织对现有 31 个试验基地的科学试验能力、科研团队水平、运行保障能力以及可持续发展能力等方面进行综合评估,评估通过的,继续保留;未通过评估的,不再纳入中国气象局野外科学试验基地进行管理。

以中国气象科学研究院为主的国家级气象科研院所根据科研业务发展需求,在现有地面气象观测站、综合气象观测基地、气候观象台、大气本底站等基础上,按照上述 9 个领域试验基地的科学目标与功能定位,配备相应的科研仪器设备,建立相应的科学研究团队,开展试验基地建设。重点考虑在青藏高原、海洋和重要产粮区等区域建设天气气候、海洋气象和农业气象等试验基地。

支持国家级气象科研院所与省级气象部门、高校等联合建设试验基地。鼓励有条件的中国气象局直属业务单位、省级气象部门根据业务需求,单独或联合相关科研院所共同建设试验基地。

对有特殊急需的试验基地,中国气象局将直接委托相关单位进行建设。

（二）加强国家野外科学观测研究站建设

严格按照国家野外科学观测研究站的建设标准,加强进入国家野外站的 6 个试验基地建设。中国气象局成立野外科学试验基地暨大气本底站科学指导委员会及科技创新团队,通过指导、咨询、培养和技术引领等措施,提升其科技创新能力和水平。围绕国家战略发展需要,在现有国家野外站空白区域,针对天气气候、农业气象、海洋气象、极地与高原气象、气象探测等重要领域,重点培育建设若干试验基地,纳入国家野外科学观测研究站序列。

（三）规范运行管理

以中国气象科学研究院为主的国家级科研院所作为试验基地的第一责任管理单位。试验基地要根据科学目标和功能定位,制定仪器选型、观测指标、观测方法、数据采集标准、数据标准等规定,规范观测试验规程和数据质量控制技术体系;建立健全运维管理、试验管理、资产管理、财务内控、团队建设、奖励激励、知识产权保护、开放合作交流等方面的规章制度,以考核评估为抓手,实行优胜劣汰,提高试验基地的运行效能。中国气象局组织建立试验基地管理和服务共享平台,制定完善观测数据和仪器设备的开放共享管理办法,提高试验基地科技资源的使用效率。

（四）强化能力建设

充分发挥科学指导委员会对试验基地建设和试验研究的科学指导、咨询、培养和技术引领作用。各试验基地依托单位要组建由依托单位、试验基地及基地隶属单位共同组成的科研团队,围绕试验基地科学目标和功能定位,组织制定相应的发展规划,明确中长期任务,加强基础设施建设和观测设备升级优化,在具备基本试验能力的基础上,围绕学科发展需求,持续扩充科学试验能力;要积极主动吸引和申请相关科研项目,持续开展科学试验;要组织科技力量加强对科学观测数据分析研究,切实产出高质量的科研成果,发挥试验基地的效益。

（五）强化人才队伍建设

各相关单位要建立健全项目、基地、人才一体化配置机制,充分利用国家、部门和地方相关科技人才激励政策,建立健全人才培养、引进、使用、评价、激励等机制,为增强人才创新活力、激励人才创新发展创造良好环境;要大力培养青年人才,鼓励青年人才在科研工作中"挑大梁、当主角",推动青年人才成长成才。试验基地科研团队要广泛吸收高校、科研院所人才参与,围绕服务保障国家重大战略和气象业务服务发展的核心技术开展攻关,努力打造一批科技领军人才和创新团队,充分发挥试验基地在人才培养中的重要作用。

（六）推动合作交流

试验基地要强化与中国科学院和自然资源、生态环境、能源、交通、水利、农业、旅游等部门以及高校的合作交流,在试验基地建设与发展过程中实现多部门、多行业、多学科的共建共享、集约发展,联合开展观测试验研究,加强学术交流研讨,提升试验基地的观测能力和研究水平;加强国际合作交流,牵头或参与组织开展大型科学试验,与国外高水平高校及研究机构开展联合观测研究。

试验基地要向社会公众开放,开发具有基地特色的科普产品和展品,开展形式多样、内容丰富的科普活动,与科研院所和高校等单位共建教学实习、人才培养与科研基地,与地方政府或社会团体联合共建科普基地,充分发挥试验基地的科普服务作用。

五、保障措施

（一）加强组织领导

各省级气象部门、国家级气象科研院所要高度重视试验基地的建设与发展,将试验基地作为科技创新的重要抓手,谋划好、落实好、发展好,切实发挥试验基地在国家重大战略气象服务保障、全球气象业务发展和大气科学前沿研究中的基础性科技作用。

（二）完善经费稳定投入机制

中国气象局要完善试验基地的经费支持机制,统筹国家和部门各类经费资源支持试验基地的建设与发展;将试验基地建设纳入中国气象局重大工程项目建设内容,将试验基地运行保障纳入业务维持保障范围。试验基地及依托单位要通过多渠道争取经费,加强基础条件建设,持续开展科学观测试验研究。

（三）强化绩效考核

中国气象局完善对试验基地建设与发展的绩效考核评价制度,定期组织开展考核评估,实行优胜劣汰,切实发挥试验基地在科技创新中的基础作用。

"十四五"中国气象局
应对气候变化发展规划

（气发〔2021〕134 号）
2021 年 11 月 30 日

　　应对气候变化是我国可持续发展的内在要求，是推动构建人类命运共同体的责任担当。"十四五"是我国大力推进生态文明建设、加快推进碳达峰与碳中和、转变经济发展方式、促进绿色低碳发展的重要战略机遇期，也是中国气象局建设高质量气象现代化的攻坚期。为贯彻党中央和国务院关于应对气候变化的重要指示及党的十九届五中全会精神，特制定《"十四五"中国气象局应对气候变化发展规划》，明确"十四五"期间中国气象局应对气候变化工作的总体思路、主要目标和重点任务，助推我国气象事业高质量发展。

一、形势与需求

（一）全球气候治理面临新挑战

　　世界百年未有之大变局进入加速演变期，国际环境日趋错综复杂，全球性挑战日益上升，新冠疫情影响下单边主义、保护主义抬头，使得全球气候治理进程形势更加复杂。世界气象组织发布的《2020 年全球气候状况》声明指出，2020 年全球平均气温比工业化前高出 1.2℃，2011—2020 年是全球有器测记录以来最暖的10 年。2019 年大气中温室气体二氧化碳浓度达到 410 ppm，为近

200万年以来最高,全球变暖正在深刻影响着全球环境、政治、经济与社会安全。应对气候变化事关我国发展的全局和长远,习近平总书记多次指出,中国要积极参与全球治理体系改革和建设,成为国际气候治理的参与者、贡献者、引领者。如何推动形成公平合理、合作共赢的全球气候治理体系,变挑战为机遇,不断贡献中国智慧和力量,展现负责任大国形象,我国面临着前所未有的国际压力。

(二)我国应对气候变化面临新挑战

"十四五"是我国实现两步走战略的起步阶段,是夯实高质量发展基础的出发阶段,是重点引领实现"卡脖子"技术突破的关键阶段。作为世界上最大的发展中国家,我国生态环境脆弱,极端天气气候事件频发,发展不平衡、不充分的问题仍然突出。而新冠肺炎疫情作为突发性全球公共危机更是对我国经济发展带来了新的冲击。党的十九大报告明确提出,我国到 2035 年基本实现现代化,生态环境根本好转,美丽中国目标基本实现。习近平总书记在七十五届联合国大会一般性辩论上指出,"中国将提高国家自主贡献力度,采取更加有力的政策和措施,二氧化碳排放力争于 2030年前达到峰值,努力争取 2060 年前实现碳中和"。面对新的风险与冲击,如何化解危机,统筹好社会经济发展和应对气候变化工作,实现疫情后"绿色经济复苏",推动经济高质量发展,是国内面临的新挑战。

(三)中国气象局气候变化工作挑战与机遇并存

中国气象局是国家应对气候变化重要的科技支撑部门。长期以来,在气候变化检测归因等机理研究、全球和区域气候系统模式开发、气候变化影响评估等方面取得了长足发展,气候系统模式研发水平国内领先、国际可比,深度参与政府间气候变化专门委员会(IPCC)评估进程,从科学角度维护中国和发展中国家权益。多年来积极参与国家应对气候变化总体部署,为气候变化内政外交提供了重要支撑,为保障国家气候安全、支撑生态文明建设与可持续发展做出了积极贡献。

但是,面对国内外新的形势和压力,面对国家日益增长的服务需求,面对实现气象事业高质量发展总体要求,必须清醒认识气候变化工作的差距和突出问题:一是保障国家重大发展战略作用体现不够,在科学布局、统筹谋划方面不到位。二是极端灾害的应对能力需进一步提高,以监测为基础、科技为支撑、服务为保障的研究型业务体系仍未建成。三是科技创新驱动能力有待增强,前瞻技术及自主创新研究不够,在地球系统模式发展、气候变化综合评估模式研发等方面与发达国家差距较大。四是人才队伍体量小,国际复合型人才、领军人才缺乏,中坚力量存在断层,团队整体实力不强。

应对气候变化工作是气象事业的重要组成部分,是气象服务生态文明建设、保障全面建成小康社会的重要抓手,是全面实现气象现代化的核心内容之一。中国气象局要秉持应对气候变化基础性科技部门的定位和职责,主动对接国家重大发展战略需求,深化体制机制改革,不断强化优势和拓展领域,推动跨领域、跨学科交叉融合发展,加强人才队伍建设,为保障国家生态文明建设和推进气象现代化发展做出新贡献。

二、总体要求

(一)指导思想

全面贯彻落实党的十九大和十九届二中、三中、四中、五中、六中全会精神,以习近平总书记关于生态文明建设、美丽中国建设、碳达峰与碳中和目标愿景等重要讲话精神为指导,认真落实习近平总书记对气象工作重要指示精神,按照"五位一体"总体布局和"四个全面"战略布局要求,以国家应对气候变化内政外交需求为引领,将积极应对气候变化作为推进美丽中国建设的重要抓手,以保障气候安全为核心目标,以科技创新为重要驱动,主动对接国家规划,加强顶层设计,深化体制机制改革,优化业务整体布局,建设开放的联动平台,探索灵活高效的合作机制,全面提升中国气象局应对气候变化科技水平和服务能力。

（二）基本原则

坚持问题导向,强化需求牵引。按照精密监测、精准预测、精细服务的总体要求,突破气候变化关键技术瓶颈,聚焦国家应对气候变化内政外交重大需求,围绕新形势下的建设要求,实施创新驱动发展,发挥应对气候变化在经济社会转型发展中的引领作用。

突出全球视野,增强自主创新。以全球视野谋划和推动气候变化应对工作,充分发挥我国的引领作用。利用好国内外创新资源,加强自然科学与社会科学、基础研究与技术研发的交叉融合与自主研发,促进原始创新。

加强顶层设计,扩大开放合作。谋划形成发展方向相对集中和稳定、结构优化、特色鲜明、优势突出的应对气候变化工作布局。着力构建全方位、多领域、多层次的开放合作新格局,提高气象部门气候变化科技支撑水平。

强化能力建设,注重人才培养。加强气候变化科学监测研究、数值模拟、预估评估、决策预警等方面的基础设施建设,夯实"硬件"支撑和"软件"保障;加强高层次人才的引进与培养,全面提升人才队伍科技素质与水平。

（三）发展目标

总体目标:坚持科技创新与体制机制创新"双轮驱动",全面提升中国气象局应对气候变化的科学水平和服务国家战略决策的能力,为国家和区域应对气候变化提供更丰富的科学数据、产品服务,提供更高效益的措施选择与决策建议,增强我国在国际气候变化领域的影响力和话语权。

具体目标:

1.实现基础理论和核心技术重点突破

深化气候系统多圈层、多时间尺度相互作用及其影响的机理认识,发展 80 公里高分辨率多圈层耦合的地球系统模式和 10～30 公里高分辨率精细化区域气候模式,实现自然气候系统模式与能源社会经济模型的双向耦合和定量风险评估,突破一批跨领域、跨学科的交叉理论和技术。

2. 建成一批科技—业务—服务创新平台

搭建气候系统观测和基础数据平台、气候系统模式合作研发平台,发展中国多模式集合气候预测预估系统,提升年代际气候预测与气候变化预估能力,夯实基础,建设国家气候变化风险早期预警平台,形成多元化的气候服务体系和气候服务品牌,打造国际合作平台。

3. 形成科学治理和应用的系列支撑方案

围绕《巴黎协定》实施、碳达峰与碳中和、IPCC 科学评估、国家和区域重大发展战略实施,打造科学治理和应用的服务平台,形成 50 个以上的政策建议和支撑方案,提升应对气候变化的科技支撑能力。

4. 构建有活力的应对气候变化工作新格局

统筹优化气候变化科技业务布局,打造数个国际和区域先进水平的气候变化创新中心、重点实验室平台。深化体制机制改革,完善人才保障政策措施,形成有竞争力的研究中心和创新团队。

三、主要任务

(一)强化基础性工作,增强创新内核动力

1. 完善气候系统综合观测站网建设

提高现有基本气候变量(ECV)的地海空天气候系统综合观测能力,开展需求动态评估,完善空白 ECV 的气候观测系统,建设气候变化监测分析指标体系。建立综合观测平台,增强动量、热、水等能量和物质通量观测,拓展多气候区物候观测,形成包含大气圈、冰冻圈、岩石圈、生物圈和水圈等地球系统多圈层的立体、开放、交互的中国气候综合监测系统。加强全球气候变暖对我国典型脆弱地区影响的监测。在中国气候系统关键区,协调推进气候观象台和大气本底站建设,尽快建成覆盖我国 16 个气候系统关键区的大气本底观测站网。拓展温室气体立体观测网络功能与布局,建立省、市联动的国家温室气体综合监测网,围绕"双碳"目标加强碳源—汇监测网建设,实现覆盖关键区、重点城市的加密观测,逐步形成地面—高空—卫星观测一体化的温室气体国家综合监测体系,提升区域和城市碳汇监测和评估能力。在我国臭氧高敏感及重要传输通道构建由地面臭氧、臭氧探空等组成的立体观测系统,实现臭氧及前体物立体分布和生成输送特征三维监测。稳步提升非二氧化碳温室气体监测能力。推进青藏高原气候系统综合观测能力建设,研究和启动冰川站建设,填补监测空白,实现青藏高原科学考察和试验成果共享。提升风能太阳能等气候资源精细化监测及土地利用和人类活动影响综合监测能力。发展和利用好非常规和社会化观测,弥补传统观测站点不足。

2.加强气候变化数据库建设

建立全球百年以上时间尺度地面温度序列,加强均一化规范化产品数据集研制。建成我国自主研发的全球区域一体化大气和陆面再分析系统,研制 1979 年以来全球、区域大气、海洋和陆面再分析产品,产品质量性能达到国际先进水平。研制基于地面观测和卫星遥感的全球和中国区域植被、海温、盐度、冻土、积雪等长时间序列气候数据集。研发二氧化碳、甲烷、臭氧、气溶胶等大气成分关键气候变量数据产品。加强社会经济影响数据库建设,拓展社会经济与人体健康等相关领域数据收集范围,研制中国区域 1公里社会经济(人口、国内生产总值)网格化产品。

3.推进气候系统相互作用机制研究

深化气候系统多圈层、多时间尺度相互作用及其对中国气候变化与异常的影响过程及机理的认识。研究北冰洋海冰变化与北极放大效应对中国极端事件的影响。研究冰冻圈对全球变暖的响应，及其对中国旱涝和温度异常的影响。深入开展青藏高原气候—水—生态环境—人类活动相互作用等关键科学问题和气候变化适应策略研究。完善大气水循环对中国区域气候变化的影响机理。研究全球气候变化背景下区域响应与城市效应，分析气候系统突变与反转点等前沿科学问题。

4. 持续开展气候变化检测归因研究

发展和完善适用于东亚和中国区域的检测归因技术方法，开展中国区域重大极端事件检测归因研究，揭示温室气体和气溶胶等人为信号在中国气候变化和极端事件变化中的相对贡献。建立以自主模式为基础的极端事件归因系统，发展相应的极端事件归因业务方法和标准化流程。

5. 开展大气环境气候效应研究

研究大气成分与气候变化的相互作用机制，评估未来全球和区域气候变化与大气污染变化的可能关系。研究温室气体源汇时空演变特征及其与水和能量循环的耦合关系，研发气候—污染双重约束下的温室气体、气溶胶与大气污染物协同减排路径与优化技术体系，科技支撑我国"双碳"目标的实现以及温室气体减排与环境治理的协同发展。研究云反馈机制及其对气候变化预估不确定性的影响。

6. 推进地球系统模式发展

发展 80 公里分辨率包括生态环境和人类活动多圈层耦合的地球系统模式原型系统，实现不同圈层分量模式以及天气气候无缝隙的高效耦合。建立地球系统模式联合研发的软件支撑系统，初步实现不同分量模式和耦合体系的代码共享、协同研发和标准化评估。参与国际耦合模式比较计划（CMIP），提高东亚区域气候变化模拟与预估水平。研发中国 10～30 公里高分辨率精细化区域气候模式，构建适合中国复杂地形的时空分辨率最佳匹配方案，研发多圈层耦合技术和适用于不同时空尺度模式的两重单双向耦合技术,参与 IPCC 模式模拟试验设计和国际区域气候降尺度试验(CORDEX)。

（二）发展关键应用技术,保障国家气候安全

7.发展气候变化预估技术

开展中国区域极端事件未来预估,提升气候变化适应能力。模拟预估未来几十年到上百年,尤其是未来 10～15 年东亚和中国地区气候变化及极端气候事件时空变化特征,探讨未来气候变化的可能“阈值”和突变点。研究不同因子对区域气候变化未来预估不确定性的影响。建立中国区域精细化网格小时—天—月—季—年—年代际无缝隙预报预测业务,提高小时到百年尺度的预报预测预估水平。实现对全球范围臭氧、气溶胶、植被生态过程等生态环境的模拟和预测。

8.发展气候变化综合评估技术

启动气候变化综合评估模型研究,实现气候变化与自然生态系统和社会经济的耦合。建立气候变化和重大气象灾害危险性综合评估方法。构建气候容量(气候承载力)评估技术和标准。研究多灾种重叠聚发的早期预警和风险预估技术。研发气候变化对水资源、粮食生产等定量影响评估技术。研究南北极和青藏高原气候变化的联动关系以及对国家安全的影响,提升青藏高原冰冻圈综合监测评估与灾害风险预警能力。开展气候变化影响和风险的归因定量分析。

9.开展面向重点行业和领域的影响评估及应用

开展面向粮食安全、水资源、生态环境、海平面、人体健康、基础设施等重点方向的灾害风险定量化、动态化评估,发布重点行业风险预测、预估和预警产品。建设集气候变化风险识别、风险评估、风险预警、风险转移为一体的气候变化风险早期预警平台。开展京津冀地区、长江流域、粤港澳大湾区、青藏高原、黄河流域等重点区域/流域和“一带一路”沿线的气候变化影响与风险评估工作,

提高城市和经济带适应气候变化能力。开展城市气候变化风险评估，结合气候适应型城市、海绵城市应用，探索构建具有气候恢复力的可持续城市化发展路径，保障气候安全。

10. 加强青藏高原应对气候变化能力建设

加强高原大气科学试验研究和野外综合观测基地建设，推进以青藏高原为核心的亚洲高山区气候中心建设。通过多学科交叉和综合集成研究，提高青藏高原气候变化多尺度时空规律及物理机制科学认识水平。加强气候变化及极端灾害对农牧业、水资源、高寒生态系统、人群健康的影响和风险评估，以及冰川跃动、冰崩、冰湖溃决等多灾种综合风险和气候环境承载力评估，开展重大基础设施如川藏铁路、公路、水电站气候可行性论证。完善高原关键生态脆弱区和高风险地区山洪、泥石流、山体滑坡监测预报预警体系，建立暴雪、冰崩等多灾种早期预警机制，加强气象灾害风险评估和预警服务，提升高原气候变化预警与应对能力。

（三）强化气候资源保护利用，助力生态文明建设

11. 增强气候资源评估和保护利用能力

实现全国气候资源实时动态监测、评估和预报，完善全国气候资源监测、评估和预报预警体系。进一步发挥在气候资源精细化评估方面的优势，开展中国实现碳达峰和碳中和愿景目标下可再生能源高效开发利用精细化资源评估，以及对电力系统影响的研究，分析极端气候事件对发电设施的综合风险。摸清我国风能太阳能水电等气候资源家底，提高气候资源预报准确度，提升风电和光伏发电的电网友好性，增强并网调峰调度水平，提高可再生能源的利用水平和效率。开展气候资源科学开发规划与布局研究，评估大规模可再生能源开发利用的气候生态环境效应，助力新达峰目标和碳中和愿景实现。

12. 增强生态保护和重大工程气候可行性论证能力

合理开发利用空中云水资源，开展人工影响天气对局部、区域

气候和水循环的影响评估。完善针对重大工程建设、城乡规划的气候可行性论证技术体系,开展重大规划和重点工程对生态影响的气候可行性评估。开展青藏高原生态安全风险预警,构建生态安全风险管理系统,推广生态环境灾害和生态安全事件风险预警经验。开展黄河流域因地制宜水资源气候保护服务,评估气候暖湿化背景下黄河流域生态环境对气候变化的响应。建立面向不同典型生态环境保护和恢复工程的气候效益综合评价指标体系,发展生态保护和修复工程实施气候效益评估以及目标场景气候效益情景预估技术。

13.加强生态气象保障服务技术研究和生态效益评估

研究气候变化对不同类型生态系统的影响机理,发展多时空尺度气候变化对生态环境安全影响的早期预警、动态监测预测技术和平台。建立气候生态承载力评估技术体系,研发考虑气象条件贡献的生态文明建设绩效考核评价方法,建立气候变化应对与环境污染治理和生态系统修复的协同评估体系。研究人工干预措施对不同类型下垫面功能区的生态效益,开展我国重大生态功能区的评估。

14.强化气候品质评价服务能力

面向生态绿色发展气象保障服务需求,充分挖掘地方特色气候资源,建立全国气候品质基础信息"一张图",建立国省一体化气候品质评价服务平台,因地制宜,推进特色气候资源利用建设工作。研发推广符合需求的精准气候保险类产品,建立全国—地方巨型灾害气候保险模型试点。研发气候投融资新产品,参与国际国内绿色金融项目。

(四)积极参与全球气候治理,提升应对与决策能力

15.深度参与政府间气候变化专门委员会未来评估进程

充分发挥 IPCC 国内牵头部门作用,深度参与 IPCC 评估进程和未来机制建设。研判 IPCC 评估在全球气候治理中的角色和作

用,探索把气候变化科学评估与全球气候治理关键问题相结合的途径和方式,争取国际气候与环境外交主动权。借助 IPCC 平台培养优秀科研人才和国际谈判队伍,推进我国与国际气候变化科学前沿接轨和高质量发展,提高国际影响力。

16.强化参与联合国气候变化框架公约和世界气象组织能力

围绕国家应对气候变化内政外交需求加强战略研究,深入参与联合国气候变化框架公约(UNFCCC)谈判,研判国际气候治理形势和走向,提升参与国际气候治理的科技支撑能力。进一步强化与世界气象组织(WMO)的交流合作,发挥好 WMO 科学咨询委员会咨询作用,积极参与 WMO 相关科学研究与应用服务计划。构建亚洲高山区冰冻圈气候业务服务体系,启动亚洲区域气候报告编制。

17.强化科技支撑与决策咨询能力

围绕《巴黎协定》落实实施,面向 21 世纪低碳发展国家重大战略需求,充分利用国家气候变化专家委员会办公室等机制,做好气候变化关键、热点问题和北极等全球气候变化敏感区决策咨询工作,提升中国气象局应对气候变化科技支撑能力。牵头编写《气候变化国家评估报告》《中国气候与生态环境演变科学评估报告》。强化中国气候变化公报体系建设,编制高质量的《中国气候变化蓝皮书》《气候变化绿皮书》《中国温室气体公报》《中国气候公报》。加强区域和省级气候变化监测公报编制,提升地方决策服务支撑能力。

(五)积极开展科学传播,努力提高社会认知

18.积极开展气候变化科学传播与教育培训

围绕世界气象日、防灾减灾日、气象科技活动周等重要节点,持续发挥品牌活动推动作用,不断扩大气候变化科学传播的覆盖面。结合新的科学传播技术与形式,做好气候变化科学普及和 IPCC 评估报告宣传工作。发挥好气象干部培训机构和世界气象

组织区域培训中心等培训优势和作用,加强全球气候服务和气候变化教育培训。

19. 推动国内气候变化期刊高水平发展

针对气候变化领域跨学科和多学科交叉特点,加强期刊、图书发展趋势研究,提高稿源数量和质量,提高编委团队的国际化程度。探索气候变化研究成果与新媒体创新融合、高质量发展的渠道,打造气候变化研究成果推送平台。

四、保障措施

(一)加强组织领导,完善职能管理

坚持和加强党的全面领导,充分发挥中国气象局气候变化工作领导小组作用,统筹推进气象部门气候变化工作高质量发展。深化气候变化工作体系改革,合理划分职责,减少交叉与重复,破解"条块分割"带来的多头管理问题。发挥好国家气候变化专家委员会作用,加强对气候变化研究和业务的指导作用。

(二)优化整体布局,构建新型体系

加强研究型业务体系建设,优化布局,形成以科技创新带动气候变化工作协同发展的新型科研、业务、服务体系。建立以国家级气候变化创新为龙头、以区域气候变化为共性示范、以省级气候变化为特色服务的工作体系。做强中国气象局气候变化中心,统筹气候变化战略研究、重大科研、业务与服务。建设区域气候变化创新团队,加强共性技术研发应用与合作交流。加强省级气候变化特色服务团队建设,强化特色适应技术与决策服务。

(三)拓宽合作领域,加强平台建设

推动气候变化学科交叉融合发展,提升研究与服务能力,在可再生能源、交通、建筑、绿色低碳发展等交叉领域建立多个跨部门联合实验室,搭建合作平台。充分发挥 IPCC、全球气候观测系统(GCOS)中国委员会等跨部门机构协调作用,切实将气候变化工作纳入部门优先合作领域,实现共享共赢。加强与相关部门、高校和科研机构合作,积极参与或发起国内外气候变化相关研究计划,打造重大科研项目合作平台,增进协同创新。

（四）加强政策保障,激发创新活力

加强气候变化领域人才培养和团队建设,建立科研绩效评价激励引导机制,完善评价机制、人才引进机制和高层次人才激励机制。引进国际领军人才,造就更多国际一流的科技领军人才和创新团队,培养具有国际竞争力的青年科技人才后备军。完善资金保障机制,争取多元投入,联合科技部与基金委等国家部委、地方科技主管部门、企业及国际合作伙伴等,共同加强科研基础能力和环境支撑保障,持续推进创新发展。

全国气象部门管理信息化工作管理办法

（气发〔2021〕135 号）

2021 年 11 月 30 日

第一章　总　　则

第一条　管理信息化是气象信息化的重要组成部分和保障，是推进气象现代化的关键内容和引擎。为进一步健全全国气象部门管理信息化（以下简称"气象管理信息化"）工作机制，确保气象管理信息化工作有序协调开展，为气象事业高质量发展提供强有力支撑，依据有关法律法规及规定，结合气象部门工作实际，制定本办法。

第二条　全国各级气象部门组织开展的气象管理信息化工作适用本办法。

第三条　气象管理信息化工作是指基于电子政务内网、气象业务专网和互联网基础设施，对气象部门管理数据中心、应用支撑平台、管理应用系统及相关支撑体系等进行规划、建设、运行和保障的管理活动，旨在推进气象部门优化职能、高效协同，提升科学管理水平和决策支撑能力，提高管理质量效能，积极发挥气象事业在治理体系和治理能力现代化中的重要作用。

第四条　气象管理信息化工作遵循统一领导、分级管理,统筹规划、分步实施,统一标准、资源共享,业务协同、安全可靠的管理原则,实行中国气象局办公室牵头统筹和综合协调,各内设机构按职责承担相应管理任务;国家气象信息中心牵头负责技术组织和技术实施,各省(区、市)气象局和国家级直属单位共同参与的工作机制,分工负责,高效协作,形成合力。

第五条　气象管理信息化主要包括气象涉密信息系统、气象管理信息系统和气象政府网站等建设,遵循“一中心、一平台和多应用”集约建设的技术路线,即在三个不同网络环境中整合共享形成数据同源的管理数据中心、三网协同的应用支撑平台和功能全面的管理应用系统。

第二章　组织机构

第六条　气象管理信息化工作在中国气象局的领导下,组建气象管理信息化工作组和技术组,负责统筹落实全国气象管理信息化的发展战略和重大举措,统一组织重要任务和系统建设实施。

第七条　气象管理信息化工作组由中国气象局办公室主要负责人任组长,办公室和预报司分管领导任副组长,各内设机构和国家气象信息中心分管信息化的领导作为成员,负责组织、协调、管理、指导、监督、实施全国管理信息化工作。

第八条　气象管理信息化技术组由国家气象信息中心分管领导任组长,办公室分管领导任副组长,中国气象局各内设机构指派的固定人员和相关技术人员作为成员,负责为工作组提供技术支撑,承担工作组交办的各项任务和项目组织实施,具体承担编制数据、平台和应用系统的技术标准规范,新改建管理应用系统技术方案,设计决策支撑平台系统功能等任务。

第三章 规划和建设

第九条 气象管理信息化工作组根据国家电子政务发展方针、政策、规划和气象现代化发展要求,组织编制全国气象管理信息化建设发展规划,并按照中国气象局有关规定进行论证和审批。

第十条 中国气象局各内设机构依照项目管理相关规定,结合管理需求提出项目建议及功能要求。中国气象局办公室组织国家气象信息中心等业务单位开展统一谋划,对各管理需求和应用功能集约统筹设计并集中申请立项,经专家评审和集约化评估后,按基本建设程序报批并统一组织实施。

第十一条 各省(区、市)气象局和国家级直属单位按照气象管理信息化建设发展规划认真执行,并配合项目建设单位做好系统推广、使用培训和用户支持工作。属自行建设的气象管理信息化项目应当与中国气象局涉密信息系统、管理信息系统或气象政府网站实现资源共享、互信互认。

第十二条 气象管理信息化项目要符合全国气象管理信息化建设发展规划,并基于气象管理数据中心和应用支撑平台的标准规范开展建设,其主要内容包括:信创基础设施、管理数据库、管理应用系统、气象政府网站、管理标准规范体系、安全可靠管理体系及移动办公应用项目的建设、运维、升级改造等。

第十三条 除涉及国家秘密或者法律法规另有规定的外,集约建成的管理数据库、管理应用系统和"互联网＋政务服务"系统必须统一融入气象大数据云平台和气象管理信息系统,在应用支撑平台上授权后管理使用,实现管理数据自动采集生成和共享共用,避免同类平台多重登录、同一管理事项或数据重复填报等现象,切实为基层减轻负担。

第四章　运行管理

第十四条　各气象管理信息系统涉及的主要管理职能部门作为运行管理单位,要在气象管理信息化工作组领导下,按照气象管理信息化相关规定落实主体责任和工作职责,建立健全网络安全责任制,加强业务监视与运行管理,保障系统稳定可靠运行,同时做好用户支持及相关培训工作。

第十五条　国家、省级气象信息业务运行部门作为气象涉密信息系统和管理信息系统的核心运行单位,要在气象管理信息化技术组指导下,建立健全应用系统接入应用支撑平台的准入和退出机制,加强与各接入单位的统筹协调和技术指导,严格执行信息安全事故通报制度,切实加强信息系统应急机制建设,强化对相关外协单位的管理和监督考核。

第十六条　各运行管理单位要组织运行单位加大系统运维相关人力、财力、物力的保障力度,将运维保障经费纳入年度预算。统筹安排专项经费开展气象涉密信息系统软硬件环境、气象管理信息系统、气象政府网站软件系统的运行维护工作。

气象管理信息系统和气象政府网站所需基础资源池、国省网络带宽和移动办公环境等硬件需求及网络安全防护保障由气象信息基础设施统一按需提供,应用安全和数据安全由应用系统建设及运行管理单位负责。

第十七条　各气象管理信息系统所产生的管理数据由运行管理单位进行分类分级,汇入管理数据中心集约存储管理,充分共享。各运行管理单位要维护好管理数据资源目录,建立数据更新机制和流程,确保数据质量,加强数据安全管理,保障数据有效利用。

第五章　安全保密

第十八条　气象管理信息化系统安全防护体系执行国家分级保护和等级保护的相关规范及标准,遵循"同步规划、同步建设、同步运行"原则。

第十九条　涉及国家秘密的气象管理信息化建设项目,需同步制定保密方案,报中国气象局保密管理部门或者当地保密局审批同意后申报立项。

气象涉密信息系统应当按照国家保密局的相关管理办法和标准规范,选用国家保密局、国家密码管理局认定的国产化产品,建成后应当由国家保密局或者其认定的测评机构进行测评。未经测评或者测评未通过的,不得交付使用。

第六章　监督检查

第二十条　中国气象局和省级气象部门要建立完善常态化监督机制,不定期召开工作会议,听取气象管理信息化进展汇报,组织规范应用、运行保障等专项检查。遇有涉及部门管理信息化的重大事项和重要情况及时向中国气象局报告。

第二十一条　气象管理信息化工作组和技术组建立日常协调机制,定期组织气象管理信息化工作信息沟通、情况研判和技术交流,完成中国气象局领导交办的各项工作任务。

第二十二条　持续推进气象管理信息化工作,对工作推动不力,完成任务不到位的单位进行约谈。对不规范应用造成公共资源浪费、加重基层负担的予以通报批评。

第二十三条　定期对气象管理信息系统的运行保障情况开展风险评估和监督检查,掌握其功能定位、用户数量、运行成本、使用范围等情况,对于无专人维护、与实际业务流程脱节、功能可兼容替代、占用资源长期空闲、使用范围过小、信息内容不能及时更新的进行通报并整改,严重的实施关闭处理。

第七章 附 则

第二十四条 本办法由中国气象局办公室负责解释。

第二十五条 本办法自印发之日起施行。

中国气象局管理信息化实施计划（2021—2025年）

（气发〔2021〕136号）
2021年12月9日

一、形势分析

（一）发展现状与趋势

气象部门管理信息化建设起步于20世纪90年代的办公自动化系统建设，在历经Notes系统、综合管理信息系统、气象政务管理信息系统（即：气政通）等几代信息化建设工程后，实现了从无到有、从小到大、从点到面、从分散到集中、从部门业务应用到"一站式"在线服务的快速发展，基本建成了部门集约化部署、四级纵向联动的管理信息系统。

随着云计算、大数据、人工智能、物联网、区块链等新一代信息技术的快速发展和应用，气象部门的管理信息化逐渐从电子化阶段向网络化、数字化阶段发展。在"数字政府"发展的新阶段，数据资源在信息化建设中的地位与作用变得更加重要，管理应用的横向协同共享、以应用驱动政务管理业务流程再造等成为重要的发展趋势。

（二）存在的主要问题

管理在线不足，管理效率不高。通过多年来管理信息化建设，已实现基本办公和业务在线管理,在降低行政成本、规范工作流程等方面发挥了重要作用,但仍有部分工作未建立有效的管理信息系统,相关工作仍停留在多级填报、邮件传递、人工汇总的阶段,未实现"国省地县"四级管理全在线,主数据管理不完善,对人的依赖程度高,工作的自动化、智能化程度低,管理质量和效率仍有较大提升空间。

数据资源零散,管理数据价值发挥不足。管理数据体系统一规划设计和系统性建设滞后,数据分散管理、自成体系,未建立有效的数据自动化汇聚、处理和管理流程,未形成完整的管理大数据资源。数据标准不健全,数据质量不高,时效性不强,主数据管理问题突出。管理数据安全体系薄弱,造成用户对信息安全的担忧,从而降低数据共享意愿。数据流动性、共享程度和利用率偏低,整合难度大,尚未建立以数据为支撑的管理应用协同。还未树立起数据驱动、数字决策理念,管理数据挖掘分析应用能力不强,制约了数据的有效利用和效益发挥,难以为气象管理决策提供有力支撑。

应用协同薄弱,管理工作互联化不足。管理系统建设仍以满足本部门具体应用需求的"内循环"为主,未建立完善的协同机制,应用壁垒未打通,管理流程不通畅,跨部门、跨领域、跨层级的应用互通和协同联动"大循环"不足。资源整合应用能力不强,未建立完整的管理互联协同链条,未将分散、独立、割裂的应用整合为互联互通、业务协同、信息共享的"大系统"。

二、总体要求

(一)指导思想

以习近平新时代中国特色社会主义思想为指导,认真落实习近平总书记关于气象工作的重要指示精神,对接《关于国民经济和社会发展第十四个五年规划和 2035 年远景目标纲要》《关于加快构建全国一体化大数据中心协同创新体系的指导意见》,立足新发展阶段,贯彻新发展理念,服务新发展格局,坚持把推进气象管理体系和治理能力现代化作为气象管理信息化工作的总目标,以气象管理数字化转型为主要途径,以加快推进管理数据汇聚共享、政务管理应用整合互通为切入点,构建一体整合大平台、共享共用大数据、协同联动大系统,把气象管理信息化工作深度融入气象现代化和气象强国建设中,助力气象事业高质量发展。

(二)基本原则

坚持统筹规划、分步实施。气象管理信息化是一项系统工程,需要坚持系统观念,统筹谋划,明确具体可量化的目标任务和时间节点,抓短板、补弱项,分层推进,按步实施,逐步达到规划目标。

坚持整合集约、协同共享。完善业务布局、优化数据流程,统一工程规划、统一标准规范、统一备案管理、统一审计监督、统一评价体系,避免重复建设和资源浪费,确保各项工作取得实效。

坚持开放思维、创新发展。充分利用新理念、新技术、新模式优化工作流程,创新业务模式,改革管理制度,强化纵横联动协同治理,实现由分散建设向共建共享的模式转变。

坚持强化管理、保障安全。坚持管理与技术并重,严格执行国家有关信息安全、保密等方面的标准规范和管理规定,不断提高气象管理信息系统平台安全保障和高效运行能力。

(三)实施目标

实施"上云用数赋智"行动,面向国家要求和部门需求,抓住推动管理信息整合共享、提升数据在线服务效率等关键环节,实现平台集约整合、数据共享共用、系统协同联动,实现气象政务管理数字化升级和转型发展,管理工作规范化、互联化和智能化水平全面增强,管理流程更加优化,管理质量和效率大幅提升,决策的科学性显著增强,助力气象事业发展整体效益提升。

上云,管理在线。各类气象管理应用全面上云,实现气象政务管理"集约、在线、协同",形成横向贯通、上下联动、高效协同的管理新业态,提升各级管理者使用的体验感、沉浸感和获得感。

用数,数据在线。建成"内容丰富、实时汇聚、质量可信、分析就绪"的气象管理数据中心,支持管理协同、效能管控、决策分析等的便捷性明显提升。

赋智,决策在线。数据驱动决策、数据流驱动流程成为气象管理新常态,建成一批战略规划、风险评估、资源配置等方面的决策模型和综合应用。

2021年主要目标是:初步建立管理数据资源目录,建立数据汇聚流程和更新机制,管理基础数据汇聚率达到40%。建成办公、人事、财务、科技、预报预测等一批数据应用示范,首批主数据提供服务。实现行政办公应用广泛协同,气政邮2.0上线运行。完成中国气象局一体化政务服务平台省级以下5个行政许可事项与地方对接。建成一级部署的账务平台。实现国省及部委涉密公文交换。完成核心政务管理应用100%入驻"信创"环境云平台。

2022年主要目标是:初步建立管理数据资源标准体系,管理基础数据汇聚率达到70%。建立综合管理、人事人才、业务管理等一批主题数据和主题应用,扩展气象主数据服务内容。基本实现核心职能应用管理在线,建成中国气象局一体化政务服务平台移动端,实现常用管理应用移动端办理全覆盖并投入业务运行。实现人、财、物、事管理协同。建成数字档案管理系统。建成一级部署的气象计财与内控管理信息系统。建立气象政务管理统一运维服务体系。初步建立管理信息化综合效益评估指标体系。

2023年主要目标是:提供管理数据资源安全共享,管理基础数据汇聚率达到90%。实现数字对象唯一标识符管理。建立若干决策分析数据应用,初步实现管理、业务及运行数据的综合分析。实现安全多端云化办公,广泛实现政务管理应用协同。建成项目管理一体化系统和三级联动的人力资源信息系统平台,全面实现管理在线。实现电子政务内网终端联网国家级全覆盖。开展管理信息化综合效益评估。

2024—2025年主要目标是：管理信息化的数据基础、制度基础和人才基础更加坚实，应用更加丰富，安全更有保障，管理质量和效率全面提升。用户使用更加便捷，领导决策所需信息均可随时随地便捷获取。凡可自动采集的数据均不再需要人工填报。实现"管理数字化"向"数字化管理"的转型升级，智慧管理促进气象事业发展的整体效益充分发挥。

三、总体布局

气象管理信息系统采用"一中心、一平台、多应用"的总体布局，即：以全国一级集约的管理平台、数据中心为"数字底座"，承载多个政务管理"云应用"，全面融入全国气象"一朵云"，支持全国各级气象部门行政办公、管理决策、监管监测和后勤服务（图1）。

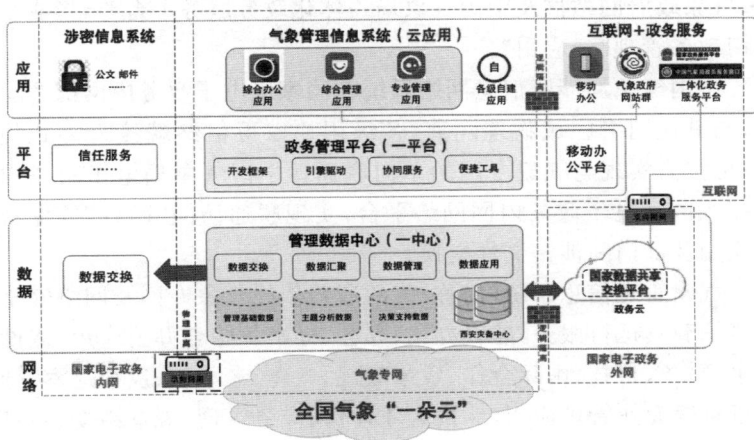

图1　一级集约的气象政务管理信息系统总体布局

（一）建设"一中心、一平台"数字政务底座

在国家级一级集中建设管理数据中心和政务管理平台，"一中心、一平台"构成数字政务底座，为政务应用的集约整合、信息共

享、互联协同提供数据和平台支撑。

管理数据中心集中存储管理数据资源,建立数据实时更新机制和流程,实现管理数据汇聚共享,实现气象管理各关键要素的综合决策分析及可视化展示,提升管理数据资源有效供给和服务水平。管理数据中心部署运行于气象云北京主中心基础设施资源,并在西安备份中心实现管理数据的全量备份。

国家级政务管理平台及移动办公平台具备基础驱动引擎及标准化接入支撑能力,全面打通各管理应用,实现业务整体联动,提供门户、邮件、网盘、全文检索等基础工具共享应用,为行政办公、专业管理、智慧决策等应用提供统一接入和一站式服务入口。

(二)建设政务管理"云应用"

在国家级一级集中建设部署涉密信息系统、气象管理信息系统、气象政府网站群及中国气象局一体化政务服务平台等,形成全部门政务管理"云应用"。

中国气象局涉密信息网络系统在国家级电子政务内网部署运行,与其他网络区域物理隔离,各级用户以可信终端接入方式使用,可按需实现与气象专网的单向联通。中国气象局电子政务内网接入国家电子政务内网网络平台,实现联通访问"两办"等保密网应用及部门间涉密文件交换。

气象管理信息系统(简称"气政通")依托气象专网及网络安全环境承载其运行服务,建设办文、办会、办事等综合办公应用,建设人事、财务、科技、国际合作、政策法规、党建、老干部、巡视巡察、行政审批等专业管理应用,建设人才评价、应急管理、规章制度、项目管理、气象现代化指标等综合管理决策应用。按照国家政务信息系统整合共享有关要求,加强跨部门、跨领域、跨层级应用整合,支持多元工作形式,不断提升办公效率。

国家级"互联网+政务服务"由气象政府网站群及中国气象局一体化政务服务平台组成,部署运行于国家级互联网安全区设施资源池,依托互联网运行,为社会公众用户提供政务公开、"一网通办"等"互联网＋政务服务"。气象政务及业务应用接入国家电子政务外网,通过国家政务信息共享平台提供气象部门与国家和地方政府间政务及业务信息资源共享交换。

各级应用端由各直属单位和省局自行建设,涵盖面向自身个性化需求的特色管理应用及仅本单位使用的管理数据资源,可分布部署运行于气象云省级分节点设施资源中,并按照统一接口对接国家级政务管理平台及移动办公平台,进而实现以统一入口接入气政通系统运行。

四、重点任务

(一)汇聚共享,推动管理大数据融合应用

1. 建设气象管理大数据资源

气象大数据是气象部门的基础战略资产,是气象现代化发展与创新的新型基础设施。气象管理大数据与地球系统大数据、气象运维大数据共同构成气象大数据资源。

收集汇聚管理基础数据。梳理中国气象局办公、人事、财务、科技、法规、党务、业务等管理基础数据(略),拓展收集相关行业及数字政府数据。全面理清数据来源、数据范围、数据内容、数据汇聚流程、数据服务需求、开放共享属性等信息,编制和完善管理数据资源目录,实现对管理数据资源的有序组织。建立健全数据汇聚流程和更新机制,持续丰富管理基础数据资源。

统筹建设主数据。制定并实施主数据管理总体方案,制定主数据管理办法,建立主数据管理保障体系。开展主数据识别和模型研究,统筹规划建设跨部门、跨业务、跨流程、跨系统共享的气象主数据标准体系及代码库,内容涵盖人员、机构、行政区划、地理信息、观测站网、项目等信息,实现主数据统一编码、统一描述、统一维护、统一应用。

规划建设主题分析数据。通过对管理基础数据、业务和运行数据的抽取、整合与统计分析,建设服务于综合行政管理、业务管理、财务管理等主题应用的分析数据,为各职能管理的多维度数据分析展示提供支撑。

研制决策支持数据。围绕服务国家发展战略、"十四五"规划以及气象现代化高质量发展目标,通过对管理、业务及运行数据的关联查询、综合统计和挖掘分析,研制支撑气象战略研究、风险分析、趋势研判、效益评估等数字决策的决策分析产品,推进数据驱动的气象数字化智慧管理。

增强数据质量校核能力。建立管理数据清洗策略规则库,加强数据质量稽核,通过数据清洗和修正解决不完整、错误和重复等数据问题,提高数据质量和可用性。建立管理数据质量评估指标和方法,定期开展数据质量分析评估并发布数据质量报告。建立数据问题发现、溯源、修正、反馈等机制流程,实现数据质量监控和异常预警。

实施数据分级分类开放共享。制定《气象政务管理数据管理共享办法》和《气象政务管理数据安全分级方案》等管理规范。建立并维护数据共享清单,分类、分级、分域提供部门内外政务管理数据共享。在遵守国家保密规定的前提下,推进政务管理数据资源整合,保障数据安全共享,促进数据开发利用。

沉淀气象管理大数据资产。开展气象管理数据资源统一数字对象唯一标识符(MOID)建设,通过气象数据资源标识管理系统实现管理数据统一编码、注册、解析、溯源管理,构建管理数据标签体系,明确产权属性、应用领域、特征标注、质量指标、关联信息。推进从管理数据由资源向资产转变,推动气象管理数据有序流动和合法依规使用,实现管理数据能确权、易使用、可管控。

融入国家政务数据体系。加强国家政务基础公共信息、主题信息和部门信息应用,依托国家数据共享交换平台实现与国务院及各地区各部门的数据流通融合。深化政务管理数据共享共用,畅通气象数字供应链，拓展气象部门政务管理数据共享范围。深化气象政务服务和监管数据建设及分析应用，服务国家"放管服"改革深入开展。

2.建立规范安全管理数据中心

依托气象大数据云平台建设国家级气象管理数据中心，实现管理数据在线汇聚、安全管理和开放共享，建立集中部署、权威可靠、架构统一的管理数据环境，支撑气象智慧管理和决策。

建立数据自动汇聚更新流程。拓展数据收集渠道，提供库表对接、API接口、文件对接、文件上传、在线填报等多种数据收集方式和协议支持。建立线上数据直传汇聚流程，实现多来源、多形态、各层级的部门内外管理数据统一收集和动态实时更新。建设数据清洗、转换、整合、关联、稽核、装载入库等处理能力及任务统一调度，实现"一数一源"、多元校核，确保数据质量和权威性。

完善数据规范存储。建立管理数据元数据管理系统，加强管理数据资源注册管理，实现数据存储结构及策略在线管理。建立多种技术相结合的可扩展、高可用、规范高效的管理数据存储系统。开展历史存量数据迁移，根据数据分级分类要求完善数据细粒度有效组织和权限控制，实现管理数据按需动态存储。建立节点内、节点间高效数据同步和滚动更新流程，保证数据完整一致性。

建设统一"用数"服务接口。依托气象大数据云平台接口框架扩展管理数据统一服务接口，提供统一、标准、丰富的管理数据获取、回存、可视化等接口API，实现数据统一访问和透明切换。建立政务元数据与接口管理平台的自动同步机制，实现管理数据服务目录和接口在线发布。提供用户数据及接口访问在线申请、用户数据调用行为分析等功能，实现管理数据资源高效、统一的对外服务。

开展主数据同步应用。建设主数据管理平台和工具，具备主数据模型管理、数据整合、数据管理、数据存储和服务等功能，实现主数据采集、处理、审核、发布、查询、更新和维护等全生命周期集中统一管理，驱动主数据管理标准和流程的落地实施。以订阅分发、API接口调用等多种方式提供主数据同步服务，实现主数据的全网应用、实时更新和有机协同。

实施管理数据安全管理。实施管理数据"采集、汇聚、处理、存储、共享、使用"等全过程、各环节安全管理，全方位提供分级分用户数据访问权限管控，加强数据加解密等安全防护，加强数据流向监管、数据接口探查和数据泄露溯源。实施管理数据同地异楼及异地安全备份，结合等级保护要求建设身份鉴别、授权管理、安全审计等保障能力，确保数据及共享安全。

3. 推动"赋智"管理大数据应用

创新管理方式和流程，实现数据在线和决策在线，加快构建面向综合管理和科学决策的管理大数据智慧应用，推动气象管理数字化发展。

发展科学分析决策应用。升级现代化指标综合监测与评估应用，实现国、省气象现代化建设指标体系数据项的自动汇聚和分析计算，为气象业务现代化工作提供及时、准确、全面的评价数据支撑。围绕"一带一路"、乡村振兴、生态文明建设等气象服务保障任务建设绩效评价、投资分析、效益评估、风险分析、趋势研判等智慧分析展示应用，为规划设计、科学决策等提供全面准确的支撑。

扩展管理数据主题应用。充分挖掘各职能管理应用场景，建设行政办公、人事人才、财务管理、科技管理、法制法规、业务管理等主题应用及领导驾驶舱查询展示，使沉淀的数据得到充分利用。聚焦科研人才、预报员队伍、人影队伍等活动特点，引入人才画像、知识图谱等技术，建立细粒度、多维特征人才刻画模型及人才队伍综合分析应用，构建可量化、动态更新、与业务相结合的人才分类分级评价新模式。开展用户行为洞察分析，为管理应用优化和个性化发展提供依据。建设项目全生命周期管理等一批跨部门、跨领域、跨层级政务管理数据协调及融合分析主题应用示范,促进数据流动,带动气象政务数字化转型。

夯实数据基础应用能力。研发管理数据统计分析、数据挖掘等算法集,建设基于不同角色和授权的管理数据浏览、检索和交互分析展示基础应用。集成应用商业智能(BI)、可视化、地理信息系统(GIS)、人工智能等工具和技术,提供完备的多维度、多条件、多指标管理数据查询检索功能,实现形式丰富、友好直观的图形化数据即席分析和灵活易用的数据报表应用,使各类数据在线可得可用可展示。建立具备数据地图、表格、富文本、图形等多种展示方式的领导驾驶舱和仪表盘,实现气象管理各关键要素的直观呈现。

(二)协同开放,完善管理应用支撑平台

4.提升平台支撑服务能力

强化国家级气象政务管理平台支撑服务能力,为多应用接入和协同管理提供坚实的技术平台。

持续增强平台集成服务能力。优化面向服务体系架构和微服务开放框架,提升平台健壮性、稳定性和扩展性。完善政务管理平台消息驱动、任务调度、事件触发、单点跳转等协同支撑服务,搭配工作流、表单、门户、报表、签章等基础驱动引擎,支持图形化、拖拽式应用快速搭建,支撑各单位个性化特色应用自主开发和集成扩展。进一步完善用户、角色、认证、授权、消息等平台核心服务能力和接口,优化用户和待办信息等同步机制和容错能力,全面支撑气象政务管理应用灵活定制和集成扩展。

持续丰富平台应用工具。扩展平台门户、规章制度和公文等检索范围,优化并提供便捷、高效的内容检索服务。运用文本语义挖掘、共词分析、聚类分析等方法探索搜索内容的关系和沿革,探究气象部门管理政策体系演变的规律和发展趋势。持续增强平台表单引擎、流程引擎、电子签章等基础组件服务能力,丰富平台日程、委托办理、短信通知、即时通信、网盘等工具应用功能，提供友好、方便的办公支撑。全新升级气政邮技术架构，采用集群化、多节点的模式部署气政邮2.0，实现对国产化终端的适配使用，基于气象网盘实现气政邮大附件分级传输。

（三）集约整合，深化管理"大系统"建设

以业务为导向、以数据为核心、以制度规范为依据，合理规划管理应用子系统及内外部管理模块布局，有效推进政务信息系统整合共享和流程再造，深化政务管理办公、管理、协调、监督和决策全过程在线，将分散、独立的管理应用子系统及模块整合为数据贯通、横向联动、深度应用的协同治理大系统。

5.强化业务管理应用

优化减灾政务平台、预报预测与信息业务管理系统、综合气象观测业务运行信息化平台功能，面向重大活动、灾害性天气、应急保障等需求，融合应用气象业务数据、系统运行数据和管理数据，实现综合观测、预报预测、信息网络、减灾服务等业务管理应用资源整合、互联互通和信息共享，实时综合呈现业务运行、资源利用、预报预警、业务产品、网络安全、公共服务、人影作业等状态，并关联业务管理行为，全面实现气象业务管理的数字化和在线化，提升气象防灾减灾科学管理、综合研判和协调决策水平。

6.升级计划财务子系统

落实国家和气象部门对资金监管的要求，构建一级部署的气象计财业务信息系统，为国省各级计财管理部门提供全业务、全流程管理和监管工具。采用财务机器人、光学字符识别（OCR）等技术实现业务流程自动化，提高业务处理效率和质量。升级银企直连支付平台，加强网银支付管理和资金管控，为全口径资金监控提供数据支撑。全面升级核算体系和应用系统，逐步实现财务与业务的关联，不断满足政府会计制度改革的新要求。扩展气象部门行政事业单位资产管理信息系统能力，提高资产精细化管理水平。

建立项目管理一体化系统,实现项目规划、立项、采购、执行绩效评价等全流程一体化管理。根据财政部的要求,按计划完成预算管理一体化试点工作,在预算一体化准业务化运行后,逐步推进计财业务系统与财政部一体化平台的对接。

7.完善人事人才管理子系统

实现人力资源、机构岗位、人事档案、培训教育、人才评聘表彰、专家和技术团队等全方位管理及无缝对接,建立国家级—省级—市级联动的干部人事信息化管理系统。完善各类人事数据的汇聚挖掘和数字化统计分析,促进干部人事信息的综合开发和深度利用,更好地服务领导决策。推进气象部门人事人才管理与国家公务员信息采集和统计软件、人力资源和社会保障统计报表等系统的高效数据对接。

8.深化各综合办公和专业管理应用

依托气象管理数据中心,构建跨领域、跨系统的气象部门资源规划管理系统。建设中国气象局各类项目全生命周期的统一在线管理系统,实现合同管理、项目预算、经费执行、人才队伍管理、项目成果管理等项目建设各环节的综合管理和评估功能,提升项目群管理水平。

优化政务办公应用。完善公文、会议、督查督办、综合考评、应急管理、"三公"管理、国际合作、安全管理等应用功能,打通应用壁垒和管理链条,畅通沟通渠道,全面实现文、会、事流畅协同办理和无缝衔接。升级国产化云文档、文字校对、文本识别等服务,建立云化个人协同办公环境。

优化科技管理支撑。升级科技管理系统,实现科技资源、科研项目、科技人员、科研成果、科研基地等全方位精细化管理,提升数据更新时效,加强与人事人才等数据的多维度统计挖掘与融合分析,加强科学技术规范化和标准化管理,提升科技管理的智能化水平。

推动以信息化为核心的档案管理现代化。加强档案信息化工作的总体设计、统筹协调和整体推进。对档案资源开展"存量数字化、增量电子化"改造,逐步建立以数字档案资源为主导的档案资源体系。全面做好党务、气象事业管理、气象观测记录、气象业务技术、气象科学研究、气象基本建设、气象仪器装备和气象标准计量8个基本类目的档案数字化。推进气象行政审批、行政执法等"互联网+"领域的电子文件单轨制归档。基于数字气象档案馆和档案室逐步实现档案归档全流程电子化管理、档案资源挖掘分析编研和线上查询利用服务。

强化标准法规应用。建设政策法规管理应用,强化行政审批事项监管、决策支持统计、信息报送等管理,提供督查监管数据深度整合分析,提升事中事后监管、执法监督、政策调研、法制宣传水平。升级中国气象局标准化网,提升气象标准化工作管理规范化、服务智慧化、信息集约化、资源知识化水平。

全面推进智能在线管理。优化气政通党建管理系统,促进党建与气象业务融合发展。完善离退休干部管理等功能,实现与人力资源管理等功能协同和数据联动。建设巡视巡察管理、审计管理、安全管理、气象园区智能化管理等应用,推动资源整合,收集整编基础数据,全面实现管理在线。

9.扩展移动办公应用

加强气象管理应用移动端建设,实现常用管理应用移动端办理全覆盖,建立云、网、端协同办理机制,支持多元工作形式,不断提高工作效能。增强气象移动管理平台服务支撑能力,制定和完善移动端建设和接入标准,对技术架构、接入组件、界面交互等进行规范,进一步明确访问入口和服务应用接入等要求,以支持跨域、多级、自建及原生移动应用的集成接入,推动更多管理应用掌上可办,不断提升各级管理者的获得感和满意度。制定和完善移动互联网安全防护和管理标准,进一步强化部门移动端数据和网络安全防护、日常监测、风险预警、应急处置能力。

10. 建立管理应用广泛协同

以管理数据为核心，以数据共享为支撑，以数据流驱动管理流，横向打通各管理应用和业务板块，纵向贯通国省，建立完整闭环管理链条，建立公文和档案、出差和财务报销、科技和业务管理等"跨界"协同机制，变"内循环"为"大循环"，实现跨领域、跨层级的应用安全互联、协同互通和资源共享，形成协同高效、安全便捷的管理应用体系。优化政务公开流程，实现气象专网信息发布与互联网信息发布的有效同步。

11. 推进涉密信息系统应用

扩大内网应用范围。扩大电子政务内网终端联网接入范围，延伸到局机关老干办及局大院其他直属单位，满足各单位涉密工程管理、业务管理和财务管理等涉密信息交换需求。依托信创工程完成中国气象局电子政务内网涉密信息系统国产化产品替代，完成密码设备换装及测评。依托国办电子邮件系统实现国省部门内涉密文件交换。

增强内网管理应用能力。建设数字档案管理系统，实现非涉密及涉密公文等规范化统一归档管理及档案资源有效利用。建设电子公文密级标志系统，加强对涉密单机及电子公文系统文件的定密、流转等管控。建立单向联通应用，按需实现气象决策服务产品等非涉密信息从气象专网单向接入，做好中办、国办支撑服务。按权限扩展视频会议、信息报送、会议管理、督查督办等"两办"应用范围。根据网络互信联通情况逐步实现涉密公文基于业务交换系统的部门内、部委间及与地方政府交换。

（四）服务共享，增强"互联网＋政务服务"能力

12. 增强部门"一网通办"能力

坚持新发展理念，坚持推动高质量发展，围绕加快转变政府职能、深化"放管服"改革、持续优化营商环境，加强和规范全国一体

化平台移动端建设管理,建成中国气象局一体化政务服务平台移动端,并实现与国家平台互联互通,全面提升移动政务服务能力和水平,最大程度利企便民。进一步优化气象行政审批的"一网通办"功能,开展中国气象局一体化政务服务平台与中国气象局门户网站深度融合建设,健全信息发布联动机制。开展行政审批结果档案归档规范性管理工作。

13. 推进政务信息资源共享利用

充分依托全国一体化政务服务平台,发挥国家数据共享交换平台数据交换通道的支撑作用,进一步拓展气象部门政务数据共享范围。实现与国务院和地方有关部门政务服务平台的对接互通、数据共享和业务协同。推进"互联网＋监管",进一步强化社会管理,提高社会对气象政务事中事后监管的信息化水平。

(五)统筹布局,融入气象信息化相关体系建设

14. 完善气象管理标准体系

做好《气象信息化标准体系(2021版)》相关标准制修订工作,按照急用先行原则加快推动气象政务管理领域基础性、关键性标准规范出台(详见附表,略)。重点做好管理数据分类分级、元数据、数据元、主数据、数据交换等数据资源标准制修订,确保管理数据汇聚共享和应用协同的"数据语言"一致性。完善政务管理平台和移动平台接入流程、服务协议和集成接口等技术要求,规范政务管理信息平台的核心服务、支撑接口和访问管理。制定政务信息系统整合共享、政务信息资源管理共享、管理信息化效益评估等办法,保障气象政务管理信息系统有序发展。进一步规范"互联网＋政务服务"领域电子证照、装备许可等技术标准,促进电子证照跨区域跨部门互认互信。

15. 统筹配套设施能力建设

完善电子政务"四网协同"网络环境。强化国家电子政务内网建设和管理,并逐步向未联网部门延伸。依托扁平化高速气象业

务专网和互联网资源，为政务管理信息系统运行提供可靠带宽保证。采取有效的区域边界安全防护等技术措施，加大电子政务外网、气象专网和互联网安全融合利用，为管理数据跨网交换和应用协同提供安全的网络保障。

扩充安全可靠基础软硬件设施资源。建设并扩充"信创"基础软硬件设施和云平台，满足政务管理系统运行、安全备份及测试仿真等计算、存储资源需求。开展国产化基础通用软硬件及办公套件等在气象政务管理应用领域的全栈适配技术研究，逐步实现核心政务管理应用100％入驻"信创"基础设施资源并迁移至国产化数据库、中间件等环境下运行，实现跨生态管理数据迁移，全面推进安全可靠网络安全产品、备份存储产品替代和国产密码技术等应用集成，提升气象管理应用支撑环境自主可控水平。

开展云原生技术支撑应用。统筹统一身份管理、统一密码服务、海量数据存储管理、大数据可视化、人工智能等技术支撑能力建设。开展政务应用云化改造的算力、存储环境、测试工具及基础软件应用。推进政务应用"云原生"开发、测试、部署和上线运行。

16.建设统一监控和运维服务体系

依托"天镜"系统实现政务基础设施资源、数据资源和应用运行等业务监控全覆盖及智能运维保障，建立管理数据访问出口审计追踪及异常流向报警和阻断机制，杜绝数据泄露安全隐患。建设集组织、制度、流程、平台为一体的统一运维服务体系，逐步实现政务信息系统运维集约化、集中化、流程化、服务化。发布政务管理系统用户服务目录，确立服务内容、服务级别、服务流程。建设统一用户支持中心（服务台），整合服务渠道、统一服务入口，借助智能客服等技术实现自助服务及快速响应。建立工单、知识库、问题管理等电子化运维流程工具，实现系统运维及用户服务流程的规范化、标准化。

17. 融入信息安全整体防控体系

建立政务管理系统资产信息库,按照国家分级保护、等级保护及《中国气象局网络安全设计技术方案》等有关要求,落实主机安全、终端安全、应用安全和数据安全等保护技术措施,实现政务管理系统及"信创"基础设施安全监管信息采集及态势感知全覆盖。完善数据备份、移动安全等"信息安全基座"能力建设,对接国家级统一信任、安全密码、安全审计、资产测绘等基础安全服务。建立并落实各类安全管理制度,落实安全工作责任。

18. 开展管理信息化综合效益评估

完善数据资源集约管理共享、应用横向高效协同、综合性资源规划利用、管理应用服务成效等评估模型和指标体系。统一开展气象管理信息化建设效益评估,客观评价管理信息化在提升科学管理决策能力、推动气象现代化建设方面的综合效益。健全评估结果反馈机制,根据评估结果调整改进管理信息化相关工作,为推进气象事业高质量发展、建设气象现代化强国提供决策参考。

五、实施进度

重点任务实施进度如表 1(略)所示。

六、保障措施

(一)加强组织领导、统筹推进实施

加强中国气象局对管理信息化工作的统一领导和统筹部署。办公室要印发《全国气象部门管理信息化工作管理办法》,建立健全规划建设、运行管理等工作机制。各业务单位、各职能司要落实《气象信息系统集约化管理办法》有关要求,推进管理数据和应用整合共享,推动业务与政务联动融合。在省级信息中心落实电子政务系统运行维护和技术保障职责。加大组织实施监督力度及考核评估,将管理信息化建设成果效益纳入单位绩效考核体系,确保任务落到实处。

（二）强化工作落实、形成有效机制

办公室和相关职能司作为推进中国气象局管理信息化工作的责任主体，要制定并全面掌握实施计划的目标和任务，健全工作管理机制，加强工作落实，对每一项任务进一步细化，明确牵头单位、负责人员和时间节点，加强培训、宣传、总结和指导，及时掌握各项重点任务进展，深入研究实施中的新情况，破解新问题，确保各项任务有效推进、落实。

（三）衔接重点工程、落实经费保障

聚焦任务目标，对标国家治理体系和治理能力现代化有关要求，按照统筹集约、突出重点、有序衔接的原则，凝练并滚动实施重点建设项目，积极融入乡村振兴、生态文明、军民融合等重大气象发展规划。加强管理信息化建设资金保障，积极争取多渠道筹措落实建设经费，依托气象信息化系统工程等"十四五"重大工程项目安排，加强管理信息系统基础设施资源、安全体系、运维体系等建设的资金统筹衔接。

（四）建设专业团队、加强开放合作

加大管理信息化建设人才支持力度，培养造就一支具有较高需求理解转化、管理信息资源支撑、信息技术应用等能力的复合型人才队伍，逐步形成人才梯队，纳入中国气象局科技创新人才发展体系。全面提升开放合作力度，完善管理信息化国内外交流合作机制，制定完善有利于发挥社会力量参与气象管理信息化建设和系统运维服务的开放政策及机制，形成发展合力。

附表：气象管理信息化相关标准、技术规范和管理办法（略）

中国气象局关于加强县级
气象部门财务管理工作的意见

（气发〔2021〕137 号）
2021 年 11 月 30 日

气象财务管理工作是气象工作的重要组成部分,县级气象部门是气象财务管理工作的重要阵地。近年来,随着气象部门财务制度不断健全,财务管理水平逐步提升,县级气象部门财务管理工作在保障事业发展中发挥了重要作用。但也要清醒地认识到,县级气象部门财务管理工作中还存在不少薄弱环节和漏洞,违规违纪问题还时有发生,对气象事业发展造成不良影响。为进一步促进县级气象部门立足新发展阶段,贯彻新发展理念,服务和融入新发展格局,满足气象事业高质量发展的新需求,现就加强县级气象部门财务管理工作提出如下意见。

一、总体要求

按照建立现代财政制度的要求,围绕县级气象部门财务管理工作的短板和弱项,各级气象部门要健全制度体系,完善管理机制,以落实县级气象部门财务管理的主体责任为重点,以强化省、地(市)两级气象部门的监督责任为保障,以推行"县账市审"的财务管理模式为抓手,构建"县级主体责任、市级监管责任、省级督查责任"的三级责任体系,严格制度执行,强化指导监督,有效防范财务风险,全面提升县级气象部门财务管理工作的质量和效益。

二、落实县级气象部门财务管理的主体责任

县级气象部门作为独立法人机构,具有独立的预算编制和支出审批权,并承担本单位财务管理的主体责任。重点要落实以下工作任务。

(一)强化内控管理

县级气象部门要强化对内部权力运行的制约,建立健全适合本单位内部经济活动管理要求、科学高效的制约和监督体系。要围绕预算、收支、工程项目、采购、资产、合同等经济活动开展内部控制建设,建立健全大额资金使用、大额资产处置、重大项目安排等的决策机制,完善收支管理内控制度,规范各项经济活动的内部控制流程。人员少的县级气象部门,可依托地(市)级气象部门完善本单位内部控制体系。县级气象部门内部控制手册须经地(市)级气象部门审核,并报省级气象部门备案。

(二)强化预算管理

县级气象部门要落实本单位预算管理主体责任,对本单位预算完整性、规范性、真实性以及执行结果负责。要依法依规将取得的各类收入纳入预算,未纳入预算的收入不得安排支出。要坚持"过紧日子"的要求,打破支出固化僵化思维,量入为出,合理确定支出预算规模。要强化预算对执行的刚性约束,严格执行批复的预算,坚持先有预算后有支出,严禁超预算、无预算安排支出。进一步强化预算绩效管理,不断提升资金的使用效益。

(三)加强收支管理

县级气象部门要加强资金收支业务的风险防控,依法依规将各项收入纳入单位预算,真实、准确反映货币资金收入、支出和结存情况,不得"坐收坐支"、隐匿收入、设立"小金库"。要建立健全资金收支审批制度和安全控制措施,落实账户管理主体责任,切实保障单位账户设置合规、资金存放安全、支出规范合法。严格执行资金支付不相容岗位分离的制衡和监督机制,防范资金被盗取、挪用。严格执行收支业务管理相关规定,强化现金清理盘点和对账管理,按月开展收支业务银行、会计、出纳"三方两两"对账,及时登记、核对、清理往来账款和票据,有效防范财务风险。要不定期开展资金安全抽查,一年不少于两次。

(四)强化工程项目管理

县级气象部门要加强所承担建设项目的全过程管理。建立涵盖项目前期准备、论证评估、报建审批、变更调整、实施建设、竣工验收等项目全周期管理体系。做好项目论证、勘察、设计等前期工作,合理编制可行性研究报告。认真落实建设项目法人责任制和廉洁自律各项规定,严格执行招标、工程监理、合同管理等制度,扎实做好项目资金管理、工程质量管理、安全生产管理。

(五)强化政府采购和合同管理

县级气象部门要明确相对固定的政府采购管理人员,加强政府采购政策和规章制度的学习,树立采购人主体责任意识。按照"需求合理、预算刚性、采购合规、验收严格"的要求开展政府采购活动,制定完善的政府采购控制流程,重点关注确定采购需求和履约验收环节。严格经济合同的授权审批、签署权限和责任划分,加强经济合同价款结算控制。要将经济合同管理责任落实到人,定期对经济合同进行统计、分类和归档。

(六)强化国有资产管理

根据本单位履行职能和事业发展需要,结合资产存量,提出合理资产配置需求,按规定编制年度资产配置预算。加强国有资产登记管理,及时将资产信息录入资产管理系统并动态更新。加强资产实物管理,及时办理验收入库手续,将资产使用和管理责任落实到人。定期开展盘点清查工作,确保"账、卡、物"一致。规范资产使用和处置程序,严格按规定权限履行报批手续。资产处置收入按照政府非税收入管理和财政国库收缴管理的规定上缴中央国库,实行"收支两条线"管理。

三、强化地(市)级气象部门的监管责任

地(市)级气象部门是县级气象部门财务管理工作的监督主体,负责对县级气象部门财务管理的直接监督管理,要进一步强化监管责任。

(七)明确监管范围

加强对县级气象部门内部控制制度的执行、预决算编制、预算执行和绩效评价、会计管理实务的指导和监督,开展财务收支和资产管理的动态监控。对县级气象部门基本建设总体规划、项目可行性研究报告和项目实施方案等进行初审并集中上报,加强对基本建设项目的现场指导和检查督查。组织对县级气象部门财务管理情况开展检查和审计,对存在的问题提出整改意见并督促整改落实。

(八)设置监管岗位

地(市)级气象部门要设置监管岗位,明确岗位职责,负责对县级财务管理工作的日常监督检查,对县级气象部门财务数据监控预警疑点信息进行核查并对其上报的疑点信息说明进行审核。

(九)指导内控体系建设

地(市)级气象部门负责组织所属各县级气象部门建立其内控制度体系,健全县级气象部门内部控制流程,逐步将县级气象部门财务管理内部控制流程嵌入计财业务系统;强化内控制度的刚性约束,定期开展风险评估。

(十)发挥监督合力

地(市)级气象部门要加强与巡察、审计等工作的统筹衔接,对所属县级气象部门的财务管理工作开展综合检查,对发现的问题同步督导落实整改工作。对县级气象部门每三年至少开展一次财务检查或审计。

四、强化省级气象部门对县级气象部门财务管理的督查责任

省级气象部门负责对县级财务管理工作情况的督查指导,主

要做好以下工作。

（十一）明确督查范围

对县级气象部门财务内控体系和运行机制、信息化建设提出统一要求。对地（市）级气象部门监管县级气象部门财务管理情况进行指导和监督。定期组织开展对县级气象部门财务管理检查情况的抽查，对抽查发现的问题提出整改意见并督促整改落实。

（十二）设置督查岗位

省级气象部门应设置专（兼）职计财业务系统管理员和财务督查岗位，推进财务信息化建设和应用，加强财务数据监控预警工作。

（十三）强化督查方式

省级气象部门每年抽查不少于三分之一的地（市）级气象部门的对县级气象部门财务监管工作落实情况，对地（市）级气象部门每三年至少开展一次财务检查或巡察、审计。

五、加强对县级气象部门财务管理的组织领导

（十四）加强组织领导

各级气象部门主要负责人要落实第一责任人职责，提高政治站位，增强责任意识，将县级气象部门财务管理工作作为落实党风廉政建设主体责任的重要内容抓好抓实。地（市）级气象部门每年要专题研究县级气象部门财务管理工作，重大问题及时向上级党组织请示报告。省、地（市）级气象部门要建立健全财务管理工作绩效考核制度，将县级气象部门财务管理工作情况纳入年度目标综合考评。各级财务主管机构要定期开展县级气象部门财务管理情况调研工作，分析突出问题，提出改进建议，完善相关制度。

（十五）改进运行机制

三年内因地制宜逐步建立"县账市审"的财务管理模式，强化地（市）级气象部门财务部门对县级气象部门财务管理工作的监督与指导。运用计财业务系统网上审批功能，结合网银、银企直联、智能机器人等远程支付手段,在县级气象部门财务管理业务流程中增加地(市)级财务核算部门审核或复核环节,强化对县级气象部门日常报销业务的监管,保障资金安全。

(十六)加强队伍建设

加强领导干部计财管理履职能力和财务风险意识培训,注意选配具有财务工作经历的干部充实县级气象部门领导班子,保证县级气象部门领导班子成员每年至少有一人参加一次财经政策相关培训。坚持引进与培养并举,建立专(兼)职县级气象部门财务管理队伍,配足配强地(市)级专业财务人员,不断强化基层财务队伍建设。采取多种方式加强财务人员业务技术培训和职业道德教育,不断提高财务人员的知识水平、业务能力和综合素质。加强对财务工作人员的激励,将县级财务管理工作业绩作为职称评审、干部考核、评先评优的重要参考依据。开展正研级高级会计师职称评定工作,完善有利于基层财务人员的成长机制,为适应新时代气象财务管理需要提供人才支撑。

(十七)严肃责任追究

对违反财经纪律的行为,将按照《中国共产党纪律处分条例》《中华人民共和国公职人员政务处分法》《事业单位工作人员处分暂行规定》《财政违法行为处罚处分条例》等规定严肃处理。对财务管理责任落实不到位,发生违规违纪问题的单位和部门,坚持"一案双查",既要追究当事人责任,又要追究相关领导责任;既要追究主体责任,又要追究监督责任。

气象部门内部审计查出问题
整改办法

（气发〔2021〕142 号）
2021 年 12 月 3 日

第一章　总　　则

第一条　为建立健全气象部门内部审计查出问题整改长效机制，使问题整改工作制度化、规范化，更好发挥内部审计监督治已病、防未病作用，根据《中华人民共和国审计法》《审计署关于内部审计工作的规定》等有关要求，制定本办法。

第二条　问题整改工作按照职责权限，实行统一管理、分级实施。被审计单位、审计机构、内设机构协调配合、各负其责。

第二章　整改责任

第三条　被审计单位承担整改主体责任，全面负责整改查出的问题。主要负责人要履行第一责任人职责，对审计查出问题的整改工作负总责，要研究部署整改工作，抓好审计整改落实，层层压实审计整改责任。

第四条　审计机构承担审计整改的督促检查责任,组织对被审计单位整改情况进行跟踪检查。建立与纪律检查、巡视巡察、财会监督等主管内设机构的沟通协作机制,推动问题整改和成果共享。对审计查出的普遍性、倾向性、苗头性问题,要及时向主管内设机构通报,并提请协助整改。对涉及违纪违法问题线索按管理程序和职责权限及时移送有关内设机构。

第五条　内设机构承担审计整改的监督管理责任,对主管领域问题整改工作进行监督管理,督导被审计单位整改到位。对普遍性、倾向性、苗头性的问题,在纠正问题的同时,要举一反三,完善体制机制,推动标本兼治。对个别性的问题,要加强风险防控。

内设机构对审计机构提请协助的问题整改事项、移送的违纪违法问题线索等,按职责权限办理,并将处理结果反馈审计机构。

第三章　整改要求

第六条　被审计单位要将整改审计查出的问题、落实审计提出的意见建议纳入领导班子重要议事日程,制定整改方案,明确整改措施、整改时限、目标要求,按项逐条落实具体责任单位和责任人,确保整改结果真实、完整、合规。

第七条　被审计单位对涉及多个具体责任单位、多个层级的问题,或存在时间长、历史原因复杂、涉及人员多、整改难度大的重要问题,建立牵头沟通协作机制,加强上下联动、督查督办,推动有序化解处置。

第八条　被审计单位对问题整改中的重要情况、违纪违法问题的处理意见等,按程序向上级单位请示报告。上级单位有关内设机构和审计机构对问题整改进行指导、监督。

第九条　被审计单位应当在规定的期限内进行整改,整改时间一般为 60 日。整改期限届满后,被审计单位及时将整改情况报告及有关证明材料书面报告审计机构。

第十条 对于需要更长时间进行整改的问题,向上级单位审计机构请示后可适当延长,期限根据问题实际情况确定。被审计单位及时将后续整改情况及有关证明材料书面报告审计机构。

第十一条 问题整改情况坚持以公开为常态、不公开为例外。除涉及国家秘密、商业秘密、个人隐私和敏感内容外,被审计单位应将问题整改结果按程序在单位内部公告,主动接受群众监督。

第四章 整改清单和报告

第十二条 审计机构及时将审计报告、审计结果报告、审计事项移送处理书等审计结果文书送达被审计单位、有关内设机构,对其中反映的问题和提出的意见建议,建立问题清单并实行台账管理。

被审计单位要严格对照问题清单,明确整改措施、责任人、时间表等,形成任务清单(模板见附件)。

第十三条 被审计单位整改情况报告的主要内容包括:

(一)对审计查出问题的整改情况;

(二)对审计意见、建议的采纳情况;

(三)落实上级有关批示意见情况;

(四)对有关责任部门和责任人的追究处理情况;

(五)未整改或未完全整改事项的原因,以及整改计划和时限等。

第十四条 审计机构根据被审计单位书面报告的整改结果,对问题整改情况逐项进行审核认定、对账销号。重点核实整改结果的真实性和完整性,对是否整改到位作出评价。对未整改到位的问题,及时与被审计单位沟通,并确定整改时限和要求。

第五章　结果运用

第十五条　内设机构要将审计结果及整改情况作为对相关单位考核的重要依据。

第十六条　领导干部经济责任审计结果及整改情况,纳入所在单位领导班子党风廉政建设责任制检查考核内容,作为领导班子民主生活会及领导班子成员述责述廉的重要内容。

第十七条　被审计单位要巩固和拓展问题整改成效,组织开展问题整改情况"回头看",推动加强源头综合治理,防止屡审屡犯。

第六章　跟踪检查

第十八条　审计机构组织对审计整改情况进行跟踪检查,一般采取审阅相关书面报告材料,将问题整改情况纳入以后年度审计项目一并实施等方式,必要时采取现场专项检查方式。

有关内设机构将审计查出问题的整改作为其督办或工作检查内容,并向审计机构反馈检查结果。

第十九条　对于采取现场专项检查的,应成立检查组,编制检查方案,一般应提前3日向被审计单位送达检查通知书。

第二十条　跟踪检查的内容包括:

(一)被审计单位对审计查出问题的整改情况;

(二)被审计单位对审计意见、建议的采纳情况;

(三)被审计单位落实上级有关批示意见情况;

(四)对责任单位和责任人的追究处理情况;

(五)未达到整改要求的原因和责任认定。

第二十一条　跟踪检查方法包括:

（一）查阅审计机构出具的审计报告、审计结果报告、审计事项移送处理书等文书；

（二）查阅被审计单位整改情况报告；

（三）查阅被审计单位内部控制制度的建立情况，对制度执行的有效性进行符合性测试；

（四）审核问题整改情况的相关证明材料；

（五）了解移送有关机构事项的后续处理情况；

（六）根据检查需要，综合运用抽查、访谈、计算、分析程序等方法。

第二十二条　对于采取现场专项检查的，审计机构在完成跟踪检查后一般应在 15 日内出具跟踪检查报告。跟踪检查报告的主要内容包括：

（一）检查工作开展情况，主要包括检查时间、范围、对象和方式等；

（二）被审计单位和其他有关单位的整改情况；

（三）未整改或未完全整改事项的原因和意见；

（四）对被审计单位整改情况的综合评价。

第七章　责任追究

第二十三条　存在以下情形的，由审计机构提出约谈意见建议，对有关问题整改责任单位主要负责人进行约谈，包括：

（一）未在规定时限内整改且未说明原因或原因不充分的；

（二）未及时报告问题整改结果并造成不良后果的；

（三）无正当理由不按要求公告问题整改结果的。

第二十四条　对拒不整改、推诿整改、敷衍整改、虚假整改的单位和人员，有管理权限的党组（党委）、纪检或组织人事机构要依规依纪依法追责问责，处理结果在一定范围内通报。

第八章　附　则

第二十五条　各单位参照本办法执行,或者结合实际情况制定具体办法或实施细则。

第二十六条　本办法由中国气象局审计室负责解释。

第二十七条　本办法自 2022 年 1 月 1 日起施行。《气象部门审计结果整改情况跟踪检查办法》(气发〔2013〕125 号)同时废止。

附件:内部审计查出问题及整改责任任务清单(模板)(略)

中国气象局重点开放实验室管理办法

(气发〔2021〕143 号)
2021 年 12 月 9 日

第一章 总 则

第一条 为贯彻落实习近平总书记对气象工作的重要指示精神,推动气象科技创新,加强和规范中国气象局重点开放实验室(以下简称重点实验室)的建设和运行管理,发挥重点实验室科技创新主力军作用,依据《科技部 财政部关于加强国家重点实验室建设发展的若干意见》(国科发基〔2018〕64 号)和国家相关科技政策,制定本办法。

中国气象局批准成立的工程技术研究中心适用于本办法。

第二条 重点实验室是开展气象前沿科学研究、行业或区域共性关键技术研发及集成、科技成果转化、高水平学术交流,汇聚和培养优秀科技人才,具备先进科研装备的重要科技创新平台,是气象科技创新体系的重要组成部分,是在气象领域孕育重大原始创新、解决国家和区域重大战略科学技术问题的重要力量。

第三条 重点实验室的建设和发展应当符合气象事业发展规

划。中国气象局根据气象学科发展需求和气象科技整体布局,有计划、有重点地批准成立优势明显、特色突出的重点实验室,并保持适度的建设规模。

第四条　重点实验室可以依托中国气象局国家级科研院所、业务单位和省(区、市)气象局建设,也可以依托高等院校、部门外科研机构和气象相关企业建设,实行人财物相对独立的管理机制和"开放、流动、联合、竞争"的运行机制。鼓励气象部门科研业务单位与高等院校、部门外科研机构或气象相关企业共建重点实验室,共建双方单位必须在资金、人员及相关资源方面有实质性投入,并以合同、协议等方式予以明确规定。

第五条　中国气象局对重点实验室开放运行及科研仪器设备更新改造等给予经费支持,并将重点实验室建设纳入中国气象局重点工程;优先支持重点实验室通过依托单位申报中国气象局归口管理的各类科研、业务项目和相关国家、地方科技项目开展创新研究。

第六条　重点实验室开展的科技成果转化适用于《中华人民共和国促进科技成果转化法》规定的国家设立的研究开发机构科技成果转化收益分配政策。

第二章　功能和任务

第七条　主要开展气象基础研究、应用基础研究、应用研究、技术集成,在学科方向上发挥对全国或区域的带动引领作用,实现基础性、前瞻性和引领性原创成果的突破,解决行业或区域共性关键技术问题。

第八条　开展科技成果在气象业务服务中的推广示范和转化应用。

第九条　汇聚国内外高水平科技人才,培养优秀中青年科技力量,形成并保持科学合理的人才梯队和高水平的科技创新团队。

第十条 组织开展全国或行业性的学术交流与合作,凝练重大科学问题;参与国际科技合作与交流,承担国际科技创新合作任务。

第十一条 组织开展科技成果的宣传及相关科普工作。

第三章 职 责

第十二条 中国气象局科技与气候变化司(以下简称科技司)是重点实验室的归口管理单位,会同相关职能司负责:

(1)拟定中国气象局重点实验室总体发展规划和政策,指导重点实验室的建设和运行;

(2)批复重点实验室设立、调整、撤销等事项;

(3)组织开展重点实验室的评估和检查;

(4)组织重点实验室承担专项任务。

第十三条 依托单位是重点实验室建设和运行管理的主体责任单位,主要职责是:

(1)负责提出重点实验室的设立申请,为重点实验室的建设、运行和开放管理提供必要条件,对重点实验室的工作给予支持;

(2)负责重点实验室主任、学术委员会主任的遴选和聘任,负责聘任重点实验室学术委员会其他成员,负责组织制定并发布重点实验室章程,审批重点实验室内部规章制度,提出名称变更、研究方向调整或结构重组等申请;

(3)负责重点实验室运行保障经费的执行管理和监督检查。负责对重点实验室进行年度考核。

第四章　申请与批复

第十四条　具备下列条件的实验室或其他科技创新平台可以申报重点实验室：

（1）成立时间不少于 3 年且运行管理良好；

（2）主要研究领域和方向符合气象事业发展需求，具有明显的学科优势或区域特色，在行业内具有较高影响力和代表性；

（3）开展气象基础研究、行业共性或区域性的应用研究或技术集成，能够解决关键科技难题。近 3 年至少承担 2 项省部级以上研发任务，至少有 2 项科技成果在气象业务服务中发挥了实质性作用；

（4）在其研究领域聚集有国内外高水平专家作为实验室的固定人员，总固定人员不少于 20 人，流动人员与固定人员的比例不少于 1∶1；

（5）具有相对独立的开展研究工作的场所和相对充足的观测、科研、实验设备条件，并能够维持其正常运行；

（6）学术思想活跃，学术气氛良好，具备开展国内外学术交流与合作、成果推广示范、科普宣传的基本条件和能力；

（7）依托单位为实验室提供科研条件保障及相应经费等配套条件，按照相关经费管理要求为实验室设立开放研究课题提供经费支持；

（8）优先支持共建方有实质性投入的联合共建实验室。

第十五条　申报及审批流程：依托单位组织具备条件的实验室或其他的科技创新平台编制《中国气象局重点开放实验室申请报告》（附件，略），组织专家论证后报科技司；科技司对申请报告组织专家评审，并赴现场实地考察，通过专家评审后报中国气象局批准成立。

第五章 运行管理

第十六条 重点实验室应加强制度建设,制定实验室章程、学术委员会章程以及开放研究课题、访问学者、安全运行管理办法等规章制度,并报依托单位审批后发布。

第十七条 重点实验室实行依托单位领导下的主任负责制。在批复重点实验室成立后 3 个月内,依托单位应面向国内外公开招聘或择优选拔重点实验室主任,并完成聘任,报科技司备案。

(1)重点实验室主任应是本研究领域高水平的专家,并具有较强的组织管理能力,原则上应是国家人才计划(工程)专家或中国气象局领军人才,并具有研究员、教授或与其相当的资格,一般不超过 55 岁;

(2)重点实验室主任任期 5 年,每年在实验室工作时间一般不少于 5 个月,届满经依托单位考核合格后可以连任;

(3)重点实验室主任负责实验室的总体工作,组织制定执行内部规章制度,在学术委员会指导下组织开展研究、团队建设等。

第十八条 依托单位应在批复重点实验室成立后 3 个月内,组织成立重点实验室学术委员会。

(1)学术委员会是重点实验室的学术指导机构,负责审议重点实验室的发展方向、研究目标、重大学术活动、开放研究课题等;

(2)依托单位在批复重点实验室成立后 3 个月内,完成学术委员会主任遴选、聘任,报科技司备案。学术委员会主任一般应由非重点实验室、非依托单位人员担任;学术委员会由行业内优秀专家组成,人数一般不超过 13 人,其中依托单位人员不超过三分之一。一位专家不得同时担任 3 个以上重点实验室的学术委员会委员;

(3)学术委员会每年至少召开一次会议,每次实到人数不少于应到人数的三分之二。学术委员会任期 5 年,每次换届应更换三分之一以上人员,两次无故不出席学术委员会会议的委员应予以解聘。

第十九条　重点实验室由固定人员和流动人员组成。固定人员包括研究人员、技术人员和管理人员,流动人员包括研究人员、访问学者、博士后及研究生等。固定人员和流动人员均由重点实验室主任根据需要聘任,流动人员每年在重点实验室工作时间不少于3个月。

第二十条　重点实验室应建立访问学者制度,有条件的要争取成立博士后流动站或博士后工作站,充分利用博士后流动站、博士后工作站的机制吸引和培养优势研究方向的高层次人才,把重点实验室建设成为气象行业内该领域公认的高水平公共研究平台和人才培养基地。重点实验室要按照《中国气象局创新团队管理办法》要求,在相关研究领域组建创新团队,开展科技研发。

第二十一条　重点实验室每年应设立不低于30万元的开放研究课题。每年要定期发布下一年度开放研究课题指南,吸引行业内外优秀科技人员围绕重点实验室研究方向和主要任务开展研究。依托单位以外的科技人员每年承担开放研究课题的经费不少于总经费的百分之二十。重点实验室对开放研究课题要进行定期检查,并及时验收。开放研究课题要注重支持青年科技人员,并适当支持新引进固定人员的科研启动。

第二十二条　重点实验室的建设、运行等经费的收支活动要纳入依托单位部门预决算,专款专用,单独核算。

第二十三条　重点实验室应当加强知识产权保护。在重点实验室完成的专著、论文、软件、数据库等研究成果均应标注重点实验室的名称,专利申请、技术成果转让、申报奖励等按国家有关规定办理;由重点实验室经费资助形成的研究成果,第一完成单位应标注为重点实验室。重点实验室可根据相关规定制定相应奖励激励措施。

第二十四条 重点实验室应统筹制定科研基础条件建设规划,有目的、有计划地更新科研仪器设备和科研基础设施。在不违反保密规定的情况下,鼓励重点实验室的科研仪器设备及其获得的数据在部门、行业内共享。

第二十五条 重点实验室应重视学术道德和学风建设,营造宽松、民主、潜心研究的科研环境,开展经常性、多种形式的学术交流活动。

第二十六条 重点实验室的更名、变更研究方向或进行结构调整、重组由重点实验室主任提出,学术委员会同意,依托单位审核后报科技司批准。

第六章　考核与评估

第二十七条 依托单位应当在每年 12 月 15 日前,组织完成重点实验室年度考核,同时将年度总结和考核结果报科技司备案。科技司根据重点实验室年度考核情况,不定期对部分重点实验室进行检查,对与申报条件和运行管理要求有较大差距的重点实验室给予通报,并将通报结果作为重点实验室评估的材料之一。

第二十八条 中国气象局每 5 年组织开展对重点实验室评估。

科技司组织制定评估方案,报中国气象局审批同意后组织实施。评估方案包括评估的组织方式、评估内容、评估标准等。其中评估的主要内容包括重点实验室 5 年的整体运行管理情况、科技创新成果、对业务发展的贡献、人才队伍建设、开放合作交流、科普宣传等,重点评估重点实验室在研究领域取得的科技成果以及解决全国或区域共性的业务技术难题的成效。

重点实验室评估结果分为优秀、良好、合格和不合格四个档次。对评估结果为优秀的重点实验室,在资源配置上给予适当倾斜;对评估结果为不合格的重点实验室,报中国气象局批准后予以撤销。

第七章 附 则

第二十九条 重点实验室统一命名为"中国气象局×××重点开放实验室",英文名称为"China Meteorological Administration ××× Key Laboratory"。

第三十条 本办法由科技司负责解释。

第三十一条 本办法自公布之日起施行。《中国气象局重点开放实验室建设与运行管理办法》(气发〔2012〕54 号)同时废止。

附件:中国气象局重点开放实验室申请报告(略)

"十四五"全国人工影响天气
发展规划

（气发〔2021〕145 号）
2021 年 12 月 9 日

一、规划背景

（一）人工影响天气发展现状

在党中央、国务院的正确领导下，在地方各级党委政府的共同努力下，我国人工影响天气工作已成为国家和地方协调发展的基础性、公益性事业。《国务院办公厅关于进一步加强人工影响天气工作的意见》和《全国人工影响天气发展规划（2014—2020 年）》印发以来，人工影响天气工作进入发展最快、服务最广、效益最突出的时期。

1.工作体系不断健全

强化组织领导。国务院办公厅、中国气象局、军委联合参谋部共同协调军地有关部门支持人工影响天气工作。2018 年 9 月 14 日，胡春华副总理出席人工影响天气工作座谈会并作重要讲话，要求国家人工影响天气协调会议各成员单位进一步共同组织加强对全国工作的支持指导。在党中央、国务院的亲切关怀下，国家级人工影响天气中心正式成立。

推动政策落实。2020 年 11 月国务院办公厅印发《关于推进人工影响天气高质量发展的意见》。各地加强人工影响天气工作体系建设,各省(区、市)政府完善了部门间、军地间协调联动工作机制,加强信息共享,强化衔接配合,形成工作合力。2014 年以来,全国各级政府投入人工影响天气工作资金累计 132.67 亿元,其中,中央投入 25.79 亿元、地方投入 106.88 亿元,有力保障了人工影响天气作业的需要。

加强区域统筹。中国气象局加强区域统筹,成立了东北、西北两个区域人工影响天气中心,建立了中部、西南、华北和东南四个区域人工影响天气组织协调机制,全国六大区域的格局和体制机制初步建立。

2. 业务能力不断提升

顶层设计持续加强。根据《全国人工影响天气发展规划(2014—2020 年)》,国家和地方共同推进人工影响天气能力建设。东北区域能力建设项目顺利竣工并发挥建设效益,西北区域项目建设基本完成,中部区域已经启动项目建设。在项目设计和建设过程中,不断总结经验,强化各区域工程任务衔接,持续完善项目设计。

技术体系逐步完善。提升了作业协调、指挥调度、空地作业、安全监管等能力和水平。依托综合气象观测系统,补充建设了地面和机载云物理探测设备,空中云水资源监测体系初步形成。开展常态化人工影响天气立体作业,基本形成了具有中国特色“横向到边、纵向到底”的业务技术体系,建立了从作业条件预报到效果评估的业务流程。

3. 科技支撑不断强化

基础研究逐渐深化。建立了云雾物理实验室、效果检验试验区、人工增雨(雪)和防雹试验示范基地;开展了对流云、层状云、地形云等飞机—地面综合观测试验;加深了对不同云降水特征和人工影响天气机理的科学认知;提出了云水资源评估方法,为科学开发利用云水资源打下基础。

科技成果不断投入业务应用。高分辨率云模式、卫星雷达监测产品、新型催化技术、物联网弹药监控、空地实时指挥等多项关键技术成果逐步推广应用。30 个省（区、市）实现作业装备弹药实时监控。16 个省份建立了信息化作业空域申报审批系统。

人才队伍得到加强。推动重大业务工程出成果、出效益、出人才。加强高层次专业人才培养，联合开展学科建设，成立联合研究中心。开展国内外技术人员培训。

4. 重点领域服务效益显著

防灾减灾救灾成效斐然。近五年，东北、西北、华北等地区年均增雨（雪）作业覆盖面积 283 万平方公里，累计增雨（雪）约 792 亿吨。经济作物产区根据种植情况，适时调整人工防雹作业布局，扩大防护面积，加强粮棉主产区、设施农业区和林果、烟叶等种植区人工防雹作业，有效保护经济作物生产。在多省（区）开展降低森林火险等级增雨（雪）作业。

生态修复服务效益凸显。围绕三江源、青海湖、祁连山、天山、南水北调中线汇水区等生态重点保护区和主要流域源头，加强常态化生态修复型人工增雨（雪）作业，促进了湖泊湿地面积扩大，草地生物量和覆盖度增加，生态系统涵养水分功能逐步恢复。在多个省市开展人工增雨改善空气质量、缓解夏季城市高温的作业试验。

重大活动保障屡获好评。精心组织、科学实施，数次为重大活动和应急保障提供人工影响天气服务，得到国家和有关部门高度肯定。

（二）人工影响天气发展面临的形势

防灾减灾救灾提出新要求。贯彻落实习近平总书记对防灾减灾救灾工作的指示精神，在全球气候变暖和我国经济社会发展的新形势下，人工影响天气工作在灾前防范、灾中抗御和灾后救援等各项工作中面临新的要求。

乡村振兴要求有新作为。在粮食生产关键期提高增雨作业效率,保障大宗粮食安全,需要研发推广针对弱降水系统催化作业技术与装备。保障经济林果业增收要求有更可靠的防雹作业技术。保障农作物免受低温冻害要求探索新的人工干预技术。

生态修复提出新任务。需要提高针对生态脆弱区、水源和汇水区、湖泊湿地等特定目标区的常态化作业技术能力和水平。针对气候变化引发的西部冰川退缩,需要开展冬季增雪人工影响天气作业。需要开展人工增雨作业改善空气质量,同时研究探索改善空气质量的其他新技术新方法。

重大应急保障提出新挑战。随着我国经济社会的发展,各种重大社会活动和重大突发事件对人工消云减雨、人工消雾、人工引消雷电等需求不断增长,亟须开展多方面的基础研究,突破跨学科理论和技术瓶颈,增强特殊目的人工影响天气的能力响应和技术储备,研发特种作业设备,建立配套业务体制机制,努力做到在关键时刻、关键地点发挥关键作用。

科学技术发展提供新机遇。随着雷达、卫星和飞机等新型云降水探测装备及技术的发展,能够获得高时空精度的云中各类物理量及其变化信息。先进的云降水预报和催化数值模式发展和应用,能够更精细地描述云中多种物理过程和物理参量的变化。基于气象基本业务体系,人工影响天气作业条件预报、识别、作业指挥能力有了明显提高。新型作业装备(无人机等)、高效绿色催化剂和安全作业技术的不断应用,精准作业、安全作业水平进一步提升。

(三)存在的主要问题

1. 服务国家重大战略的能力仍然不足

在服务乡村振兴方面,随着农业产业特色化、规模化发展,现有作业能力和保障范围还难以满足需要。在服务生态文明建设方面,针对森林草原增湿、高山积雪增厚、湿地涵养保护、江河径流和湖库增水以及地下水补给等生态修复需求,特定地区高效利用云水资源的能力和布局仍待进一步加强。在季节性干旱、森林草原火灾等突发事件应对和国家重大活动人工影响天气保障中,现有技术能力差距较大。在服务"一带一路"建设方面,针对沿线国家和地区的人工增雨抗旱需求的技术储备和适应性技术装备严重不足,合作机制不畅。

2.科技支撑和自主创新能力依然薄弱

在云降水机理研究、催化作业技术、效果检验等方面还存在科技难题亟待突破,迫切需要从规模发展向创新驱动的高质量发展转变。跨学科的国家级人工影响天气基础研究尚未纳入重大科学计划,缺乏用于基础研究的大型实验室和关键技术装备,尚未完全建立激发企业发挥创新主体积极性的机制。

3.主动防范安全风险的能力亟待提升

人工影响天气尚未完全纳入地方政府安全保障体系,多部门联合监管机制有待进一步健全。基层作业队伍建设主体责任不够明确,保障不够到位,作业人员的安全和职业健康防护装备不足,有待统一提高标准。高安全性作业催化弹药装备尚未全面普及,高炮等作业装备老化、安全性能下降。部分作业飞机抵御恶劣飞行环境的能力不足。作业空域管理的自动化规范化尚需完善,电子围栏等新安全技术尚未推广应用。

4.体制机制和投入保障仍需完善加强

新时期人工影响天气服务保障范围更加宽广,国家生态、农业、水资源等重点保障区域超出了目前的全国人工影响天气重点作业区布局,亟须建立跨区域的人工影响天气体制机制,强化国家层面创新驱动、集中统一协调指挥功能。全国统一布局建设的高性能作业飞机、科研设施和外场试验基地、作业指挥平台等新增重要业务对运行维持、研发经费等提出了新的需求,需要充分发挥中央和地方两个积极性,进一步加大人工影响天气投入力度。

二、指导思想、基本原则与发展目标

(一)指导思想

坚持以习近平新时代中国特色社会主义思想为指导,全面贯彻党的十九大和十九届二中、三中、四中、五中、六中全会精神,认真落实习近平总书记关于气象工作的重要指示精神,坚持以人民为中心,贯彻新发展理念,坚持人工影响天气基础性、公益性工作定位,完善体制机制,强化能力建设,加快科技创新,提高科学作业、精准作业、安全作业水平,推进人工影响天气工作高质量发展,更好地服务经济社会发展,为防灾减灾救灾、国家重大战略实施和人民群众安全福祉提供坚实保障。

(二)基本原则

坚持需求导向,服务民生。面向国家重大战略实施需求,围绕农业生产、生态治理、水资源开发、森林草原防灭火等目标,统筹规划人工影响天气发展,积极开展作业,提高精准作业能力,最大限度降低灾害损失。

坚持科技引领,创新驱动。把科技创新作为引领人工影响天气高质量发展的第一动力,创新人才培养机制、打造协同创新团队,建设世界一流科研基础设施。加强开放合作,持续开展基础理论研究,加快关键技术研发应用,发挥科研院所、高校和企业创新主体地位,加强自主可控重大仪器装备研发,全面提升人工影响天气科技水平。

坚持安全至上,效益为先。预防为先、分级负责、属地管理,依靠技术进步减少安全隐患,加大安全技术装备推广应用力度,构建现代化人工影响天气安全监管体系,提高风险防范能力。努力实现安全作业,充分发挥人工影响天气的效益。

坚持政府主导,统筹协调。健全政府主导、部门联动、军地协同、齐抓共管的人工影响天气组织管理体系。加强顶层设计和制度建设,科学规划,统筹资源,强化国家级人工影响天气中心的发展引领作用和指挥调度功能,促进人工影响天气事业协调发展。

（三）发展目标

到2025年,组织完善、服务精细、保障有力的人工影响天气工作体系进一步健全,基础研究和应用研发取得突破,作业服务能力明显提升,安全风险防范能力显著增强,人工影响天气高质量发展格局基本形成,服务经济社会发展和生态文明建设的能力显著提高。

——人工增雨（雪）作业影响面积达到550万平方公里以上,人工防雹作业保护面积达到58万平方公里以上。

——云降水机理认识和人工影响天气关键技术研发取得突破性进展。

——基于卫星和雷达的云监测产品达到分钟级和百米级,典型云降水作业条件识别准确率达75%以上。

——云降水和人工催化数值模拟能力进一步提高,达到全国分区1公里和重要地点百米级模拟水平。

——国省两级集约化"云＋端"指挥平台全部建成,市县和作业点的指挥终端推广应用达到85%以上。

——具有基本气象要素和云参量探测能力的人工影响天气飞机达到80%以上;地面固定作业点标准化率达到95%以上;自动化高炮、火箭列装达到85%以上。

——弹药物联网覆盖率达到95%以上,弹药故障率下降到千分之一以下;作业信息实时上报率达到90%以上,作业过程可视监控超过60%。

三、总体布局

按照《国务院办公厅关于推进人工影响天气工作高质量发展的意见》要求,对接《全国重要生态系统保护和修复重大工程总体规划（2021—2035年）》《国家乡村振兴战略规划（2018—2022年）》

等规划,聚焦防灾减灾救灾、生态保护修复、农业农村发展、重大应急保障等需求,在《全国人工影响天气发展规划(2014—2020 年)》六大区域布局基础上,进一步调整优化人工影响天气重点保障区布局。强化科技创新,科学布设重大科研基础设施,统分结合部署现代化作业装备,提升作业能力和技术水平,形成全国协调发展的研究型业务新格局。

(一)布局原则

聚焦国家战略。在原有增雨(雪)和防雹保障区的基础上,根据《全国重要生态系统保护和修复重大工程总体规划(2021—2035 年)》核心生态保护和修复区的服务需求,设立人工增雨(雪)重点保障区。加强农产品主产区增雨(雪)重点保障区服务能力建设。提升《国家乡村振兴战略规划(2018—2022 年)》中经济作物种植区的防雹重点保障区安全作业能力与精准作业水平。依据有关规划设立重大任务和重大应急重点保障区。

强化创新引领。建设国家级人工影响天气科技基础设施,重点开展云降水机理和人工影响天气关键技术研究实验。完善六大区域人工影响天气试验示范基地,开展研究试验和推广应用。

提高作业效率。调整优化空中和地面作业力量布局,设立国家级应急机动作业队,提升服务重大任务和重大应急的高效机动作业能力。

促进协调发展。建立国家、区域、地方统筹协调,军地、部门、企业共同联动的人工影响天气关键技术攻关平台、作业指挥平台和装备技术开发平台,推进人工影响天气协调快速发展。

(二)布局方案

1.重点保障区布局

在已有重点保障区布局的基础上,聚焦国家战略。在青藏高原生态屏障区、黄河重点生态区(含黄土高原生态屏障)、长江重点生态区(含川滇生态屏障)、东北森林带、北方防沙带、南方丘陵山地带、海岸带等"三区四带"重点生态区补充设立增雨(雪)重点保障区,提高人工影响天气对生态修复的服务能力。

提升粮食主产区的增雨(雪)重点保障区服务能力,扩大经济作物的防雹重点保障区保护范围,提高安全作业能力与精准作业水平。

针对重大任务和重大应急需求设立重点保障区,布设云降水监测网和空地作业力量,设立指挥调度中心,提高重大任务和重大应急保障能力。

2.重大科研基础设施

在华北建设地面大型云室(含风洞等)以及空地联合试验分析中心,开展云降水机理和人工影响天气关键技术研究。

在东北、西北、中部区域已建试验示范基地的基础上,根据需求,增加消减雨(雪)、消减云雾等试验功能,补充建设相关试验仪器设备,开展试验研究与成果中试转化。

在西南、东南、华北区域,结合区域云降水特征,对接中国气象局野外试验基地规划,设立人工增雨(雪)、消减雨、防雹、消减云雾等试验示范基地,科学布设监测设备和作业装备,开展科学试验、技术验证和成果转化。

3.指挥调度中心布局

建立国家级为龙头、区域(流域)级为纽带、省级为核心、市县级为基础的高效指挥调度体系。

——国家级指挥中心。在北京建设基于气象大数据平台的综合指挥平台,完善国家级指挥调度功能,增强作业条件识别、跟踪监测、协调指挥和效果评估能力,提升全国调度协同和重大任务指挥水平。根据国家战略安排,建设国家级应急指挥中心,承担国家级指挥中心备份应急任务。

——区域级指挥中心。在六大区域指挥中心的基础上,根据国家战略需要,在黄河、长江等主要流域上游和重要水源地以及

"三区四带"所在省,设立区域级指挥调度中心,协调调度区域(流域)人工影响天气作业力量开展联合作业。

——省级指挥中心。基于气象大数据云平台,强化省级指挥平台建设,形成上联国家、下达市县、横通区域(流域)的一体化业务系统,提高智能识别、科学指挥、实时监控、定量评估等能力。

——市县级指挥终端。在市县级人工影响天气指挥中心布设省级指挥平台的应用终端,同时强化本地雷达预警指挥功能。

——机动指挥平台。根据需要,在"三区四带"和重大应急关键区,布设机动指挥平台,具备机动展开、作业监测、会商协调、调度指挥等功能,提高关键任务的机动指挥能力。

4.作业力量布局

——空中作业力量。在六大区域布设国家高性能作业飞机,在省级和少部分有条件市(州、盟)布设地方作业飞机。根据无人机发展的政策、技术成熟度,重点在高原、森林、海岛等布设人工影响天气无人机。共同组成可对云系高、中、低层实施人工冰核、致冷剂、吸湿性催化剂等播撒的空中作业力量。

——地面作业力量。调整优化地面作业布局。在各类重点保障区加快布设自动化火箭和高炮;在国家重大任务保障区、重大应急关键区建设集成化机动作业力量;在生态保护重点山区,科学适量布设远程遥控地面催化剂发生器。

四、主要任务

(一)提升服务保障成效

1.提升防灾减灾救灾服务能力

依托全国自然灾害综合风险普查工作,科学开展全国干旱、冰雹等灾害风险精细化评估与区划,加强飞机跨区域调动和多架飞机联合作业能力。

各省(区、市)编制分县增雨抗旱、防雹减灾重点区划图,调整优化地面人工影响天气作业点布局,增强粮食主产区、经济作物保护区作业能力。结合农业种植结构调整和特色产业发展规划,扩大人工增雨防雹作业的覆盖范围,持续开展增雨抗旱、防雹减灾的精准作业服务。

2.增强生态修复能力

衔接《全国重要生态系统保护和修复重大工程总体规划(2021—2035年)》,在"三区四带"重点区域,构建空地一体人工增雨(雪)作业体系,开展生态修复型人工增雨(雪)作业。建立与自然资源、生态环境、林草、水利、应急管理等相关部门的合作机制,共享监测信息,科学评估人工增雨(雪)成效,保障生态文明建设,为实现我国碳中和目标提供科技支撑。

3.强化重大应急保障能力

积极应对大范围森林草原火险、中小尺度灾害性天气、异常高温干旱、环境污染等重大灾害或突发事件,及时开展人工影响天气重大应急服务。针对不同等级的应急响应,加强上下联动和跨省区联防作业,常备与应急作业指挥能力建设相结合,建立完善会商制度、决策流程、调度指挥机制。

面向特定目标区特定任务,应对国家重大活动和重大应急保障服务需要,开展常态化人工影响天气试验演练、空地联合云降水观测试验和催化敏感性试验,提升技术水平,优化工作机制,完善指挥流程,提高服务能力。

(二)提高业务现代化水平

1.完善精密监测能力

基于综合气象观测系统,统筹设计、优化试验示范区云降水探测装备布局,补充布设云降水探测设备,对典型云系开展高精度三维监测,为深刻认识云降水机理和精准催化作业提供数据支撑。

依托国产新一代气象卫星,加快发展气象卫星云参量反演及在人工影响天气领域应用能力,研发卫星作业条件监测产品和卫星资料同化系统,为指挥业务提供支撑。

推进国产机载云物理探测设备在人工影响天气飞机上的加装,作业飞机云物理探测设备的加装率提高至80％以上。建设飞机探测设备标定检测系统,制定检测技术规范。建立飞机探测云物理资料汇交机制和考核办法,加强飞机资料质量控制和分析应用,建立标准规范的共享数据集,提升飞机云物理直接探测能力和数据应用水平。

依托重点工程和科研项目,持续开展北方层状云、西北地形云、中部积层混合云、南方积状云等不同类型云系人工影响天气外场试验。加强外场试验方案的科学设计、组织实施和成果转化应用。

2.提升精准作业能力

根据防灾减灾救灾、生态修复保护、重大应急保障等不同需求,优化地面人工影响天气作业网,在防灾减灾、生态修复等重点保障区科学调整地面增雨防雹作业站点,增强作业能力。充分发挥飞机作业覆盖范围广、机动性强的特点,优化作业空域,强化空地协同,在"三区四带"的作业覆盖度达到85％以上。根据各地不同地形条件和降水云系特征,合理采用飞机、火箭、高炮、烟炉等不同作业方式,不同催化剂类型,提升精准催化、科学作业水平。

开展统一环境下催化剂成核率/吸湿性检测,完成国内主要型号人工影响天气催化剂检测评估,发展新型高效、安全、绿色的冷云、暖云催化剂。加快地面固定和机动作业点标准化建设,标准化率达到95％以上。强化自动化高炮、火箭列装,更新率达到85％以上。遵循有关标准规范,依据风向、风速和云降水特点,在山区科学布设地面烟炉,提高地面烟炉布点的科学性和作业的精准度。

加强人工影响天气飞机能力建设,具有基本气象要素和云参量探测能力并具备实时卫星通信传输设备的人工影响天气飞机达到80％以上,推进人工影响天气飞机催化装置标准化、自动化,搭载适用冷云、暖云、混合云的人工冰核、致冷剂、吸湿剂等催化装置的人工影响天气飞机达到60％以上。

加强地面机动作业力量建设,选择机动性强、集成度高、安全性能好的火箭作业装备,建立国家级和省级地面机动作业力量,提升重大活动保障和重要应急事件处置过程中人工影响天气的服务能力。

推进无人机人工影响天气作业试验,制定作业流程和技术规范,在政策制度到位后,优先在高原、山区、草原等开展无人机人工影响天气业务服务。引导和鼓励有关企业、科研院所和高校在人工影响天气试验示范基地开展新型作业技术、作业装备试验验证,配合做好场地保障、安全监管、数据收集分析、效果检验评估等工作,推动新技术、新方法、新装备形成作业能力。

3. 强化精细指挥能力

建立雷达卫星同化系统,提升云精细化预报模式的时空分辨率,实现全国分区预报水平分辨率1公里,重点关注区水平分辨率百米级,具备针对不同作业目标云系预报能力。开展云宏微观场预报检验,加强各地对云精细化预报模式产品和中尺度天气模式云参量预报产品的解释应用。建设人工冰核、致冷剂、吸湿剂等不同催化机制和飞机、火箭、高炮、烟炉等不同作业方式的仿真催化模拟系统,开展作业方案、作业过程的数值模拟预评估,优选作业方案和作业时机、部位及剂量。

加强国产气象卫星云参量产品在作业条件监测预警与作业方案设计中的应用。发展基于天气雷达的作业条件监测预警技术,在飞机和地面增雨作业指挥中全面应用雷达监测预警产品。推进多源融合降水、三维云场、水汽场等实况监测产品在人工影响天气指挥业务中的应用。利用人工智能、云计算等技术,发展多源云降水探测资料的融合处理技术。针对重点区域和典型云系,研发制作更高时空分辨率的三维云场、水汽场等实况监测产品。开展实况产品与数值模拟的验证评估。优化完善各区域不同作业目标的条件识别预警指标体系,提高作业条件预警识别准确率,典型云系准确率达到 75％以上。

依托气象雷达观测网的新一代天气雷达双偏振升级、X 波段雷达补盲以及相控阵技术发展,加快"大雷达预警、小雷达指挥"防雹指挥作业模式在各省的推广应用。改进基于雷达的冰雹云识别和自动化指挥业务系统,增强雷达精细化观测和快速扫描技术在人工防雹指挥中的应用,实现提前半小时以上滚动发布防雹作业预警,并与空域申请和批复相联动,具有作业诸要素的指令直达作业站点。

按照"云＋端"总体技术路线,依托基本气象业务体系,建立一体化、智能化、现代化的国家和地方人工影响天气业务指挥平台,实现各类人工影响天气数据的云收集、云存储和云计算,支持决策分析、调度指挥、作业监控等多种业务的终端应用。集成空域申报系统和弹药物联网系统,建立国家级—省级—市县级—作业站点之间指导产品和作业指令的实时传输流程,实现指导产品和作业指令实时"纵向到底";建立作业站点—市县级—省级—国家级作业信息和监控音视频实时上报流程,实现作业信息和监控信息实时"纵向到顶"。

4.发展效果检验和效益评估能力

完善云水资源评估方法,更新发布云水资源评估技术指南,充分利用观测数据、业务产品和再分析数据集,编制新版的全国分区云水资源气候评估报告,给出层状云、对流云、层积混合云典型个例云降水系统的过程评估报告。结合本地云降水特点,各地开展本地特色的云水资源分析评估,完善人工增雨雪指标体系和概念模型。

编制人工增雨、人工防雹等作业技术指南和效果评估指南。依托综合气象观测网及其观测数据与业务产品,结合人工影响天气飞机、地面特种观测资料,常态化开展作业前后云降水参量直观对比、作业区与对比区物理检验等效果检验工作。利用统计模型和总结提炼的同类型云降水人工影响天气作业效果实例,开展定量化人工增雨雪和人工防雹作业效果检验。

发展基于数值模拟的作业效果识别、检验和评估技术,基于监测分析和实际作业,开展针对作业效果的数值模拟试验评估。

利用人工智能、机器学习等技术,融合多源观测资料,建立增雨、防雹作业效果物理检验、统计检验新模型。综合应用生态、环境、水文、农业、林业、经济等领域数据,基于大数据筛查,探索建立作业效益综合评估模型,完善效益评估方法。持续优化作业效果评估、效益评价等月报、年报的编制方案。

针对农业抗旱、经济作物防雹、生态修复、水库增蓄等不同保障服务目标,以及绩效评估等需求,研发建立相对应的业务化人工影响天气作业效果检验集合评估和综合效益评价方法。

(三)提升科技创新能力

1.加强科研基础设施建设

提升室内实验能力。建设大型云室,匹配云和降水粒子、气溶胶发生、监控、显示系统以及冰核、凝结核物理化学特征测量分析系统等;建设大型高速风洞系统,匹配风速控制和测量系统以及造雾、气溶胶发生、冰晶发生、湿度控制、冰雹模拟、云物理参数监测等系统。开展云雾物理、降水和冰雹等演变机理模拟实验研究,开展人工催化和其他技术干预手段的实验研究。

在华北重大活动保障试验场的基础上,建设国家云降水与人工影响天气试验场。开展针对不同保障目的、不同天气系统、不同作业云系、不同移动路径的人工影响天气保障试验。在人工影响天气工程已建和拟建的试验示范基地基础上,补充建设相关试验仪器设备,开展人工消减雨(雪)、防雹消雷、消减云雾试验和关键技术研究。

鼓励、引导各地根据需求,结合本地云降水特点,建设试验区并开展试验。鼓励并引导人工影响天气骨干企业建设人工影响天气特种装备研发创新基地。

2.强化云降水和人工影响天气机理研究

以国家战略需求为导向,加强云降水物理与人工影响天气机理相关的基础研究。依托国家级和各区域外场试验基地与设施,联合中国科学院大气物理研究所、灾害天气国家重点实验室和中国气象局地球系统数值预报中心等部门内外科研业务机构,采用外场试验与室内实验相结合,理论研究与数值模拟相结合的研究途径,加强自然云降水物理和人工影响天气机理研究。

开展我国典型云系的宏微观结构、降水形成过程的物理概念模型、降水效率、增雨潜力、自然凝结核与冰核的背景分布特征及其云物理效应研究,揭示冰晶的核化机制、云中滴谱的演变和拓宽机制。采用多种新型遥感外场试验观测手段与数值模拟相结合的方法,开展不同类型冰雹云宏微观结构及其成电机制的研究,开展爆炸防雹的试验研究。

深入开展人工催化机理研究。利用飞机和地面观测数据改进微物理参数化方案;发展基于我国中尺度天气模式的人工影响天气催化模块;开展催化影响范围及物理响应的观测和模拟研究。通过科学设计的防雹作业效果检验试验,研究防雹作业前后冰雹云内部回波和微物理特征变化,为冰雹形成机理研究和人工防雹效果检验提供观测证据。

加强大数据、人工智能等新技术在基础理论研究中的应用。推进交叉学科融合,开展云动力、热力、微物理和大气化学等多领域协同研究,探索全球气候变化背景下的云降水和人工影响天气机理。

3.聚焦核心技术攻关

优化云水资源评估技术。针对森林草原增湿、高山积雪增厚、湿地涵养保护、江河径流和湖库增水以及地下水补给等生态修复需求,开展特定地区云水资源精细化评估和高效开发利用技术研究。发展云水资源评估的检验技术,开展典型云降水天气过程的云水资源评估。

发展多源观测资料的云降水宏微观物理参量提取和融合反演技术,研究我国典型云系人工增雨(雪)作业条件。开展基于雷达等的冰雹云早期识别与预警技术研究,为优化作业方案、完善作业指标提供支撑。发展模式云物理产品的解释应用与检验技术,针对人工增雨(雪)、消减雨、消雾、防雹等不同作业目的,研究作业方式、时机、部位、剂量等催化作业技术,提高精准作业技术水平。

综合利用星载、机载、地基遥感设备,结合云中和地面实际观测资料,开展作业前后云降水响应的物理检验技术研究,发现更多的"云沟""云洞"及其云降水物理参量匹配变化证据。基于已建效果检验试验区,持续开展长期随机化试验,采用多种统计方法,对降水量及其他云降水参量开展统计检验,给出增雨(雪)、防雹等人工影响天气作业的统计检验结果。应用加入催化模块的中尺度模式和对流云模式,发展人工影响天气作业效果的数值模拟评估技术,揭示催化作业后降水量变化以及云中动力、热力、微物理变化特征。发展云降水人工催化效果综合评估技术,研发针对不同服务对象的效果检验集合评估技术和综合效益评价方法,逐步开展人工影响天气气候效应、生态效应评估。

4. 研发自主可控关键装备和新型作业技术

加强机载云降水特种探测装备研发,实现进口设备国产可替代。加强可探测及识别多种云降水物理过程与云催化过程的探测装备及其应用产品的研发,提升对云降水物理过程和催化效果的识别能力。研发适合无人机的云降水探测设备,开展无人机及其集群的云物理探测技术研究,提升对云宏微观物理和热动力过程的探测能力。发展机载催化作业技术,研发安全性能好、催化效率高的新型机载催化设备。

联合骨干军工企业,加快高安全性、高集成化的智能地面作业装备研发,推进新装备业务化考核和列装,替代老旧高炮和火箭发射装置。加强暖云催化技术研究,发展适用于飞机和地面作业方式的暖云增(减)雨装备。

联合相关研究院所和大专院校,推进带电粒子、超(次)声波、激光等人工影响天气新技术试验,客观评估作业效果和推广应用价值。开展人工影响天气作业新方式新手段研究试验。

(四)强化安全防控能力

1.完善安全监管制度

健全政府主导、部门协同的人工影响天气安全生产综合监管机制。推进质量管理体系建设,明确全国各级组织机构和职责,细化各项工作程序和作业指导书,深化过程管理,为安全监管提供必需的人员、资金、设施、设备保障。加强作业装备、弹药的全链条安全管理制度建设。强化作业人员政审备案和安全操作培训,落实空域申请、安全保卫、站点巡查等工作制度。完善人工影响天气安全事故处置应急预案,加强应急指挥调度,定期开展应急演练,依法组织开展应急救援和调查处理工作。

2.提高作业装备安全技术水平

开展人工影响天气作业装备质量提升行动。加强飞机改装集成安全技术研究,推行人工影响天气飞机标准化改装集成,提高人工影响天气飞机抵御积冰等不利环境因素的能力。加快推广高炮安全锁定装置、采用加密技术的火箭发射控制器列装,逐步淘汰老旧的高炮和火箭发射装置。推进高炮、火箭智能化安全防控技术研究,引导装备生产企业应用数码芯片等新技术,研制生产高安全性、高通用性、高智能化水平的新型作业装备,推动新型作业装备、新型弹药的产品定型、业务试用和列装,提升人工影响天气作业装备整体安全性能。

3.提升安全监管信息化水平

加强安全技术防范的信息化管理,推广物联网、智能识别、电子芯片等信息安全技术在人工影响天气安全防控中的应用,提升作业站点、运输车辆、弹药库等关键部位和场所的综合安全防护水平。推进人工影响天气安全管理智能化平台建设,实现对重点场所、重要装备、重大危险源的远程监控和实时风险预警,实现人工影响天气弹药生产、购销、运输、存储、使用和作业装备年检、报废等全过程的动态监管。加强人工影响天气弹药临时存储库房安全防控系统建设,严格执行专人管理、出入库登记、定期巡查和盘点制度。

4.提高作业队伍的专业化水平

加强人工影响天气作业队伍建设,加强作业队伍岗位培训、安全操作培训和应急处置培训,提升作业人员的专业技能。加强人工影响天气作业人员的人身安全和职业健康防护,提升服务形象,打造专业化队伍。

(五)构建适应高质量发展要求的业务体制机制

1.优化科技创新为引领的研究型业务体制

梳理整合科技创新资源,进一步明确国家、区域、省、市、县等人工影响天气业务部门在科技创新中的工作定位,匹配相关支撑政策、资金、资源,建立动态考核机制,着力打造人工影响天气领域的研究型业务体系。充分发挥通用航空业示范试点建设优势,先行先试建设全国人工影响天气高质量发展试点,为其他地区发展人工影响天气业务提供可复制可推广的创新性经验。积极争取国家支持,以重大基础研究方向的科技创新为引领,通过联合开展科研项目攻关与研究试验,加强与科研院所和大专院校合作,建立协同创新机制。以人工影响天气探测和催化装备的科技创新为切入点,加强与相关企业合作,充分发挥企业在装备创新中的主体作用。以国家级实验室和各区域试验示范基地为依托,构建中试平台,畅通科研成果转化渠道,完善转化激励机制,为学科理论研究和技术发展提供成果转化应用保障,加快科研成果向业务的转化应用。

2.完善"一盘棋"联动的横向跨区作业机制

建立全国协调联动作业体制机制,明确牵头单位,规范与农业、水利、生态等部委所属部门业务化联动渠道。国家级人工影响天气中心加强对跨区域作业和重大任务保障进行协调指挥,重点围绕流域整体增水以及"三区四带"重要生态系统保护和修复需求,编制服务指南,制作指导产品,统筹作业力量,联合实施作业,评估作业效果。区域人工影响天气中心完善区域内"一盘棋"协调联动业务机制,区域内各成员单位涉及的跨行政区应急减灾和重大活动保障作业,由任务地所在区域中心牵头组织作业范围内其他相关成员单位,在国家人工影响天气中心指导和支援下,开展联合作业。

3.发展多元化深耕的纵向业务服务体制

各区域建立完善区域内多元化深耕的业务服务体制。依据重点保障区布局,探索建立满足各地不同需求的新型服务格局。各区域级业务单位按照跨省(区、市)和分省(区、市)两大类,分别组织编制区域作业重点服务领域(部门)目录。区域内各成员单位结合区域和地方人工影响天气现代化建设工程,对目录中的重点服务领域(部门)分项制定实施方案并逐级组织实施。各省、市、县三级人工影响天气业务单位,与本级农林、水利、生态等相关行业建立密切的业务联系渠道,建立重点服务领域的业务动态调整和报备制度,开展服务效益评估。

4.构建以标准为依托的业务体系

充分发挥全国人工影响天气标准化技术委员会的作用,构建涵盖人工影响天气全业务链条的标准体系,并提高涉及安全的相关技术标准的强制性。根据业务技术发展情况适时调整建设计划,引导鼓励有关单位和企业安排资金用于标准的预研究和起草编制等工作,及时完成各项技术标准的制定修订、宣传贯彻和实施监督与评估。加强与航空、民用爆炸物品等相关标准化技术委员会合作,形成推进我国人工影响天气标准化建设的合力。

五、能力建设

按照继承和创新发展的原则,衔接《全国人工影响天气发展规划(2014—2020年)》的区域建设项目,根据本规划的发展目标、总体布局与主要任务,提出"十四五"期间国家和区域的能力建设任务。各省(区、市)气象部门可参考本规划,结合本地区发展实际,规划提出各地能力建设任务。

(一)国家人工影响天气能力建设

1.云降水与人工影响天气实验平台建设

依托国家级人影工程和华北区域人影工程,建设具备冷云、暖云精细化作业分析模拟功能的大型云室和高速风洞。

2.云降水与人工影响天气试验场建设

依托国家级人影工程和华北区域人影工程,建设国家云降水与人工影响天气试验场,开展针对不同保障目的、不同天气系统、不同作业云系、不同移动路径的人工影响天气保障试验。

3.国家人工影响天气指挥与保障能力提升

依托生态气象保障工程,面向生态修复人工影响天气保障需求,提升国家级的指挥调度和空中监测作业能力。在国家人工影响天气指挥平台的基础上,增强建设监测预警、指挥调度、效果评估、仿真模拟等系统,同时建设国家级空中作业力量。

(二)区域人工影响天气能力建设

按照《全国人工影响天气发展规划(2014—2020年)》和《全国重要生态系统保护和修复重大工程总体规划(2021—2035年)》要求,继续推进中部区域工程建设,加快实施西南、华北、东南区域人工影响天气工程,在"三区四带"重点区域补齐生态修复人工影响天气作业能力不足的短板。

1.西南区域

建设高性能国家作业飞机,更新改造地面作业装置,重点满足西南区域生态修复、特色农业、环境污染、水电开发、水库蓄水等乡村振兴的人工影响天气需求；建设复杂地形下积层混合云增雨试验示范基地、高原防雹试验示范基地和人工消雾试验示范基地，开展试验示范，提高作业技术水平和作业效益。

2. 华北区域

统筹华北区域能力建设工程和北京重大活动保障人工影响天气能力建设三年行动计划。建设高性能国家作业飞机，完善优化作业布局，更新地面作业装备，组建机动作业力量，增强重大活动人工影响天气保障能力。建设增减雨（雪）基地、消减云雾基地和室内实验基地，开展新装备新技术试验示范，提高作业技术水平和作业效益。

3. 东南区域

建设高性能国家作业飞机，以多种方式提升飞机作业能力。更新改造地面作业装备，重点满足东南区域稻谷生产和南岭山地森林、海南中部热带雨林、鄱阳湖、洞庭湖等生态区的人工影响天气需求。建设南方积状云人工增雨试验示范基地和南方暖云人工增雨试验示范基地，开展试验示范，提高作业技术水平和作业效益。

4. 其他区域

强化生态系统保护和修复人工影响天气保障能力，在"三区四带"重点区域补齐生态修复人工影响天气作业能力不足的短板。依托综合气象观测系统和空中、地面作业系统，建设高精度云水资源监测系统、智慧型作业指挥系统和无人机作业系统，保障生态保护和修复人工影响天气作业。

（三）地方人工影响天气能力建设

根据各地防灾减灾、粮食安全、生态修复、水资源开发利用、乡村振兴等地方社会经济发展需求，统筹衔接国家工程和区域工程，鼓励、引导并积极支持具有地方特色的人工影响天气工程，主要围绕以下三个方面开展建设。

1.提高地方特色人工影响天气的科技水平

围绕地方需求,发挥地方优势,结合本地云降水特点,协调建立人工影响天气作业保障区和特色试验基地,开展具有地方特色的人工影响天气试验攻关和人工影响天气作业,加强人工影响天气服务地方的应用研究和特色技术研发,提升人工影响天气作业的科技水平和服务效益。

2.发展组织完善、服务精细、保障有力的人工影响天气业务

增强地方人工影响天气基础业务能力,依托气象卫星、雷达等现有气象观测平台,构建监测精密、技术先进的"天基—空基—地基"云水资源立体探测系统。发展符合标准规范的人工影响天气作业飞机,推进地面作业装备的自动化、标准化、信息化改造和列装,建设监测与作业一体化的物联网智能作业站点。推进地方人工影响天气指挥平台建设,建立智能识别、科学指挥、精准作业、定量评估的人工影响天气一体化业务系统。

3.加强人工影响天气安全防控能力建设

推进人工影响天气安全管理标准化建设,提升安全防控能力,保障人工影响天气工作安全开展。健全地方人工影响天气安全管理体制和监管机制,完善地方投入机制。

六、保障措施

(一)加强组织领导

加强对人工影响天气工作的组织领导,为人工影响天气高质量发展提供坚实保证。各级气象主管机构在地方党委政府领导下,主动协调相关部门和下辖人民政府,充分发挥各级政府人工影响天气领导机构作用,将人工影响天气工作纳入当地经济社会发展规划、健全管理体制和运行机制。主动与军民航进行对接,争取优先保障人工影响天气作业空域,落实按照有关规定对开展飞行作业实行收费优惠或减免。

强化国家级业务支撑能力建设，发挥引领作用，完善区域、省、市、县人工影响天气业务联动机制，健全基层作业站点的组织管理体系，建立上下衔接、分工协作、统筹集约的人工影响天气工作机制，协同做好人工影响天气工程建设、科技研发攻关、业务运行保障以及监管、协调和服务等方面工作。

（二）完善投入机制

完善中央和地方共同投入机制，将人工影响天气工作相关经费列入政府预算。加大对中西部地区、围绕"三区四带"为核心的全国重要生态系统保护和修复重大工程区支持力度。优化投入结构，重点支持人工影响天气能力建设、装备运行和作业保障等。通过中央财政科技计划（专项、基金等）支持人工影响天气基础科学研究和重大共性关键技术研发。各级气象主管机构在地方政府领导下，加强服务地方的应用研究和特色技术研发。

（三）加强人才队伍建设

推动各级人民政府将人工影响天气一线作业作为危险行业制定相关政策，充分保障人工影响天气人员各项待遇。通过组建人工影响天气科技创新团队，加强人工影响天气人才队伍建设。通过国家、部门和地方人才工程，培养专家型、复合型人才队伍。落实首席业务技术岗位制度，加强青年和骨干人才培养。加强技术培训，配强骨干力量，健全聘用管理制度和激励机制，加强专业化作业队伍建设，统筹各类专业队伍集约发展。

（四）健全法规标准体系

推动人工影响天气法律法规和标准体系建设，建立行政执法监督检查机制。制定完善"十四五"人工影响天气标准框架体系。完善地方相关法规标准，强化人工影响天气的公共服务和社会管理职能。完善作业规范、业务流程和操作规程，促进法规的贯彻落实。把人工影响天气法规标准纳入各级人工影响天气业务培训的必修内容，提高从业人员的守法遵标意识和贯彻执行水平。

（五）加强科普宣传

各级气象主管机构将人工影响天气作为公益性科普宣传的重要内容,推动地方政府将其纳入国民素质教育体系,融入国家公园、国家气象科普基地、防灾减灾基地和科普场馆等内容建设。各级人工影响天气业务部门要开展多种形式的科普宣传,提高全社会对人工影响天气的科学认识。对在人工影响天气科普工作中成绩突出的单位和个人,按照国家有关规定给予表彰。

"十四五"气象信息网络业务发展规划

（气发〔2021〕147 号）

2021 年 12 月 20 日

气象信息化是通过发展气象信息网络业务，推进新兴信息技术与气象业务、政务、科研等深度融合，形成新的生产力，推动业务流程和组织变革，推动气象核心竞争力不断提升的持续过程。气象信息网络业务由气象数据业务、信息基础设施的建设与运行，以及配套的标准体系、安全体系、技术体系和运维体系等构成。气象信息网络业务的高质量发展，为气象高质量发展提供动力支持、质量保障、安全后盾和效益保证。

根据《中华人民共和国国民经济和社会发展第十四个五年规划和 2035 年远景目标纲要》《全国气象发展"十四五"规划》以及国家信息化领域相关规划等，落实并延续《气象信息化发展规划（2018—2022 年）》内容，编制本规划，提出未来 5 年气象信息网络业务的发展目标和重点任务。气象部门其他业务规划涉及的信息系统建设，应遵循和融入本规划的统一设计。本规划期限为2021—2025 年。

一、形势分析

(一)发展现状与趋势

发展现状。"十三五"期间,气象信息网络系统从独立、分散建设逐步向集约统筹全面支撑气象业务建设方向迈进,信息化水平明显提高,数据、算力、算法支撑能力大幅提升。建成浮点运算峰值达9800万亿次/秒高性能计算机(超算)。国—省带宽提速10倍,达到400~800Mbps。全国综合信息共享系统(CIMISS)的业务化统一了国家—省数据环境。初步建成国省统一气象综合业务监控系统。初步建立气象大数据云平台,实现与业务系统融入对接。气象数据赋能核心业务能力大幅提升。整合中国数字化、全球多来源观测,全球高空、海表温度、降水等数据大幅增加83%~460%。建成了陆面、海洋、三维大气等多源数据融合分析和系列产品,精度达到国际同类水平。建立了我国第一代全球大气再分析业务,与国际主流全球大气再分析产品具有很好的可比性。

发展趋势。气象学科发展迈入地球系统时代。世界气象组织(WMO)推动地球系统框架下"天气、气候、水和环境+影响"的无缝隙气象业务转型。美国、欧洲持续推进大气与地球系统科学研究及其应用创新,提出数字孪生地球理念。信息化发展迈入以"集约""治理"和"效能"为主要特征高质量发展时代。各国均加强气象信息资源的统筹集约管理和高效利用,以高水平数据治理提升数据竞争力,拓展应用疆域。气象科技和信息技术的融合应用为气象业务升级带来了新机遇。美国NOAA出台人工智能、云计算和数据三大战略,ECMWF加快开展"全工作流"人工智能应用,为预报预测等气象核心技术突破注入了新动能。

(二)存在的主要问题

顶层统筹设计不足,集约化协同效益尚未发挥。国—省两级"云"+多级"端"应用布局、观测资料上传共享流程依然繁复。系统顶层设计不足,国省数据重复存储、重复计算的格局没有改变,区域信息共享、信息实时一致性依然存在问题,气象信息服务的第一声音、权威声音出现杂音。

地球数据基础不扎实,海量数据缺乏科学管理。刻画地球—大气系统多圈层相互作用的数据基础不扎实,特别是海洋与高原地区数据获取不足。海量气象数据缺乏治理,主要表现在数据标准缺乏系统性、数据质量参差不齐、数据生命周期各环节孤岛化。大量地球系统监测产品还不能完全自主研制。

数据挖掘分析不够,战略支撑能力不足。我国气象数据约40TB/日增量,大量数据还未有效进入同化、融合模型,甚至没被浏览就失去"预警预报"时效。灾害性天气的"隐含"信息无法被充分挖掘和实时应用。服务"一带一路"、北极、边海地区以及碳达峰碳中和监测等的数据与分析能力同样支撑不足。

基础设施缺乏持续投入,业务发展瓶颈明显。我国气象超算能力落后于国外发达国家气象部门,国—省通用算力和存储同样存在严重的供需矛盾,但没有迭代发展计划,成为模式与新技术发展瓶颈。英国气象局到 2032 年将投入 12 亿英镑,超算能力提升18 倍以上。截至 2020 年底,我国气象数据规模约 70PB,而 ECMWF 管理了超过 500PB 的地球系统数据和模式产品。

气象数据网络能力不足,共享与协同应用不够。气象业务的即时性需求,要求海量数据第一时间共享。我国气象广域网络带宽仅有 400～800Mbps,不支持组播,不支持国省信任域内的协同应用,难以满足未来超 100TB/日的海量观测与模式预报数据的快速共享。NOAA 在 2012 年即建立了覆盖全国多个高性能计算站点10Gbps 级广域网络,每日共享气象模式数据达 100TB。ECMWF 英国雷丁和意大利博洛尼亚两地中心之间以 100Gbps 互联。

气象信息自主可控水平、信息化治理水平还不高。气象数据分析处理技术大多引进消化吸收,自主可控不足。国产装备与自主技术生态尚未形成,开发外包加剧了这一趋势。数据治理不足,进入人工智能（AI）应用等新领域不得不重走数据"筑基"之路。网络与数据安全管理体系不完备，存在数据流失和安全风险。ECMWF 设置数据治理委员会（DGB），美国 NOAA 下设环境信息管理委员会（EDMC）对数据及安全实施有效管理。

二、总体要求

（一）指导思想

以习近平新时代中国特色社会主义思想为指导，落实习近平总书记对气象工作的重要指示精神，贯彻新发展理念，适应新发展阶段的新需求，着力补齐气象数据质量与产品短板，迭代发展气象算力，全面提升气象信息化支撑水平；着力加强气象大数据平台能力，增强跨域、跨系统协同能力，建设人工智能支撑和气象仿真环境，全面提升气象信息化服务水平；着力推动地球系统数据开放共享与创新应用，推进气象数字运维和数字管理，全面提升气象大数据应用水平；着力完善信息网络的制度、政策和评估体系，提高信息网络安全防护与技术自主可控水平，全面提升气象信息化发展环境。

（二）基本原则

整体发展，系统协同。坚持系统观念，加强系统间的顶层协调和设计，推动业务优化布局，高效可持续发展。

迭代发展，适度超前。信息基础设施建设投资大、周期长、应用场景变化快，应适度先行，周期迭代，避免资源成发展瓶颈。

全球视野，创新融合。对标地球科学和信息技术前沿，全面支持全球监测、全球预报、全球服务，发展融合"数、算、智、联"数字底座，支撑业务融合、创新发展。

开放合作，安全可控。借力全球、院校与市场力量，推动开放发展，同时强化网络与数据安全，在气象核心技术上坚持自立自强，做到安全可控。

（三）发展目标

建成全球覆盖、要素完备、质量可信、开放有序的地球系统数据与分析应用体系;建成布局集约、流程简约、技术先进、安全可控的气象高性能计算、云计算与通信网络系统,建成持续聚合与共享气象公共数据和共性技术的智能化气象大数据云平台,形成气象业务与研发高度集约的"云+端"新业态。

到 2025 年:

——更加集约的业务布局。建成"三地三中心"国家级绿色数据中心,国省协同打造"一朵云",实现一个平台、一体数据、一证用户、一套标准、一致服务和公共气象数据一张图。

——更加完备的数据体系。建成要素基本覆盖的地球大气、水/冰冻、陆地、生物、外太空等多圈层基础数据;更新气温、降水等百年序列;建立卫星、雷达遥感、GNSS/Met 长时序数据集;气象政务与运维大数据体系基本形成。

——更高水平的数据分析。建成百米到公里级的"全球—中国—局部区域"一体化融合分析实况;发布我国第二代全球再分析产品,质量达到国际先进水平;初步构建与"真实"大气准实时同步的"数字"大气。

——更加强大的算力资源。建立一级集约、峰值运算超235PFlops 高性能计算。国家级通用算力 20PFlops,存储能力500PB,省级通用算力 1PFlops,存储能力 5~10PB。

——更加敏捷智能的平台。升级气象大数据云平台,提供气象通用型人工智能支撑服务,实现应用为中心的敏捷数据服务;实现国省和省际的在线协同互操作。

——更加畅通的数据循环。"地面+移动互联+卫星"数据通信网络,数据中心间骨干 20Gbps 以上,省—国家链路 2Gbps 以上,国、省互联网出口分别达到 10Gbps、2Gbps 以上,卫星数据广播能力倍增;气象信息服务中国区域无盲区,全球基本覆盖。

——更加安全的防护体系。建成以"数据安全、网络安全、业务安全"为一体的整体防御、智能防控的信息网络安全体系和业务备份中心。入网终端和用户的安全监管率100％,移动办公(业务)安全应用显著提升;气象大数据云平台管理的数据全部实现安全分级和产权分类。

——更加高效的运行体系。行政管理效率实现倍增,跨领域决策分析成为常态;气象智能运维效率显著提升,资源利用率明显提高,全国气象业务整体运维人力显著减少。

见表1。

表1　发展主要指标

	气象信息化指标	2020年	2023年	2025年	属性
气象信息网络基础支撑能力	1.气象高性能计算系统运算峰值(PFlops)	9.8	～38	＞200	预期性
	2.国家级通用算力(PFlops)	1.3	～5	20.0	预期性
	3.省级节点通用计算能力(PFlops)	＜0.5	～1	～2.0	预期性
	4.国家级多圈层数据与海量模式存储能力(PB)	70	250	～500	预期性
	5.省级数据存储规模(PB):因地制宜	～1	2.5	5～10	预期性
	6.国家级骨干环网高速链路(Gbps)	1.2	5	20	约束性
	7.国家—省级链路(Gbps)	0.4	1.0	＞2.0	约束性
	8.市县直连省级云节点链路(Mbps)	10～50	50～100	＞200	约束性
	9.国家级互联网出口带宽(Gbps)	5	10	20	约束性
气象信息网络发展质量水平	10.模式可扩展性(并发万核数)	0.8	3～5	10	预期性
	11.绿色数据中心能效指标(PUE)	1.6	1.4	1.3	约束性
	12.全国气象信息集约化程度(％)	30	70	85	约束性
	13.主要观测数据质控与评估覆盖率(％)	65	85	100	约束性
	14.气象大数据管理能力成熟度模型(国标5级)	2	3	3～4	预期性

	气象信息化指标	2020 年	2023 年	2025 年	属性
气象信息网络业务运行效率	15. 主要观测资料到达桌面时效（＞90％到达时间,分钟）	8	2	＜1	约束性
	16. 气象大数据云平台性能：（200 毫秒内获取数据的成功率：％）	50	80	90	约束性
	17. 管理效率(主要管理流程时间缩减比率:％)	—	50	100	预期性
气象信息网络安全	18. 气象高性能计算支撑技术自主可控能力(％)	20	40	60	预期性
	19. 入网终端和用户的安全监管率(％)	—	80	100	约束性
气象数据业务能力	20. 气候基本变量（ECVs）的覆盖度(％)	50	65	80	预期性
	21. 全球融合分析网格水平分辨率（公里）	25	10	5	约束性
	22. 中国区域融合分析网格水平分辨率(公里)	5	1～5	＜1	预期性
	23. 再分析时间序列长度(年)	40	40	75	约束性
	24. 中国及周边三维大气分析分辨率（公里）	13	5	＜3	约束性
	25. 人工智能应用数据集(个数)	0	3	6	约束性
气象信息化发展效益	26.气象数据开放(每日流量 GB/日)	100	300	1000	预期性
	27.中国气象数据用户覆盖国家(个)	71	85	100	预期性
	28.中国气象开放数据订阅用户增长率	10％/年			预期性
	29.气象大数据中心品牌力	国内一流,国际有影响力			预期性

注:算力与存储需求,匹配数值模式 2025 年发展时空精度需求,在现有基准上推算获得。

三、总体布局

(一)气象信息网络业务布局

"十四五"期间,气象信息网络为两级重点布局,技术上从"国省联通"的两级架构向"国省协同"的一级架构演变,建成全国气象"一朵云",整体支撑全国各级气象业务、管理、科研、服务和现场应急。气象云由国家级主节点和省级分节点组成(图1)。

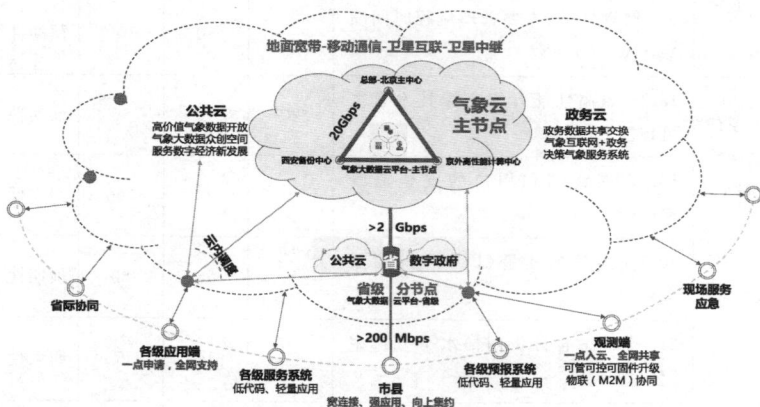

图 1　国省一体的气象大"云"与多级"端"应用协同

1.国家级建设气象云主节点

按照绿色低碳发展要求,建成"北京主中心—西安备份中心—京外高性能计算中心"万兆互联的"三地三中心"气象云主节点。

北京主中心建设同城"一主一备"系统的国家级数据中心,统一管理包括卫星数据业务的全量气象数据;提供网络与安全的统一设计和技术支撑;支持国家级核心气象业务和天气、人影等高时效性数值模式业务运行;建设中试仿真环境;试点对省级业务提供直接支撑;支持跨省信息共享和网络协同,服务区域一体化业务发展;支持国、省、市、县、应急现场各级"端"的数据请求;构建全国一级布局,多级应用的政务管理信息系统。

北京主中心基于国家电子政务外网,完善与各部委共享业务和政务信息的数据共享交换平台;完善国家科学数据中心间的共享交换机制,加强地球系统科学数据收集。建设面向社会的气象公共数据开放平台,支撑全国气象高价值数据产品的开放共享,为气象数据要素市场化配置提供支持。

北京主中心发挥 WMO—全球信息系统中心(GISC)作用,支持世界气象中心(WMC)、综合观测系统(WIGOS)区域中心等国际组织相关职能;构建"互联网+CMAcast"全球气象数据服务能力,有效覆盖"一带一路"区域,支撑全球监测、全球预报和全球服务,建成有全球影响力的气象数据中心。

西安备份中心实现气象数据的全量备份;实现国家和省级气象核心业务的应急备份;按照平战结合的原则,平时面向省级提供历史数据服务。

京外高性能计算中心承担非高时效性数值模式的业务运行;承担中国气象局数值预报业务模式的备份和研发。

2.省级建设气象云分节点

统一标准建设省级节点。坚持全国统一设计和标准规范开展省级气象信息网络建设和基础设施资源扩容,建成全国一朵"云"的省级分节点,位于贴近用户的气象大云"边缘"。因地制宜建设省内主、备气象广域网,坚持效益为先,逐步推进市和县扁平接入全省一张网,减少网络层级。

按需开展数据存储管理。部署气象大数据云平台省级版本,除本省观测、预报和服务数据外,其他全国共性数据一般不保存长时间序列,按需从国家级获得服务。保留非共享数据区,其他数据默认为气象大数据云平台调度,依许可条件共享。

强化国省、省际协同。利用国家级备份中心开展本省核心业务备份。开展气象实况、数字智能预报等气象核心业务向上一级集约试点。基于气象大数据云平台调度,与国家级数据中心协同,利用全网数据产品支持,服务地方发展;畅通省际数据流动,若干省级节点可形成逻辑一体数据中心,服务区域一体化、流域气象等业务。参与算法研制、模式研发等国省协同创新。建立与国家级中心一体化的安全和运维协同。

面向市县提供平台服务。凝练省、市、县气象业务与服务的共性数据产品和算法需求,加强共享服务能力建设,支持市县业务系统向省级气象大数据云平台集约建设。避免"一市一库""一系统一专题"等云上分散建设。加强省、市、县一体化应用平台建设,兼顾好集约化建设和地方特色应用。完善全省集约布局下,省—市—县网络因灾中断时本地服务的应急处置和备份通信能力。

建设省级数据共享交换平台。畅通与省级数字政府链路,用好数字政府内交换共享机制,加强与各相关部门数据的交换共享,收集汇聚气象相关的行业数据。提供数据汇交入口,为社会组织和个人开展数据汇交提供支撑。

提升对外气象信息服务能力。既要利用气象公共数据开放平台等国家级统一建设的资源开展统一数据服务,也要积极发展公众媒体平台、电台广播、北斗卫星通信、5G网络等多种技术手段,提供有效覆盖海洋、荒漠无人区等的预警预报信息服务。

3.市县发挥"端"业务功能

向上集约建设。市和县是全国气象业务神经末梢,也是预报预测、预警服务最前沿阵地。市、县信息化建设要宽连接,强应用,向上集约,开展数据的广泛收集。依托省级数据和监控平台,开展本地业务系统的集约建设,开展本地个性化监控能力建设。

计算与网络建设。市、县级逐步实现扁平接入全省一张网,按需加强计算终端和网络连接能力。如非时效不足,一般应利用省级气象与数字政府通道,为"城市大脑"提供数据和产品。

加强数据收集。完善部门间数据共享机制,加强社会化观测、灾情等数据收集,引导接入气象云统一标准入口后共享使用。有条件的市、县气象部门,可建设边缘计算节点,分析处理本地接入社会视频、图像和高流量传感器信息,确保隐私保护和公共安全前提下,形成气象监测要素,提供本地应用,并通过省级气象大数据云平台实现全网共享。

强化市、县"端"应用。依托气象大数据云平台省级节点,按需建设市、县特色应用系统,但要避免与全省一体化平台同质化重复建设。强化监测预警"端",为基层防灾减灾、生态文明建设和重大活动(现场)保障等提供监测预警服务;强化智能观测"端",实现与远程观测设备交互,必要时实施多观测设备协同观测。

4.融入国家大数据中心体系

拓宽气象政务部门间数据共享,强化国家气象科学数据中心数据开放力度和权威声音,成为全国一体化大数据中心"数网"体系重要节点。畅通国、省两级气象部门与国省数字政府的数据通道,通达各级"城市大脑",融入全国一体化大数据中心"数链"体系。融入全国一体化政务服务平台和国家"互联网+监管"系统,提高气象"互联网+政务服务"效能。

(二)气象大数据体系与管理

数据是基础性战略资源。完善新形势下的气象大数据管理体系,是气象事业高质量发展的必然要求。

5.气象大数据体系构成

气象大数据定义。气象部门管理和使用的数据体量大、更新快、种类庞杂、价值高,具有明显的大数据特征,包括地球系统大数据、气象政务大数据和气象运维大数据,其中跨业务、跨部门、跨流程、跨系统共享的主数据是三者主要交集,包括人员、机构、地理信息、观测站网、项目等信息。

气象大数据体系构成。三类大数据可按"数据—信息—知识—智慧"的 DIKW 层级模型组织为"基础数据—分析/预测数据—专题支撑数据—专项服务产品"(图 2),一是从数据增值视角更容易为用户理解和使用,帮助准确定位"高价值气象数据集";二是 DIKW 模型同层级可以采用相似的技术处理方法、数据治理策略和信息技术平台。

图 2　气象大数据资源分类分层体系

6.气象大数据资源建设

数据是气象发展与创新的新型基础设施,注意标准先行,适度超前。各级气象部门都要加强部门间共享交换机制建设,开展地球大气相关圈层数据、相关行业基础信息等基础数据收集与共享;加强图像、视频和各类传感器信息的分析提取,形成气象要素共享。国家级业务单位牵头,省级部门参与,开展多源融合分析产品、全球/区域大气、陆面和大气化学再分析资料等分析数据建设;国家级业务单位建立规范,开展示范建设,各级气象部门积极作为,开展天气气候研究、人工智能训练、专项服务和综合科学试验等专题数据建设。各级气象政务管理信息系统应当在确保安全和隐私保护的情况下,加大气象政务管理数据的开放互联、汇聚分析,构建气象政务大数据。各级气象业务、政务管理系统应当纳入综合气象业务实时监控系统"天镜"的统一监控,自动汇聚形成气象运维大数据。

7.气象大数据资源管理

气象大数据资源标识。气象部门管理的数据都赋予统一数字对象唯一标志符(MOID),遵循世界气象组织、中国气象局和相关行业标准完善气象元数据,保证气象数据来源权威和数据可信。利用知识图谱、元数据等方式构建数据标签体系,明确产权属性、应用领域、特征标注、质量指标、关联信息。通过数据标签类目体系建设,使气象大数据能确权、易发现、易理解、易使用、可管控。

气象大数据安全管理。实施数据安全分级、产权分类。从传统数据安全角度,加强数据"采集、传输、处理、存储、服务、归档、销毁"全生命周期安全防护,加强"谁使用、谁负责"安全责任要求。严格数据合法性管理,确保数据的获取与保管符合国家安全与隐私保护的法律法规;加强用户权限和数据流向监管,确保数据产权得到保护;加强标准化管理,确保不因数据标准混乱影响业务价值;加强质量管理,确保不因数据质量不佳影响应用价值和经济价值。国家和省级气象大数据云平台按照统一标准管理各类数据,并根据安全分级、各类产权和使用许可条件,依规合法有序共享。

(三)数据为中心的业务流程

信息系统国家、省两级布局不变,但协同更强,真正实现全国气象"一朵云",夯实"云+端"业务基础与运行机制。

8.规范数据直传协议

各类数据实现"一点入云,全网共享"。在气象云就近接入口建立统一解码和格式转换,规范台站上传、全球收集、社会汇交的气象观测等各类数据标准。台站完成观测数据设备级质量控制,国家级、省级建立面向应用的统一质量控制算法,国家级开展质量评估。规范设备—设备(M2M)物联网通信协议,支持观测设备间质量互校、协同观测等交互通信。加快气象政务应用系统"上云",开放"用数"接口,实现在线汇聚,"赋能"决策。

9.完善产品直算流程

大数据分析实现"云算、云存、云享"。所有"业务准入"的数据解码、质控、分析和预报算法,纳入国家—省气象大数据云平台统一运行管理,提高运行效率。利用气象大数据云平台建设业务和研发的中试仿真环境,推进业务应用"云原生",实现"低代码"建设或重构业务系统。支撑"气象实况一张图""数字预报一张图""基本公共服务一张图"等全国集约化业务,完善网络化数据环境,实现一点更改,全网更新。

10.优化服务直通机制

数据服务实现"一点申请,全网支持"。气象大数据云平台向云操作系统发展,实现一次登陆,全网认证。实施网络安全分区划域,畅通国家—省和省际安全通道,支持数据和有限计算资源的全网调度,服务区域共性、特色业务的区域一体化发展。各级气象部门用户在任何地方、任何时候,无须关注气象云内部调度逻辑,都可依其用户权限均等访问全网数据服务。建设业务含义丰富的气象大数据标签体系,适配气象服务的各类场景,调度元数据注册的专网和互联网数据资源,提供精准数据服务。

四、重点任务

(一)建设高质量的气象基础数据资源

拓展数据收集渠道,加强数据质量保障,统一标准建设地球多圈层基础数据与气象相关的行业基础信息资源。

1.增强气象数据的发现与获取

气象观测"云—端"直传。利用地面宽带、无线通信、低轨互联卫星和卫星中继通信等数据通信技术及多种传输协议,基本实现我国综合气象观测网的陆、海、空、天基观测数据实时不落地直传气象云。加强对国外卫星的直接接收和自主处理。

纸质资料数字化提取。加强历史资料拯救与数字化业务,完成国家和省级存档的自记纸(新中国成立以来气压、气温、相对湿度、风)、农业气象报表、科考档案,以及新中国成立前珍贵档案的拯救和数据提取,支持百年序列和新中国成立以来分钟级长时序数据建设。

全球数据发现与收集。发挥 WMO-GISC 等国际机构相关职能,建立知名气象机构、科研网站和全球气象水文部门官网等开放数据源的发现元数据,结合数值预报、无缝隙数字智能预报、气候业务和气象服务需求,有序收集、适度超前收集。

部门间数据交换与共享。各级气象部门完善部门间共享交换机制,加强海洋水文、生态环境、交通、林业、农业、市政等行业数据收集共享,增强地球系统其他圈层数据获取。

社会化观测数据获取。建立社会化气象观测数据汇交的统一标准与互联网入口,支持企业、社会组织和个人的志愿汇交。推进与能源、航运、气象服务等企业探索建立互惠共赢商业模式,确保公共安全、商业秘密和隐私保护前提下共享观测信息。

2.完善气象数据的多级质量保障

完善气象数据多层次质量控制流程。强化观测数据源头质量控制和观测元数据合规性质量检查,确保观测系统产出数据的高质量。面向天气监测、资料同化分析和气候业务等需求,开展多圈层要素协调的综合质量控制。

完善气象数据质量监视与评估。建立气象数据质量指标体系,开展实时数据质量监视和反馈。构建面向实况分析、短临预警、数值模式、天气预报、气候监测、生态和农业气象等领域的数据质量需求管理和分类评估,促进相关质量控制方法持续改进。

建立气象数据质量问题响应机制。加强数据质量监视评估分析结果与观测系统的互动,强化设备预防性维护,改进设备级质控方法。通过错误告警和量化数据质量,帮助用户正确使用数据。

定期发布数据质量报告,支持管理部门强化数据质量考核。

3.收集地球系统多圈层基础数据

利用部门间共享等多种渠道,收集以大气圈为核心,涵盖地球系统多圈层、多要素、长序列、动态延续的基础数据,建设气候序列均一化数据集。大气圈收集地球对流层和平流层地球物理化学过程的基础数据,以及地—气相互作用等通量数据。水/冰冻圈收集海洋气象和海洋温盐流观测数据、各类陆地水体参数,以及冰雪、冰川、冻土等冰冻圈数据。岩石圈收集陆面静态属性基础信息及影响热量、水汽交换的陆面动态属性数据。生物/人类活动圈收集生物与环境相关数据。外太空圈收集地球表面60公里之外电离层数据、磁层数据、行星际数据、太阳活动等数据。各圈层重点加强卫星和航空遥感遥测反演数据产品收集和研制。

专栏1　地球系统多圈层基础数据

01　大气圈

气温,气压,湿度/水汽,风,降水,天气现象,云,能见度,闪电,日照,太阳辐射和长波辐射,以及酸雨、气溶胶、温室气体、反应性气体、臭氧及前体物等大气化学要素的近地层和垂直观测,以及卫星、雷达反演大气观测数据。观测平台包括陆海基观测站、探空气球、飞行器、雷达、卫星、GNSS系统、城市设施、移动智能设备等。

02　水/冰冻圈

海表温度,波动周期,波高,波向,海洋飞沫,海洋移动平台航线和速度,海平面高度,海洋次表层温度盐剖面,洋面热通量等海洋(气象)观测;江河湖库的水位,水储量,流量,蒸发和蒸散,地表径流,水温,地下水温度和化学特性等;雪深、雪水当量、积雪覆盖、湖/河/海冰、冰川冰盖变化、冻土等。观测平台包括

浮标、船舶、石油平台、海岛站、无人潜航器、水文站、冰冻圈观测站、卫星、飞行器、岸基雷达等。

03	岩石/陆地圈

　　土壤水分，土壤温度，土壤碳，土壤湿度，土壤侵蚀，地表物质迁移，水陆表面温度，陆面蒸发，植被指数，地表辐射特性，土地类型，土地用途，土地覆盖，数字高程模型，地面物种分布，灾害风险区划，火烧迹地，火山灰等。观测平台包括卫星、飞行器、地面站和移动勘测。

04	生物/人类活动圈

　　物候观测，植物病虫害，农业气象调查，地上生物量，反照率，陆面蒸发，叶面积指数，碳氧化物浓度，氮氧化物浓度，海洋生态环境，海水含氧量，海水酸碱度，浮游植物群，光和有效辐射，植被生物量，植物种类，人为温室气体排放，人为用水、人口密度和人员流动等。观测平台包括农气观测站、大气成分观测站、海洋观测站、卫星、通信设施等。

05	外太空圈

　　电离层特性参数(电离层电子浓度总含量 TEC，闪烁，漂移、电子密度、离子密度、中性原子、中性风、电场、磁场等)，磁层数据(带电能量粒子、电场、磁场)，行星际数据(等离子体、磁场等)，太阳活动(太阳磁场、太阳风、能量粒子、日冕图像、EUV 图像、X-射线图像、X-射线流量、EUV 流量、EUV 成像等)。观测平台包括地基空间环境探测站、卫星等。

　　注：通过气象观测网、各级气象部门与行业部门间共享、WMO 全球交换、互联网开放、适当商业购买等多种渠道获取地球系统多圈层数据。

4.建立行业基础信息一张图服务

专栏2　行业基础信息一张图的分类图层

01　基础地理空间信息

境界与政区、数字高程模型(DEM)、水系、流域边界、土地覆盖、核心地形要素、居民地及设施、陆海空交通、管线、城市类型等。部分数据既是"气象＋"评估的行业基础数据,也是大气系统的影响因子。

02　自然资源信息

森林、农田、草地、海洋与水、能源、山脉、矿产、土地等自然资源的分布信息、属性数据,包括卫星遥感反演形成的相对稳定的物理和生态参数。部分数据既是"气象＋"评估的行业基础信息,也是大气系统的影响因子。

03　环境与生态信息

生态环境质量、自然灾害综合风险普查、环境污染、大气污染排放源、自然生态、农业生态、核与辐射等数据。

04　经济与社会信息

人口分布、宏观经济数据、经济区划、旅游、工农业社会文化设施、城市管理等,包括卫星遥感形成的社会经济参数(如灯光指数表征人口分布)。

05　气象业务基础信息

全球/中国气象观测站网及元数据信息、气象标准预报地点及元数据信息、气候态统计量、各类气象灾害风险区划等。

注:通过部门间共享交换以及在线数据服务接口调用第三方服务。

收集气象影响预报、决策气象服务和"气象＋"大数据应用等所需要相关行业的基础数据和背景信息,并以统一的时空坐标提供服务,建立"行业基础信息一张图"。图层包括基础地理空间信息、自然资源基础信息、环境与生态基础信息、经济与社会基础信息和气象业务基础信息5大类。动态更新基础信息,保留历史沿革数据以跟踪演变情况。发展多维地理空间数据协同处理技术,支持基础信息与气象业务数据的融合计算服务。

（二）建设高价值的气象数据产品体系

加强高水平的多源数据融合分析和历史再分析,构建与"真实"大气准同步的"数字"大气;完善支撑应用的专题数据集。

5.完善多源资料融合实况分析业务

持续优化"全球—区域—局地"降水、大气和三维云等实况分析系统,提升国产气象卫星和各类雷达观测资料同化应用能力,增加云冰、云水等实况分析产品,提高产品时空分辨率,丰富天气现象、生活气象等人民群众感受明显的实况产品。优化完善陆面数据同化业务系统,向冰雪、植被、生态等圈层拓展,实现土壤湿度、土壤温度、积雪等变量的陆面数据同化。研发全球、区域一体化的海洋气象要素融合实况分析系统。建立实况产品真实性检验业务。研发快速融合局地观测数据与适应精细下垫面信息的城市气象、生态气象、污染气象等分析工具箱。

专栏3　多源资料融合实况产品

01　降水实况产品

建立"全球—区域—局地"多尺度降水实况分析系统,全球时空分辨率10公里/1小时,中国区域1公里/10分钟,局部区域100米/5分钟,更新频次最快达2分钟。

---

02   三维大气和三维云实况产品

建立"全球—区域—局地"一体化大气和云实况分析系统，优化改进气温、气压、湿度、风场等产品质量，增加云水、云冰等实况分析产品。全球产品分辨率 10 公里/6 小时，中国区域 1 公里/1 小时，局部区域 100 米/10 分钟。

03   陆面融合实况

优化改进土壤温度、土壤湿度等产品质量，探索研制径流、积雪、叶面积指数、地表温度等实况分析产品。全球时空分辨率 10 公里/6 小时，中国区域 1 公里/1 小时。

04   海洋气象融合实况

研制海表温度、海冰密集度、有效波高、海面盐度等海洋要素实况分析产品，产品分辨率达到全球 10～25 公里，时间分辨率达到为逐 6 小时。

05 天气现象/生活气象实况

研制中国区域 1～5 公里分辨率的降水相态、视程障碍类（能见度、雾、霾、沙尘等）、云类（晴/阴/多云）天气现象、生活气象、雷暴等实况分析产品。更新频次最快为 5 分钟。

6.完善自主可控的资料再分析业务

基于四维集合变分混合同化技术和中国数值模式，建立全球—区域一体化的大气和陆面再分析业务系统，强化中国特有观测资料及风云卫星和雷达资料同化应用，研制全球—区域一体化大气和陆面再分析产品。建立我国大气化学—天气耦合再分析业务系统，研制中国区域大气化学—天气耦合再分析产品。建立资料再分析产品质量检验评估系统，加强全球区域一体化大气和陆面再分析产品的天气学、气候学等检验评估,为天气气候监测预测提供自主可控的再分析产品。

专栏 4　资料再分析产品

01　全球和区域大气再分析

　　研制 1949 年以来全球—区域一体化大气再分析产品,全球产品水平分辨率 25 公里,区域产品水平分辨率 3 公里,时间分辨率 1 小时。

02　全球和区域陆面再分析

　　研制 1949 年以来全球和区域陆面再分析产品,全球产品水平分辨率 25 公里,区域产品水平分辨率 3 公里,时间分辨率 1 小时。

03　大气化学—天气耦合再分析

　　研制 2013 年以来中国区域大气化学—天气耦合再分析产品。产品水平分辨率 15 公里,时间分辨率 1 小时。

　　7.研制支撑精准预报的专题数据集

　　服务研究型业务,支撑人工智能应用,重现科学试验研究现场,研制支撑精准预报的专题数据集。充分利用气象大数据标签体系,数据视图与实体数据相结合,避免重复存储大量数据。

　　天气气候研究数据集。聚焦分钟至两周尺度上高影响天气的发生发展和监测预警,面向气候及气候变化监测预测等机理和技术研究,研制天气、气候研究专题数据集,活跃学术社区。

　　科学试验综合数据集。面向陆面—边界层物理过程、云降水物理过程与大气水循环过程、对流层—平流层大气成分特征等地球科学研究需求,整编国家和区域层面组织的科学试验汇交数据,进行必要的完善补充,形成综合数据集,重现科学试验过程。

人工智能应用数据集。支持人工智能技术在数据分析、预报和服务中的应用,研制面向高分辨数据重构、资料融合与同化、灾害性天气识别和预报、气候监测预测等领域应用的人工智能综合数据集,提升数据标注的质量和精确性,支持气象大数据与人工智能应用攻坚,建设匹配相关应用场景、不少于 6 套高质量人工智能训练数据集、测试数据集和验证数据集。

专栏 5　支撑精准预报的专题数据集

01　天气研究数据集

　　支持台风、暴雨、强对流、高温热浪、寒潮、大风、雾、霾、沙尘暴等高影响天气分析与预报,建设时间序列 10～15 年,包括空天地基综合观测及反映极端天气演变机理的高分辨率诊断分析场的天气研究数据集。

02　气候研究数据集

　　支持气候监测预测、气候变化评估、气候影响评价、极端天气气候事件和气候灾害诊断以及持续性异常信号监测预测,包括百年长序列地基和卫星遥感气候数据集、再分析产品,以及基本气候态数据产品、环流指数产品、ENSO 事件产品等一系列气候研究数据集。

03　分析与预报人工智能数据集

　　研制面向高分辨数据重构,资料融合与同化,台风、暴雨、强对流、视程障碍类天气等高影响天气识别和预报、气候预测等领域应用的人工智能训练、验证和测试数据集,包括常规观测、遥感遥测等综合观测数据,各类融合分析与再分析产品,以及天气气候事件存续期间的有关数值模式预报产品及标注信息。标注与实体数据分离,可与天气、气候研究共用数据。

---

04 科学试验综合数据集

　　面向特定区域、特定类型的天气气候问题研究,开展历次青藏高原科学试验、南海季风试验、华南暴雨试验、淮河流域能量与水分循环试验、极地气象科学考察与试验、中日联合 JICA 计划试验、中国科学院长期野外观测的台站观测数据整理,补充相关多源融合分析和再分析产品,建成科学试验综合数据集。

　　8.研制支撑精细服务的专题数据集

　　通过自主研发、部门合作和商业模式,以高时空分辨率数据供给和细分场景的服务产品提升精细服务的数据支撑。建立长时间序列、宽领域应用的气象实时历史数据集,支持气象服务自然灾害防治、生态文明建设、碳达峰碳中和、气候变化应对、粮食安全保障、气候资源开发利用等国家重大战略举措,服务行业生产发展规划制定、重大基础工程建设可行性论证、行业天气风险评估与区划等。建立针对行业(大城市群)运行管理、保障维护的实时气象专题数据集,支撑行业高影响天气的监测、识别、预警、服务业务。研发关系百姓民生的气象实况解释应用产品。

专栏6　支撑精细服务的专题数据集

01　自然灾害综合风险普查数据集

　　暴雨、台风、冰雹、大风、高温、低温、干旱、雷电、雪灾等致灾因子数据;气象灾害致灾孕灾要素分布与危险性评估图谱;气象灾害风险评估与区划图谱。其他部门普查数据集:地震、地质、水旱、海洋、森林和草原火灾等灾害风险,承灾体,历史灾害、综合减灾资源等调查数据以及主要灾种重点隐患数据。

02 生态文明气象服务综合数据集

生态类型、面积与质量,物候、生物量(载畜量)、土壤质量(水分等)、负氧离子等监测数据集,以及灾害与生态致灾因子监测数据集。重点功能区重大气象灾害及其次生衍生灾害生态影响评估、生态脆弱区气候承载力评估、生态系统保护和修复气象贡献率动态评估所需支撑数据;研发"国家气候标志评价精细要素数据集"。

03 "碳达峰碳中和"监测分析数据集

地面、探空和飞机以及卫星监测的二氧化碳、甲烷、臭氧、氧化亚氮等温室气体数据,应用于农业、森林、草原、湿地、荒漠、城镇固碳监测评估的大气及陆地通量气候数据集与再分析产品。

04 飞行安全气象条件分析数据集

机场例行和特殊天气、历史灾情、全球地面和三维大气实况与预报、全球航迹卫星云图、火山灰、云底高度、颠簸指数、积冰、强对流以及飞行气象条件分析数据等。加强高分辨率航空气象要素格点实况产品研发,地面至高空多层,尤其是低空通航(3000米以下)分析诊断产品。

05 "一带一路",冰上、空中丝绸之路的数据产品

建立完善全球气象服务基础地理信息数据集。相关地区能见度、暴雨、大风、冰雪,海上港口和重要航线、铁路沿线的风速、对流、湍流等解析应用产品。沿线国家多灾种预警信息。沿线高质量的长时间序列基础气候与再分析数据集。

06 服务新能源气象数据集

风能密度、太阳能密度、水能应用分析。开展陆地风能和太阳能资源、海上风能资源精细化评估和发电重大基础设施气象

灾害风险评估所需观测数据和高分辨率历史分析产品。生产调度相关的采暖度/制冷度日数等气候态数据,夏季降温耗能变率、冬季采暖耗能变率等电力能源气象数据。

07　惠民生促生产实况服务数据

　　基于观测、融合分析和再分析实况开展实况解释服务产品研发。包括百姓体感温度、舒适度、紫外线强度等实况服务产品;气候适宜经济作物区划、乡道县道沿线精细实况等数据产品,对接数字乡村建设;云景、雪景、光景、花景等旅游气象专题数据产品。

08　农业气象服务综合数据集

　　农作物、牧草生长发育期、生长状况、产量结构等基础数据;农田近地面温、湿、风、地温、光合有效辐射、二氧化碳通量等农田小气候数据;土壤质地、土壤温度、土壤水分等土壤信息数据,冻土状态、荒漠化和沙化面积等土地质量状况数据;干旱、洪涝、渍害等农业气象灾害数据;稻瘟病、条锈病、棉铃虫等病虫害数据。

09　多式联动交通物流气象服务数据集

　　多级物流枢纽位置信息。物流中心实况天气数据集、物流高影响天气服务产品集、物流气象指数产品集。低能见度、路面温度、雨雪天气等交通实况服务产品集。

10　高影响天气实景监测及风险服务数据集

　　基于国家站摄像头、社会化观测摄像头、手机摄像头等视频图像,通过视频图像天气识别人工智能算法,逐步建立高影响天气及实景监测数据集。建立面向气象敏感行业的高影响天气风险服务数据集。

11	大城市群气象服务数据集
	城市边界层、城市参数、城市大气环境及高影响要素等高时空分辨率观测数据,以及基于上述数据构建的城市气象、生态、环境和小气候模拟数据。

9.建立气象公共数据产品一张图服务

加强数据共享开放管理。基于数据安全分级分类建立用户授权,完善数据分类开放清单,面向部门内部共享、部委共享、社会开放和全球交换气象数据服务需求,有序共享和开放气象数据。

建设气象公共数据一张图。统一时空坐标,整合气象部门的全球气象实况一张图,数字智能预报一张图,数值预报模式产品、公共气象服务一张图,打造高价值"气象公共数据一张图",提供体验一致的数据图层、基于位置的接口和关联分析服务。基于气象大数据云平台,建设互联网(数字政府电子政务云)开放众创空间,提供气象公共数据开放和开发利用的算法工具箱。鼓励各业务中心、各省(区、市)气象局以此为基础开发特色用户服务门户,以个性化图层联动数据唯一标识符,确定"数据产权",跟踪交易过程,推动气象数据要素的市场化配置。

建设数字气象档案馆。建设国省数字气象档案馆,实现"人馆物"一体化管理与全国历史数字化资源的互联互访。全国范围开展珍贵档案分级鉴定与保护工作,形成一系列具有代表性的气象珍贵档案名录,支撑气象文化建设,向公众科普气象知识。

专栏7　气象公共数据一张图
01　全球气象实况图层
集成全球气象观测、实景视频和图像、多源资料融合分析实况和气候再分析实况。气象实况一张图实现全球、中国和局部区域一体化。

02   数字智能预报图层

集成多时空分辨率、"全球—中国—局部地区"一体化、天气气候一体化的数字智能预报数据产品,重要地点订正预报以及空间天气预报;中国天气、气候数值预报产品。

03   基本气象服务图层

集成气象灾害预警、大城市气象服务、生态文明保障、环境气象、交通气象、旅游气象等的公共气象服务数据产品;需要参与气象联合分析的其他行业基础信息图层(见重点任务4,建立行业基础信息一张图服务)。

(三)升级气象大数据云平台服务能力

气象大数据云平台向数据"云管理"系统升级,丰富数据挖掘与智能分析支撑,强化面向应用的敏捷服务能力,推进气象大数据应用创新,提升气象大数据的赋能价值。

10.提升多网协同的数据调度服务

统筹地面宽带、卫星广播、移动通信、公共云网络等多信道通信资源,建立立体式交换系统,实现气象大数据全网调度。完善全球数据发现、寻址、调用和收集流程,提升外部数据的在线获取和应用能力,适应未来"数联网"发展趋势。升级观测设备通信模块,完善数据入网传输规范,升级流传输协议,全面覆盖台站、飞行器、试验站网、气象卫星等观测平台,支持观测数据直传入云。加强云平台中心和节点间协同,实现应用驱动数据同步,支持跨区域业务协同。完善应急时主—备中心数据实时切换调度能力。增强全球交换枢纽能力,扩大"一带一路"、全球海洋等气象服务覆盖范围。

11.升级应用导向的敏捷数据服务

海量数据超融合管理。基于超融合存储技术,完善时空多维数据存储模型,整合形成气象数据湖,管理地球系统全量数据。优化分级存储,实现"HPC—云平台—归档"存储一体化。建成国—省分工、专有云公共云结合、同城异地备份的数据布局,实现气象端在任何地方依权限统一、均等地应用数据。

快速迭代的数据应用支撑。从站点管理转向要素管理,数据湖之上建立贴近应用、快速迭代的数据支撑能力。在业务实践中凝练数据组织和数据计算的共性能力,发展基于应用场景的数据服务,更好支撑天气、气候、服务等业务应用。

基于知识计算的精准数据服务。基于知识图谱建立"资源—需求—用户"的知识匹配和用户映射关系,实现海量数据与多元需求精准匹配,为数据开放共享提供智能推荐,基于研究领域提供精准数据服务。

12.升级气象通用型人工智能服务

建立机器学习开放框架(图3)。集成适应气象科研和业务的多类型训练框架,提供基础智能算法库和自动标注工具,辅助智能训练数据集研制。实现算法和数据的互联互通,提供算力按需匹配和智能调度,提供算法可视化组装,对用户屏蔽计算、存储、运行环境的复杂度,支持算法开发人员和数据科学家专注算法模型的设计、训练、评估和优化。建立人工智能应用标准流程。建设可视化、智能化产品加工流水线,全流程支持数据清洗、数据增强、算法建模、训练、评估和发布,确保过程可溯源,辅助 AI 模型的持续调优,推动人工智能成为基础公共服务,实现智能即服务(AIaaS)。

13.建立"云+端"的中试仿真环境

建立云平台的业务仿真环境。建设气象大数据云平台的仿真开发环境,与业务环境同构,支持云平台的新技术试验、新功能开发、业务变更测试等,支持云平台滚动升级应用支撑能力。

支持应用云化改造和"云原生"开发。建立应用云化改造的算力和存储环境,提供应用开发测试的数据支撑。建立在线开发环境(CloudIDE)和云上计算服务,集成主流测试工具和基础软件,

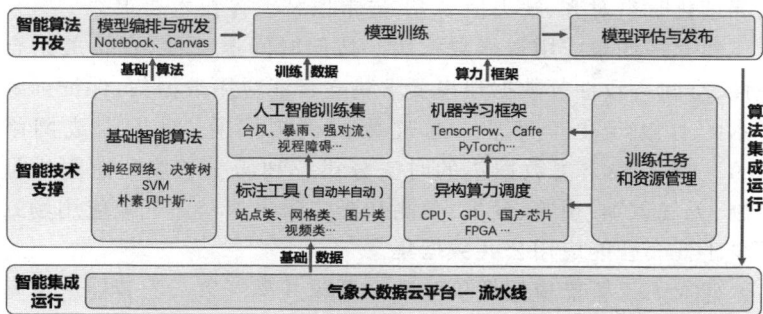

图 3　机器学习开放框架

支持应用"云原生"开发、测试、部署和上线运行。引导、鼓励分散在各业务系统的算法在平台共享复用，支持更多应用。

规范开发过程和成果管理。面向全国开放仿真开发环境，合理调度开发资源，科学管理开发过程，建立云平台和应用系统的DevOps开发运行模式。建立开放有序的成果管理模式，促进开发者积极贡献开发成果。

完成核心业务系统云化改造。建立核心业务系统清单，列入年度目标，统筹安排经费，"十四五"期间，国、省两级完成非云化应用系统的"云+端"改造。

（四）攻坚气象大数据与人工智能应用

依托气象大数据云平台人工智能支撑和智能应用数据集，发挥 AI 在数据时序规律、空间特征学习和知识推导等方面优势，推进数据驱动的智能分析、预报和"气象+"服务应用能力攻坚。

14.强化气象大数据与人工智能应用支撑

建立人工智能应用数据集标准。建立训练/验证/测试数据集定义、时间窗/空间窗定义、标签标记规则、特征数据选取规则、数据分割规则、数据集组织结构等气象人工智能应用基准数据集规范。面向不同应用场景，基于观测数据、标签数据以及模式特征数据等细化时空对齐、缺失值填充、异常值替换等技术要求。

建立多场景应用智能数据集。按照时间连续性、逻辑关系合理性、空间一致性等数据建模要求建立智能应用数据集,保证训练样本的有效性和正确性。通过数值模拟回算、对抗生成网络(GAN)等方法丰富数据集的时空分辨率和历史长度。建立质量控制、天气识别、预警、预报、预测和影响预报等经典气象应用场景不少于6套智能应用公共数据集。

建立人工智能应用评价基准。开放共享气象人工智能应用基准数据集,提供经典气象应用场景下的基准模型算法、评估指标和评估结果,结合传统方法检验评估结果,建立气象大数据智能应用的统一评价基准(Baseline),支持AI模型的实时在线检验。

建立学习型AI应用模型。按照统一标准,建设灾害性天气识别、超分辨率分析、强对流天气预警、高影响天气预报、气候监测预测等应用领域的气象人工智能专用模型。开发场景化的气象AI模型训练及部署工作流,分区域分时间段快速迭代更新模型。发布智能服务,并在业务应用中获得反馈和丰富训练数据集。发展行业基础信息与气象业务数据融合分析的地理空间智能(Geo-Spatial AI)分析。

建立人机协同AI应用模型。融合知识图谱、机器学习等技术建立流程自动化机器人(RPA)＋AI的智能服务,支持人机交互向人机协同升级,推进在智慧气象政务、智能业务运维、灾害现场信息增强、气象灾害应急辅助决策等场景的应用。

15. 推动气象大数据与人工智能创新应用

数据质量控制。开展基于机器学习的数据异常检测和识别,挖掘多源数据间的相关关系和交叉检验信息,检测单点奇异值、时序不一致、空间一致性、要素逻辑关系不一致等数据异常问题;利用卷积神经网络(CNN)提取气象要素场的典型视觉特征进行质量问题判析。

智能识别判析。开展天气现象、能见度、雷暴、风雹等强对流天气的自动识别；开展热带气旋等重要天气气候系统及其强度的判别分析；开展极端气候事件的自动识别。

智能分析应用。推进人工智能技术在历史数据重构、数据时空降尺度、数据修复、多源数据融合、数据产品误差分析和订正等领域的应用。研发下垫面自适应、智能易用的分析工具箱。

多灾种短临预警。利用机器学习方法挖掘气象事件的空间特征和时序规律，开展台风风雨分布、暴雨、强对流等灾害性天气短临外推预警等应用。

数值模式全流程。探索机器学习方法在偏差订正、资料同化、物理过程参数化、模式输出优化等数值模式运行过程中的全面应用，弥补物理模型对多尺度天气气候系统的刻画不足，通过数据驱动＋知识驱动的方式提升关键气象要素的预报准确率。

模式后处理应用。利用实况、地形、数值模式产品等多元数据设计并研发针对性深度神经网络，开展多模式集成和模式产品订正、降尺度分析、天气特征识别以及模式产品解释应用。

"气象＋"智能应用。挖掘气象、行业、社会大数据与事件间的关联关系，构建气象影响链条的知识图谱和特征模型，开展基于影响的气象预报和基于风险的预警决策。

政务大数据智能应用。基于业务管理、计划财务、行政办公、科研管理和人力资源等领域数据的融合分析，开展气象规划评估、各类风险感知、发展趋势研判、人才发展分析等科学管理应用。

运维大数据智能应用。基于气象数据、气象业务、信息资源、网络、安全和用户等实时与历史监控数据，开展信息网络效能、运行故障特征、用户行为特征等大数据挖掘分析，为信息资源规划、精细管理、业务流程优化等提供决策支持。

（五）持续迭代建设气象信息基础设施

建设能力强大、适合多场景的先进算力，构建通达全业务的高速网络,从算法、管理和调度三方面提升资源利用水平。

16. 迭代发展气象高性能计算系统

建设国产气象高性能计算系统,形成北京与京外气象高性能计算的两中心业务布局。建设配套机房,迭代升级绿色低能耗、匹配气象应用的高效算力。建设总峰值运算能力不低于200PFlops高性能算力,包含气象信息化系统工程建设30PFlops算力。实现基于国产异构众核计算框架的数值模式移植,支持基于异构众核计算构架设计下一代天气气候一体化数值模式的研发,支持开展人工智能与高性能计算融合应用。建设集约化数据管理系统,完善气象高性能计算资源监控管理,构建数值预报中试平台。国家级、区域中心用户通过高速网络使用气象高性能计算资源、数值模式及模式产品,省级用户通过高速网络使用气象数值模式产品。

17. 统筹集约建设气象云计算设施

加强气象云计算资源的顶层设计,持续扩充、增强气象云计算基础设施资源,形成集群化、规模化、服务化的云算力资源支撑能力,提升云计算资源调度能力。国家级存储能力不低于500PB,通用计算(含CPU与加速计算)总算力达到20PFlops,省级存储5～10PB,通用计算总算力超过1PFlops。提供支撑轻量级端应用的弹性计算资源,支撑人工智能分析应用的加速计算资源,支撑数据全流程业务的集群化、海量计算、存储资源,支撑历史数据永久存储的归档存储资源。专有云资源支撑实时性要求高、数据传输量大、数据安全级别要求高的业务系统,实现对数据全集的备份。公共云、政务云资源支撑面向互联网用户、外部用户的应用系统。

18. 构建要素充分流通的高速网络

建立扁平化的智慧网络。围绕国省一体的气象"云＋端"业务布局,构建全国一体扁平化高速网络,建设"北京主中心＋西安备份中心＋京外高性能计算中心"高速骨干环网,逐步推进市县扁平化对等接入国省网络。推进算网融合和数网融合技术应用,根据观测、计算、服务的实时需求进行动态组网和网络资源动态调度，支持协同观测自适应灵活组网和极轨气象卫星数据空间中继传输，实现通信网络智慧升级（图4）。

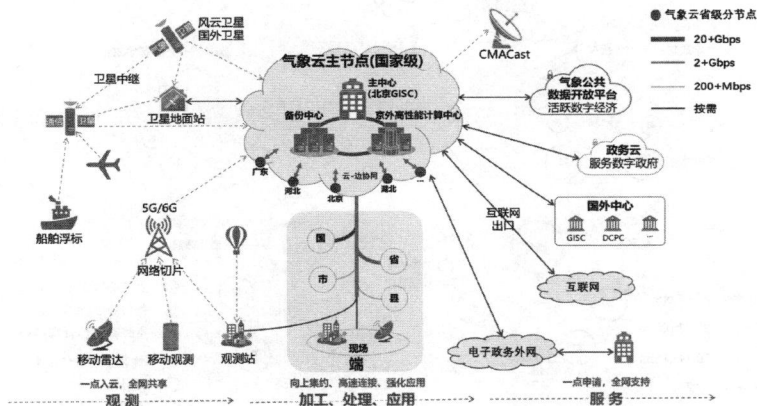

图 4　业务全覆盖、空间全覆盖的气象数据网络

　　大力推进多网安全融合利用。加大电子政务外网、互联网和卫星通信网在气象部门的综合利用，融入"云＋5/6G 移动通信＋卫星互联网"的国家天地一体化网络。推进国家电子政务外网在各级气象部门的全面接入，气象数据快速融入数字政府和城市大脑。关闭市县级互联网接入，集约使用国省互联网出口资源，着重利用互联网提升观测数据收集、社会化服务和共享效率，加强国外卫星数据直收入云，畅通国际和国内数据循环（图5）。

　　全面提升通信网络传输效率。"三地三中心"高速骨干环网带宽达到 20Gbps，按需扩充国、省、市、县线路带宽并动态可调，应用网络组播和内容缓存等技术提升传输效率，支撑省级至"三中心"有效流量 2Gbps 以上。逐步实现县—市—省级联接入到省、市、县扁平接入的省内广域网（图6），市县至省级有效流量 200Mbps

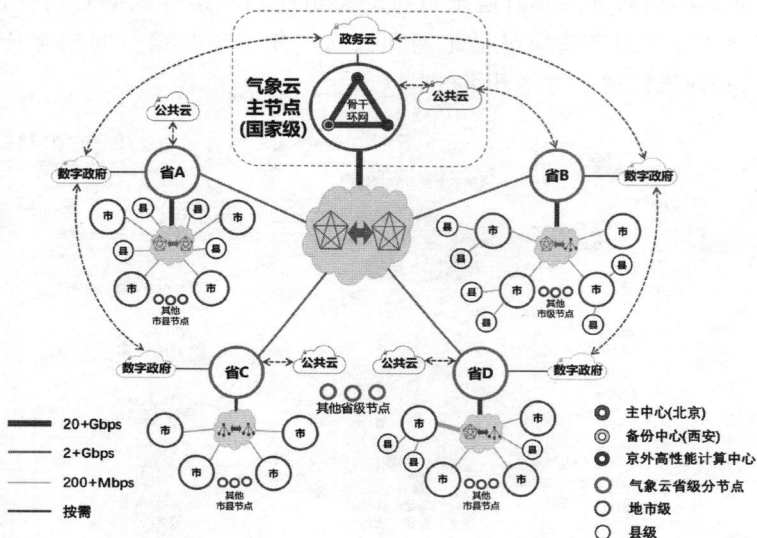

图 5　全国气象广域网拓扑

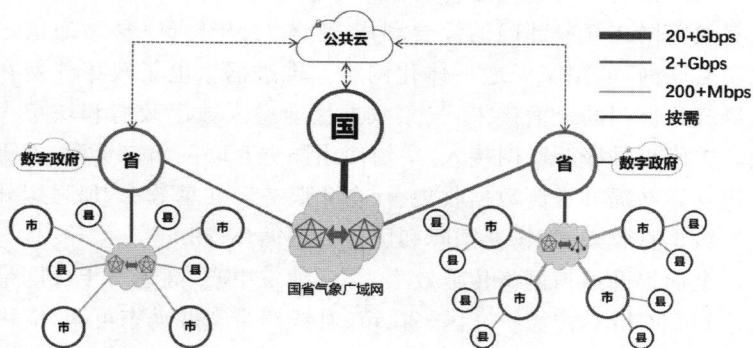

图 6　级联和扁平两种场景下的省级广域网

以上,实现数据在云内高效流转和云端高速协同。按需扩充电子政务外网和互联网出口带宽,提高卫星广播通信系统(CMACast)的播发能力,扩大对"一带一路"沿线国家的覆盖。

19. 增强气象云协同基础设施服务

兼容国产化 CPU 芯片和操作系统扩充云资源池,建设云桌面资源池,支撑双网分离后的双终端需求,节约能耗并更好地提供移动办公(业务)支持。优化云资源申请流程,提高用户自主性和满意度。通过精细化策略设置和终端安全防护技术,保障资源池安全,保障终端安全合理使用。拓展云视频会议和远程高清视频应用场景,实现观测台站、应急现场、灾害易发地的天气实景和音视频信号传输。利用 AI、语音识别等技术建立 4K 超高清自动协作视频会议。

(六)推进数据驱动的数字化智慧管理

完善气象政务管理平台的一级集约架构,加快构建气象政务大数据,建立与完善气象综合指挥平台,推动数据驱动的管理与决策成为新常态。

20. 完善气象政务的基础支撑

完善国家级气象管理数据中心。依托中国气象局国家级基础设施资源和气象大数据云平台,实现中国气象局各类职能管理基础数据的梳理、汇聚和入库,强化安全分级分类管理,建立数据实时更新机制和业务管理流程,根据业务管理和综合办公等管理应用和决策分析场景,建立支撑各级气象部门智慧管理的架构统一、权威可靠、集中部署的基础数据环境。

升级国家级气象政务管理平台。优化面向服务体系架构和微服务开放框架,支撑各单位个性化特色应用自主开发和集成扩展。进一步完善用户、角色、认证、授权、消息等平台核心服务能力和接口,提升大数据综合分析与多应用协同的支撑能力,承载办公、财务、人事、党务、培训、后勤、业务和科研管理等各类应用,为推进实现"智慧管理"提供坚实的技术平台支撑。

统筹气象政务配套建设。强化国家电子政务内网使用管理,承载涉密信息系统运行,扩大电子政务内网终端联网接入范围。接入国家电子政务外网,依托国家数据共享交换平台满足气象部门与国家和地方政府间信息共享交换需求。依托气象业务专网及互联网,统筹气象信息基础设施资源及安全体系建设,支撑部门内办公、管理、决策及"互联网+政务服务"等管理数据应用,加强对移动办公的支撑。依托气象综合业务实时监控系统"天镜"建设集组织、制度、流程、平台为一体的气象政务统一运维服务体系。

21. 建设气象管理大数据资源

制定《气象管理主数据管理办法》,与气象业务共享共建机构、人员、站网、科技项目等气象主数据。持续丰富办公、人事、财务、业务管理等管理基础数据资源,加强管理基础数据清洗、转换和聚合,构建数据问题发现、溯源、修正和反馈等机制流程,提高数据可用性。充分挖掘综合管理和决策支撑应用场景需求,建设完善面向管理决策的主题分析数据和决策支持数据。建立气象管理大数据安全体系,在遵守国家保密规定的前提下,稳步推动气象管理数据分级、分类开放共享。加强气象管理数据资源标准制修订,对接好数字政府、数字银行等。

专栏8　气象管理基础数据

01　主数据

　　跨业务、跨部门、跨流程、跨系统共享,变化相对缓慢的部门基础信息,也称为基准数据,包括人员(含在职/退休/编外)、用户/账户(含学生用户、外包企业用户等)、机构、气象站网、地理信息、科研/工程项目、数值预报产品类别、装备类别和气象数据要素等信息。气象管理与气象业务实现主数据共建共享共用。

---

02 行政管理数据

　　各级气象部门办文、办会、办事等行政事务和办公事务管理数据,包括公文管理、会议管理、出差请假、工作日程、要情、考核评价、督查督办、信息公开、宣传管理、对外交流合作管理(人员出国出境、国际、双边和地区交流与合作)、现代化指标管理、科学决策管理、机关事务管理、安全生产管理、信访管理、事项办理等数据。

03 业务管理数据

　　减灾服务管理数据:各级气象部门应急减灾和公共服务管理数据,包括减灾管理、应急管理、公众服务、农业服务、专业服务、人工影响天气管理等数据;预报预测与信息网络管理数据:各级气象部门预报预测和信息网络管理数据,包括天气预报管理、气候预测管理、数值预报管理、信息系统运行管理、基础设施资源管理、资料数据管理、网络和数据安全管理等数据;综合观测管理数据:各级气象部门综合观测管理数据,包括站网管理、观测系统运行管理、卫星遥感管理、装备保障管理等数据。

04 科技管理数据

　　各级气象部门科技管理数据,包括科技项目(项目类别、名称、参与人员、经费预算、合同信息、项目过程信息等)、专家管理、知识产权、科技成果(登记信息、科技论文、论著)、科技基础条件与支撑平台管理等数据。

05 财务、审计和规划管理数据

　　各级气象部门计划财务管理数据,包括预算管理、财务核算管理、资产管理、发展规划管理、区域发展管理、项目管理信息(各承建单位、经费投入、合同)等数据。各级气象部门审计管理数据,包括审计综合管理、经济责任审计、财务收支审计、建设项目审计、部门审计、专项审计等数据。气象部门规划的目标、任务内容和发展指标等信息，形成可考核、可评估数据指标。

06 机构人事管理数据
各级气象部门机构人事管理数据，包括人员、干部、离退休、劳动就业、社会保障、工资、职称、福利待遇、培训教育、岗位、机构编制等数据。

07 政策法规数据
各级气象部门的三定方案；气象依法行政所需遵循的规章和制度；气象部门内部制度和业务规范；大数据开放、人才引进、科技成果转化等气象专题领域的方针和政策；行政审批管理、执法监督管理、标准化管理等数据。

08 党群团建管理数据
各级气象部门党建、纪检、工会、群团等管理数据，党组织信息（包括沿革）、党员信息（组织关系沿革）、奖惩信息、支部工作法、纪检监察、巡视、群团、团委、工会、青年、妇女等管理数据。

22.推进气象管理数字化发展

支撑科学决策管理。建设人力资源综合画像、现代化指标评估、工程项目管理等一批跨部门、跨应用、跨层级管理数据示范应用，提升管理数据综合应用能力。为领导层决策提供规划设计、规划评估、效益评估、趋势研判和风险分析等战略管理支撑。

提升行政办公效率。以数据流驱动管理流，建立横向贯通、纵向联动的管理应用协同机制，打通应用壁垒和管理链条，实现公文管理、会议管理、督查督办、日程管理、档案管理等办公流程无缝衔接，畅通沟通渠道，支持多元工作形式，建设安全高效的移动办公应用,不断提升工作效能。

改进业务管理方式。推动业务管理应用资源整合、互联互通和信息共享,提高综合业务管理能力。充分利用气象业务信息化所产生的业务数据、系统运行数据、检验评估数据,关联业务管理行为,全面实现气象业务管理的数字化和在线化。

优化科技管理支撑。加强科技资源、科研项目、科技人员、科研成果、科研基地等多维度数据统计挖掘与融合分析,加强科技技术规范化与标准化,提升科技管理的智能化水平,为科技人员减负,为人才发展和科技成果转化提供服务支撑。

强化人事综合管理。实现人力资源、人事档案、培训教育、人才招聘评审等全方位管理和无缝对接,推进干部人事管理工作由传统方式向数字化、网络化方式转变,提升服务职能。完善各类人事数据的汇聚挖掘和数字化统计分析,促进干部人事信息的综合开发和深度利用,更好地服务领导决策。

加强计财与内控管理。落实国家和气象部门对资金监管的要求,构建一级部署的气象计财与内控管理信息系统,为国省各级计财管理部门提供全业务、全流程管理和监管工具,提高资产精细化管理水平。全面升级核算体系和应用系统,实现财务与业务的强关联,不断满足政府会计制度改革的新要求。

提升"互联网+政务服务"水平。优化气象行政审批的"一网通办"功能,建成中国气象局一体化政务服务平台移动端,实现与国务院和地方有关部门政务服务平台的对接互通、数据共享和业务协同。推进"互联网+监管",进一步强化社会管理,提高社会对气象政务事中事后监管的信息化水平。

23. 建设与完善气象综合指挥平台

围绕重大活动气象保障服务、重大灾害气象保障服务、突发公共事件气象保障服务等需求,以轻计算、重连接,前台轻操作、后台重分析为要求,建成快速响应、聪明智慧的气象综合指挥系统,集成卫星、雷达、多元融合实况、预报预测、人工影响天气等业务建设成果,实现各业务板块在线协同、实时信息更新、国省联动的统一"挂图作战"指挥空间,为领导决策提供科学客观、高效及时的气象信息。实现事件驱动的宏观研判,把控事态全局;模型驱动的中观指挥,破除疲劳怠战;数据驱动的微观决策,实现高效行动,在气象服务保障中充分体现气象业务体系的综合效能。

(七)推进国省协同的数字化智能运维

加强综合气象业务监控能力,基于监控运维大数据,推进气象运维自动化、智能化,促使资源和流程配置合理化、科学化。

24. 提升"天镜"的全业务数字监控

完善气象综合业务实时监控系统,实现"全业务、全流程、全要素"的全局一体化业务监控。提升对超算系统、基础设施云平台、数据全流程、业务系统运行、用户使用资源状况的精细化监控能力,实现全业务横向监视、国省监控联动、故障关联分析、快速定位和业务控制、应急切换。增强多源气象资料数据质量实时监视、告警通知,建立数据质量问题反馈响应机制,保障数据质量。完善功能、算法、接口众创,加快对接本地化业务监控,支撑国、省、市、县四级监控运维分级分权监控和同级协同。

25. 建立国省协同的智能化运维

基于"天镜"构建国省数据及业务协同运维模式,实现国省工单联动、知识共享和远程协作等。建立对异构云资源的统一管理,包括资源分配、资源调度与编排、多云治理、多云监控和运维等。实现业务自动巡检、故障自愈等业务自动化运维;建立完备的气象运维知识图谱,研究机器学习算法在智能化运维技术应用,实现故障原因分析及自动定位、故障预测等智能化运维。汇聚全业务环节业务监控数据、资源资产数据、资源使用数据、运维操作数据,构建气象业务运行大数据和业务运行质量指标,为算力、存储等资源的建设规划和精细化调度,为业务系统故障排除、优化升级、流程再造提供数据支撑和决策支持。

（八）构建整体防控的气象信息安全体系

气象业务是国—省—市—县—现场通达的畅通网络，连接互联网，连接委、部、局，连接国际气象机构，气象信息安全需要加强整体防控、协同防控、精细防控。

26.构建国省一体化的安全运营服务

统一全国网络安全技术设计。编制印发《中国气象局网络安全设计技术方案》，从通信网络、区域边界、计算环境、安全运营等方面对国省市县网络安全体系进行统一设计。国省气象云内实现气象内网和气象外网分离，根据业务需要合理设置安全防护区；市县作为端接入气象云，将互联网出口集约至国省。建成面向业务主机和办公终端的安全防护系统，以及面向主机、终端、观测设备、应用和人的安全准入机制。

构建网络安全基础信息库。建立资产信息库，包含操作系统、数据库、中间件等网络安全强相关基础信息；自动采集网络安全监管单位和安全厂商发布的安全风险情报信息，建成动态更新的风险情报库，结合资产信息形成国省一体的网络安全基础信息库，为安全运营提供信息支撑。

提供国省协同安全运营服务。整合全网安全资源，在国、省两级建立具有安全评估、预测预警、安全监测、响应处置、安全服务能力的安全运营平台，实时收集和同步国省网络安全告警和数据；基于电子流程，利用大数据和人工智能技术，实现对网络安全要素的实时监测、智能分析和高效处置；面向气象应用和人员提供统一信任、安全密码、安全审计、资产测绘等基础安全服务。

建立网络安全平战结合机制。面向全国进行安全教育、培训和考试，选拔人才组建网络安全攻防队伍，形成国省协同防守能力，支撑日常网络安全的监测处置、指挥调度和协同联动，构建气象行业联防联控体系；通过建立网络安全攻防相关资产测绘、即时通信、攻防演习、培训实训、态势感知等平台,逐步实现基于网络空间地图的数字化"挂图作战"。

27.建立全链条可溯的数据安全监管

数据安全分级分类。落实国家数据安全相关法律、法规要求,建立气象数据安全分级和数据产权分类的管理制度。针对不同安全类别的数据建立相应的访问控制、数据加解密、数据脱敏等安全管理和控制措施。实施气象大数据的"采集、传输、处理、存储、服务、归档、销毁"全生命周期安全监管,识别安全风险,完善管控举措。针对不同产权分类加强用户权限和流向监管。

数据全流程安全管理。实施用户统一认证和数据安全使用的权限管理,强化终端数据安全。敏感气象数据内外部传输采用适当的加密保护措施,保证传输数据安全,防止传输过程中的数据泄漏。建立数据存储介质安全管理制度,科学开展存储介质定期转换。严格数据存储系统的账号权限管理、访问控制、日志管理、加密管理、版本升级、数据迁移等管理制度。完善气象数据开放清单管理制度,健全数据出境安全管理制度,确保数据出境安全。建立发生数据安全事件后的应急处置制度。

数据资源安全管理。实现基于数字对象唯一标识(MOID)的气象数据产权管理,并与时空多维的气象公共数据产品图层对接,推动气象数据有序流动和合法依规使用,确保数据来源权威可靠。国省统一建立部署气象数据服务监管平台,实现数据来源回溯、数据确权、流通追溯。加强违规流通数据的实时监视,建立数据用户信用评价、监督和惩戒机制,提高气象数据资源保护能力。

(九)发展创新自主的气象信息技术体系

坚持自主可控与开放创新并举,是科技创新驱动发展的重要前提,是统筹安全与发展的应有之义。

28.发展地球系统数据分析关键技术

发展数据质量控制及均一化技术。研究不同载体观测要素的数据清洗、解析变换和标准化处理技术。发展"动力—统计—人工智能"相结合，多元观测数据协调适应的"观测端—信息端—应用端"质量控制技术，探索基于观测对预报敏感性的质控技术。研究多圈层、多平台观测、多要素协调的数据插补技术和参考序列构建技术，研究多源观测资料交叉比对分析、协同评估及偏差订正技术，发展适用不同时空尺度和时频域的均一化检验与订正技术，构建多方法集成的气候资料均一化技术。

发展多圈层数据融合与分析技术。研究云宏微观特征信息在三维云分析中的应用技术。研究雷达、卫星、模式等降水资料系统偏差订正、协同质控和地形订正技术。研究地面观测和卫星反演土壤水分、积雪等资料陆面同化技术。研究海—冰—气多圈层协同融合分析技术。开展人工智能分析技术在新兴观测资料信息提取及融合应用研究。开展"真实性"检验评估技术研究。

发展自主可控的资料再分析技术。开展四维集合变分混合同化技术应用研究，发展全球和区域相互协调的大气、大气化学和陆面再分析系统。优化历史卫星红外和微波观测资料偏差评估与订正技术，优化历史探空温湿度观测资料偏差订正技术。加强地面自动站、天气雷达、风廓线雷达等资料综合质量控制和同化应用研究。研究观测资料时空密度、质量、种类等对再分析产品的影响，研究集合分析产品质量不确定性，以及不同历史时期背景误差协方差多尺度分析和估计技术。

前沿探索型技术。集成地球系统多圈层基础数据、多尺度地球—大气系统融合分析与再分析数据，集成人工智能、数值模式等算法模型和多维可视化技术以及算力调度，构建与"物理真实大气"同步、可交互干预的"数字孪生大气"原型，探索在天气气候事件复盘、天气气候机理研究、模式敏感性试验、圈层间相互作用模拟试验、灾害影响评估等场景应用。

29.发展气象大数据云智能平台技术

异构海量数据存储管理技术。针对百 PB 海量地球系统数据,研究并持续健全分布式存储技术体系。完善异构存储的多副本数据的一致性保障技术,保障副本同步的完整性和高时效。研究基于时间、空间、要素、层次、时效等时空多维的气象数据存储模型,支撑气象数据多维分析应用。完善大数据分级存储和统一服务技术,实现全序列数据统一服务。

气象算法智能集成调度技术。研究并实现智能计算、分布式计算、通用计算等异构算力的统一调配和隔离技术。发展气象算法智能调度技术,实现数据驱动的全流程上下游联动。发展气象人工智能支撑技术,实现海量气象数据的融合接入和标注,支持智能算法规模化训练。研发气象算法的"云原生"开发环境,提供数算一体的云上计算服务,支持算法测试到业务一键式迁移。

分布式跨区域协同计算技术。发展国家—省两级资源协同、数据协同、应用协同的分布式跨区域协同计算技术。发展基于软件定义的全网协同交换技术。发展实时"迁移计算"技术,云中心AI集中式模型训练与省级节点模型执行推理有效互动,实现分布式智能应用。

多维空间数据管理与服务技术。研究北斗网格码等多维空间非规则网格数据标准,以及多尺度(米级到千公里级)区域位置标识体系,支持气象格点、站点(包括天、空、地基观测)、社会经济、自然生态等多类数据统一空间表示体系和服务。基于地理空间图像的机器学习和气象数据的融合分析技术。

30.发展气象大数据与智能应用技术

气象大数据可视化技术。利用 WebGIS、WebGL、GeoServer等开展气象大数据在线分析及开放地理空间信息联盟(OGC)服务等技术研究。基于气象大数据"云+端"服务框架及气象三维数据,构建三维可视化模型,提升多时相数据可视化服务能力,实现增强现实(AR)和虚拟现实(VR)可视化应用,支持应急现场信息增强,支持未来"数字孪生大气"的研发和建设。

气象多源数据挖掘技术。借助人工智能分析算法,基于气象行业数据,构建灾害性天气与多圈层数据之间的知识图谱,支持精准数据服务;分析以数据为核心的拓扑关系,为数据溯源及问题定位提供支撑;深度洞察用户行为,形成丰富清晰的用户画像,开展精准的个性化气象服务。发展多源、多尺度数据整合挖掘技术、解释分析应用技术、统计和动力融合降尺度技术,研发针对特定应用场景的影响评价技术。

人工智能应用技术。研发卫星、雷达以及视频图像智能识别天气技术;研发基于深度学习并考虑下垫面特征的气象实况超分辨分析技术;研发基于时序+空间机器学习建模的气象要素和高影响天气短临预报技术;研发基于智能推荐、多模式集成的精细化预报技术;研发基于大数据分析和自然语言处理的智能情景化气象服务技术;基于知识图谱和机器学习技术,研发不确定性条件下的最优决策推荐技术和人机智能协同的在线决策技术。

前沿探索型技术。研究基于物理约束条件的机器学习模型,开展气象人工智能模型可解释性研究;探索量子计算、光子计算在机器学习等特定领域的气象应用。

31. 发展高效可扩展高性能计算技术

异构众核可扩展计算技术。基于国产异构众核计算框架,研究现有气象数值模式代码的移植和重构等适配技术。基于众核芯片,研究数值模式高可扩展性和高并行计算技术。基于国产异构众核计算构架,研发下一代天气气候一体化数值模式。

HPC-AI融合应用技术。开展人工智能与高性能计算(超算)融合应用,将人工智能融入数据预处理、数据同化、预报迭代、模式输出后处理等数值模式全流程。结合不同系统编译器、科学计算库等软件环境,研究对模式计算结果精度及运行时效的影响。

前沿探索型技术。研制屏蔽底层硬件的气象领域专用语言，开展应用对系统软硬件资源的自适应技术研究。研究适合地球系统模式发展的高性能计算系统定制配置。

32.发展国产自主系统全栈适配技术

开展国产化 CPU、操作系统、数据库、中间件、集群管理、云计算、办公套件等基础通用软硬件全栈适配技术研究，推进国产密码技术应用集成，制定适应"云＋端"新业态的数据和算力支撑平台全面国产化替代策略，提升气象业务应用支撑环境自主可控水平。攻关数据挖掘分析、数据缓存、跨生态数据迁移、数据可视化、业务软件等国产化数据迁移、软硬件深度集成和优化技术，实现国产生态体系平滑迁移和高效运行。

（十）推进规范有序的气象信息网络治理

加强气象信息化标准建设，推进信息架构、质量管理认证、数据治理等方法论的业务实践，构建良好的信息网络业务生态。

33.持续完善气象信息化标准体系

完善气象信息化标准体系，特别是其中气象大数据标准建设，加强与国际标准的双向融入。完善地球系统多圈层资料元数据和数据元标准，提升数据的互操作性。完善气象数据流程、质量与安全的管理规范。制定气象大数据云平台分布式处理流程、微服务接口和数据中台建设等标准。制定气象人工智能应用参考框架及评估测试规范。完善气象统一通信系统规范。制定观测设备对接入云的物联标准和社会化观测资料直传入云接口规范。制定平台间协同互操作规范。完善数据发现和寻址的元数据标准。制定气象数据与行业数据融合的标准规范与对接机制，制定气象融入城市信息模型(CIM)的统一标准。建立混合云环境下资源统一管理和安全规范。

34.初步建立气象大数据有效治理

建立气象数据治理框架。加强气象数据的统一归口管理，明确气象数据治理的组织架构。从数据全生命周期,明确数据标准管理,质量管理,安全管理,主数据、元数据和标签管理等治理项目的内容、规范和管理制度。

强化气象主数据/元数据管理。定义跨业务、跨单位、跨流程、跨系统共享的气象主数据,进行有效识别和建模。参照 WMO 推荐的元数据标准完善元模型,集成不同来源的元数据,完善气象数据标签体系,丰富气象数据的“画像”,建立全要素覆盖的气象数据资源管理系统。

建立气象数据管理与服务能力成熟度评价。参照国家相关标准和 WMO 推荐示范,建立对地球系统科学数据、气象业务运行与管理数据、气象相关行业基础信息等数据管理能力成熟度评价。参照数据中心服务能力成熟度评估相关规范,从组织架构、智能运维和风险预警水平、资源规划和容量管理、信息人员素质等方面建立气象大数据中心服务能力的评价。

开展气象大数据服务综合效益评价。建立气象数据共享服务效益评估模型和指标体系,从成本效益、利益攸关方、科学影响力、公共服务增量等角度评价气象大数据开放的社会与经济价值。

35.完善气象信息化发展制度供给

落实《气象信息系统集约化管理办法》。加强项目申报、运行和验收等三个环节的集约化管控。定期组织管理及技术人员开展集约化相关管理办法和气象大数据云平台融入的技术交流与培训。做好基础设施云平台的网络安全监控与管理,提高集约化后的网络安全防护能力,进一步提升其管理服务能力。

完善气象大数据政策体系。完善气象大数据政策框架,完善气象数据开放共享的清单管理制度、安全评估流程、数据许可等;建立气象数据资源管理制度,明确数据权属界定、开放共享、交易流通等标准和措施;建立气象数据用户信用评价制度。

探索基础信息资源多元化利用机制。探索统一的公共数据开放平台下,根据不同门户数据流量、特色数据存储的公共云资费的分担机制。统筹利用社会超算中心算力资源,支持模式的开放协同攻关以及科学研究和运行试验等。

建立气象业务软件的平台准入制度。制定业务软件融入气象大数据云平台的准入退出机制,从集约化、安全性、稳定性、可管可控性等方面形成平台准入标准。建立系统和用户反馈评价体系,量化业务软件的资源占用和效益产出,为业务软件资源分配与退出机制提供支撑。探索气象软件开发企业准入制度。

36.建设高素质的信息化人才队伍

培养建立一支熟谙硬件特性、计算科学、应用数学、物理学、气象数值模式等跨学科组合的气象高性能计算专家和数据科学家队伍。围绕并行可扩展计算、HPC-AI融合应用、大数据人工智能应用等方向开放课题,形成国内外同行认可并积极参与的气象高性能计算、气象大数据科学家社区。推动气象业务平台和应用软件开源社区建设,共享全国气象人智慧,建立"榜单""赛马"等机制,鼓励业务中应用良好的算法脱颖而出,培养优秀的气象软件开发者和架构师,降低气象业务系统的外部依赖风险。

五、推动规划有效实施

(一)加强组织协调,落实规划实施责任

气象信息网络关系全局业务发展,应加强顶层协调,确保高质量建设。本规划制定的约束性指标、制约性算力短板、畅通网络以及安全保障等领域的任务,要明确责任主体和进度要求,确保如期完成。本规划确定的主要指标要分解纳入年度计划指标体系,设置年度目标,合理确定年度工作重点。

(二)加强统筹集约,建设气象信息网络

统筹气象信息化、综合观测、预报预测、气象服务、科技发展等领域规划对于数字基础设施需求,落实本规划顶层设计,将气象信息网络建设纳入迭代发展,统一开展气象大数据云平台、基础设施云平台和网络基础设施等气象数据业务及支撑系统的扩充升级，不断优化系统架构和提升系统性能。

（三）鼓励多元参与，构建开放合作平台

在气象法框架下，强化数据汇交，也加强与各部门、全社会建立合理的数据共享模式、商业模式，不断丰富地球系统数据体系。探索与算力供应商合作建立"中国芯＋中国模式"的云服务模式，走出国门提供服务。探索开放实验室、联合团队等方式加强政产学研合作。

（四）强化评估运用，加强政策协同保障

基于气象信息化指标体系，建立实时和统计结合的气象业务发展的宏观判断和微观指标。加强评估结果的分析应用，在中期财务规划和年度预算上，在政策有效供给上，在人力、技术资源配置上及时给予支持，并纳入相关考核体系。

风云气象卫星应用能力提升
工作方案

（气发〔2021〕157 号）
2021 年 12 月 31 日

加强风云气象卫星应用工作是提高气象预报预测、防灾减灾、应对气候变化和气象保障生态文明建设能力的重要举措。为充分发挥风云气象卫星遥感优势，完善卫星遥感综合应用体系建设，进一步提升卫星遥感在气象核心业务和多领域应用质量和效益，特制定本工作方案。

一、现状分析

风云气象卫星综合性能达到世界先进水平。静止和极轨两个系列、8 颗风云气象卫星在轨运行，实现系列化、业务化自主发展和升级换代，整体实力跻身国际先进行列。全国卫星遥感综合应用体系基本建立。建立了布局合理、分工明确的卫星遥感综合应用体系，成立了气象卫星工程办统筹卫星应用系统工程建设，在国家级主要业务单位和各省（区、市）分别成立卫星遥感应用机构或专项攻关团队，形成覆盖国、省两级的卫星应用技术体系和业务流程。科技创新体系初步形成。聚焦气象卫星应用关键科学问题，建立了许健民气象卫星创新中心，攻关了卫星定位定标、国产快速辐射传输模式（ARMS）等关键技术，提升卫星数据在数值模式中的同化能力,自主可控和科技水平显著提升。卫星应用效益逐步提升。卫星在气象预报预测、防灾减灾、农业与生态气象、人工影响天气、公共气象服务等领域的应用能力得到增强。行业应用不断扩大,用户遍及 100 多个行业,年共享数据总量达 7.8PB。服务"一带一路"的格局初步建立,成果惠及 120 多个国家和地区。

二、存在问题

风云气象卫星基础产品"有效供给"不足。卫星应用产品多基于单个卫星或仪器开发,针对应用需求的多源卫星资料融合产品和反演技术欠缺,产品的定量化水平和质量有待提升,共享和服务能力尚不能完全满足业务发展的需求。在天气监测预报等气象核心业务中的应用薄弱。卫星数据产品对气象核心业务支撑能力需进一步强化,产品易用性和定量化应用水平不高,特别是在短临预报、数值模式中的应用亟待提升,新型分钟级卫星观测数据在高分辨率数值模式尚未得到有效利用,卫星定量估测降水等存在一定误差,影响了预报预测的准确率和预见期。科技创新能力需加强。卫星气象学等卫星应用基础理论需进一步完善。天空地一体化发展、卫星资料同化、基本气候变量反演等精细化应用关键技术急需突破。围绕卫星高时间分辨率、高空间分辨率、高光谱分辨率等新型载荷开展的卫星产品预处理、算法等关键技术能力不足。

三、发展思路和目标

（一）发展思路

以习近平新时代中国特色社会主义思想为指导,贯彻落实习近平总书记对气象工作、防灾减灾救灾和风云气象卫星服务"一带一路"的重要指示精神,进一步夯实卫星应用业务基础,提升卫星在短临预报预警服务等气象核心业务应用的科技能力,健全体制机制,发挥卫星遥感应用效益。

充分利用国家级业务科研单位的技术研发优势,以提高气象预报预测准确率为核心,聚焦应用关键技术和基础能力提升,推动卫星资料融入智能网格预报产品体系,提高数值预报模式的卫星资料同化率,提升中国区域卫星气候数据集精度,完善在生态与农业气象、人工影响天气等领域的应用,推动气象卫星与人工智能、大数据、数值模式的深度融合。

按照"突出特色、因地制宜"的原则,各省(区、市)气象局进一步完善省级卫星遥感综合应用体系,建立省级卫星遥感应用指挥和技术管理体系,推动市县级遥感应用业务发展,因地制宜开展应用服务。

(二)发展目标

到 2025 年,建成以监测精密、预报精准、服务精细为标志,国省市县全线贯通、便捷高效的卫星遥感应用格局和自动智能、精细数字的卫星遥感应用业态,逐步解决制约风云气象卫星应用高质量发展的关键难题,实现风云气象卫星科技创新有效支撑气象核心业务发展。

具体目标:

——监测精密。提升风云气象卫星数据精度和产品质量,可见和近红外定标精度优于 3%、红外优于 0.3K,定位精度优于 1 个像元。强化天空地多圈层海量异构数据的融合、同化和气候再分析能力,"全球—区域—局地"一体化实况业务达到或接近国际同类产品水平。优化卫星数据产品传输和共享服务流程,推动数据共享、应用算法和遥感应用平台融入气象大数据云平台。

——预报精准。基于卫星实现对中尺度对流系统的快速监测和滚动临近预报,监测时间提高至 1 分钟,主要气象灾害监测精度大于 80%,对台风等重要天气系统实现云图自动解译。推动实现我国自主可控卫星气候监测、诊断和预测能力,具备全球气候观测系统规定的 60% 以上要素的卫星气候数据集生产能力。显著缩短风云卫星新资料进入全球和区域天气数值预报、气候模式、再分析产品等业务数值预报系统的同化应用周期,同化资料量在 2021

年基础上翻一番。

——服务精细。风云气象卫星在国民经济和国防建设等领域得到广泛深入应用,服务生命安全、生产发展、生活富裕、生态良好和国家安全的能力实现系统提升。在农业等重要行业、青藏高原等重点区域、长江黄河等大小流域的气象监测服务中发挥独特作用,空间天气应用示范发挥实际效益。"一带一路"重点区域气象灾害监测服务时效达 30 分钟,全球气象灾害监测服务时效提高至 4 小时,在国际上形成风云气象卫星国际应用合作新格局。

——科技创新。发挥许健民气象卫星创新中心作用,利用揭榜挂帅、风云卫星应用先行计划、协同攻关等多种机制,有效组织国内外科技力量参与风云气象卫星应用研究,实现辐射传输模式、卫星资料高精度定位定标、多源数据融合等应用核心技术达到国际先进水平,推动卫星气象学学科发展,形成多支高水平创新团队和一批高层次领军人才。

四、重点任务

(一)夯实风云气象卫星应用基础

任务 1:提升卫星基础数据产品质量

提升卫星基础数据产品质量。加强卫星数据预处理和产品质量控制,完善卫星遥感应用技术方法和标准,健全卫星遥感数据获取、预处理、产品制作、应用服务和反馈响应等业务流程。对气象卫星一级、二级数据产品开展周期性再处理,形成高质量、稳定的数据集。依托现有地基和空基气象观测站网,建立高精度的一级辐射、大气、陆地、海洋和空间天气五大类卫星产品真实性检验站网、业务系统及相应的校准体系。推进中国气象局中国遥感卫星辐射测量和定标重点开放实验室建设,完善敦煌陆面试验场和青海湖水面试验场,开展星地辐射基准溯源和协同定标,组织后续卫星新增遥感仪器数据地理定位算法攻关。

完善卫星基础数据产品算法。提升卫星多光谱云检测算法,形成云检测系统框架。持续完善不同载荷射出长波辐射、植被指数、大气温湿度廓线、风、降水产品的反演算法。研制多源卫星融合的海陆冰表温度、冰雪产品。

强化卫星基础数据产品质量管理。建立卫星遥感产品质量检验业务和反馈机制，定期发布数据质量检验报告，完善业务管理规章和考核评价制度。加强对卫星应用产品业务准入、版本升级、退出管理，促进业务规范有序发展。

任务 2：强化卫星数据传输和应用支撑

完善卫星数据汇聚存储。完善大气系列卫星数据中心与陆地、海洋系列卫星数据中心数据传输，提高获取高分卫星、海洋卫星、陆地资源遥感卫星等国内遥感卫星数据的能力。扩大全球卫星数据收集范围，加强国际交换卫星数据产品收集、处理。优化海量卫星数据存储管理，建设异地数据备份中心，开发支撑国省一体化的卫星数据服务、多圈层数据的空间化处理等技术。

实现卫星数据的快捷获取。建立并完善风云气象卫星数据、产品和算法共享清单及用户手册。研究卫星数据产品流式获取和即时处理技术，推动风云气象卫星数据产品在国省各应用单位的快捷获取，实现数值模式同化卫星区域资料时效小于 10 分钟，全球资料时效小于 1.5 小时，省级卫星数据获取时效小于 5 分钟，"一带一路"用户获取时效小于 15 分钟。加强卫星地面运行控制系统等关键信息基础设施的安全保障。

提供一体化实时应用分析支撑。研发以云计算为核心的遥感应用云服务平台和应用支持系统，开展支撑国省一体化、数算一体的卫星数据服务和遥感应用支持。推动国省用户在线开展卫星遥感应用计算，逐步摆脱数据搬运下载习惯，数算一体支持数据量不低于 2PB。推动风云卫星遥感应用平台（SWAP）和卫星监测分析遥感应用系统（SMART）融入气象大数据云平台，实现实时业务访问。

任务 3:发展多源卫星融合产品

发展多源卫星监测产品。研究气象卫星图像融合超分与加密技术,基于不同卫星、不同仪器的基础产品,生成格式统一、时间频次一致的卫星动态实况图,图像加密时间分辨率达 1 分钟、空间分辨率优于 500 米。汇聚国内外卫星数据和产品,形成多源卫星陆表、海洋等标准化、种类齐全、内容丰富的卫星数据产品库,基础数据不少于 50 种,专题数据库不少于 6 个,各专题数据库实现自动化编目、自动化元数据提取与时间序列自动追加增长。

完善多源资料融合的实况分析产品。发展基于卫星数据的大气三维实况监测技术,在全球 10 公里分辨率的大气、陆面、海洋以及降水实况分析产品中,实现风云卫星微波温湿度、风场及掩星等数据产品的融合应用;在中国区域 1~5 公里分辨率实况分析产品中,实现风云气象卫星各类成像仪数据及云参数、降水、积雪、土壤水分、叶面积指数等反演产品的快速融合。

任务 4:研发面向各类用户的卫星产品

面向专业用户,从数据共享、算法解析、检验评估等方面优化卫星基础数据产品应用支撑,建立联合研发机制,共同攻关天气、气候、生态气象等卫星应用领域关键技术,挖掘开发风云卫星数据潜力。面向行业用户,研发适用于公共移动通信系统的轻量化便捷应用技术和产品,提供多终端遥感应用服务模式和卫星遥感基础监测和分析产品、全球大尺度应用服务产品。汇集和评价各行业卫星遥感产品、算法等应用成果,及时反馈提升卫星产品质量。面向公众用户,发挥风云气象卫星品牌效应,制作易于理解和使用的卫星产品。针对公众实时关注的热点天气气候事件向公众推送卫星科普类产品。依托国家气象公园、天然氧吧、气候生态城市等气象品牌,拓展特色卫星服务产品,实现气象卫星科技与科普"一体两翼"协同融合发展。面向国际用户,结合国际用户当地技术水平和需求,建立国省联合国际服务机制,发挥省级遥感部门区位优势、技术优势和人才优势,同"一带一路"国家和地区共同开展卫星遥感产品的研发,深化风云卫星遥感技术国际合作。建立遥感应用技术交流平台,推动国家级业务单位间、国省之间卫星各应用领域的业务技术交流,定期组织业务技术会商和遥感业务技术交流研讨活动,细化风云卫星产品应用方和供给方需求。

任务 5:完善省级卫星遥感综合应用体系

强化省级卫星遥感能力建设和市县级业务服务发展,建立省级卫星遥感应用指挥和技术管理体系。因地制宜开展应用服务,深化在天气、气候、生态与农业气象、人工影响天气中的融合应用。推进卫星遥感行业应用,强化省内业务指导、技术支持和业务培训。市县级结合本地实际开展遥感产品应用服务,协助开展国、省两级指导产品的真实性检验,建设地基真实性检验站。

(二)提高在数值预报模式中的同化能力

任务 6:提升在数值天气预报模式系统的同化应用能力

开展已同化卫星数据质量诊断。开展风云三号 E 星微波、红外探测数据、风场反演数据、掩星数据和风云四号 B 星红外探测资料、水汽成像数据同化试验和评估。发展有约束变分偏差订正技术,实现对风云卫星资料的自适应订正。推动国产快速辐射传输模式(ARMS)在全球数值天气预报模式系统的同化应用,实现全球数值预报同化分析的自主可控。研发全天候全地表的风云卫星辐射率资料直接同化技术。实现风云卫星资料在区域数值预报中的同化应用,对各量级 24 小时定量降水 ETS 评分提高 $3\% \sim 5\%$。

任务 7:加强在气候模式预测系统的同化应用

攻关风云卫星陆表和海冰资料在气候模式预测系统中的应用技术。基于风云卫星陆面和海冰产品的一体化协调耦合同化系统,研制陆面变量和海冰耦合同化方案,开展风云卫星多变量产品耦合同化试验和预测试验,评估风云卫星陆面和海冰产品对气候预测模式性能的影响。

任务 8：开展在地球耦合同化系统的同化应用

发展地球系统不同分量模式与国产快速辐射传输模式（ARMS）的耦合技术。研发面向地球系统耦合同化的风云卫星资料同化技术，实现海表粗糙度、海表盐度、土壤湿度等参数与ARMS 地表发射率的耦合应用。开展面向地球系统模式的全球卫星影响评估。

任务 9：发展在大气再分析系统中的同化应用

开展长序列极轨卫星微波红外垂直探测数据、掩星产品及静止卫星大气运动矢量产品在全球大气再分析中的同化应用和试验，开展风云四号卫星辐射成像仪和干涉式红外探测仪在中国区域大气再分析中的同化应用和试验，实现风云卫星资料在中国大气再分析中的同化应用。位势高度的总体分析精度提高 3%～5%。

（三）强化在天气监测预报及防灾减灾中的应用

任务 10：加强在短时临近天气监测预警中的应用

不断提升对于复杂地形及边境、无人区和高层大气等气象观测薄弱地区的天气监测能力。研发基于卫星观测的强降水及初生对流自动监测识别技术。发展风云四号干涉式红外探测仪、辐射成像仪和极轨卫星数据产品在中尺度数值模式中的快速循环同化应用，改进高频滚动订正技术。采用人工智能等技术，发展融合天气雷达、卫星资料等多种观测资料的局地强对流天气综合外推预报技术。推动风云气象卫星数据产品及算法进入新一代短临预报预警系统（SWAN）和省市县一体化短临预报预警业务平台。

任务 11：发展在台风等监测预报中的应用

融合静止、极轨气象卫星等资料，研究卫星降水估测和台风精细化立体监测、强度突变判识等技术，开展多源融合分钟级降水的确定性、灾害性概率及极端性预报，构建高精度高时效的台风监测预警系统,实现全球热带气旋生命史全天候智能识别、定位、定强和预警。研发西南涡、东北冷涡等重点天气系统的云图自动解译产品并开展业务应用,提升对台风、西南涡、东北冷涡等天气系统预报预警支撑能力。推动实现卫星数据在航空气象、船舶导航系统中的应用。

任务 12:强化省级卫星遥感天气应用

按照示范带动的原则,在工作基础和条件较好的地区先行先试,积累好的经验和做法,逐步带动各省(区、市)天气应用能力的提升。实现风云气象卫星数据产品在省级落地并及时到达业务平台,提升省级卫星多通道融合应用和多源数据综合应用水平,强化对暴雨、强对流、台风等天气系统的实时监测分析能力,开展强对流分类临近预报算法和短时强降水临近预报产品的省级应用评估,积累强对流灾害性天气个例库。

任务 13:开展气象灾害卫星遥感监测

发展气象灾害及其衍生灾害的卫星遥感监测产品,建立台风、暴雨、强对流、大雾、雷电、雪灾、泥石流、滑坡、塌方、洪涝等灾害事件的实时监测和快速评估业务,针对城市、农村、海洋和重点区域定期发布监测分析报告。开展全球极端强降水、极端高温等高影响极端天气气候事件的卫星遥感监测,提高气象灾害全天候、全天时、多要素、高密度、精细化的卫星遥感立体监测能力。

(四)提升在气候领域中的应用

任务 14:强化"碳达峰、碳中和"的气象科技支撑

构建长序列 CO_2 和 CH_4 卫星观测数据集。开展基于生态模型的高精度植被净初级生产力数据模拟研究和基于风云气象卫星等多源资料融合的大气 CO_2、CH_4 浓度长序列遥感数据集建设,监测精度与同类高质量卫星产品间的一致率不低于 80%,并形成业务产品体系。

开展温室气体的精细化监测评估。通过温室气体地面校验站

采集大气 CO_2、CH_4 与 NO_2 柱浓度,建立多源卫星温室气体评估验证系统,提升国产卫星温室气体探测精度。利用温室气体人为排放的示踪特性,实现生态系统固碳和人为温室气体排放通量的计算,为"自上而下"评估温室效应、我国的气候变化监测、归因分析和全球碳核查提供数据依据。

强化风能太阳能资源监测与综合评估。基于风云三号系列卫星洋面风产品和国内外合成孔径雷达产品,开展我国风能太阳能资源精细化监测与综合评估。开展全球监测,摸清全球风能太阳能资源时空分布特征。基于高分卫星实现我国已建光伏电站和风电场的自动识别。

开展太阳辐射和臭氧监测评估研究。提高风云气象卫星太阳辐射和臭氧的反演能力,开展臭氧和大气气溶胶星地资料校验和反演资料同化分析,建设太阳辐射和臭氧数据库,建立监测分析指标体系。开展气体污染物浓度的水平垂直分布、臭氧敏感区分布的分析,研究臭氧与大气环境的相互作用。

任务 15:提升我国自主可控的卫星气候监测能力

研发支撑气候监测的长序列卫星数据集。研究风云气象卫星长序列历史观测资料再定标以及星间一致性传递定标方法,建立业务与历史资料衔接重处理机制,对历史数据进行再定标和重处理。构建长序列射出长波辐射、植被指数、陆表温度、海表温度、洋面风、云导风、积雪、温湿度廓线、云、气溶胶光学和微物理特性卫星数据集。

加强在气候现象监测预测中的应用。基于海表温度、洋面风、射出长波辐射等风云卫星数据产品,发展完善厄尔尼诺与南方涛动、印度洋偶极子、印度洋一致模、北大西洋三极子、热带大气季节内振荡和北半球夏季季节内振荡等气候现象的实时监测和诊断分析。开展长序列不同数据源气候现象监测结果比对和分析,实现我国自主卫星数据产品在气候现象监测预测中的诊断应用。

加强在亚洲季风监测诊断中的应用。基于风云气象卫星数据建立亚洲季风活动特征标准或定量指标技术,建立对季风爆发、撤退及与季风相关的强降水过程维持时段、影响范围、相对强度等指标的历史实时一体化的监测和诊断产品。开展基于风云气象卫星季风产品的检验评估、偏差分析和误差订正,实现我国自主研制卫星数据产品对亚洲季风活动的监测和诊断应用。

（五）发展生态等卫星气象应用服务

任务 16：发展生态气象卫星遥感应用

发展生态气象监测评估能力。加强植被生物量、净初级生产力、地表蒸散量、水体湖泊面积、土地覆盖等重要生态气象参数的卫星反演技术研发。发展生态气象质量评价、功能评估、敏感性评估模型,建立融生态质量动态变化监测、评估、预警、气象贡献率分析等为一体的生态气象保障服务系统。

发展大气环境监测分析能力。推动卫星多源资料在雾霾、沙尘天气短临滚动监测预报预警中的深度融合应用。利用卫星数据产品,开展包含颗粒物、反应活性气体等大气成分的变分同化溯源,全面监测大气环境的变化及气象条件在其中的作用。

开展省级特色生态气象卫星遥感应用。按照"山水林田湖草沙冰"以及"气城"等方向,形成国家级指导、优势省份牵头的生态气象服务格局。在我国"三区四带"、自然保护区等重点区域开展生态气象遥感监测评估,提高对典型生态类型区的生态遥感能力。面向当地生态文明建设需求,针对沙尘暴预警、有害生物防治、流域洪水、超大城市、森林草原火灾、水资源等气象服务需要,开展针对性的监测评估,为地方发展提供支撑。

任务 17：提升农业气象监测评估能力

建立大宗作物（小麦、玉米、水稻等）遥感服务业务,研发同化卫星资料的农业气象作物模型,开展农作物分布、全球主要粮食作物长势、物候期的遥感监测和评估。完善干旱、大面积洪涝、雪灾等农牧业气象灾害的发生、发展、影响等遥感监测评估技术,建立监测预警评估指标、监测评估系统并开展服务。

任务18:提升"一带一路"国际服务能力

通过深化风云卫星遥感技术国际合作,结合"一带一路"国家和地区的技术水平和需求,充分发挥沿边省(区、市)气象局及省级特色遥感业务在"一带一路"国际服务中的辐射作用,联合开展"一带一路"地区和国家遥感监测产品的研发。建设具备多语言支撑能力的"云+端"全球气象灾害快速响应平台和国际遥感应用示范系统,为国际用户提供精细化、定制化的遥感应用服务,增强全球防灾减灾应急响应服务能力。

任务19:提升卫星空间天气监测预警能力

加强中俄联合体全球空间天气中心建设,建设空间天气灾害事件短时临近预报业务卫星支持系统,实现对太阳耀斑、质子事件、磁暴、电离层扰动等空间天气事件的链式监测、追踪和预警。推动卫星空间天气数据在太阳风扰动传播、磁层、辐射带、电离层和中高层大气数值模式中的同化应用。建设卫星空间环境监测综合分析系统,强化对粒子辐射环境、磁场、效应等卫星轨道空间环境变化的监测。加强空间天气监测、预警预报关键算法研发,建设空间天气科技研发创新平台和应用示范系统。

任务20:深化在人工影响天气中的应用

在华北、华中等典型区域开展星空地联合观测试验,建立我国典型云系人影作业云特征数据集。基于卫星遥感云产品及其他观测资料,开展风云气象卫星云特性产品检验,为云产品性能提升及算法优化提供依据。升级人工影响天气实时业务卫星应用系统,为人工影响天气作业条件识别、作业跟踪指挥和作业效果检验提供技术支持。

(六)加强科技创新和人才队伍建设

任务21:推动卫星气象学学科和基础研究建设

系统总结我国卫星气象观测、研发的科学技术进展,梳理针对天气、气候、空间天气、地球系统多圈层等方面的卫星气象科学认知。系统挖掘气象卫星在天气预报、气候预测、气象服务等领域应用的科技业务经验,从卫星应用角度分析重大灾害性天气过程,揭示天气系统发展演变机理和规律。加强利用高分辨率卫星监测分析中尺度、全生命史天气系统的结构特征和演变机理,开展卫星气象学理论和方法研究。通过局校合作,加强卫星遥感反演技术及多源资料数据融合、人工智能等新技术在卫星气象应用学科方向上的建设力度。

任务 22:提升气象卫星应用科技创新水平

　　聚焦卫星应用前沿技术和理论,加强关键共性技术和前沿引领技术研究。改进定量遥感算法,发展新卫星新载荷数据处理技术,突破风云三号降水卫星、风云四号微波载荷定位定标和反演技术。发展多源卫星资料融合处理技术,提升卫星在暴雨强对流、台风定量监测和在气候、生态、气象灾害及大气环境监测中的深度应用能力。开展风云卫星数值预报同化研究,提升风云气象卫星红外、微波、风场、掩星资料同化能力。开展第三代风云气象卫星及应用关键技术研究,发展先进观测系统仿真、应用模拟数据集,推动实现自主可控的新型平台、载荷及应用关键技术发展。

任务 23:加强培训和人才队伍建设

　　面向国省市县数值预报、天气、气候、防灾减灾、生态与农业气象等不同岗位人员,分级分类开展培训,编写风云气象卫星遥感综合应用手册和教材,加大培训力度。依托国家级培训机构和省级培训力量,在天气预报员及县级综合业务人员的培训中增加遥感综合应用内容,加强对基层预报员特别是县级业务人员对卫星数据产品可解释性分析的培训,提升其对新技术和新方法的理解和应用能力。实现省市县预报员气象卫星数据产品及其在短时临近天气预报技术培训全覆盖。

五、保障措施

（一）强化组织实施

中国气象局加强组织领导和统筹协调，局领导定期调度和检查各单位阶段性目标、任务完成情况，协调解决重大问题。各相关职能司加强分类指导和督促落实，及时解决团队遇到的现实问题和困难。各单位要把卫星遥感综合应用列入本单位核心业务范畴和年度考核内容，鼓励各地结合本地实际创造性开展卫星遥感应用，对于成效显著、应用效益突出的单位，优先在气象卫星工程、中国气象局科研项目及人才发展、科技创新政策上给予支持。

（二）完善投入机制

通过许健民气象卫星创新中心、风云卫星应用先行计划等平台计划，汇聚多方科研资源，构建"揭榜挂帅"的应用研发机制，加大对卫星遥感应用科技创新支持力度，鼓励各单位积极申报研发专项、国家自然科学基金和地方科研项目。加强卫星遥感综合应用业务规范化管理，保障常规业务维持经费。引入市场机制，拓宽社会投入渠道，发展卫星遥感应用专业服务市场，逐步提高经济社会效益。

（三）重视人才队伍

充分利用各类人才政策，创造优秀卫星遥感应用人才脱颖而出的政策环境。加快卫星气象应用关键技术领军人才和青年人才培养，在天气预报、数值预报、气候、生态气象、人工影响天气和专业气象服务等领域建立首席专家制度。建立由国家级业务单位、许健民气象卫星创新中心或省级遥感应用单位牵头，广泛吸纳科研院所和高校参与联合攻关团队，建立团队技术研发、交流、培训等机制和考核机制。

（四）加强合作交流

建立风云气象卫星应用互通互融工作模式，各单位明确推动卫星应用的业务对接部门，及时对接沟通。强化与高校及农业、林业、水利和统计等部门遥感科技创新共建合作,加大与国外大学、研究机构的国际交流与合作,加大国省间及国内外学者交流访问。推进科技基础平台开放共享,提高卫星数据、网络和软硬件资源共享共用,完善卫星遥感应用中试平台,健全科技成果转化应用机制,为气象科技创新提供支撑。

雷达气象业务改革发展工作方案

（气发〔2021〕158 号）

2021 年 12 月 31 日

为贯彻落实中国气象局关于全面推进气象现代化建设和全面深化气象事业改革的决策部署，按照"强基础、调结构、优管理"的改革总要求，深化雷达气象业务体制机制改革，在中国气象局雷达气象中心（以下简称雷达气象中心）成立运行的基础上，进一步推动雷达气象业务改革发展，充分发挥气象雷达在气象防灾减灾中的"大国重器"作用，特制定本工作方案。

一、现状分析

（一）雷达气象业务体系基本建立

截至目前我国已建成由 224 部 S 波段和 C 波段新一代天气雷达构成的世界最大的业务化运行天气雷达监测网，近地面 1 公里高度覆盖率约 30.79％，雷达软硬件设施基本实现国产化；完成了 88 部新一代天气雷达大修及技术标准统一，完成了 58 部新一代天气雷达双偏振技术改造。全国新一代天气雷达实现即扫即传，数据可提供服务的时效由 442 秒提升到 50 秒。健全完善了雷达气象业务体系，基本形成了"两级管理、三级保障，四级应用"的业务布局，建立了由气象雷达装备技术研发、运行保障、资料应用、监测预警等组成的雷达气象业务体系。

（二）天气雷达运行保障能力逐步提高

建立了天气雷达装备和业务运行质量管理体系，建设了天气雷达运行状态实时监控及维修保障平台，实现了对天气雷达故障的远程维修技术支持。建成了国家级天气雷达维修测试平台和仿真系统，以及省级天气雷达维修测试平台，国、省两级基本具备了天气雷达测试维修能力。

（三）天气雷达在短临监测预报预警中应用日趋深入

天气雷达高时空分辨率的数据在公里级实况产品研制中发挥了重要作用。建成了以天气雷达为主要资料来源的短临预报业务平台，灾害性天气的监测预警时效提前几十分钟至数小时。210余部天气雷达资料在国家级区域数值天气预报中得到应用，建成了国家级与区域中心区域1～3公里分辨率的、以天气雷达为核心的多源资料同化预报系统和精细化数值预报服务系统。

（四）雷达气象业务培训体系初步形成

建设了以天气雷达产品应用培训、雷达机务保障培训为主的实习实训环境和教材、课件等教学资源系统，开展了天气雷达产品应用、雷达机务保障等领域的培训。"十三五"期间累计培训雷达气象业务相关技术人员约2750名，为天气雷达的保障和应用提供了有效的人才支撑。

二、主要问题

20多年来，我国雷达气象业务从无到有实现跨越发展，成绩显著，气象雷达已成为支撑"气象大国"地位的重器，气象雷达观测也已成为中国气象事业的核心支柱之一。但是对标"监测精密、预报精准、服务精细"的要求，存在的短板和不足成为制约高质量发展的瓶颈，主要表现为：

气象雷达"预研一代"的装备技术研发机制不健全，影响着新装备发展的先进性和业务应用。由于"预研一代"组织实施受限，新型雷达装备主要依靠企业供给，而企业片面追随国外产品，造成雷达装备型号众多,导致在质量控制、业务应用等方面准备工作明显不足,无法迅速发挥雷达应有的效果。只有强化"预研一代"实施,有计划组织新装备研发工作。通过搭建平台,调动企业主体参与的积极性,采取设计竞标、指南引导、型号孵化、观测试验等措施,才能实现高质量发展。

顶层设计不足带来"短板"效应,影响着雷达气象业务整体运行水平。除了装备技术的研发以外,雷达气象业务还涉及多个方面。由于雷达标定业务能力不足,带来探测标准不一,导致雷达资料定量化使用困难;单部雷达只能以默认或自适应模式进行观测,组网协同观测难以实施,雷达网实际上成了单个雷达简单的"并集"网,雷达可多模式观测的优势没有得到发挥;由于数据质量控制体系架构设计、建设滞后,带来了"多头"质控及方法不一、质量不一的现象。除上述现象外,在雷达停机维护维修、大修升级、专项质量治理等方面,也存在科学性、计划性不足等现象。解决上述问题的关键是要强化国家级雷达业务单位在设计、建设、运行、应用等环节发挥"统管"作用,发力解决整体系统的短板问题。

气象雷达应用体系不健全是应用水平和效益发挥不足的主要原因。气象雷达获取的资料信息丰富、使用复杂、应用领域广,非装备出厂时所提供的应用软件和产品所能完全涵盖。事实上,气象雷达应用的关键,在于用户的二次应用开发。因此,要改变只建气象雷达系统(网),忽视建立应用体系的模式。目前,我国的气象雷达应用体系不完善,部门内尚没有设立专门的研究机构。可以借鉴国外做法,建立专门的应用研究机构(如美国的强风暴实验室等),通过建立若干雷达应用实验室,持续推进应用产品、质量控制算法、雷达资料同化技术、协同观测技术、雷达业务软件研发等关键核心领域的研发工作。同时,还应采取学术交流、观摩评比、成果转化等举措,发挥省级面上用户的应用研发积极性,形成"骨干＋面上"相结合的应用体系。

雷达气象人才队伍建设和业务培训需进一步加强。雷达气象领域高层次人才缺乏,适应雷达气象业务需要的人才梯队尚需完善,人才培养、使用的评价机制有待完善。相关高校在雷达气象业务相关的学科建设和技术人才培养方面还存在一定差距。雷达气象相关业务和管理人员在职培训不能满足雷达气象业务及相关新技术发展的需求,与之匹配的教学环境和资源等培训能力还需进一步提升。

除上述问题外,在国家级雷达业务支撑能力、雷达数据上下通行、运行监控、产品应用研发、维护维修保障等方面还存在能力不足等问题,需要进一步加以解决。

三、思路和目标

(一)工作思路

以习近平新时代中国特色社会主义思想为指导,全面贯彻落实习近平总书记关于防灾减灾救灾和对气象工作的重要指示精神,紧紧围绕"监测精密、预报精准、服务精细"的要求,瞄准气象强国建设目标,面向国际科技前沿和实际需求,全面推进雷达气象业务改革,完善体制机制,推进雷达气象业务能力建设,提升气象雷达应用水平和效益,发挥支柱作用,为生命安全、生产发展、生活富裕、生态良好提供更加坚实的气象保障。

(二)工作目标

总体目标:

通过改革发展,雷达气象中心建成并投入业务运行,健全体制机制,雷达业务能力、应用水平和效益显著提升,人才水平明显提高。

到 2023 年,初步建立气象雷达装备技术研发、运行保障、资料应用、监测预警组成的雷达业务体系,雷达气象业务进入高质量发展阶段;到 2025 年,雷达气象业务能力显著提升,基本建成功能齐全、运行高效、装备先进、应用效益显著的雷达气象业务体系,灾害性天气短临监测预报预警服务能力明显提升，更好地满足气象服务保障的需求。

具体目标：

——气象雷达装备技术研发机制建成运行。以业务部门主导、社会力量广泛参与、持续发展的气象雷达装备技术研发机制日趋完善，系统全面、迭代更新的气象雷达技术标准体系基本形成，下一代天气雷达核心技术自主可控。

——雷达气象业务运行体系更加完善。基于"云＋端"的雷达气象业务系统运转高效，布局科学、功能先进、职责明确、保障有力、综合协同、集约高效的雷达气象业务体系基本建成。

——气象雷达资料定量应用水平显著提升。气象雷达及其多源融合监测产品更加丰富，天气雷达反射率因子标准偏差不大于2.5dB，径向风速标准偏差不大于 3 米/秒，雷达径向速度质量和双偏振数据质量明显提升，双偏振探测数据在业务中获得定量应用，对降水估测、降水相态监测识别准确率较传统雷达提升 10％以上。

——灾害性天气短临监测预警能力明显增强。气象雷达在短临监测预警中的作用更加突出，在天气雷达的有效探测范围内，强降水估测准确率达到 80％，预警时间提前量达 45 分钟，冰雹识别率达 85％，龙卷风识别率达 80％。

——雷达气象人才队伍和业务培训能力明显增强。建成一支由雷达气象战略科技人才、业务领军人才、青年人才、卓越工程师构成的雷达气象人才队伍，支撑保障雷达气象业务发展的能力进一步增强。推动雷达气象相关学科建设及基础人才培育，科学合理的人才结构基本形成。完成分层分类的雷达气象业务培训，实现省市县预报员短时临近预报培训全覆盖，建成满足雷达气象业务技术发展需要的实习实训环境和资源。

四、主要任务

（一）大力发展气象雷达装备技术

任务 1：构建气象业务部门主导的气象雷达研发机制

按照"应用一代、预研一代"的装备研发思路，充分发挥各方优势，构建以雷达气象中心为主导，充分发挥各方优势，吸引、引导科研院所、企业广泛参与的装备研发体制。建立稳定、多元的研发投入机制，创新体制机制，逐步建立"制定计划—组织研发—试验完善—标准制定—装备许可"的气象雷达装备研发模式。

任务 2：强化气象雷达技术标准和新技术研究应用

着眼雷达气象业务发展新需求，完善 X 波段天气雷达、风廓线雷达等气象雷达的技术功能规格，明确技术路线和关键部件的功能性能，实现新建业务气象雷达观测、传输和数据技术标准的统一。瞄准扫描速度快、时空分辨率高、产品定量精准等关键指标，加快自主可控的气象雷达核心技术研发，开展下一代气象雷达技术体制的预研。

任务 3：强化气象雷达研发支撑和业务应用试验

依托长沙气象雷达标校中心、天津气象雷达研发试验中心、北京南郊综合气象试验基地，建设相控阵天气雷达、激光雷达、风廓线雷达和云雷达等新型气象雷达试验测试平台。开展气象雷达新型装备样机、新标准、新技术、新算法的试验和分析评估。建立天气雷达业务试验网，开展雷达气象业务流程改进应用试验，包括全链条雷达数据质控、产品加工、强天气监测识别预警算法研究和测试应用。依托人工影响天气试验示范基地，开展雷达和人影飞机协同观测外场试验，优化作业条件识别和效果评估算法。

任务 4：加强气象雷达装备质量管理

开展技术升级及技术标准统一、双偏振技术改造的质量定量评估，建立软硬件"凡改必审""有改必评"的装备技术管理制度。加强现有天气雷达的技术改造，统一技术标准，逐步将天气雷达由

7个型号统一到4个型号。建立以气象雷达业务可用性、探测环境质量、设备故障率及修复时效、观测数据质量等级为指标的质量评价体系,科学全面评价气象雷达装备质量。完善气象雷达出厂测试、现场验收、故障反馈、故障处置等流程,加强气象雷达装备质量管理。

(二)提升雷达气象业务运行及保障能力

任务5:推进雷达气象业务技术体制改革

基于"云+端"新型业务技术体制,增强雷达数据通信传输能力,改革构建"一点入云,全网共享"的雷达气象业务流程,实现气象雷达数据直接入云、秒级到达预报业务平台。基于云平台开展质量控制、观测产品加工处理和气象监测预警预报应用服务。打通雷达气象业务上下通行、左右融合链条,建设统一调度、基于目标观测的气象雷达协同控制系统,逐步实施全网气象雷达业务运行调度、观测模式智能化运行。

任务6:加强多体制气象雷达协同观测业务试验

高质量推进天气雷达精细化观测技术升级,建立中小尺度天气系统的精密监测、预报预警示范网,开展智能化观测模式自适应和快速扫描试点,增加天气雷达不同观测模式、分辨率、参数本地化的自动配置功能。研发数值预报潜势与天气雷达自适应扫描相结合的目标观测技术,实施以天气雷达为主、结合风廓线雷达、云雷达、激光雷达等多种观测设备的协同观测业务试验。开展组网天气雷达监测能力分析和科学布局评价。

任务7:加强气象雷达运行监控和标定业务管理

发展气象雷达硬件探测灵敏度、信号处理和基数据质量评估技术,完善气象雷达实时运行监控关键指标体系、业务系统和业务流程。建立气象雷达"凡用必标"的管理制度,制定气象雷达标定业务技术规范、技术规程。发展气象雷达"动静态标定"以及"地—空—天基"多目标对比检验技术,建设雷达标定基地和实验室,建设气象雷达标定检定校准系统。开展气象雷达整机标定业务,实现对业务应用的不同型号气象雷达的定期标定,提升现有业务气象雷达的质量,新一代天气雷达网反射率因子标准偏差不大于2.5dB,径向风速标准偏差不大于 3 米/秒。开展国内天气雷达与上海 WSR-88D 雷达观测数据一致性分析和标定结果验证。

任务 8:优化完善气象雷达的运行保障和质量评估

完善现有国、省、市(站)和生产企业多方参与的运行保障模式,依据雷达装备的运行年限和运行质量,优化雷达备件储备计划和保障经费分配方式,因地制宜开展社会化保障试点。完善对气象雷达运行保障的考核通报制度,定期发布质量评估报告和装备负面清单,加强对生产企业质保期履约承诺落实的监督检查,探索建立雷达装备质量与市场采购关联的机制。

(三)完善气象雷达资料应用能力

任务 9:优化气象雷达观测资料质控业务

统一推进雷达数据质量控制,建立设备端、云端的两级质控技术标准,统筹气象雷达观测资料质控算法和业务流程。规范气象雷达同向/正交数据至基数据的处理算法,加强双偏振天气雷达质控算法研究,规范完善设备端质控算法。基于云平台统一开展气象雷达观测资料质量控制处理,强化国家级气象雷达资料质量控制、质量评估的业务能力,打造标准统一、接口开放、功能齐全的雷达质量控制业务系统。开展长序列历史雷达数据标准化处理及整编等工作。

任务 10:完善气象雷达监测产品体系

优化气象雷达产品加工体系业务布局,规范雷达单站产品加工软件系统,优化数据"流传输"业务,改进单站产品参数配置,完善产品生成(RPG)、用户终端(PUP)系统部署和业务流程。统一部署全国和区域雷达组网产品加工系统。推进雷达单站和组网融合产品算法与预报员桌面系统实现有机统一。统筹雷达数据质控、产品加工、预报和数值同化等各类最优算法遴选,推动流程规范化、参数本地化、接口标准化的雷达气象算法库建设。建立能满足气象雷达业务需求的数据产品加工共享服务的分发、计算和存储资源。

任务11:加强气象雷达资料在数值模式中的同化应用

优化天气雷达径向速度直接同化和基于天气雷达反射率反演三维水物质间接同化技术。实现天气雷达反射率直接同化技术。研究双偏振雷达偏振量同化方法,加快同化应用研发。建设天气雷达强对流天气人工智能训练数据集等。发展以S/C/X波段天气雷达、垂直廓线观测、气象卫星、雷电、自动站等观测资料为基础的快速更新多尺度分析系统,建设1公里分辨率或更高、1小时更新或更快的数值同化预报系统,提高数值模式对短临预报的支撑能力,发展短临与短时融合预报能力。

(四)提升强对流天气实况的临近监测预警能力

任务12:优化气象雷达天气应用业务布局

按照核心技术研发、应用平台和产品制作向国省集约,产品应用、检验反馈向市县下沉的原则,国家级负责气象雷达资料模式同化应用、核心技术和通用平台、实时定量雷达观测产品研发、制作,开展全国强对流天气实况监测预警和短临预报预警指导等业务;省级负责本地应用技术和业务平台研发改进,开展本地实况监测、短临预报预警指导等业务;市县级负责利用气象雷达产品开展实时监测分析,开展责任区内灾害性天气实时监测、气象灾害预报预警业务。完善气象雷达产品及算法在新一代短临预报预警系统(SWAN3.0)和省市县一体化短临预报预警业务平台中的应用。基于气象大数据云平台,建立健全气象雷达监测与预报服务无缝衔接的业务流程,优化气象雷达实时观测资料的国省共享和省际共享流程,优化完善国省市县雷达资料应用业务分工,突出国家级技术引领作用,强化省级应用主体责任,加强市县级应用能力建设。

任务 13：发展快速精准的强对流天气自动监测识别技术

强化天气雷达速度场和双偏振参量应用，基于双偏振技术、快速精细化扫描等技术，发展对局地突发、快速演变的强对流天气的自动监测识别技术。基于智能化观测模式，发展精细化、双偏振、多策略的雷达探测技术，以及多源实时观测资料融合，完善暴雨、大风（龙卷）、冰雹等强对流天气系统自动监测识别技术。发展天气雷达回波和气象卫星云图融合的强对流天气外推预报技术，改进初生对流智能识别技术。发展基于雷达观测的人影作业效果评估技术。

任务 14：健全强对流天气实况监测产品

优化强对流天气实况监测产品加工业务布局。构建以气象雷达和气象卫星观测资料为主的强对流天气监测实况业务，形成集数据质量控制、气象要素反演、强对流天气自动识别、天气系统监测为一体的、百米级分辨率的局地强对流天气实况监测产品。发展三维风场、降水类型识别、云与水凝物相态反演技术，改进逆风区、中气旋、龙卷涡旋特征、雷暴大风、冰雹、飑线等雷达产品算法，产品识别正确率整体提升 5%～10%。

任务 15：完善强对流天气的临近监测预警业务

基于气象大数据云平台，建立涵盖气象雷达、气象卫星、地面观测、雷电等观测资料分钟级的获取、省市县共享共用、短临监测预报预警一体化的业务平台。以全国短时天气预报指导产品为背景（0～12 小时），以快速资料同化的高精度数值预报模式为参考，结合气象卫星和天气雷达等多源数据融合的实况监测产品（0～2 小时），对发生强对流天气的地区开展以天气雷达为主的协同观测，实现对强天气的三维立体结构和变化过程的精细化实时观测和预警，实现"观测—分析—预报—预警"无缝隙衔接。

任务 16：发展人机结合的强对流天气临近监测技术

统计分析各地天气雷达、气象卫星、地面观测、雷电等观测资料对短时强降水、冰雹、雷暴大风、龙卷、雷电等强对流天气识别特征指标，据此设置各地强对流天气自动报警的阈值。按照报警触发后，预报员必须对强对流天气的发生、发展和消亡全过程进行实时跟踪监测分析的要求，建立强对流天气识别特征指标预警提示参数，完善软件平台报警设置功能。建立对强对流生消发展密切相关的动力和热力特征实时跟踪监测分析的业务技术规范。

任务 17：完善与各地实际相适应的短临监测预报预警业务体系

建立与各地实际相适应的、不同天气类型的致灾阈值，完善影响预报和风险预警业务。结合各地短临技术人才的实际，分类建立以省级为主、市县为辅，或者省市结合、县级为辅的强对流天气监测预警团队模式。各省（区、市）气象局依据所建立的业务技术团队运行模式，完善基于气象雷达和气象卫星观测为主的、省市县上下衔接、相邻省市灵活联动的联防工作机制，并建立不同类型团队模式的业务运行流程和规范。加强各省（区、市）气象局在强对流天气复盘、短临监测预警技术等方面的经验交流。

（五）强化雷达气象业务科技和人才支撑

任务 18：推动雷达气象学相关学科建设和科技创新

开展雷达气象探测新技术新方法以及中小尺度天气系统结构特征和演变机理、雷达资料在气候业务中的应用研究，发展多体制气象雷达、天气雷达与气象卫星等的协同观测和多源观测数据融合处理技术。联合国内外高校、科研院所和相关企业，通过联合培养、共建重点实验室、实习基地等方式加强雷达相关专业研究生培养，吸收各类研究人员开展客座研究和定期学术交流。构建"揭榜挂帅"的应用研发机制，统筹利用部门内和社会人才资源，加强任务发包和成果转化管理，形成可持续发展的合作关系，增强研发能力，共同推进中国雷达气象学发展。

任务 19：加强雷达气象人才培养

加快雷达气象业务领军人才和青年人才培养，引进雷达气象业务发展急需紧缺人才，吸收高校、科研院所相关行业人才参与雷达气象技术攻关。组建国家级雷达气象业务创新团队，加强雷达气象业务关键核心技术攻关；强化省级创新团队建设，优化雷达气象人才布局。重点加强气象雷达技术研发、雷达资料应用方面的人才队伍建设，加快形成雷达气象业务人才梯队。成立中国气象局雷达气象科学指导委员会，发挥其在学科建设、业务发展、科技创新、人才培养方面的重要作用，促进雷达气象业务发展。

任务 20：强化雷达气象业务技术培训

加强气象雷达技术、资料应用、雷达机务等培训能力建设，完善气象雷达技术实训环境和雷达数据应用培训系统，开展教材、案例、个例、课件等资源系统建设。以中国气象局气象干部培训学院和分院等为主体，充分发挥长沙气象雷达标校中心、天津气象雷达研究实验中心等基地平台的作用，统筹利用业务和科研资源开展常态化培训。制定雷达气象业务岗位要求，利用面授、远程等多种培训方式，面向国省市县组织开展雷达资料应用、机务保障、观测技术等分层分类的岗位培训，实现省市县预报员短时临近预报及雷达机务员岗位培训全覆盖。

五、保障措施

（一）加强组织领导

中国气象局有关内设机构要高度重视雷达气象业务改革发展工作，将其作为促进气象事业高质量发展的重点工作来抓。各省（区、市）气象局和有关业务单位要将雷达气象改革发展主要任务细化分解，融入五年发展规划和年度重点工作计划，制定与工作方案衔接配套的年度实施方案，切实抓好各项任务的实施，明确时间表、阶段性目标、路线图和责任清单，抓紧抓实，做到有序推进。中国气象局有关内设机构要强化任务安排部署、督导检查和业务考核的统筹管理，定期组织开展总结交流。

（二）完善雷达气象人才发展机制

健全雷达气象人才培养、使用、评价、激励机制，增强雷达气象人才创新活力，优化雷达气象领域创新型人才培养和成长环境，稳定、用好用活现有人才，努力建设一支适应雷达气象业务发展、结构合理、素质优良、勇于创新的雷达气象业务人才队伍。

（三）确保雷达气象业务发展的财政投入

建立稳定持续的多元财政投入机制，积极争取国家科技项目投入，大力推进气象雷达装备的核心技术攻关，提高雷达质量，提升气象雷达资料应用水平和监测预警服务能力。各省（区、市）气象局要发挥双重计划财务体制优势，要加强与同级政府部门的联系沟通，积极争取地方财政投入，建立多元化的投入渠道，推动本省（区、市）雷达气象业务发展各项任务落地落实。

"十四五"生态气象服务保障规划

（气发〔2021〕163号）
2021 年 12 月 31 日

前　言

气象条件是影响生态系统最活跃的因素,直接关系到美丽中国建设、生态保护修复和气候变化科学应对。生态气象服务保障工作在生态文明建设总体布局中发挥着基础性科技保障作用,为科学开展生态保护与建设、促进生态系统修复、增强生态系统可持续性、提升生态系统质量提供决策支撑。

党的十九大将"坚持人与自然和谐共生"作为新时代坚持和发展中国特色社会主义的基本方略,提出加大生态系统保护力度,实施重要生态系统保护和修复重大工程。党的十九届五中全会进一步提出了"十四五"时期生态环境持续改善,到 2035 年美丽中国建设目标基本实现的宏伟目标。习近平总书记关于提高国家自主贡献力度,力争 2030 年前实现二氧化碳排放达峰、2060 年前实现碳中和的宣示,为我国应对气候变化、绿色低碳发展指明了方向。2020 年 6 月,国家发展改革委、自然资源部联合印发了《全国重要生态系统保护和修复重大工程总体规划（2021—2035 年）》（以下简称《生态总体规划》）,明确提出要完善生态气象综合观测体系,加强重大气象灾害和气候变化对生态安全的影响监测评估和预报预警，强化森林草原火灾预防和应急处置、沙尘暴预警及有害生物防治等气象服务保障，加强人工影响天气装备建设，以及提高生态修复型作业能力等方面内容。

中国气象局认真贯彻落实党中央、国务院关于生态文明建设和应对气候变化工作的决策部署，积极谋划"十四五"生态气象业务发展，组织编制《"十四五"生态气象服务保障规划》（以下简称《规划》）。《规划》以习近平新时代中国特色社会主义思想为指导，全面贯彻落实党的十九大和十九届二中、三中、四中、五中、六中全会精神，深入贯彻习近平总书记对气象工作的重要指示精神，加快构建生态文明建设气象服务保障体系，为美丽中国建设提供有力支撑。《规划》以国家《生态总体规划》明确的生态气象保障任务为基础，充分考虑生态气象业务发展需求，提出"十四五"时期生态气象业务的总体思路、发展目标、主要任务和保障措施等，为未来五年我国生态气象业务发展提供了纲领和指南，是生态气象保障工程建设的重要依据。

一、现状与形势分析

（一）现状分析

生态气象服务保障能力逐步提升。自 2002 年中国气象局发布《关于气象部门开展生态监测与信息服务的指导意见》以来，中国气象局已经基本建立全国植被生长状况、生态质量逐月动态监测和年度气象影响评估业务，全国重点湖泊湿地水体面积、太湖蓝藻水华以及森林草原火险、沙尘暴监测业务。基本构建国、省两级生态气象业务服务平台，定期发布年度生态气象监测评估公报，部分省份甚至实现市县定期发布生态气象监测评估产品。大气污染防治气象保障能力基本建立。基本建成国、省、市三级协同的环境气象业务服务体系。依托自主开发的大气环境数值模式，建成从小时到月、季尺度的环境气象预报预测系统，可提供细颗粒物、臭氧及相关气象要素等预报产品。定期发布年度大气环境气象公报。应对气候变化服务能力不断增强。初步开展不同气候变化情景下我国生态安全风险评估,气候变化影响评估能力从国家级逐步向省级延伸。开展了宜居、宜游气候服务。通过"中国天然氧吧""避暑旅游目的地"等品牌创建,助力旅游、康养等绿色产业发展。人工影响天气服务生态修复成效显著。已经在三江源、祁连山、天山等重点区域持续开展人工增雨(雪)作业,有效增加了湖泊湿地面积,增加了植被生产力和覆盖度。生态气象综合观测系统初步建立。全国已建成 7 个大气本底站,实现 5 类生态系统的生态气象观测试验,新增国家气候观象台 25 个和应用气象观测站(生态)102 个,共有 2488 个自动土壤水分观测站点、137 个太阳辐射观测站点、345 个酸雨观测站点、28 个沙尘暴观测站点、270 个大气成分观测站点,以及持续提供植被、积雪、土壤水分等基本生态气象产品的 8 颗在轨运行风云系列气象卫星。

(二)面临形势

习近平总书记重要指示为气象工作指明发展方向。习近平总书记在新中国气象事业 70 周年之际对气象工作作出的重要指示为做好生态气象服务保障工作提供了根本遵循。建设人与自然生命共同体,推动绿色、循环、低碳发展,促进人与自然和谐共生的现代化,迫切需要气象在生态系统保护和修复中发挥服务支撑作用,在统筹山水林田湖草沙系统治理中发挥基础保障作用,在突出生态环境治理中发挥先导联动作用,在生态环境和资源保护中发挥法定职能作用。

新时代生态文明建设对气象工作提出明确要求。党中央国务院高度重视发挥气象工作在生态文明建设中的保障作用。在《中共中央 国务院关于生态文明体制改革总体方案》《中共中央 国务院关于加快推进生态文明建设的意见》《中共中央 国务院关于全面加强生态环境保护坚决打好污染防治攻坚战的意见》《全国重要生态系统保护和修复重大工程总体规划（2021—2035年）》等重要文件及相关部署中，均明确要求发挥气象监测、风险预警、影响评估、评价服务、人工影响天气作业等方面作用，要求气象工作必须主动融入人与自然和谐发展现代化建设新格局，为保障生态良好提供坚实支撑。

保障美丽中国建设对气象工作提出更高要求。气象条件的改变必然影响自然环境和生态系统的变化，这些变化又将反馈气候系统，导致天气气候发生变化。因此，气象条件，特别是气候变化是影响未来环境可持续发展和生态文明建设的重要因素。气候安全是经济社会高质量可持续发展的重要基础，是建设美丽中国的根本保障。推进环境可持续发展和生态文明建设，必须树立气候安全理念，主动顺应气候规律，统筹开发气候资源，有效防御气象灾害，科学应对气候变化，为满足人民群众宜居、宜业、宜游美好生态需求提供有力支撑。气象工作要为保障国家气候安全提供全链条的支撑服务，为制定应对气候变化内政外交战略提供有力决策支撑。

持续改善大气环境质量对气象工作提出急迫需求。大气环境质量受天气气候条件变化影响较大。为赢得蓝天保卫战，亟须发挥和完善气象监测优势，加强卫星遥感、大气成分资料应用，建立多尺度、全要素、长时效、高准确率的气象—环境全耦合数值模式，为实现精准治污、科学治污提供气象保障。同时，加强对细颗粒物和臭氧协同防控的保障能力，需发展沙尘气溶胶、大气成分、臭氧探空等观测技术及装备体系，围绕大气环境数值模式，形成包含监测预报、定量化评估和综合产品制作的整体科技支撑能力。

（三）存在不足

生态建设、保护和修复气象服务保障体系不完善。缺乏针对国家重点生态功能区、退化生态系统和自然保护地的专业化精细化气象服务保障，气象服务生态产业潜力挖掘不够，科技支撑不强。生态修复型人工影响天气作业布局不能有效覆盖重点生态功能区,服务能力远不能满足生态建设、保护和修复需要。面向国土空间开发的气象监测评价预警体系尚未建立,缺乏系统性绿色城镇化发展关键技术指标。

大气污染防治气象服务保障能力薄弱。在大气污染演变特征分析、多污染物化学转化过程、大气成分与天气系统间的双向反馈等方面技术支撑不足。月内大气污染过程预报精准度尚需进一步提升,季节及年际以上时间尺度大气污染气象条件趋势预测及预评估基础薄弱。针对颗粒物与臭氧协同控制气象服务能力不足。

应对气候变化气象服务保障能力不强。温室气体监测与碳达峰碳中和评估业务开展尚不完备,助力我国碳中和目标实现的气象科技支撑能力不强。气候变化对生态系统综合影响评估能力不够,定量化水平和客观化水平偏低,针对气候变化背景下气象灾害风险、致灾机理及演变规律研究不足,极端气候事件对生态系统影响的定量化预警不够。

重要生态系统气象综合监测能力不足。针对"三区四带"等重点区域的生态气象观测体系规划不足,区域针对性不强,仍以常规气象要素观测为主,关键区域观测空白较多,面向地球系统的多圈层观测等功能设计不完善,对重点生态区的生态、气象要素垂直观测和遥感监测能力不足。

二、总体要求

(一)指导思想

以习近平新时代中国特色社会主义思想为指导,全面贯彻落实党的十九大和十九届二中、三中、四中、五中、六中全会精神,以习近平生态文明思想为指引,认真落实习近平总书记对气象工作的重要指示精神,坚持新发展理念,坚持人与自然和谐共生,聚焦全国重要生态系统保护和修复重大工程建设气象服务保障需求,围绕监测精密、预报精准、服务精细,加快构建生态文明建设气象服务保障体系,着力补齐生态气象服务短板、加强生态气象服务科技支撑,提升生态气象服务综合能力,积极参与和引领应对气候变化国际合作,为提升生态系统质量和稳定性、筑牢生态安全屏障、提高绿色资源利用效率和美丽中国建设提供有力支撑。

(二)基本原则

需求导向,规划引领。以生态文明建设和应对气候变化需求为牵引,聚焦山水林田湖草沙一体化保护和修复气象服务保障需求,突出对全国重要生态系统保护和修复重大工程建设的气象支撑,整合资源,统筹布局,补齐短板,强化优势,全面提升生态气象服务保障能力。

基础先行,统筹推进。坚持强化基础、突出重点、急用先建、远近结合,统筹谋划生态气象综合观测、监测评估、预报预警、决策支撑、人工影响天气等能力建设。充分做好与各部门相关规划、气象"十四五"规划体系、相关工程项目和现有业务的有机衔接,加强集约化建设,稳步推进实施。

突出重点,精细服务。围绕"三区四带"国家重点生态功能区、生态保护红线、自然保护地等重点区域,根据不同区域的生态特点、主要生态问题及天气气候条件影响,深入分析生态保护和修复气象服务保障需求,因地制宜,突出重点,有针对性地提供精细化气象服务保障。

科技创新,开放合作。加强科技创新和新技术应用,突破生态气象综合观测、碳达峰碳中和评估、生态气象保障和生态修复型人工影响天气等方面关键核心技术,提高生态气象服务保障科技内涵。加强部门间沟通协调,实现开放合作,共同推进基础设施、数据资源、服务体系的共建共享及互联互通。

(三)发展目标

到2025年,初步建成一体化、专业化、精细化的生态文明建设气象服务保障体系,气象服务在生态文明建设中的作用更加显著。针对生态保护和修复、大气污染防治、应对气候变化等领域的生态气象服务水平进一步提升,生态气象综合观测、数据共享应用、数值模式研发、关键核心技术攻关、业务标准体系等能力建设得到较大提升,初步建成生态气象人才培养体系。

——基本构建高分辨率、多尺度生态气象数值模式,建立生态气象综合业务服务平台,区域特色生态气象服务保障能力进一步强化,各类生态气象影响评估和风险预警,以及沙尘暴、森林草原火险、有害生物和水体藻类等生态安全气象风险预警服务能力显著提高,空间精度达到公里级。气候资源在绿色发展中的作用更加显著,推动气候资源保护利用纳入绿色发展指标体系和生态文明建设考核目标体系。

——世界气象组织亚洲高山区域气候中心作用显著发挥,气候变化和极端气候事件对我国重点生态功能区及生态脆弱敏感区的影响评估和未来生态风险预警服务覆盖30%的区域,极端气候事件识别率达到80%。实现气候系统关键区、重点城市(群)碳达峰碳中和评估全覆盖。

——在六大生态功能区基本建成人工影响天气生态保障示范基地,典型云降水系统增雨(雪)率提升到11%～13%,快速应急能力提升到6小时内,保障面积覆盖示范基地周边500公里范围。

——基本建成天空地一体化的生态气象综合立体观测系统,覆盖"三区四带"等重点区域及气候敏感区50%以上区域的关键生态气象要素。基本建成风能太阳能专业观测网,完成全国1公里分辨率风能太阳能资源精细化评估,完成精确到县级的风能太阳能资源开发潜力评估,实现对重点地区大规模风电和光伏发电开发利用的气候环境生态效应评估。

三、主要任务

(一)生态保护修复气象服务和气候资源保护利用

1. 强化生态保护修复气象服务

开展重点生态功能区气象服务。围绕全国重要生态系统保护和修复重大工程需求,强化面向"三区四带"、自然保护地和国家公园等重点区域的国家、区域、省、市、县生态气象监测评估和预报预警服务。重点开展青藏高原的湖泊、湿地、草原等生态质量,水源涵养、土壤保持等服务功能,以及冰川、冻土、水资源的气象影响评估,加强干旱、暴雪、土壤融冻、冰川消融等对生态系统影响的预报预警,强化三江源、祁连山和秦岭等重点生态功能区和国家公园气象服务;黄河流域的水资源、水土流失、滩涂治理和矿区生态修复的气象影响评估与气象敏感分析,加强山洪地质灾害、干旱对水土流失治理影响的预报预警;长江流域的湖泊、湿地修复、洪水调蓄功能的气象影响评估,加强高温干旱、强降水对水环境和水资源调配影响的预报预警,提升强降水、低温、连阴雨等对水生生物的影响预警能力;新安江流域的生态治理保护气象保障服务示范建设,强化生态补偿的气象服务支撑;东北森林带的固碳释氧、气温调节、森林资源和湿地保护以及黑土地修复的气象影响评估,加强雷电、干旱对森林生态系统影响的预报预警;北方防沙带的荒漠化治理、京津冀水源涵养、三北防护林工程的气象影响评估,加强干旱、大风对防风固沙以及林草气象灾害影响的预报预警;南方丘陵山地带的水土保持、石漠化治理、森林固碳释氧和气温调节等气象影响评估,加强山洪地质灾害、干旱、暴雨侵蚀对生态影响的预报预警;海岸带的红树林等典型滨海湿地治理气象影响评估,加强台风及其次生灾害对沿海地区生态影响的预报预警;自然保护地的濒危动植物生境气象影响评估,加强气象灾害对生物多样性影响的预报预警。

开展生态保护红线监管气象服务。围绕生态保护红线监管需求,在国、省两级建立生态保护红线监管气象服务业务,开展生态气候承载力评估服务,分析评价气象条件对植被生产力、生物多样性维护、防风固沙、水土保持、水源涵养、气候调节等生态服务功能的影响,定量区分气象和人为因素影响,为红线区生态环境准入、绩效考核、生态补偿和监管提供气象支撑。推动省级气象部门纳入各地生态保护红线协调机制成员单位。

开展生态文明建设绩效考核气象服务。发展生态质量变化气象贡献率归因分析技术，构建并积极推动气象指标纳入美丽中国建设评估指标体系。围绕各级政府开展生态环境治理绩效评估需求，重点开展国家、区域、省、市、县不同行政区域、不同生态类型的10年、年、季、月生态质量变化气象贡献率动态评估服务，探索开展更短时间尺度的动态评估服务。

2. 全面开展生态安全气象风险预报预警服务

强化生态系统关键要素的气候预测。针对影响生态系统和生态环境变化的重要气象要素和高影响气候事件，开展逐月日照、湿度、风速、辐射等生态敏感气象要素的气候预测，开展强降水、强降温、极端干旱、高温热浪和高影响气候事件对生态影响的预测业务。针对全国和重点生态功能区，进行短期、中期、延伸期、月—季尺度影响植被生产力、植被覆盖度等主要生态系统要素的气候预测及服务产品开发。建立未来 5～10 年的年代际气候要素和生态要素的预测业务能力。形成未来一年内及年际的植被净初级生产力、叶面积指数、净生态系统碳收支等关键生态要素的预测预估产品，国、省两级开展生态敏感气象要素、生态系统高影响气候事件多时间尺度预测业务。

加强气象灾害对生态系统影响的风险预警。面向国家生态安全气象服务保障需求，依托生态气象综合业务服务平台，在国家、区域、省、市、县开展气象灾害对生态系统影响的风险预警服务，提升森林、草地、农田、荒漠、湿地、河湖、城市等生态系统气象监测评估精细化水平。建立高温干旱、低温冰冻、大风、沙尘、雷电、暴雨等气象灾害对生态系统影响的风险预警业务，发展重大气象灾害对生态安全影响的预报预警服务技术，制定生态气象灾害风险区划"一张图"。

增强森林草原防灭火气象服务。在重点国有林区及火灾高发区域加密气象观测站点布设,加强研发基于森林凋落物、空气和土壤湿度的森林可燃物气象风险综合监测预测模型和技术。强化与林业草原部门技术、标准、规范等交流合作,发展森林草原火情监测、火险预报预警、火灾气象服务保障技术。依托生态气象综合业务服务平台,强化火情监测、火险预报预警、火灾气象服务保障等系列功能,提高火点判识方法精度,实现卫星遥感火情动态监测10分钟更新,短期全国森林草原火险预报产品空间分辨率达到3公里×3公里,研发旬、月、季尺度森林草原火险预报产品,发展森林草原火场局地小尺度气象预报和火灾蔓延模拟技术,提升森林草原防灭火精细化气象保障服务能力。

开展有害生物气象风险预警。发展森林、草原等生态系统有害生物气象预报预警及致灾风险区划业务,重点针对青藏高原、北方防沙带、东北森林带、南方丘陵山地带,以及长江中下游经济林松毛虫、杨树食叶害虫、针阔叶林烂皮病等重大有害生物,开展数字化精准气象监测预报及风险预警服务。依托生态气象综合业务服务平台形成国家、省、市、县服务能力,提供年、月、关键期等多时效精细化到1公里的主要有害生物气象预报预警服务产品。

开展水体藻类气象监测预报预警。发展水资源、水环境精细化监测和气象影响评估技术,依托生态气象综合业务服务平台实现国省一体化多源卫星遥感水体生态气象监测评估,研制水体生态气象监测评估产品,提供月、季、年气象服务保障。针对鄱阳湖、洞庭湖、太湖、巢湖和滇池等重点湖泊保护与污染治理,发展蓝藻水华监测预报预警技术。针对渤海、黄海等,发展浒苔、赤潮等气象监测预报预警技术,提供专项气象服务保障。

3.强化气候资源保护利用

加强气候可行性评估。构建国家、区域、省、市、县五级全国重要生态系统保护和修复重大工程气候可行性评估体系,发展精细化气候可行性评估数值模拟系统,形成生态系统保护和修复工程气候可行性评估指标体系。依托生态气象综合业务服务平台提供气候可行性评估业务支撑,实现对生态保护与修复气候效应的实时动态监测评估以及对生态保护和修复工程目标场景气候效应情景预估。针对国家和区域重大生态保护和修复工程,开展未来气候变化影响评估和气候变化风险预估,提升不同尺度国土空间、通风廊道、电力交通等重大规划和重点工程对生态影响的气候可行性评估能力。

提升清洁能源开发利用气象服务。面向可再生能源消纳和风电场、太阳能电站等清洁能源开发利用需求,结合九大清洁能源基地布局,在国家、省、市、县建设集选址、监测、评估、预报、预警为一体的综合业务体系,重点加强对青藏高原大型光伏光热电站、黄土高原集中式清洁能源电站、中部和西南地区村级光伏电站、丘陵地区低风速风电、近海风能资源等清洁能源的动态监测预报,开展重点地区大规模风电和光伏发电开发利用的气候环境生态效应评估。加强"一带一路"沿线国家风能、太阳能资源监测评估,为相关国家低碳能源发展提供有力支撑。

强化国家气候标志评价工作。面向绿色发展气象服务保障需求,充分挖掘宜居、宜业、宜游、宜养气候资源价值,建立气候资源"一张图"。加强"国家气候标志"品牌体系建设,开展特色生态气候资源服务支撑技术研发,建立健全相关评价体系,探索建立生态气象产品价值实现机制,推进"中国天然氧吧"等国家气候标志可持续发展。

(二)大气污染防治气象服务保障

1.加强多尺度污染天气气象条件监测预报预警

构建国家、区域、省、市四级污染天气气象条件监测预报预警体系,提高环境气象业务精细化和定量化水平。发展污染天气气象条件短时临近、短期、中期、延伸期、月、季多尺度的无缝隙预报预测业务,提高短临精细化滚动订正预报和街区尺度高分辨率预报能力、中期延伸期集合概率预报服务能力和月季尺度气候预测能力。发展我国区域/全球一体化数值化学天气耦合预报业务,开发排放源清单更新产品,加强大气颗粒物与臭氧协同控制气象预报预警能力。发展全球大气环境监测预报服务能力。

2.开展多污染物协同控制评估

面向重点区域多污染物协同控制需求,加强国家、区域、省、市环境气象精细化评估能力,开展酸雨、大气颗粒物、臭氧及其前体物、霾天气、生物质燃烧烟雾等气象条件影响分析评估,重点实现对南方地区酸雨,京津冀、汾渭、长三角、珠三角、成渝、东北等地区大气颗粒物与臭氧,东北、澜湄区域秸秆焚烧等环境气象定量化评估。提升大气污染与天气、气候变化相互影响评估能力,实现重点地区不同气候变化情景下污染气象条件风险评估。提升核及危化品泄露气象应急保障能力,建立国家、省、市三级的危化品泄露应急气象保障联动机制,提供高时空分辨率的污染区风险预报服务。

3.加强沙尘天气监测预报预警

建立国家、区域、省北方地区沙尘天气监测预报预警体系,提升基于卫星、雷达等多源观测的沙尘天气立体监测能力,加强沙尘天气短期精细化预报、中期—延伸期及月季尺度趋势预测能力,完善我国北方春季沙尘天气预测业务和北方荒漠化植被生态影响监测预估业务,开展气象条件和荒漠化对沙尘天气影响评估。加强全球及"一带一路"沿线主要国家沙尘暴天气预报预警及溯源能力,提供全球沙尘暴气溶胶质量浓度产品,实现对全球主要沙尘天气影响区的预报预警服务。

(三)应对气候变化气象服务保障

1.加强生态气候承载力评估与预警服务

围绕气候条件和气候变化对生态系统的影响,构建生态气候承载力模型,研发不同区域和不同生态系统类型气候要素对生态系统生产力、生态系统碳收支、植被碳、土壤碳的影响定量评价技术与精细化模型,强化气候变化对生态气候承载力监测评估与预警能力,开展生态气候承载力监测、评估、预测与预估,为气候变化对典型生态系统、生态敏感区及生态脆弱区的生态气候承载力提供监测评估与预警服务,为生态系统适应气候变化提供支撑。

2. 加强冰冻圈气候变化监测预测服务

建设世界气象组织亚洲高山区域气候中心,提升亚洲高山区冰冻圈气候变化监测评估与灾害预警能力。依托生态气象综合业务服务平台开展冰冻圈气候变化监测评估业务,实现对青藏高原及东北地区积雪面积与深度、冰川面积与物质平衡量、多年冻土区活动层厚度等冰冻圈主要气候变化变量的连续监测。建设集约化、智慧化的高山区冰冻圈气候变化服务体系,开展气候变化对我国冰冻圈生态要素的影响评估与预估服务。

3. 提高气候变化监测预测评估服务能力

加强生态敏感区智能化监测与诊断,研发长期气候变化趋势分析与监测评估产品,完善气候变化监测预测评估业务。开展气候条件对生态系统综合影响评估,研究对生态系统关键要素和主要功能产生显著影响的气候因子水平,定量评估生态要素变化及其与长期气候变化的关系。建立气候条件对生物多样性和候鸟迁徙的影响模型,开展气候变化对物种多样性以及候鸟迁徙的影响评估与预警。构建生态系统服务价值评估模型,开展我国典型生态系统生态服务功能和生态价值的评估,以及不同气候变化情景下我国生态系统服务功能和价值的预估,建立山水林田湖草沙综合监测评估"一张图"系统,全面提升气候与气候变化对山水林田湖草沙及生态系统的支撑作用。

4. 强化气候变化和极端气候事件对生态安全影响的预警服务

研发气候变化和极端气候事件对生态系统的定量评估技术,建立气候变化和极端气候事件对我国生态系统的影响评估与预警体系。开展气候变化对我国重要生态功能区的生物多样性、生态格局与功能、生态安全影响评估和未来气候变化情景下的风险预估。发展极端干旱对荒漠化和石漠化、极端高低温对森林生态结构和功能、极端强降水对生态保护区水土流失、干旱和极端强降水对湿地生态系统影响的评估与预估业务。研究暴雨、干旱、低温等极端气候事件对森林生态系统的影响,在林业规划编制中充分考虑极端气象灾害的影响。

5.加强碳达峰碳中和评估

实现气候系统关键区和重点城市(群)碳达峰碳中和评估全覆盖。开展碳达峰碳中和联网研究,研发生态系统保护和恢复、农业种植制度与提质增效、气候变化、气象灾害及其衍生灾害、大气环境污染以及城镇化等影响碳达峰碳中和的评价指标体系。发展面向碳达峰碳中和评价的大气反演模型、生态系统碳循环模型和气候变化对碳收支的影响评价模型。建立适于不同行政区域、不同生态系统类型及不同影响下碳达峰碳中和区划技术,形成中国碳达峰碳中和区划图。开发适于不同区域、不同生态系统类型及不同影响下碳达峰碳中和业务产品。研发中国数字碳达峰碳中和管理系统,实现中国碳达峰碳中和现状和不同情景的动态评价。基于国家温室气体及碳观测网建立人类活动碳收支影响定量评估指标体系。开展气候条件对区域碳收支影响评估,以及未来气候变化对区域碳收支预估研究,提升区域和城市碳汇潜力监测和评估能力,为实现我国碳达峰碳中和目标提供科技支撑。

(四)生态修复型人工影响天气服务

1.提升生态修复型人工影响天气指挥作业能力

充分利用大数据、云计算、物联网等新一代信息技术,创新人工影响天气作业指挥模式与作业技术,构建国家和重点生态功能区一体化的高质量指挥作业技术体系。在重点生态功能区建立精密化云水资源监测、精准化作业指挥和精细化作业系统,开展特定目标区生态修复型人工影响天气作业成效评估。发展大型无人机和集成智能火箭作业系统,在重点生态功能区建设国家级人工影响天气应急作业力量,统筹地方作业力量形成高效机动、空地协同的作业体系。

2.强化关键技术研究试验

针对生态修复型人工影响天气服务新需求,在重点生态功能区建立人工影响天气生态保障示范基地,分类开展冬季增雪补冰、夏季暖云增雨和突发应急服务等人工影响天气研究试验,探索开展人工影响天气改善空气质量研究试验,重点突破催化方式、指挥模式、评估手段等关键技术,建立精准作业指标与概念模型,形成业务适用的成套技术,提升服务效益。

3.开展重点区域常态化精准人工影响天气作业

针对重要生态系统保护和修复需求,因地制宜制定常态化人工影响天气作业工作计划。重点提升青藏高原生态屏障区、黄河重点生态区、长江重点生态区、东北森林带、北方防沙带、南方丘陵山地带等重点生态功能区的常态化生态修复型和应急救灾型人工影响天气服务能力,发挥在水源涵养水土保持、植被恢复、生物多样性保护、森林草原灭火、水库增蓄水等方面的作用。

(五)生态气象综合观测

1.加强生态气象综合立体观测

按照"一站多用、一网多能,整合资源、共建共享,适当新建,统筹布局、分区施策"的原则,在我国"三区四带"国家重点生态功能区、生态保护红线、自然保护地等重点区域,针对各类生态系统、气候变化敏感区脆弱区不同下垫面的观测需求以及温室气体观测需求,建立以气候观象台和大气本底站为核心的生态气象综合立体观测系统。

在青藏高原生态屏障区,提升青藏高原冰川、冻土、积雪及陆—气过程观测能力,建设 2 个气候观象台、2 个大气本底站、80

个遥测式自动土壤水分观测系统、120 个植被及物候自动观测系统、30 个温室气体观测系统、3 个高光谱辐射观测系统、5 个蒸散发观测系统、3 个冰冻圈综合观测站、20 个冻土自动观测系统、13 个冰川/冰湖观测系统、28 个积雪自动观测系统、9 个陆气通量梯度观测系统、30 个综合生态气象观测系统、2 个坡面径流观测系统、1 个林间水量分配综合观测系统、1 个水源涵养能力观测系统、1 个森林防火预警观测系统、1 个森林生物多样性观测系统,在南北极建设 3 个极地冰流—气象自动观测系统。综合开展草地、湿地、荒漠、湖泊和山地生态系统的基础气象、水碳通量、植被、土壤、物候等监测,在 30 个站开展温室气体观测,优化基于无人机的青藏高寒陆表遥感监测,加强冰冻圈综合监测,为开展湖泊、湿地、草原等生态质量和水源涵养、土壤保持等气象条件影响评价以及冰川、冻土退缩等气象影响监测评估提供数据支撑。

在黄河重点生态区(含黄土高原生态屏障),建设 5 个气候观象台、2 个大气本底站、107 个遥测式自动土壤水分观测系统、120 个植被及物候自动观测系统、30 个温室气体观测系统、5 个高光谱辐射观测系统、6 个蒸散发观测系统、1 个坡面径流观测系统、1 个林间水量分配综合观测系统、2 个水源涵养能力观测系统、1 个森林防火预警观测系统、1 个森林生物多样性观测系统。在 30 个站开展温室气体观测,新增地—气通量(能量、水、碳、动量、臭氧)、碳水同位素、物候等生态观测要素,重点开展黄河中下游湿地、农田和草地生态系统气象、物候动态、土壤理化性质监测及秦岭生态监测,优化基于无人机的黄土高原区陆表遥感监测,为黄河重点生态区开展气候变化和气象条件对水土流失、滩涂治理和矿区生态修复的影响监测评估提供数据支撑。

在长江重点生态区(含川滇生态屏障),建设 7 个气候观象台、2 个大气本底站、121 个遥测式自动土壤水分观测系统、130 个植被及物候自动观测系统、28 个温室气体观测系统、4 个高光谱辐射观测系统、6 个蒸散发观测系统、2 个坡面径流观测系统、2 个林间水量分配综合观测系统、2 个水源涵养能力观测系统、1 个森林防火预警观测系统、1 个森林生物多样性观测系统。在 28 个站开展温室气体观测,强化水碳通量、植被、物候等生态观测要素,重点开展大气等基本生态气象要素的监测,以及对气象条件影响密切的生物、水环境等其他生态气象要素监测,优化基于无人机的长江生态区生态遥感,为长江重点生态区重点开展湖泊湿地修复气象影响监测评估提供高精度的数据支撑。

在东北森林带加强植被—气候相互作用动态过程观测,建设 2 个气候观象台、3 个大气本底站、80 个遥测式自动土壤水分观测系统、100 个植被及物候自动观测系统、27 个温室气体观测系统、3 个高光谱辐射观测系统、5 个蒸散发观测系统、1 个坡面径流观测系统、2 个林间水量分配综合观测系统、1 个水源涵养能力观测系统、1 个森林防火预警观测系统、3 个森林生物多样性观测系统。在 27 个站开展温室气体观测,开展基于网络的森林碳水通量及植被长势监测,加强大兴安岭地区雷击火监测,开展气候变化、气象灾害对森林生态系统水、土、气、生循环过程的监测,优化基于无人机的东北森林带遥感监测,为东北森林带固碳释氧、湿地保护修复气象影响监测评估提供数据支撑。

在北方防沙带建设 4 个气候观象台、3 个大气本底站、101 个遥测式自动土壤水分观测系统、120 个植被及物候自动观测系统、35 个温室气体观测系统、4 个高光谱辐射观测系统、5 个蒸散发观测系统、1 个坡面径流观测系统、1 个林间水量分配综合观测系统、1 个水源涵养能力观测系统、1 个森林防火预警观测系统、1 个森林生物多样性观测系统。新建水碳通量、植被、物候、温湿垂直廓线等观测要素,开展草地生态系统气象要素观测,依托无人机和卫星遥感开展调查评估,优化基于无人机的北方防沙带遥感监测,为北方防沙带开展荒漠化治理、京津冀水源涵养、三北防护林工程气象影响监测评估提供客观依据。

在南方丘陵山地带建设 1 个大气本底站、67 个遥测式自动土壤水分观测系统、40 个植被及物候自动观测系统、15 个温室气体观测系统、4 个高光谱辐射观测系统、4 个蒸散发观测系统、1 个坡面径流观测系统、1 个林间水量分配综合观测系统、1 个水源涵养能力观测系统、1 个森林防火预警观测系统、1 个森林生物多样性观测系统。在 15 个站开展温室气体观测,在具有垂直气候带的山脉布设水碳梯度气候监测系统,监测不同海拔高度、不同植被带的气候要素。在生物多样性保护功能区重点开展气温、降水、植被覆盖度、群落调查、生产力、物候等要素监测。在水源涵养功能区重点开展植被、降水、地表径流、蒸发量等要素监测。在地质灾害易发山区,针对滑坡、崩塌、泥石流等灾害,结合地质灾害发育特征,利用卫星、无人机、天气雷达等技术,开展地质灾害气象条件自动监测,优化基于无人机和高分卫星的南方丘陵山地遥感监测,为南方丘陵山地带开展水土保持、石漠化治理气象影响监测评估提供数据支撑,为制定南方山地生态系统保护策略提供决策依据。

在海岸带生态区建设 7 个气候观象台、2 个大气本底站、127 个遥测式自动土壤水分观测系统、70 个植被及物候自动观测系统、14 个温室气体观测系统、6 个高光谱辐射观测系统、2 个蒸散发观测系统、1 个坡面径流观测系统、1 个林间水量分配综合观测系统、1 个水源涵养能力观测系统、1 个森林防火预警观测系统、1 个森林生物多样性观测系统。在 14 个站开展温室气体观测,在近海湿地重点开展水碳通量常规气象要素、生物多样性等地面监测。优化基于无人机的海岸带遥感监测。在重点海域开展常规气象要素、海洋生物多样性,以及水质污染、赤潮、绿潮、溢油等海洋环境灾害和突发事件的监测。

在自然保护地建设 1 个大气本底站、40 个遥测式自动土壤水分观测系统、38 个植被及物候自动观测系统、10 个温室气体观测系统、2 个高光谱辐射观测系统、2 个蒸散发观测系统、1 个坡面径流观测系统、1 个林间水量分配综合观测系统、1 个水源涵养能力观测系统、1 个森林防火预警观测系统、1 个森林生物多样性观测系统。在 10 个站开展温室气体观测，新增水碳通量、基础气象、物候、植被等观测要素，优化基于无人机的重点自然保护地的遥感监测，为生态保护红线区、自然保护地、水源地、生物多样性维护，以及生态城市建设等特色气象服务提供数据支撑。

2.提升生态气象观测基础保障与遥感应用能力

围绕全国重要生态系统保护和修复重大工程对生态气象的多要素观测、产品服务与决策需求，按照观测仪器小型化、空地观测传感器集成物联网化、在线标校、融合质控、观测—产品—决策管控一体化等功能要求，研发面向观测、服务产品和智慧决策的星—空—地一体化生态气象观测技术及其站网布局设计方法和优化技术，实现下一代国家级智能生态气象观测并开展升级换代，提升观测—产品—智慧决策一体化的生态气象服务能力。

加强国家级生态遥感应用服务能力建设，依托全国省级生态遥感中心，提升区域生态遥感保障能力。建立国、省两级生态气象观测和遥感监测技术研发实验室、生态气象遥感产品地基校验基地、生态气象观测计量检定实验室，研发生态气象观测和生态遥感监测服务产品。建立全球和区域地基与生态遥感气象要素数据集、生态遥感产品验证应用体系，提升生态遥感数据获取与服务、生态遥感监测服务能力。

（六）生态气象基础支撑

1.提升生态气象数据处理和应用能力

构建天空地一体化生态气象数据信息采集体系，推动历史资料拯救，强化生态气象数据的质量控制和评估，建立长序列、高质量、三维立体、动态更新的生态气象大数据云平台，形成地球系统多圈层、多生态系统间融合应用的实时生态气象数据产品。基于国家数据共享交换平台（政务外网），推进数据共建共享，增强自然资源、生态环境等多部门数据融合应用，加强生态气象数据产品的共享服务能力，实现对国家级和区域级生态气象业务的服务支撑，推动生态气象数据产品的跨行业跨领域融合应用。依托生态气象综合业务服务平台，强化基于遥感大数据和云计算技术的新型风云气象卫星遥感应用服务，提供多源资料数据快速标准化处理、生态监测评估产品自动生成和一体化发布能力。基于国家气象科学数据中心，开展科学计划项目数据汇交，推动生态气象科学数据的共享共用。

2.强化生态气象数值模式支撑能力

研发适于生态气象评估、预测和预估的中国生态系统分类体系。发展生态系统生产力、碳循环以及生态系统服务价值评估、草原干旱监测预测等模型，研发耦合生物—物理—化学过程的生态气象数值模式。构建自然源排放和突发事件排放模型、高分辨率风蚀、沙尘暴预报模型及全球环境气象模型。开发适合复杂地形条件的气象降尺度技术，建立高分辨率的危化品泄漏气象应急响应模型。基于数值模式中试平台，开展相关要素的测试验证、回代改进和业务转化，形成服务于生态保护、建设和恢复的生态气象评估、预测和预估系列产品。

3.提升生态气象科学研究能力

研发生态气象观测与分析技术，发展生态气象星地一体化立体综合观测与校验体系，建立国省一体化的生态气象协同研究网络与生态气象模拟系统，发展生态气象大数据共享、挖掘和应用技术。开展遥感产品质量控制与真实性检验研究，建立生态气象监测遥感数据质量控制方法规范和生态气象参量反演技术。研究基于快速辐射传输模式（ARMS）的卫星遥感生态产品大气订正方法，多星多仪器之间的衔接性和一致性处理技术，以及多源观测、人工智能、大数据融合技术。研发生态气象评估和生态气象监测评估预警指标体系,开展定量区分植被生态质量变化的气候与人为影响研究,发展生态气象灾变预测与风险评估技术、气候资源开发利用保障技术、气候资源承载力评估技术和气候可行性论证技术,加强青藏高原降水变化规律、冻土消融、积雪冰川对水资源贡献等评估研究。

4.加强生态气象人才队伍建设

面向生态气象业务发展需求,加强生态气象业务关键领域和薄弱环节的人才培养,推进生态气象业务人员的知识更新及技术推广,加大基层人员培训力度。与高等院校、科研院所合作,加强生态学和大气科学学科建设,强化相关课程设置和复合型人才的培养。

5.提高生态气象培训及科普能力

开展生态气象业务和技术培训,打造生态气象综合业务技术培训共享平台,加强培训资源和实习实训环境建设。推进基层气象台站科普和文化规范建设,打造当地生态文明展示窗口。建设智能化科普信息服务平台,制作科普产品,培育科普活动品牌。

6.加强生态气象业务标准规范体系建设

围绕国家绿色发展战略和重点生态保护修复工程,建立健全生态气象标准体系,规范国家、区域、省、市、县五级生态气象服务。强化生态气象综合观测、生态保护修复气象监测预测,完善生态气象观测质量管理体系和标准化体系。加强气候资源开发利用保护、大气污染防治、应对气候变化、生态修复型人工影响天气和碳达峰碳中和愿景,以及生态气象遥感监测、机理模型应用等方面的生态气象标准和规范制定。

四、保障措施

(一)加强组织领导,落实规划责任

切实加强规划实施的组织领导和统筹协调,建立中国气象局统筹负责和分区域、分省实施的工作机制,健全分工合理、任务明确、责任清晰的管理机制。中国气象局分解细化工作任务,明确分工责任,加强指导,强化考核,推进规划任务落实取得实效。各省(区、市)根据当地生态保护和修复需求,统筹推动本省(区、市)生态气象保障任务落实,建立相应工作机制,明确职责分工和进度安排,推进各项目标任务和政策措施落到实处。各级气象部门要强化监督检查,抓好跟踪督办,建立定期评估机制,确保任务落实落地。

(二)加强规划衔接,构建协同机制

加强与全国重要生态系统保护和修复重大工程各专项建设规划的有效衔接,积极探索构建生态统一规划、统一政策、统一标准、统一管控的协同机制。建立健全与发展改革、自然资源、生态环境等部门间合作机制,依托各部门观测站点布局,统筹开展生态气象观测仪器设备布设,联合开展生态相关调查监测,推动生态观测站点共建共享共用,避免重复建设。统一相关技术标准,加强部门间数据共享,实现数据互联互通,为水资源管理、生态保护修复、大气污染防治和应对气候变化提供重要数据支持。加强与各地生态保护和修复专项规划的衔接,确保规划和建设项目有序推进实施。加强与气象总体规划、省级规划、区域规划、专项规划的统筹协调,科学组织,推动各层次、各区域生态气象事业协同发展。

(三)优化业务布局,推动集约发展

建立“适应需求、各具特色、支撑高效、注重实效”的国家、区域、省、市、县五级生态气象服务体系。国家级重点负责生态气象业务顶层设计,做好关键核心技术和基础产品研发,牵头一体化生态气象综合业务服务平台建设,加强业务指导和基础业务支撑。区域级、省级落实本级牵头的建设任务,重点发展满足区域、省级发展需要的生态气象服务体系。按照气象业务技术体制重点改革的意见要求,优化市、县气象业务服务布局,市、县面向当地基本需求,依托上级业务服务产品,因地制宜发展生态气象服务业务。

（四）争取项目支持，推动能力建设

围绕国家《生态总体规划》确定的气象建设任务，争取生态气象保障工程项目立项实施。推动生态气象服务保障重点任务纳入各地气象事业"十四五"发展规划。统筹利用中央和地方建设项目资金，拓宽以政府投入为主、社会投入为辅的多元化投入渠道，完善地方、部门、社会等投入参与机制。合理规划不同区域建设资金投入规模，确保重点区域生态气象保障建设重点任务落地实施，提高资金使用效益。

（五）优化资源配置，强化科技支撑

面向气象现代化要求，围绕规划目标和规划任务，加强统筹协调，优化资源配置，推动科技和人才资源向重点区域倾斜。加强跨部门、跨区域协同创新，提升生态领域相关气象科研所能力，建设有特色的省级生态文明实验室和技术中心，发挥重点科研创新平台作用。聚焦生态气象服务保障领域关键技术，加大基础性、关键性技术攻关力度，共同解决区域生态保护和修复重大科技问题，提升生态气象服务科技含量和技术能力。加快生态气象业务科技人才队伍建设，加强重点领域科技领军人才和优秀青年人才培养。

气象部门全面推行
证明事项告知承诺制的实施方案

（气办发〔2021〕2 号）
2021 年 1 月 4 日

　　为贯彻落实党中央、国务院重大决策部署，全面推行气象领域证明事项告知承诺制，根据《国务院办公厅关于全面推行证明事项和涉企经营许可事项告知承诺制的指导意见》（国办发〔2020〕42 号），制定本实施方案。

　　一、实行告知承诺制的证明事项

　　本方案所称证明，是指公民、法人和其他组织在依法向气象主管机构申请办理行政事项时，提供的需要由行政机关或者其他机构出具、用以描述客观事实或者表明符合特定条件的材料。证明事项告知承诺制，是指公民、法人和其他组织在向气象主管机构申请办理行政事项时，气象主管机构以书面形式（含电子文本，下同）将证明义务、证明内容以及不实承诺的法律责任一次性告知申请人，申请人书面承诺已经符合告知的相关要求并愿意承担不实承诺的法律责任，气象主管机构不再索要有关证明并依据书面承诺办理相关行政事项的工作机制。

　　按照最大限度利民便民原则，自 2021 年 5 月 1 日起，以下四项证明事项明确实行告知承诺制：

1.开展雷电防护装置设计审核和竣工验收许可需要申请人提交的防雷产品安装记录和防雷产品出厂合格证书；

2.开展除电力、通信以外的雷电防护装置检测单位资质认定需要申请人提交的技术职称证书；

3.开展除电力、通信以外的雷电防护装置检测单位资质认定需要申请人提交的经营场所产权证明（或者租赁合同）；

4.开展外国组织和个人在华从事气象活动审批需要申请人提交的设备许可证。

二、告知承诺制的适用对象

对于实行告知承诺制的四项证明事项，申请人可自主选择是否采用告知承诺制方式办理。申请人不愿承诺或者无法承诺的，应当按要求提交相关证明。申请人有较严重的不良信用记录或者存在曾作出虚假承诺等情形的，在信用修复前不适用告知承诺制。

三、主要任务

（一）规范工作流程

对实行告知承诺制的四项证明事项，有关气象主管机构要按照全面准确、权责清晰、通俗易懂的要求，科学编制告知承诺制工作规程，修改完善办事指南，制作告知承诺书。书面告知的内容包括事项名称，设定依据，证明内容，承诺方式，不实承诺可能承担的责任，气象主管机构核查权力，承诺书是否公开，公开范围及时限等。书面承诺的内容应包括申请人已知晓告知事项、已符合相关条件、愿意承担不实承诺的法律责任以及承诺意思表示真实等。

要通过相关服务场所和网站等渠道公布实行告知承诺制的证明事项目录及其办事指南、告知承诺书，方便申请人查阅、索取或下载。

对有关告知承诺制的投诉举报要及时处理。

（二）强化事中事后核查

对实行告知承诺制的证明事项，有关气象主管机构应当结合事项特点确定核查办法，明确核查时间、标准、方式以及是否免予核查。对免予核查的证明事项，有关气象主管机构要综合运用"双随机、一公开"监管、重点监管、"互联网＋监管"等方式实施日常监管，不得对通过告知承诺制方式办理的企业和群众采取歧视性监管措施。对审批时限内发现申请人承诺不实的，应立即终止许可办理程序。对作出准予行政许可决定后发现申请人承诺不实的，应视情况责令限期整改、撤销行政许可决定或者予以行政处罚，并纳入信用记录。

有关气象主管机构要加强部门协作和信息共享，要利用政务信息共享平台、政务服务移动客户端等实施在线核查，也可以通过检查、勘验等方式开展现场核查。确需进行现场核查的，要依托信息化手段，将承诺情况及时准确推送给有关监管人员，同时要优化工作程序、加强业务协同，避免烦企扰民。

（三）加强信用监管

有关气象主管机构要加强告知承诺信用管理制度建设，依法科学界定告知承诺失信行为，将承诺人履行承诺情况全面纳入信用记录，并加强信用信息互联互通和共享。要按照信用状况，实施分类精准监管。要依法加大失信惩戒力度，根据虚假承诺造成的社会影响实施相应惩戒措施。

（四）做好风险防范

有关气象主管机构要建立承诺退出机制，在行政许可办结前，申请人有合理理由的，可以撤回承诺申请，撤回后按原程序办理。对涉及社会公共利益、第三人利益或者核查难度较大的证明事项，通过相关服务场所、网站等向社会公开告知承诺书，接受社会监督。

四、保障措施

（一）加强组织领导

中国气象局加强对全面推行证明事项告知承诺制的统一领导

和统一部署,统筹协调处理改革过程中的相关重大问题。各级气象主管机构要深刻认识和理解全面推行证明事项告知承诺制的重要意义,将其纳入重点工作内容,进一步提高认识、转变观念、细化方案、健全机制,确保改革措施落到实处。

（二）强化宣传培训

全面实行证明事项告知承诺制,是落实党中央、国务院重大决策部署,推进"放管服"改革,减轻企业和群众负担,激发市场主体发展活力的重要举措。要做好国家政策和气象部门实施举措的宣传、培训和解读,宣传全面推行证明事项告知承诺制的重要意义、主要做法和实施效果等,合理引导社会预期,及时回应社会关切,积极营造良好社会氛围。

（三）抓好督促检查

各级气象主管机构要加强对全面推行证明事项告知承诺制的监督检查,将相关工作情况纳入年度考核,充分调动各方面积极性、主动性,及时、妥善解决改革推进中存在的问题和困难。各省（区、市）气象局要注意总结取得的成效和存在的问题,并及时向中国气象局报告。

中国气象局机关文件材料归档范围和文书档案保管期限规定

（气办发〔2021〕5号）

2021年2月25日

  第一条 为切实做好中国气象局（以下统称"本机关"）文件材料归档工作，正确界定文件材料归档范围，准确划分档案保管期限，根据《中华人民共和国档案法》《中华人民共和国档案法实施办法》《机关文件材料归档范围和文书档案保管期限规定》等法律法规，结合气象部门实际，制定本规定。

  第二条 本规定所称文件材料是指本机关在工作活动中形成的，对国家、社会、气象事业发展和历史研究具有保存价值的各种门类和载体的历史记录。

  第三条 本机关文件材料归档范围是：

  （一）反映本机关主要职能活动和基本历史面貌的，对本机关工作、国家建设和历史研究具有利用价值的文件材料；

  （二）本机关工作活动中形成的在维护国家、集体和公民权益等方面具有凭证价值的文件材料；

  （三）本机关需要贯彻执行的上级机关、同级机关的文件材料和下级机关报送的重要文件材料；

  （四）其他对本机关工作具有查考价值的文件材料。

第四条　本机关文件材料不归档范围是：

（一）上级机关的文件材料中，普发性不需本机关办理的文件材料，任免、奖惩非本机关工作人员的文件材料，供工作参考的抄件等；

（二）本机关文件材料中的重份文件，无查考利用价值的事务性、临时性文件的历次修改稿、各次校对稿，无特殊保存价值的信封，不需办理的一般性人民来信、电话记录，机关内部互相抄送的文件材料，本机关负责人兼任外单位职务形成的与本机关无关的文件材料，有关工作参考的文件材料；

（三）同级机关的文件材料中，不需要贯彻执行的文件材料，不需办理的抄送文件材料；

（四）下级机关的文件材料中，供参阅的简报、情况反映、抄报或越级抄报的文件材料。

第五条　凡属机关归档范围的文件材料，必须按有关规定向本机关负责档案工作的部门移交，实行集中统一管理，任何个人不得据为己有或拒绝归档。

第六条　机关文书档案的保管期限定为永久、定期两种。定期分为 30 年、10 年。

第七条　永久保管的文书档案主要包括：

（一）本机关制定的法规政策性文件材料；

（二）本机关召开重要会议、举办重大活动等形成的主要文件材料；

（三）本机关职能活动中形成的重要业务文件材料；

（四）本机关关于重要问题的请示与上级机关的批复、批示，重要的报告、总结、综合统计表等；

（五）本机关机构演变、人事任免等文件材料；

（六）本机关房屋买卖、土地征用、主要的合同协议、资产登记等凭证性文件材料；

（七）上级机关制发的属于本机关主管业务的重要文件材料；

（八）同级机关、下级机关关于重要业务问题的来函、请示与本机关的复函、批复等文件材料。

第八条 定期保管的文书档案主要包括：

（一）本机关职能活动中形成的一般性业务文件材料；

（二）本机关召开会议、举办活动等形成的一般性文件材料；

（三）本机关人事管理工作形成的一般性文件材料；

（四）本机关一般性事务管理文件材料；

（五）本机关关于一般性问题的请示与上级机关的批复、请示，一般性工作报告、总结、统计报表等；

（六）上级机关制发的属于本机关主管业务的一般性文件材料；

（七）上级机关和同级机关制发的非本机关主管业务但要贯彻执行的文件材料；

（八）同级机关、下级机关关于一般性业务问题的来函、请示与本机关的复函、批复等文件材料；

（九）下级机关报送的年度或年度以上计划、总结、统计、重要专题报告等文件材料。

第九条 机关形成的人事、基建、会计及其他专门文件材料的归档范围和档案保管期限，按国家有关规定执行。

第十条 机关对应归档电子文件的元数据、背景信息等要进行相应归档。应归档文件材料中，有文件发文稿纸、文件处理单的，应与文件正文、定稿一并归档。

第十一条 本机关与其他机关联合召开会议、联合行文所形成的文件材料原件由主办机关归档，其他机关将相应的复制件或者其他形式的副本归档。

第十二条 本规定由中国气象局办公室负责解释。

第十三条 本规定自印发之日起施行。原《关于印发中国气象局机关文书档案保管期限表的通知》(中气函〔2010〕447 号)同时废止。

附件:中国气象局机关文书档案保管期限表(略)

中国气象局园区科普基地建设指导意见

（气办发〔2021〕8 号）
2021 年 3 月 17 日

经过多年建设，中国气象局园区科普基地建设取得积极进展，已建立中国气象科技展馆综合科普展示平台，以及国家级业务、科研单位分别建立的不同专题、形式多样的科普展示平台。2020 年 12 月，中国气象科技展馆及系列专题科普展区（以下简称园区"1＋N"科普平台）首批获得中国气象局和科技部联合命名的国家气象科普基地称号。为进一步做好园区"1＋N"科普平台建设，做到统筹资源、科学布局、协调联动、共建共享，促进气象事业高质量发展，提出以下意见。

一、总体要求

（一）指导思想。贯彻落实中国气象局党组关于气象科普和文化工作要求，按照《气象科普发展规划（2019—2025 年）》部署，紧紧围绕新发展阶段气象工作战略定位，以园区"1＋N"科普平台建设为抓手，统筹优质资源、优化展示布局、完善联动机制，形成气象科技创新、业务应用和文化传承一体化展示新样板，以点带面，为全国气象科普基地高质量发展提供示范引领。

（二）发展目标。到 2022 年，初步建成覆盖园区核心科普展区、具有较高设计水平和较好展示效果的"1＋N"科普平台,实现职责明晰、功能互补、运行顺畅、开放有序目标。到2025年,建设成为展示完整、服务精细、管理科学、水平先进的现代化、专业性科普基地,进入国家科普基地前列。

(三)基本原则。

——高点定位,系统谋划。瞄准提升公共气象服务水平、促进气象科学文化传承定位,高水平设计、高质量建设园区"1＋N"科普平台功能。

——统筹推进,科学布局。坚持务实节俭的原则,加强统筹、合理布局。各展区职责清晰、各有侧重,既做到重点突出,又体现整体效果。

——以点带面,分步实施。在园区"1＋N"科普平台建设基础上,加强园区环境营造和文化建设,有计划、分步骤加快推进实施。

——协调联动,共建共享。国家级业务、科研单位既要树立全局思维,又要注重结合自身业务特点进行自主设计,展示各自功能和特色水平,加强共建共享,促进交流合作。

二、明确园区"1＋N"科普平台功能定位和总体布局

打造高质量园区"1＋N"科普平台是气象部门做好精细服务的重要抓手、加快创新发展的重要支撑、传承优良传统的重要载体和展示行业形象的重要窗口。其中,"1"为中国气象科技展馆,综合展示气象发展历程、党领导下的气象事业发展成就、气象科学和文化等;"N"为多个国家级业务、科研单位根据自身特色,建立、完善的科普展示空间,从不同侧重点展示气象科技、业务、服务和文化发展。主要展区如下:

(一)中国气象科技展馆。位于气象科技大楼一楼。作为综合性科普展馆,通过现代化展示手段,全方位展示气象发展历程,重点展示新中国成立之后,尤其是党的十八大以来党和国家领导人对气象事业关心支持，气象现代化建设成就、服务成效和气象精神。不断丰富馆藏展品，加大开放合作，发挥示范带动作用。

（二）气象预报预警服务展区。包括国家气象中心一楼大厅、中央气象台会商室和国家预警信息发布中心。通过现代化信息手段，突出展示数值预报等现代天气预报技术和全球预报预警服务能力，展示"世界气象中心"和国家预警信息发布中心重要地位和能力水平。

（三）气象信息和气候展区。包括国家气候中心大楼一楼大厅和"天镜"系统等。通过"超算""天镜"系统、珍贵档案等展示气象信息发展成就。通过典型气候带和气候态等内容展示，体现气象部门在应对气候变化中的科技支撑作用。

（四）风云气象卫星展区。包括国家卫星气象中心气象卫星运控室、空间天气与天文科普馆。以风云气象卫星和空间天气为主题，展示风云气象卫星在服务国家重大战略、推动气象科技创新等方面进展和成效。

（五）公众气象服务展区。包括华风一楼展厅和演播大厅。重点展示"中国天气"品牌的气象服务能力、服务产品。通过电视天气预报节目主持工作体验场景，让公众近距离感知气象工作，增强对气象工作的认识和理解。

（六）气象科技创新应用展区。位于中国气象科学研究院一楼大厅。展示气象科技发展史，重点展示气象领域重大科学试验和代表性科研成果，体现气象部门科技创新能力和科研水平。宣传优秀气象科研人员，弘扬科学家精神。

（七）华云气象观测科普展区。位于气象科技大楼前，通过展示传统人工气象观测和现代多要素自动观测，重点面向青少年等群体开展现场气象科普活动。数字化显示大屏实时显示气象数据及预警信息，增强园区气象文化氛围。

（八）中国气象科技展馆外围延展区。位于气象科技大楼一楼大厅内。作为展馆的有效补充,与展馆构成有机整体。在重大时间节点,根据中国气象局重大展示需要设置不同主题的临时展览。

园区各单位要参照既有专题科普展区建设思路,结合自身业务特点设计建设具有自身特色的科普展区,不断拓展园区"1＋N"科普平台范围。

三、完善保障措施

(一)强化组织实施。加强组织领导,强化主体责任。办公室加强统筹协调,推动各单位协同建设。各有关内设机构按照业务管理分工,对业务分管范围内单位的展示内容进行指导、把关。宣传科普中心牵头健全园区"1＋N"科普平台协同机制,做好讲解员队伍建设、组织开放服务等工作。学会秘书处承担年度考核工作。相关直属单位履行建设运维本单位专题展区的主体责任,研究提出具体实施措施,明确年度计划和实施进度,加快推进本单位科普平台建设完善。

(二)鼓励创新探索。各展区建设运维责任单位要发挥积极性和主动性,按照"各自为主,分担实施"的原则,找准定位、自主设计,充分体现各自功能和特色,既运用现代化手段,又提倡务实俭朴。鼓励多采用实物、模型等展示形式和可视化、互动性强的呈现方式,增强展示效果和吸引力。

(三)加强督促落实。办公室和科技司加强部署推进,强化指导检查,定期通报进度情况,有序推动园区"1＋N"科普平台建设。要加强与各地气象部门及相关行业的交流合作,强化共建共享,形成统筹联动效应,带动全国气象科普基地发展。

关于进一步规范
气候可行性论证有关工作的通知

（气办发〔2021〕32 号）

2021 年 8 月 25 日

　　为贯彻落实中央深化"放管服"改革精神和优化营商环境部署要求,各省（区、市）气象局按照《国务院关于印发清理规范投资项目报建审批事项实施方案的通知》（国发〔2016〕29 号）《中央办公厅 国务院办公厅关于印发深入推进审批服务便民化的指导意见》（厅字〔2018〕22 号）等政策文件中关于气候可行性论证的要求,积极推动涉及安全的气候可行性论证强制性评估和气候可行性论证区域评估工作的落实落地,取得了初步成效,但部分地区也存在强制性气候可行性论证项目划定依据不够充分、工作开展不够规范、工作落实与"放管服"改革精神和优化营商环境要求不完全一致等问题。为进一步规范气候可行性论证工作,按照国家相关改革精神,现将有关要求通知如下:

　　一、进一步提高对规范开展气候可行性论证工作重要性的认识

　　各省（区、市）气象局要提高政治站位,充分认识规范开展涉及安全的气候可行性论证强制性评估和气候可行性论证区域评估工作是落实党中央、国务院深化"放管服"改革、优化营商环境、进一

步激发市场主体发展活力的重要举措,是气象工作关系生命安全、生产发展、生活富裕、生态良好的具体体现。要将推进气候可行性论证工作的出发点放在服务国家和地方经济发展、保障公共安全和人民生命财产安全方面,要把优化营商环境作为增强"四个意识"、坚定"四个自信"、做到"两个维护"的具体行动,坚定履行主体责任。

二、进一步加强本地区气候可行性论证监管制度建设

各省(区、市)气象局要按照国家和地方党委、政府关于深化"放管服"改革、优化营商环境的决策部署和统一要求,积极推动或配合地方政府及有关部门制定涉及气候可行性论证的监管制度和监管流程,将气候可行性论证纳入地方报建审批服务或审批流程,确保涉及安全的气候可行性论证强制性评估和气候可行性论证区域评估工作措施落实到位。对已制定的涉及气候可行性论证的政策性文件中涉及不符合"放管服"改革精神和优化营商环境要求的有关条款要及时进行清理和完善。

三、进一步加强涉及安全的重大规划和重点建设工程项目气候可行性论证监管

各省(区、市)气象局要加强涉及安全的重大规划、重点建设工程项目气候可行性论证监管的履职能力建设,按照地方党委、政府的部署,因地制宜制定"涉及安全的重大规划和重点建设工程项目气候可行性论证强制性评估目录"(以下简称"目录"),建立气候可行性论证监管流程和监管要点,建立事前辅导服务、事中进度跟踪、事后评价反馈等监管机制。推动建立多部门协同监管机制和信息共享机制,在工作过程中加强与相关行业管理部门的协同推进和对下的业务指导,形成工作合力。要加强气候可行性论证监管信息化建设,强化信用评价在气候可行性论证领域的应用,深入推进"互联网+监管",将企业违法违规行为及处罚结果纳入相关审批或监管信息平台,切实提高监管的针对性、有效性。推动日常监管实施"双随机、一公开",对涉及安全的气候可行性论证实施重点监管。

四、妥善处理涉及安全的重点建设工程项目强制性评估与区域评估的关系

各省（区、市）气象局在推动制定"目录"过程中要围绕"放管服"改革精神和优化营商环境要求,综合考虑本地天气气候特征、规划和建设工程对气象的敏感性以及对生命财产安全可能造成的危害程度,避免因"一刀切"而造成"目录"范围过广等问题。不在"目录"范围内的重点建设工程项目,不得强制性要求项目建设方开展气候可行性论证。各类开发区如已开展区域气候可行性论证,在"目录"范围内的重点建设工程项目无须重复开展区域气候可行性论证报告中已有内容的评估工作;如已有的区域气候可行性论证报告不能完全替代,且属于开发区内重点建设工程项目的共性评估内容,可增加相应评估章节作为对原有报告的补充完善;重点建设工程项目如确需另行开展气候可行性论证,应加强政策宣传,争取地方政府或各类开发区管理方以及项目建设单位的理解与支持,重点开展区域气候可行性论证报告中尚未覆盖的特性部分论证工作。

五、加强气候可行性论证工作的日常指导和监督

各省（区、市）气象局要密切跟踪规范气候可行性论证工作的推进情况,加大自查自纠力度,定期对气候可行性论证工作的开展情况进行检查评估,对照国家、地方的相关法律法规和政策性文件要求,将涉及安全的气候可行性论证强制性评估和气候可行性论证区域评估工作的相关政策、评估流程和实际推进情况进行全面梳理和认真研判。针对气候可行性论证工作开展过程中自行要求扩大论证范围、重复不必要评估、增加企业负担等不规范行为和风险点进行研究分析,及时制定整改措施,明确相应工作要求,协调解决工作中出现的问题。

六、进一步提升气候可行性论证技术水平和业务能力

各省(区、市)气象局应针对服务需求,加强气候可行性论证新技术、新方法的引进与应用,强化业务系统建设,积极开展气候可行性论证技术培训与总结,加强区域间的成果交流与信息共享。面向本地特色的国土空间规划、各类重大生态修复工程以及重点建设工程项目气候可行性论证技术需求,要明确气候可行性论证业务能力建设思路,加强技术研发,实现相关论证的技术算法、功能模块在气候可行性论证业务系统的本地化移植或集成应用。气候可行性论证报告编制要严格遵循国家或有关行业、地方标准。要加强针对气候可行性论证报告的质量评价,进一步提升气候可行性论证工作的规范化、标准化水平,促进气候可行性论证工作持续、健康发展。

七、加强保障实施力度

各省(区、市)气象局要高度重视规范气候可行性论证工作,加强组织领导与协调,将气候可行性论证工作纳入现代化评价、相关的发展规划、年度重点任务以及科研和工程建设项目等设计安排中。加强政策培训,各级相关管理部门要正确认识理解开展气候可行性论证的国家政策和地方法规依据,提升工作人员依法办事、依法行政的能力。加强经验交流,发挥部门优势,强化上下、左右联动,定期组织开展总结交流,推广示范经验。加强政策宣传,积极做好相关政策法规向政府、企业和社会公众的宣讲解读,及时主动了解地方政府、相关部门和项目建设单位的意见建议,营造良好的工作氛围,尽早发现、及时处理、妥善应对可能发生的舆情发酵风险点,保障气候可行性论证工作顺利推进。

各单位在执行过程中如有问题,请及时与中国气象局预报与网络司气候处联系。

关于建立防雷安全责任落实工作清单的指导意见

（气办发〔2021〕36号）
2021年9月30日

为深入贯彻《中华人民共和国气象法》《中华人民共和国安全生产法》等法律法规，按照"管行业必须管安全、管业务必须管安全、管生产经营必须管安全"的要求，建立健全防雷安全责任体系，最大限度地减轻雷电灾害的影响和损失，保障人民生命财产安全，提出如下意见。

一、总体要求

把思想和行动统一到习近平总书记关于做好安全生产工作和加强气象灾害防范的一系列重要指示精神上来，坚持以人民为中心的发展思想，树牢安全发展理念，始终把"人民至上、生命至上"贯穿到防雷减灾工作全过程，按照安全第一、履职尽责的原则，建立健全雷电灾害事故预防体系和隐患治理体系，梳理完善监管职责范围内的防雷安全重点单位（以下简称"防雷安全重点单位"）、取得雷电防护装置检测资质的单位（以下简称"雷电防护装置检测单位"）、地方各级气象主管机构的防雷安全责任落实工作清单，提升相关企事业单位以及从业人员的安全意识、法治意识、责任意识，推动形成政府主导、部门协同、行业自律相结合的防雷安全工作格局,有效防范和坚决遏制重特大雷电灾害事故的发生。

二、防雷安全重点单位落实防雷安全主体责任的工作清单

1.承担本单位防雷安全主体责任,法定代表人、主要负责人、实际控制人同为防雷安全第一责任人,把防雷安全工作列入本单位的重要议事日程,将防雷安全经费纳入安全生产经费预算。

2.明确防雷安全责任部门和人员,掌握本单位防雷安全相关情况。

3.明确雷电防护重点部位、场所和设施,并制作示意图,设置雷电防护装置安全警示标识。

4.贯彻执行防雷安全法规和行业主管部门有关要求,接受当地气象主管机构的监督管理。

5.雷电防护装置应与主体工程同时设计、同时施工、同时投入使用,主动履行雷电防护装置设计审核和竣工验收相关程序。

6.委托具有相应资质等级的雷电防护装置检测单位对本单位所有雷电防护装置进行定期检测,做到应检必检,杜绝由于漏检形成的安全隐患。

委托检测时,通过全国防雷减灾综合管理服务平台(网址 https://www.qgfljg.cn)对雷电防护装置检测单位的资质证书进行核验。

发现雷电防护装置检测单位在检测服务过程中未检测就出具检测报告等不执行雷电防护装置安全规定或标准的,及时向当地气象主管机构举报。

7.在雷电防护装置定期检测后,及时将雷电防护装置检测情况上传全国防雷减灾综合管理服务平台。如果存在问题隐患,需要制订整改计划,在整改完成后,及时将整改结果上传全国防雷减灾综合管理服务平台。

8.严格执行雷电防护装置的日常巡查与维护制度,指定专人负责本单位雷电防护装置的日常维护、定期检查,建立健全隐患自查自改闭环管理机制,排查和消除雷电防护装置隐患,并做好记录。

9.组织制订并实施本单位防雷安全教育和培训计划,自行组织或参加行业主管部门的防雷安全知识培训。

10.主动关注当地气象主管机构所属气象台站发布的雷电天气预警信息,并根据实际情况采取安全防范措施。制定本单位雷电灾害应急预案,必要时启动雷电灾害应急预案。每年至少开展一次雷电灾害应急演练。

11.建立雷电灾害事故记录、报告制度,雷电灾害发生后,及时向当地气象主管机构报告灾情,积极协助相关部门开展雷灾事故调查。

12.建立防雷安全档案管理制度,对有关雷电防护装置设计安装工程图纸、检测报告、隐患整改意见、规章制度、防雷安全相关培训记录以及维护记录等文件及时归档,妥善保管。

三、雷电防护装置检测单位落实防雷安全检测主体责任的工作清单

1.承担雷电防护装置检测主体责任,遵守国家有关标准,确保出具的雷电防护装置检测数据与结果的真实、客观、准确。

2.按照资质等级承担相应的雷电防护装置检测工作,不超出资质等级承接雷电防护装置检测,不转包或者违法分包。

3.设立分支机构或者跨省(区、市)从事雷电防护装置检测活动的,要及时向开展活动所在地的省级气象主管机构报告,并报送检测项目清单,主动接受当地气象主管机构的监督管理。

4.从取得资质证后次年起,在每年的第二季度通过全国防雷减灾综合管理服务平台(网址 https://www.qgfljg.cn)向资质认定机构报送年度报告。

5.开展检测时,检测人员要具备雷电防护装置检测能力,并向被检单位出具检测资质证书等,接受被检单位核验。

6.检测仪器仪表要在计量有效期内,检测原始记录、雷电防护装置检测报告要如实记录现场检测使用的仪器仪表型号和设备编号。

7.雷电防护装置检测活动结束后,及时将雷电防护装置检测报告上传全国防雷减灾综合管理服务平台;发现防雷安全重点单位存在雷电防护装置隐患的,要向被检测单位提出整改意见,并将整改意见报告当地气象主管机构。

8.保证本单位能够持续符合资质等级认定条件和要求,健全质量管理体系,定期审查和完善,确保管理体系有效运行。

设置分支机构的,要确保分支机构检测技术人员能力水平、技术装备、检测质量符合相关要求。

9.完善技术档案和安全管理制度,对检测原始记录和报告归档留存,保证其具有可追溯性,对从事雷电防护装置检测的专业技术人员做好安全培训和警示教育。

10.配合气象主管机构开展行政检查、质量考核等工作,对责令整改的事项按期限完成整改。

四、地方各级气象主管机构落实防雷安全监管责任的工作清单

1.贯彻执行防雷安全有关法律法规、技术标准和上级关于防雷安全的政策及工作要求,依法开展本行政区域职责范围内的防雷安全监管工作。

2.推动地方政府将防雷安全工作纳入安全生产责任制和地方政府考核评价指标体系,将监管职责范围内的生产经营单位防雷安全信用纳入社会信用体系。

3.推动建立多部门协同监管机制和信息共享机制,开展联合行政执法检查,实施协同监管和联合惩戒。发挥防雷管理工作部门协调会议制度作用,召开防雷工作联席会议,督促各相关部门依法履行防雷安全监督管理职责,及时解决防雷安全监管中存在的问题。

4.建立健全防雷安全监管组织体系,明确防雷安全监管责任部门及相应工作职责,制定完善防雷安全监管工作规则,建立健全防雷安全监督管理考核制度。

5.严格落实雷电防护装置设计审核和竣工验收、雷电防护装置检测单位资质认定等相关规定,推行防雷领域证明事项告知承诺制。

6.制定并实施防雷安全监督检查年度计划,对本行政区域内的防雷安全重点单位和雷电防护装置检测活动进行监督检查,发现事故隐患要及时督促整改。

7.依法开展防雷行政执法工作,严格落实行政执法"三项制度",依法查处违法违规行为。

8.充分发挥社会组织的作用,建立和健全行业规则和行为规范,提升防雷行业自律水平。

9.受理管辖范围内有关防雷安全举报,做好雷电灾害调查鉴定等相关工作,并为其他相关部门开展应急处置提供技术指导与保障。

10.加强对防雷安全法律、法规和防雷安全知识的宣传,增强全社会防雷安全意识。

11.省(区、市)气象主管机构根据本行政区域雷电监测资料以及相关技术标准组织划分雷电易发区域及其防范等级并向社会公布。

12.省(区、市)气象主管机构组织或者委托第三方专业技术机构对雷电防护装置检测单位的检测质量进行考核,考核结果作为资质延续、升级的依据。

13.市、县级气象主管机构按照属地原则建立本行政区域内防雷安全重点单位信息库,实现对防雷安全重点单位监管的全覆盖。指导和督促防雷安全重点单位建立防雷安全责任制,全面了解和掌握监管对象的防雷安全主体责任和保障措施落实情况,建立防雷安全重点单位防雷安全工作台账,实施问题隐患和制度措施清单化管理,并依法督促整改。

省(区、市)气象主管机构可参照本指导意见,根据工作实际细化本行政区域落实防雷安全责任的工作清单。

风能太阳能资源气象业务能力提升行动计划(2021—2025年)

（气办发〔2021〕39号）

2021 年 10 月 13 日

　　2021 年 3 月 15 日,习近平总书记在中央财经委员会第九次会议上强调,实现"碳达峰碳中和"是一场广泛而深刻的经济社会的系统性变革,要把"碳达峰、碳中和"纳入生态文明建设的总体布局,拿出抓铁有痕的劲头,如期实现 2030 年碳达峰、2060 年碳中和的目标。为实现这个目标,我国的可再生能源装机规模将大幅度提升,非化石能源将成为能源消费增量的主体,到 2030 年风电太阳能发电总装机容量要达到 12 亿千瓦以上,以风能太阳能为代表的新能源将迈入高质量发展阶段。风能太阳能等气候资源的分布和变化与气候条件密切相关,在其开发利用中的规划、选址、运行和消纳等都离不开气象服务支撑。为做好"碳达峰、碳中和"目标愿景下国家新能源发展和能源安全战略气象服务,科学谋划未来五年风能太阳能资源气象业务服务的高质量发展,按照中国气象局党组贯彻落实习近平总书记关于气象工作重要指示精神的战略部署,制订本行动计划。

一、业务现状

　　伴随着我国风能太阳能资源开发利用的快速发展,气象部门坚持以服务需求为引领,初步建立了风能太阳能资源监测、评估和预报的气象业务。积累了基础风能太阳能资源观测资料。积累了400座测风塔的风能资源详查观测数据资料,180个气象台站开展了太阳辐射观测,2400余个气象台站开展日照时数观测,实现了基于风云气象卫星的太阳辐射观测。开展了精细化风能太阳能资源评估。完成第四次风能资源详查,得到全国水平分辨率1公里、重点地区100米分辨率、垂直方向达120米高度的风能资源图谱;开展了全国1公里分辨率的精细化太阳能资源评估。形成了风能太阳能资源监测和预报能力。开展风能太阳能监测,定期制作并发布《中国风能太阳能资源年景评估公报》。基于 RMAPS-WIND、GRAPES_MESO 等数值预报模式,对风能太阳能进行针对性改进,建设风能太阳能资源预报业务系统,支撑国家新能源消纳监测预警工作,为全国约2000余个风电场太阳能电站(点)提供实时预报服务。支撑了国家精准扶贫和"一带一路"战略。完成了14.7万个贫困村的太阳能资源评估,支撑国家光伏精准扶贫工程科学实施。落实习近平总书记关于风云卫星指示要求,支撑国家新能源走出去战略,基于 FY-4A SSI 等产品,制作"一带一路"沿线部分国家太阳能资源分布图谱。

二、存在问题

虽然风能太阳能资源气象业务能力建设取得明显进展,但仍存在核心科技支撑能力不强、监测评估预报精密精准精细化不足、业务体系不够健全、服务针对性不强、业务系统平台支撑有待加强等问题。具体表现在:一是核心科技支撑能力不足。数值预报模式对风能太阳能精细化预报支撑不足,缺乏对风机轮毂高度风速和地面太阳辐照度等专业需求开展针对性改进,行业普遍应用国外数值预报模式产品。卫星雷达、大数据、人工智能等新技术新资料应用较为薄弱。二是风能太阳能资源精细化监测能力不足。风能太阳能观测站网密度不够,多源观测资料融合能力不足,监测能力与新能源行业发展迫切需求有较大的距离。三是专业化风能太阳能资源预报预警能力较为薄弱。部分地区预报准确率达不到行业考核要求,面向风能太阳能和国家能源安全的灾害性天气和极端气候事件预警能力较为薄弱,服务针对性有待提高。四是业务体系不健全和布局不够科学。未形成面向未来需求的风能太阳能资源气象业务体系,风能太阳能长期预报、发电设施气象灾害预警和风险评估等业务尚未建立。尚未形成分工明确、布局合理的国、省两级风能太阳能气象业务服务布局,国家级业务支撑指导不足,部分有服务需求的省级业务单位未形成服务能力,不能满足"双碳"背景下新能源战略转型发展需要。五是信息共享和合作机制不够完善。各单位、各层级的资源共享、技术支撑、人才交流、服务联动、技术合作等方面的工作还需要加强。

三、需求分析

在"碳达峰、碳中和"目标愿景引领下,新能源的高质量发展将对风能太阳能气象服务提出更高要求:海上风电、超高风电、太阳能分布式多元化利用以及向地形复杂区发展的趋势,对精细化的风能太阳能资源评估提出了新任务。风能太阳能的大规模、高比例发展,风电、光伏等新能源发电的波动性、不稳定性和随机性对风能太阳能精准预报提出了新挑战。大面积、持续长时间的阴雨天、静小风天以及台风、冰冻等极端天气气候事件可能对以光伏、风电为主体的电力系统造成破坏和断供风险,对风能太阳能资源延伸期预报、气候预测能力提出了新需求。新能源走出去战略和气候变化谈判,能源互联网多应用场景及服务需求,对提升全球特别是"一带一路"国家的风能太阳能资源的气象服务能力,对发展气象大数据云应用和智能化、数字化服务赋予了新内涵。

四、发展思路

以习近平新时代中国特色社会主义思想为指导,全面深入贯彻落实习近平生态文明思想及对气象工作重要指示精神。以科技支撑、创新发展、面向需求、整体规划、开放合作为原则,以国家"碳达峰、碳中和"的战略需求为牵引,充分发挥数值预报中心、气候中心、探测中心、公共气象服务中心、华风集团等国家级业务服务单位的技术研发优势,切实提高中国气象局风能太阳能中心的业务指导和服务能力,同时利用省级业务服务单位直接面向当地政府和行业需求的优势,加强各单位、各层级分工合作和资源共享。统筹推进,分步实施,优先加强风能太阳能观测网建设、太阳能资源精细化监测评估、风能太阳能数值预报技术研发和风能太阳能业务服务平台建设等重点工作,逐步攻克风能太阳能资源气象业务发展的核心技术问题,持续推进新能源气象业务服务工作高质量发展。

五、发展目标

总体目标:

到 2025 年,风能太阳能气象业务的核心科技支撑能力和新技术应用能力大幅提升,初步建成以"监测精密、预报精准、服务精细"为目标的风能太阳能气象业务体系和服务布局,为"碳达峰、碳中和"目标愿景的顺利实现提供支撑。

具体目标:

——在精密监测上:风能太阳能观测站网布局不断完善,基本满足新能源气象要素精密观测的需求。采用最新评估技术和观测资料,完成第一次全国太阳能资源详查,形成全国 1 公里分辨率的太阳能资源图谱。加强行业部门数据融合与应用共享能力,建立全国高时空分辨率的动态新能源气象服务监测分析业务。

——在精准预报上:加强风能太阳能资源数值预报模式研发,完善精细化风能太阳能资源网格预报业务,研发短临、短中期至月季年尺度,无缝隙、高时空分辨率的风能太阳能资源预报预测产品,形成 0～12 小时、12～72 小时和 72～240 小时预报时间分辨率分别为 15 分钟、1 小时和 12 小时,11～60 天预测逐候更新的风能太阳能网格预报业务,预报准确率高于电力行业要求。提升面向风能太阳能发电及设施和电网输电线路安全的灾害性天气和极端气候事件预警能力。

——在精细服务上:构建中国气象局风能太阳能资源气象业务服务平台,综合涵盖风能太阳能专业数据库、资源详查评估、预报预测、预警信息发布和决策服务等系统。形成面向政府决策、规划布局、发电生产、能源安全、电网消纳及防灾减灾的全链条气象服务能力。

六、重点任务

(一)提高风能太阳能资源精密监测能力

任务 1.优化观测网布局

在我国不同气候区域、近海海域以及风能太阳能数值预报难点区和关键区等进行观测网选址布局;建设 100 套测风激光雷达、更新 40 个风塔气象观测系统,加强 100 米以上的风能资源可利用高度的风特性观测;在符合辐射建设标准的国家气候观象台、国家基准气候站和太阳能资源开发利用重点地区的国家基本气象站加强辐射观测能力建设,增加直接辐射、散射辐射、斜面辐射等针对性观测项目;选取在地方政府要求开展分布式光伏电站建设的部分气象局,试点开展太阳能资源和光伏发电功率监测比对,加强计量保障能力建设。积极争取地方财政支持,在其余的国家级地面气象站补充建设辐射观测。

任务 2.建立精细化风能太阳能资源监测评估业务

加强行业部门数据汇交、融合与应用共享能力,建立风能太阳能资源动态监测、分析业务。制作基于多元卫星遥感的全国 4 公里分辨率逐 15 分钟太阳能资源实时监测产品,以及基于实况融合和数值模拟的全国水平分辨率 3 公里、垂直方向 0~300 米 10 层逐小时的风能资源监测产品。建立中国风能太阳能资源月、季、年等不同时间尺度的年景评估业务,形成公报产品。重大公报产品纳入中国气象局新闻发布会内容,提升公报产品影响力。

任务 3.开展第一次全国太阳能资源详查

围绕我国多元化太阳能开发利用的需求,改进全国太阳能资源精细化评估技术。重点面向乡村振兴中的可再生能源利用、中东部地区分布式光伏发电、大型清洁能源基地和西部大规模集中式光伏光热发电等建设需求,开展全国第一次太阳能资源详查,绘制全国 1 公里分辨率的太阳能资源开发潜力“一张图”,时间分辨率达到逐小时,为国家和地方太阳能资源的合理规划和高比例消纳提供支撑。

(二)提升风能太阳能精准预报能力

任务 4.研发风能太阳能数值预报模式

依托中国气象局自主知识产权的全球/区域数值天气预报业务系统,面向风能太阳能气象业务服务对不同高度层、时空分辨率和预报时效等需求,开展辐射、云、气溶胶等多源观测资料的同化分析技术研究,开展模式边界层、短波辐射、复杂地形处理、模式数据降尺度及站点化处理、模式预报产品订正、诊断评估、人工智能分析、大数据融合等关键技术攻关,研发自主可控的中国风能太阳能专业预报模式,实现不同层次风和辐射 0~12 小时、12~72 小时和 72~240 小时预报时间分辨率分别达到 15 分钟、1 小时和 12 小时,空间分辨率达到 3 公里。开展集合预报在风能太阳能应用的关键技术研发,建立风能太阳能集合预报产品服务支撑系统,提供风能太阳能的概率预报产品。

任务 5.研发风能太阳能区域气候业务模式

基于现有区域气候业务模式,加密近地面模式层次,完善物理过程和参数化方案,开展云辐射相关过程对太阳辐射模拟和预测试验,研发风能太阳能区域气候业务模式。实现未来 2 个月全国逐日近地层风速和短波辐射气候预测产品,逐候滚动更新,空间分辨率达到 15 公里,建立风能太阳能区域模式预测产品服务支撑系统。

任务 6.完善精细化风能太阳能资源网格预报业务

基于多源数值预报模式产品,发展空间降尺度和多模式快速集成技术,建立短临、短中期尺度的高时空分辨率的风能太阳能网格预报业务,0～4 小时预报产品时间分辨率 15 分钟、更新频次 15分钟,240 小时预报产品时间分辨率 15 分钟、更新频次 12 小时、空间分辨率 1 公里。

任务 7.建立风能太阳能资源延伸期和月季尺度气候预测业务

构建面向能源行业的延伸期—月—季节尺度的边界层低层风场等要素的气候预测业务,预测未来风能太阳能资源的时空变化特征,实现 11～60 天预测产品逐候更新,月—季气候预测产品逐月更新。加强对能源安全影响较大的大范围、持续性长时间的寡照、小风天气等极端天气气候事件以及大范围雨雪冰冻、台风、沙尘暴等灾害性过程的预测能力建设,提高电网安全和国家能源安全气象保障能力。

任务 8.加强风能太阳能资源气候变化评估和预估

开展气候变化背景下风能太阳能资源变化评估。利用多个全球气候系统模式驱动区域气候模式进行动力降尺度,获得不同气候变化情景下未来高分辨率气候变化情景预估结果,开展我国未来 10 年、20 年、40 年不同地区风能太阳能资源及其技术可开发量的可能变化趋势预估,并进行不确定性分析。研发全国不同区域、不同尺度的未来风能太阳能变化预估基础数据集,为国家和地方政府制定风能太阳能发展政策及实现碳中和的远景目标提供科学依据。

任务 9.提升灾害性天气和极端气候事件预警能力

开展大风、台风、覆冰、沙尘暴等灾害性天气和极端气候事件对风能太阳能发电设施和电力输送设施的影响机理研究。在全国范围内开展风能太阳能电力气象风险普查,建立电力气象灾害风险评估数据库。建立与发电设施及具体场景融合的气象灾害预警模型,划分精细化能源气象灾害风险预警重点区域,开展高敏感新能源电力设施气象灾害实时监测预警服务。与重点新能源、供电企业试点合作,共享历史灾情数据、共同制定应对预案,提升灾害性天气和极端气候事件预警能力及灾害防御能力。

任务 10.开展风能太阳能发电功率预报能力建设

针对"碳达峰、碳中和"目标愿景下的大比例可再生能源接入情景的电网安全运行和电力平衡调度需求,基于数值预报、大数据分析、人工智能等技术,实现多源模型的动态接入和实时运算,提高面向单站和区域发电功率、电力负荷预报准确率,实现从超短期到中长期的发电功率预报预测服务,全面服务生产调度以及电力交易市场。

任务 11.完善风能太阳能资源预报检验体系

基于风电场、太阳能电站监测数据以及气象观测数据,开展多种风能太阳能模式预报预测产品的检验。研究涵盖格点、站点和区域以及不同时间尺度的风速、辐射等预报产品检验方法和检验指标。建立多要素、智能化实时模式预报检验系统,实现主客观、全流程检验和检验结果与客观算法的反馈,不断完善风能太阳能预报检验体系及业务流程。

(三)提高风能太阳能精细服务能力

任务 12.构建集约高效的一体化风能太阳能气象业务服务平台

建立国省一体化的新能源气象业务服务平台,综合涵盖风能太阳能气象专业数据库、资源详查评估系统、实时监测业务系统、预报预测系统、预警信息发布系统和决策服务系统。开展大数据云平台支撑环境建设,建立基于气象、资源、电力数据的全国高时空分辨率风能太阳能气象专业数据库,搭建规范统一的能源气象模型和算法运行环境,提供便捷高效的数据服务接口,确保新能源数据实时监测、评估、预报、预警、检验服务信息的统一管理与全流程监控。提供包含历史观测和再分析数据、实况分析产品、短期和中长期预报预测等数据的共享、分发和服务。积极融入能源互联网各应用场景及服务需求,提升服务的智能化、数字化能力,打造能源气象服务品牌。

任务 13. 提升服务国家能源战略的能力

服务国家能源走出去战略,面向中外国际能源合作和气候变化谈判需求,加强多源卫星遥感数据资料应用,逐步建立"一带一路"国家监测评估和服务能力,助力"一带一路"国家风能太阳能开发。面向新能源支撑乡村振兴,积极对接国家"千乡万村驭风计划"和"千乡万村沐光行动",针对农村新能源发展特点与能源安全,加强农村地区风能太阳能监测、预报、预警及评估等服务,助力农村能源供给结构优化及乡村振兴。

任务 14. 广泛开展风能太阳能开发利用全流程的精细化气象服务

面向不同服务属性,坚持公益性与市场化运作相结合,积极开展风能太阳能精细化服务。面向政府决策,结合土地利用、生态保护、城乡建设等开展精确到县域的风能太阳能资源开发潜力和风光互补潜力评估。面向发电企业,开展电站选址、设计、后评估及电力交易气象服务。面向电网调度,开展风能太阳能资源和发电功率预报预测服务,为提升电力消纳水平提供气象服务。面向新能源发电管理,开展气象灾害预警服务,提高防灾减灾能力,降低灾害损失。面向生态环境保护,加强大规模风电、太阳能发电开发气候环境生态效应模拟与评估,加强面向政策与行动的决策咨询服务。

(四)加强气象保障协同创新

任务 15. 加强中国气象局风能太阳能中心建设

紧密围绕"碳达峰、碳中和"目标愿景下国家新能源发展需要,依托中国气象局公共气象服务中心,建设中国气象局风能太阳能中心,作为中国气象局从事风能太阳能业务、服务与研究工作的专业机构提供气象服务保障。

任务 16.形成分工明确、布局合理的国、省两级风能太阳能业务布局

发展国家和重点省份构成的两级布局的风能太阳能气象业务体系,形成国家级技术支撑和省级需求引领的业务布局。国家级业务单位牵头开展技术研发、业务系统建设、产品支持和运行维护、技术培训交流等技术支撑及对下指导工作,开展面向国家和跨区域的风能太阳能资源气象业务服务。区域(省)级开展需求反馈、业务产品订正和本地化应用,开展本地基于各种应用场景的新能源气象服务,参与业务技术研发和业务服务系统建设工作。

任务 17.加强风能太阳能研究团队和人才队伍建设

联合气象部门以及风能太阳能领域相关机构的专家学者,组建风能太阳能研究团队,持续跟踪、重点攻关风能太阳能监测评估、预报预警新技术、新方法。培育新能源气象业务服务领军人才,加强交流培训,国、省两级互促互进,以点带面,有序提升相关业务人员能力。

任务 18.完善风能太阳能资源技术标准体系

结合新能源开发利用的发展趋势和需求,面向风电和太阳能发电全生命周期的各个环节,重点发展风能太阳能资源观测和数据、精细化评估、短临短期和中长期预报预测技术、高影响气象灾害评价与预警、气候环境生态效应模拟与评估等方向的标准规范。加强与能源电力行业沟通合作,促进相关标准规范的融入式发展。加强与 IEC、ISO 等国际标准化机构风能太阳能专业委员会对接,提升标准规范的国际化水平。

七、责任分工

预报司牵头,减灾司、观测司、科技司、法规司和人事司配合,

共同对风能太阳能资源气象业务服务能力提升工作进行组织和统筹协调,建立运行顺畅、集约高效的工作机制。

数值预报中心负责开展针对风能太阳能资源的自主可控的数值模式关键技术研发,搭建精细化风能太阳能资源数值预报业务系统,支撑风能太阳能资源预报业务建设。

国家气候中心负责研发风能太阳能区域气候业务模式,建立风能太阳能资源延伸期和月季尺度气候预测业务系统,建立风能太阳能资源气候变化数据库,开展气候变化评估和预估研究。

国家气象信息中心负责全国能源气象数据库和气象大数据云平台支撑环境建设。

中国气象局气象探测中心负责完善优化风能太阳能资源专业观测站网布局,建立观测数据质控和评估的技术方法及标准。

中国气象局公共气象服务中心负责牵头建立面向服务需求的风能太阳能气象业务,开展集约高效的一体化风能太阳能气象业务服务平台研发,完善风能太阳能资源技术标准体系建设,研发行业数据融合的应用技术,开展风能太阳能资源精细化评估与后评估技术研发。

华风集团负责开展电力灾害性天气和极端气候事件预警能力建设,参与风能太阳能资源监测、评估、预报业务和系统平台建设。

北京市气象局负责开展风能太阳能专业数值预报方案的改进完善、预报检验评估和解释应用。

各省(区、市)气象局负责本省风能太阳能观测数据获取和处理。根据本地服务需求,实现国家级前沿技术以及系统和产品的本地化应用,建立风能太阳能气象业务和保障服务,开展检验评估工作,编制监测评估公报产品。

八、保障措施

(一)加强组织与推进落实

国家级业务单位和相关省(区、市)气象局作为推进风能太阳能资源气象业务能力提升工作的责任主体,要加强组织领导,细化各项具体任务,制订切实可行的实施计划,明确职责分工和进度安排。加强检查督查,建立监督评估机制,强化重点任务的台账化管理和动态监测,推动行动计划各项任务部署实施到位。

(二)加强与现有气象业务体系对接

要积极融入现有气象业务布局。充分利用现有气象现代化技术,特别是现有卫星遥感、再分析资料在风能太阳能资源的应用;充分依托国家和区域现有区域数值预报模式和气候预测模式,做好针对性的改进完善;积极推进现有预报预测技术方法在风能太阳能预报领域的转化应用;充分对接中国气象局大数据云平台,最大限度利用现有计算和数据资源。形成与综合观测、气象预报、气象信息、气象服务、科技人才相互支撑、协同发展的新格局。

(三)深化合作联动

加强与国家能源局、国家电网、发电集团等部门和企事业单位的合作,形成共建共享共赢合作新局面。建立风能太阳能气象服务联盟运行机制,进一步加强信息共享,定期组织召开能源气象业务发展研讨会,建立重大能源气象技术发展专家咨询制度。

(四)健全经费保障和考核激励机制

加强风能太阳能基础气象业务运行经费保障,充分利用山洪建设、小型基建、补短板等工程项目以及相关科技专项,加大对业务能力建设、业务系统保障维护、科技研发项目等方面的经费投入。建立服务收入经费反哺风能太阳能气象技术研发、系统建设等能力建设支撑机制。推进与风能太阳能气象服务业务特色相匹配的激励制度建立。

附件:风能太阳能资源气象业务能力提升行动计划(2021—2022年)任务分工表(略)

全国气象灾害综合风险普查实施方案(修订版)

(中气函〔2021〕90 号)
2021 年 6 月 10 日

为贯彻落实《国务院办公厅关于开展第一次全国自然灾害综合风险普查的通知》(国办发〔2020〕12 号)精神,全面做好全国气象灾害综合风险普查工作,根据《第一次全国自然灾害综合风险普查实施方案(修订版)》(国灾险普办发〔2021〕6 号)及《第一次全国自然灾害综合风险普查行业和综合评估与区划数据需求清单(细化稿)》(国灾险普办发〔2021〕7 号),结合气象部门实际,特修订本方案。

一、总体目标

全国气象灾害综合风险普查是党中央、国务院安排部署,交由气象部门承担的重要任务,是国情国力调查的重要内容,是提升气象防灾减灾能力的基础性工作。通过开展普查,摸清气象灾害风险隐患底数,全面客观认识全国气象灾害风险水平,提升气象灾害风险预报预警和管理能力,为地方政府及各部门有效开展气象灾害防治工作提供科学决策依据。本次气象灾害风险普查的目标是:

(一)通过调查和科学分析,获取我国主要气象灾害的致灾信息;通过信息共享,掌握人口、经济、农业(小麦、玉米、水稻等农作物)、房屋建筑、公路交通、基础设施等气象灾害重要承灾体信息及历史灾情信息等。

(二)以调查为基础,评估为支撑,客观认识当前全国和各地区主要气象灾害的风险水平,科学预判气象灾害风险变化趋势和特点,形成灾害风险区划。

(三)通过实施普查,建立健全气象灾害风险评估指标体系,建立分类型、分区域、分层级的气象灾害库,以及多尺度风险识别、风险评估、风险制图、风险区划的技术方法和模型库,支持建立健全气象灾害风险预警和预评估业务。

二、实施原则

政府主导,地方负责。各省级人民政府是落实本地区气象灾害风险普查工作的责任主体,负责本地区普查工作的组织实施,协调解决重大事项,市、县两级政府按照实施方案要求做好普查相关工作。省、市、县三级气象部门在当地政府的统一组织下开展气象灾害风险普查工作。中国气象局负责指导地方开展气象灾害风险普查工作。

突出重点,分类施策。此次普查气象部门重点任务是以县级行政区为基本单元,开展全国气象灾害致灾因子调查和评估,开展气象灾害风险评估和区划。承灾体调查和评估、重点隐患调查与评估由其他相关部门承担,气象部门通过信息共享方式获取相关信息并开展应用。

统一设计,规范实施。强化顶层设计,明确普查工作任务和要求,统一普查技术标准规范,统一系统平台,集中开展培训,确保全国按照统一的要求、统一的技术标准开展普查工作。集国、省两级优秀专家成立"1+9+1"技术组,承担技术规范编制和对下技术指导。

试点先行,分步实施。2020—2021年为普查前期准备与试点阶段,在各地组织 122 个县级行政区域开展试点;2021—2022 年为全面调查、评估与区划阶段,完成全国气象灾害风险调查和灾害风险评估及区划,汇总普查成果,开展成果应用。

统筹集约,避免重复。本次普查要充分利用各地已开展的气象灾害风险普查的成果,统筹做好相关信息和数据的补充、更新和新增调查,避免不必要的重复普查。要充分利用山洪地质灾害气象风险普查的成果,强化与气象信息化工作的对接融合。

结果导向,强化应用。坚持边普查、边应用、边发挥效益的原则,充分应用普查成果,提高气象灾害风险预警服务能力。

三、气象灾害普查范围与内容

(一)普查灾种

根据我国气象灾害种类的分布、影响程度和特征,本次普查的气象灾害包括暴雨、干旱、台风、高温、低温、风雹(大风和冰雹)、雪灾、雷电、沙尘暴等 9 种。

(二)普查时空范围

普查空间范围:灾害风险普查实施范围为全国各省(区、市)和新疆生产建设兵团,不含香港特别行政区、澳门特别行政区和台湾省。新疆生产建设兵团气象灾害风险普查任务由新疆维吾尔自治区气象局商新疆维吾尔自治区自然灾害综合风险普查工作领导小组确定。沙尘暴灾害风险普查的空间范围为新疆、甘肃、宁夏、青海、内蒙古等 5 省(区)。

普查时间范围:气象灾害致灾因子调查收集 1978—2020 年连续的数据资料。如建站时间晚于 1978 年,收集建站以来到 2020 年的数据资料,相关信息更新至 2020 年 12 月 31 日。

(三)普查内容

根据《第一次全国自然灾害综合风险普查实施方案(修订版)》(国灾险普办发〔2021〕6 号),气象部门主要负责气象灾害致灾调查与评估、气象灾害风险评估与区划两部分。

1.气象灾害致灾调查与评估

以县级行政区为基本单元,开展全国9种气象灾害的特征调查和致灾要素分析,全面获取我国主要气象灾害的致灾因子信息、特定承灾体致灾阈值;评估主要气象灾害的致灾危险性等级,建立主要气象灾害国家、省、市、县四级危险性基础数据库;开展重大气象灾害事件调查;研制全国和省级气象灾害危险性区划图件产品。各地可根据当地灾害状况和实际需求,自主开展省以下气象灾害危险性区划工作。

2.气象灾害风险评估与区划

评估9种气象灾害影响下人口、经济、农业(小麦、玉米、水稻等农作物)、房屋建筑、公路交通等主要承灾体脆弱性;评估全国和省级各类承灾体遭受主要气象灾害的风险水平;研制气象灾害风险区划图件产品;开展综合气象灾害风险评估。各地可根据当地灾害状况和实际需求,自主开展省以下气象灾害风险评估与区划工作。

气象灾害调查及风险评估与区划相关技术详见各灾种调查与风险评估技术规范(包括灾害调查类和评估与区划类,详见气普领发〔2021〕4号)。

四、普查成果

(一)主要成果

1.数据类成果

通过调查和科学分析,获取了国、省、市、县9种气象灾害致灾因子数据;通过共享,获取了人口、经济、农业(小麦、玉米、水稻等农作物)、房屋建筑、公路交通等气象灾害主要承灾体调查数据及历史灾害调查数据;通过科学分析,获取了9种气象灾害致灾危险性等级和风险等级指标数据。

2.图件类成果

主要图件成果包括各级气象灾害致灾危险性区划图件产品、

针对不同承灾体的风险区划图件产品，以及综合气象灾害风险区划图件产品等。

3. 报告类成果

主要报告类成果包括各级各灾种致灾危险性评估报告及风险评估类报告，以及普查过程中各个阶段、各专题及综合类工作和技术总结报告等。

4. 标准规范成果

标准规范成果主要包括调查类技术规范和风险评估类技术规范系列。

5. 软件系统成果

软件系统成果包括普查数据收集系统、风险评估与区划系统等。

普查成果清单，参见《第一次全国自然灾害综合风险普查实施方案（修订版）》（国灾险普办发〔2021〕6号）相关章节。

（二）成果汇交

成果汇交内容主要包括上述数据类成果、图件类成果、报告类成果等。

成果汇交方式按照中国气象局普查办下发的有关规定有序汇交。各级气象部门逐级汇总上交普查成果，国家级和省级气象部门分别横向汇交同级普查办，成果汇交工作依托普查软件开展。

普查成果汇交清单及要求，参见《第一次全国自然灾害综合风险普查行业和综合评估与区划数据需求清单（细化稿）》（国灾险普办发〔2021〕7号）。

五、普查任务及进度安排

2020年至2021年4月为普查前期准备与试点阶段。主要是制定分灾种的普查方案和普查技术规范，编制普查培训教材，开展普查培训，开发普查软件系统，组织开展普查试点工作。

2021年5月至2022年为全面调查、评估与区划阶段。主要完成气象灾害调查和灾害风险评估,研制各类气象灾害风险区划产品,形成普查成果。

2021—2023年为普查成果的应用阶段。基于气象灾害风险普查成果,完善气象灾害风险评估业务和精细化灾害风险预警业务,开展针对防灾减灾决策部门和重点行业用户的气象灾害风险预警服务。

气象灾害综合风险普查主要任务包括:

1.气象灾害风险普查的准备(2020—2021年)

(1)落实工作经费。完成下年度气象灾害风险普查经费预算的测算和申请,报送中央财政和地方各级财政。

时间节点:2020年8月,2021年8月。

(2)制定普查实施方案。制定并适时修订《全国气象灾害综合风险普查实施方案》,明确普查的目标、任务、内容及各级分工,印发各省执行。

时间节点:2020年8月底。

(3)制定标准规范。组建气象灾害风险普查技术团队,编制和完善9种气象灾害风险普查和区划的技术规范,明确普查的内容、技术方法。

时间节点:2020年9月底。

(4)梳理试点大会战任务。梳理北京房山、山东日照岚山区先行试点普查任务,根据分灾种的普查技术标准,细化试点县(区)普查的技术规范,修改完善普查试点方案。按照气象部门独立普查、联合其他部门共同普查、需要相关数据支撑(明确数据的种类、数据的属性)的3个方面制定各灾种普查的任务表格,开展普查。发现问题,及时完善。

时间节点:2020年12月底。

(5)编制普查培训教材。成立教材编制小组,完成气象灾害调查内容培训教材的编制工作,启动灾害风险普查的培训工作。

时间节点:2020 年 8 月底完成编制培训教材;9 月底启动普查培训工作。

(6)完善气象灾害风险普查系统。建立完善气象灾害数据采集系统、灾害风险评估与区划系统,实现国、省、市、县普查数据的传输和汇集。

时间节点:2020 年 11 月,完成采集系统开发;2021 年 4 月,完成风险评估和区划系统开发。

2.气象灾害风险普查的实施(2020—2022 年)

(7)开展全国气象灾害致灾危险性调查。按照气象灾害综合风险普查调查类技术规范要求,梳理历史气象灾害事件,制定客观化的气象灾害事件识别指标。开展全国 9 种气象灾害危险性致灾因子调查。

时间节点:2020 年,完成北京房山区、山东日照岚山区气象灾害风险普查;2021 年 4 月,完成全国 122 个县级行政区域气象灾害风险普查试点任务;2021 年底,完成全国各级气象灾害致灾危险性调查和数据汇交。

(8)建立综合灾害数据库。基于气象大数据云平台,建立综合灾害风险数据库,实现全国综合灾害风险数据的统一管理。

时间节点:2021 年底。

(9)开展共享数据的汇聚。加强与国务院普查办及技术组的沟通,强化承灾体数据和灾情数据的收集和整编处理。

时间节点:2021 年底。

(10)开展气象灾害致灾危险性区划。评估主要气象灾害的致灾因子危险性等级,研制主要气象灾害危险性区划等专业图件。

时间节点:2022 年底。

(11)完成气象灾害风险区划。针对 9 种气象灾害,评估人口、经济、农作物(小麦、玉米和水稻等)、房屋建筑、公路交通等主要承灾体的脆弱性;评估国家级和省级各类承灾体遭受主要气象灾害的风险水平,研制各类气象灾害风险区划产品。

时间节点:2022 年底。

3.气象灾害风险普查结果的应用(2021—2023 年)

(12)开展气象灾害风险大数据分析。开展气象灾害风险大数据分析,建立分灾种气象灾害承灾体信息及针对特定承灾体的致灾阈值。

时间节点:2021—2023 年。

(13)完善气象灾害风险评估预警业务。基于气象灾害风险区划和致灾阈值,综合承灾体数据,完善针对承灾体的气象灾害风险预评估和预警业务。

时间节点:2021—2023 年。

(14)开展气象灾害风险产品的应用。利用气象灾害风险评估产品,开展针对防灾减灾决策部门和重点行业用户的气象灾害影响服务,拓展气象灾害风险产品在专业领域的应用。

时间节点:2021—2023 年。

六、普查职责分工

根据工作内容和性质,气象灾害风险普查分四级(国家级、省级、市级和县级)实施。主要分工如下:

国家级:负责编制、修订《全国气象灾害综合风险普查实施方案》;负责气象灾害风险普查技术规范、培训教材编制和技术培训;负责指导地方开展气象灾害风险普查工作,协助指导历史灾害与行业减灾资源(能力)调查;负责承担全国尺度气象灾害风险评估、风险区划工作;加工整理历史气象灾害调查评价成果数据;建设气象灾害调查数据采集、数据成果审核汇总、风险评估等软件系统;汇集省级成果数据;按要求统一汇交全国气象灾害普查成果。

省级:负责编制本地区气象灾害风险普查实施方案;组织开展本地区普查宣传和培训工作;组织开展本地区普查数据收集、整理、审核、分析,为市、县两级提供全省气象灾害致灾因子数据;负责省级气象灾害风险评估和区划研制工作,根据当地灾害状况和实际需求开展市县级气象灾害风险评估和区划研制工作;负责本地区普查数据成果审核汇集,形成省级气象灾害风险普查成果。

市级:负责指导本地区所属市、县开展气象灾害风险普查工作;负责承担不设气象机构的县级行政区域气象灾害风险普查工作;负责本地区普查数据成果审核汇集,形成市级气象灾害风险普查成果。

县级:根据省级提供的气象灾害致灾因子数据,负责本地区气象灾害致灾因子(气象数据)的审核、补充、上报、汇交。通过整理历史灾情资料、档案查阅、现场勘查(调查)、与其他部门共享普查信息等方式获取本地区历史气象灾害信息,开展历史气象灾害信息的校对、补充和上报。加强与本级政府和相关部门的沟通,获取承灾体信息并上报。

七、保障措施

(一)强化组织保障

成立中国气象局全国气象灾害综合风险普查工作领导小组及其办公室,协调解决气象灾害风险普查重大事项,督促和检查气象灾害风险普查任务的实施。

(二)强化技术指导

成立气象灾害综合风险普查总体技术组,暴雨、干旱、台风、高温、低温、风雹(大风和冰雹)、雪灾、雷电和沙尘暴灾害 9 个技术分组和信息技术组。负责气象灾害风险普查工作的技术指导,编制气象灾害风险普查标准规范及培训教材,开展技术培训和普查系统开发及数据库建设等工作。各省(区、市)根据实际成立相关技术团队,加强气象灾害风险普查的技术支撑。

(三)落实经费保障

全国气象灾害综合风险普查工作经费以地方保障为主。国家级本级及承担的跨省(区、市)普查工作相关支出,由中国气象局争取中央财政支持。各地气象灾害风险普查工作相关支出,由各级气象部门争取地方财政支持。

(四)加强沟通协作

气象灾害风险普查工作涉及多个部门、多个层级,既要采取措施强化部门内的上下协同,也要加强与各级政府普查办及相关部门的横向沟通,确保气象灾害风险普查工作融入全局,取得预期成效。

地方性法规和
地方政府规章

天津市人工影响天气管理条例

(2017年7月26日天津市第十六届人民代表大会常务委员会第三十七次会议通过。根据2021年11月29日天津市第十七届人民代表大会常务委员会第三十次会议《关于修改〈天津市促进科技成果转化条例〉等五部地方性法规的决定》修正)

第一章 总 则

第一条 为了加强对人工影响天气工作的管理,预防和减轻气象灾害,根据《中华人民共和国气象法》、国务院《人工影响天气管理条例》等法律、行政法规,结合本市实际情况,制定本条例。

第二条 本条例适用于在本市行政区域内从事人工影响天气活动。

本条例所称人工影响天气,是指为预防或者减轻气象灾害,合理利用气候资源,在适宜条件下通过科技手段对局部大气的物理、化学过程进行人工影响,实现增雨雪、防雹、消雨、消雾、防霜等目的的活动。

第三条 本市人工影响天气工作应当坚持以人为本、统一领导、科学规范、安全审慎的原则。

第四条 市和有农业的区人民政府应当对人工影响天气工作实行统一领导,建立和完善相应的管理体制和工作机制,统筹协调开展人工影响天气工作。

乡镇人民政府和街道办事处应当配合做好辖区内人工影响天气工作。

第五条 气象主管机构应当在同级人民政府领导和协调下,组织、指导和管理本行政区域内人工影响天气工作。

公安、农业农村、水务、规划资源、应急、通信、民航等部门以及有关军事机关按照各自职责,做好人工影响天气的相关工作。

第六条 市和有农业的区人民政府应当将人工影响天气工作纳入本区域国民经济和社会发展规划和计划,人工影响天气工作所需经费应当列入同级财政预算。

第七条 本市开展人工影响天气工作应当加强与北京市、河北省等周边地区协作,合作开展空中云水资源开发利用研究,实行区域间的动态监测和联防联控,提高人工影响天气作业效果。

第八条 本市鼓励和支持人工影响天气科学技术研究,推广使用和引进先进技术和装备,提高人工影响天气科学作业水平。

市和有农业的区人民政府应当组织专家对人工影响天气作业的效果进行科学评估,评估结果作为评价人工影响天气工作的重要依据。

第二章 站点建设与保护

第九条 区气象主管机构应当根据当地气候、气象灾害特点、地理、人口密度等情况,提出人工影响天气作业站点的布设意见,经区人民政府同意后报市气象主管机构,由市气象主管机构会同飞行管制部门依法确定。

经确定的作业站点不得擅自变动,确实需要变动的应当按照前款规定重新确定。

第十条 人工影响天气作业基础设施建设用地属于公益性事业用地，可以依照国家和本市有关规定予以划拨。

第十一条 人工影响天气作业站点由区气象主管机构组织建设，建筑物、作业平台、安防设施等建设应当符合相关技术标准。

第十二条 任何单位和个人不得实施下列行为：

（一）非法侵占或者破坏人工影响天气作业场地；

（二）损毁或者擅自移动人工影响天气专用设备、设施；

（三）挤占、干扰人工影响天气作业通讯频道；

（四）其他对人工影响天气作业有不利影响的行为。

第三章　　作业管理

第十三条 气象主管机构负责人工影响天气作业人员的招聘和管理。

使用高射炮、火箭发射装置等从事人工影响天气作业人员的名单，由所在地的气象主管机构抄送同级公安机关备案。

第十四条 人工影响天气作业单位应当按照国务院气象主管机构制定的人工影响天气作业人员培训标准，对从事人工影响天气作业的人员进行上岗前的培训。人工影响天气作业人员应当在掌握相关作业规范和操作规程后，方可实施人工影响天气作业。

第十五条 有下列情形之一，且具备适宜天气条件的，经飞行管制部门批准，气象主管机构可以适时组织开展人工影响天气作业：

（一）局部地区出现干旱征兆，预测旱情将会加重；

（二）水库蓄水严重不足；

（三）预测将出现冰雹天气；

（四）发生森林火灾或者长期处于高森林火险时段；

（五）全市性重大活动的保障需要；

（六）重大生态建设工程等重要生态系统保护和修复的需要；

（七）其他需要人工影响天气作业的情形。

第十六条　使用飞行器实施人工影响天气作业，由市气象主管机构按照国家有关规定申请空域和作业时限。

使用高射炮、火箭发射装置等进行人工影响天气作业，区气象主管机构应当事先向飞行管制部门申请，并严格按照批准的空域和时限实施作业，作业完毕后应当及时向飞行管制部门报告。

第十七条　实施人工影响天气作业，气象主管机构应当根据具体情况及时向社会公告。

第十八条　人工影响天气作业应当严格按照国务院气象主管机构规定的作业规范和操作规程实施，保证作业安全。

第四章　安全管理

第十九条　市和有农业的区人民政府应当建立健全人工影响天气工作安全生产责任制，将人工影响天气安全生产纳入安全生产目标考核管理。

气象主管机构应当健全人工影响天气安全责任制度，加强人工影响天气作业安全管理，会同有关部门开展人工影响天气工作安全检查，及时排查和消除风险隐患。

第二十条　人工影响天气作业装备和弹药必须符合国家技术标准和要求，由市气象主管机构按照国家有关政府采购的规定统一组织采购；由市气象主管机构申请公安机关批准后，委托取得危险货物运输许可的单位运输；由天津警备区等军事机关协助储存和维修。

第二十一条　气象主管机构应当在本级人民政府组织下，会同有关部门和单位制定人工影响天气应急预案，并定期组织演练。

人工影响天气工作中发生生产安全事故的,应当及时启动应急预案,依照相关规定进行处置。

第五章　法律责任

第二十二条　违反本条例规定,有下列行为之一的,由气象主管机构予以制止,并责令改正;违反《中华人民共和国治安管理处罚法》的,由公安机关依法予以处罚;构成犯罪的,依法追究刑事责任:

(一)非法侵占或者破坏人工影响天气作业场地的;

(二)损毁或者擅自移动人工影响天气专用设备、设施的;

(三)扰乱实施人工影响天气作业秩序的;

(四)擅自实施人工影响天气作业的。

第二十三条　违反本条例规定,组织实施人工影响天气作业,造成安全事故的,对有关主管机构的负责人、直接负责的主管人员和其他直接责任人员,依照国家和本市有关规定予以处理。

第二十四条　人工影响天气作业造成人身伤亡、财产损失的,依照国家法律规定承担民事责任。

第二十五条　违反本条例规定,国家法律、行政法规有处罚规定的,从其规定。

第六章　附　　则

第二十六条　本条例自 2017 年 9 月 1 日起施行。

抚顺市气象灾害防御条例

（2019 年 8 月 27 日抚顺市第十六届人民代表大会常务委员会第十二次会议通过。2021 年 5 月 27 日辽宁省第十三届人民代表大会常务委员会第二十六次会议批准）

第一条 为了防御气象灾害，避免、减轻气象灾害造成的损失，保障人民生命财产安全，促进我市经济社会发展，根据《中华人民共和国气象法》、国务院《气象灾害防御条例》《辽宁省气象灾害防御条例》等有关法律、法规，结合本市实际，制定本条例。

第二条 在本市行政区域内从事气象灾害防御活动，适用本条例。

本条例所称气象灾害，是指暴雨、暴雪、雷电、大风、大雾、霾、低温、霜冻、寒潮、高温、干旱、冰雹、台风、沙尘暴等造成的灾害。

水旱灾害、地质灾害、森林火灾、植物病虫害、环境污染、流行疫情等因气象因素引发的衍生、次生灾害的防御工作，适用有关法律、法规的规定。

第三条 市、县（区）人民政府应当加强对气象灾害防御工作的组织、领导和协调，建立健全气象灾害防御工作机制，建设和维护气象灾害防御基础设施，组织开展气象灾害应急处置工作，支持气象灾害防御科学技术研究、技术创新以及推广和应用，将气象灾害防御工作纳入本级国民经济和社会发展规划以及政府综合考评体系,并将所需经费列入本级政府财政预算。

第四条 市、县(区)气象主管机构负责本行政区域内气象灾害的监测、预报、预警、评估和气候可行性论证、人工影响天气等气象灾害防御的监督管理和服务工作。

未设立气象主管机构的县(区)人民政府应当明确承担气象灾害防御职责的具体工作机构,在市气象主管机构指导下开展工作。

第五条 气象主管机构及其所属的气象台站应当完善灾害性天气预报系统,强化气象监测、预报、预警技术研究,加强现代信息技术与气象科学的融合应用,提高灾害性天气预报、预警的准确率和时效性。

应急管理部门应当做好工矿企业、工业园区防御雷电、暴雨洪涝、风灾等的安全监督管理工作,督促做好安全隐患排查和整改;组织做好气象灾害、森林火灾、生产安全事故的应急处置和救援工作。

城乡建设部门应当组织做好城市渍涝预防工作,做好排水管网疏浚,在桥梁、涵洞和地势低洼区科学标注水位警示线并设置警示标识,配备水泵、排水车等临时应急设备,组织做好城市内涝等的应急处置工作;开展对建筑物、构筑物及其附着物和户外广告牌匾等防风情况隐患排查和整改监督指导。

农业部门应当组织经营主体做好农作物、农业生产设施等的风灾、雹灾、暴雨洪涝、寒潮、暴雪等气象灾害及引发的农作物病虫害的预防、应急和灾后农业生产恢复工作;探索适应需求的农业气象灾害保险机制。

交通运输和公安部门应当在霾、大雾等气象灾害易发路段设置警示标识,做好气象灾害发生时的交通疏导、调度和管制工作。水务部门应当做好河道、水库、堤防、闸坝等防洪设施建设,加固病险水库,定期对堤防等重要险段、水土流失重点预防区域开展巡查等洪涝灾害预防工作;组织、协调、指导防汛抗旱、城市防洪工作和做好暴雨、干旱、山洪等灾害的防御工作。

自然资源部门应当定期对地质灾害易发区和重点林区开展巡查,做好洪涝灾害、森林火灾和森林病虫害的预防工作。

其他有关部门和单位应当按照各自职责分工,做好气象灾害防御工作。

第六条 乡(镇)人民政府、街道办事处应当建立气象信息服务站,配备气象助理员,承担气象预警信息传播工作;气象科普和防灾减灾知识宣传和咨询工作;气象灾情收集上报工作;本地自动气象站、农村应急广播系统等气象灾害防御设施和业务平台的日常运行维护工作;本地气象灾害多发易发区域和重点单位信息搜集上报等工作。

第七条 社区、居(村)民委员会,学校、医院、商场、车站、工矿企业、建筑工地、旅游景点等人员密集场所的管理单位应当确定气象信息员,负责气象灾害预警信息接收和播发设施的日常运行维护和故障报告,确保气象灾害应急广播系统的在线使用;负责预警信息传递、应急联络、知识宣传、灾情调查和报告等工作。

第八条 市、县(区)人民政府应当组织气象主管机构会同有关部门开展气象灾害普查,按照气象灾害种类进行气象灾害风险评估,进行气象灾害风险区域划定。根据上一级人民政府的气象灾害防御规划,结合本辖区气象灾害的特点、风险评估结果以及经济社会发展趋势,编制本级气象灾害防御规划。

气象灾害防御规划应当作为编制城乡规划、土地利用总体规划的重要依据。

重大基础设施项目的选址和建设,应当符合气象灾害防御规划的要求。

第九条 市、县(区)人民政府应当组织气象主管机构和行业主管部门,根据行业特点、工作特性和地理位置、气候特征等实际情况,分灾种、分地域确定气象灾害防御重点单位,并向社会公布。

气象主管机构和行业主管部门应当对气象灾害防御重点单位的防御准备工作进行指导和监督检查。

气象灾害防御重点单位应当明确气象灾害防御责任人及其职责,制定气象灾害应急预案,定期开展应急演练,确定防御重点部位,设置安全标志,巡查气象灾害防御设施,排查气象灾害安全隐患,建立关键环节检查制度并建立巡查整改档案,及时消除气象灾害风险隐患。

第十条 城乡规划、重点领域或者区域发展建设规划以及重大基础设施、重大工程,大型太阳能、风能等气候资源开发利用等与气候影响密切相关的项目,应当按照国家强制性评估的要求进行气候可行性论证并作为项目可行性研究的内容。

第十一条 油库、气库、弹药库、化学品仓库和烟花爆竹、石化等易燃易爆建设工程和场所,雷电易发区内的矿区、旅游景点或者投入使用的建(构)筑物、设施等需要单独安装雷电防护装置的场所,以及雷电风险高且没有防雷标准规范、需要进行特殊论证的大型项目,其雷电防护装置的设计审核和竣工验收由县级以上气象主管机构负责。未经设计审核或者设计审核不合格的,不得施工;未经竣工验收或者竣工验收不合格的,不得交付使用。

房屋建筑、市政基础设施、公路、水路、铁路、民航、水利、电力、核电、通信等建设工程的主管部门,负责相应领域内建设工程的防雷管理。

雷电防护装置所有人、使用人或者管理人,应当指定专人负责,做好雷电防护装置的日常维护工作。爆炸和火灾危险环境场所的雷电防护装置应当每半年检测一次,其他雷电防护装置应当每年检测一次;被检测单位应当将雷电防护装置检测报告及时报送行业主管部门,对雷电防护装置检测中发现的防雷安全隐患及时整改。

从事雷电防护装置检测的单位应当依法取得相应资质,并按照相关行业标准实施雷电防护装置检测工作,接受雷电防护装置检测业务所在地气象主管机构的监督管理。

气象主管机构应当加强对在本行政区域内开展雷电防护装置检测工作单位的监督管理,建立基本信息台账。

第十二条 市、县(区)人民政府应当建立气象灾害信息共享平台,气象、生态环境保护、应急管理、农业、公安、自然资源、城乡建设、水务、民政、交通运输等相关部门应当将气象灾害监测和气象灾害灾情等相关信息及时传输至该平台,实现气象灾害相关信息资源共享。

气象主管机构负责气象灾害信息共享平台的管理工作。

第十三条 市、县(区)人民政府应当组织气象主管机构和有关部门加强气象灾害监测数据的应用,提高数据信息资源的使用效率;组织在高森林覆盖城镇、生态旅游景区建设负氧离子监测设备和数据采集平台,利用相关指标,开展天然氧吧认证,促进旅游景区建设;组织在中药材基地、食用菌基地、山野菜种植基地等特色农产品基地建设气象要素监测设备和数据采集系统,做好道地药材、食用菌和山野菜等特色产品的气候品质认证。

第十四条 气象主管机构应当会同各行业主管部门做好气象服务工作以及气象灾害防灾减灾指导和培训。可以开展以下气象服务:

(一)为大型石油化工企业和重点危化企业提供雷电、大风、冰雹等专项气象预报预警信息,指导企业做好防雷、防风、防雹等措施;

(二)为大型矿山企业和采煤影响区管理单位提供暴雨、暴雪、大风等专项气象预报预警信息,指导企业和有关单位做好防洪、防涝等措施;

(三)为大型城市基础设施建设项目、大型生态恢复项目、采煤

影响区综合治理项目、大伙房水源地保护项目和工业园区提供专项气象灾害预报预警信息,指导做好气候可行性论证等;

(四)为农业园区、设施农业、粮食产区、林业生产加工企业提供温度、湿度等精细化气象监测数据,做好低温、冰雹、大风、暴雨、干旱等气象灾害的预报预警,指导经营主体和农民做好通风、施肥、用药以及各项防灾减灾等措施。开展农业、林业气象灾害风险区划,农业、林业气候资源区划;

(五)为风景名胜区、森林公园、生态旅游景区等提供温度、湿度、负氧离子含量等精细化气象监测数据,面向游客提供个性化气象预报服务;

(六)利用网络新媒体平台和科普基地、气象台站等,面向市民和学生等群体开展气象知识科普宣传;

(七)根据实际需要,为其他有关单位和法人提供定制化气象信息预报预警服务和防灾减灾工作指导。

第十五条 市、县(区)人民政府应当根据防灾减灾的需要,建立统一的人工影响天气作业、指挥和安全管理体系,配备必需的设备、设施,适时组织相关机构开展人工增雨(雪)、防雹等人工影响天气作业。制定人工影响天气突发事件应急处置预案,人工影响天气作业发生安全事故时,当地人民政府应当及时组织救援和处置,并向上一级人民政府和气象主管机构报告。

气象主管机构应当在本级人民政府的领导和协调下,会同农业、水务、自然资源、生态环境、文化旅游等相关部门对有增雨(雪)、防雹需求的种植业基地、水库库区、旅游景区等领域,根据农业生产、生活用水、森林防火、防尘除霾、净化空气、旅游资源开发和保护的需求,合理布设增雨防雹作业点。

任何单位和个人不得侵占、损毁或者擅自移动人工影响天气作业设备、设施。

第十六条 气象灾害预警和预警信号由低至高划分为四级:

Ⅳ级(一般)、Ⅲ级(较重)、Ⅱ级(严重)、Ⅰ级(特别严重),依次用蓝色、黄色、橙色和红色表示。市、县(区)人民政府及各级政府相关部门,气象灾害防御重点单位等,应当及时针对相应等级启动应急响应,根据应急预案和各自职责开展气象灾害防御工作。

灾害性天气预报和气象灾害预警信号,由气象主管机构所属气象台站按照职责并通过媒体向社会统一发布。其他任何组织和个人不得擅自向社会发布灾害性天气预报和气象灾害预警信号。广播、电视、报纸、电信、网络等媒体应当按照有关规定及时、准确地向社会播发或者刊登气象主管机构所属气象台站发布的灾害性天气预报和气象灾害预警信号,不得以任何形式修改预报预警内容。

广播、电视、电信、网络等媒体对暴雨、暴雪、大雾等气象灾害红色预警信号以及局地大风、强降水等突发性气象灾害预报预警信息,应当采用滚动字幕、加开视频窗口以及插播、信息推送等方式即时播发。

气象灾害预警或者预警信号解除时,广播、电视、电信、网络等媒体应当及时予以更新,不得传播过时的灾害性天气预报和气象灾害预警信号。

第十七条 气象灾害预警和预警信号发布后,市、县(区)人民政府可以根据应急处置的需要,依法采取下列措施:

(一)组织人员撤离、疏散,转移重要财产;

(二)关闭或者限制使用易受气象灾害危害的场所;

(三)决定停工、停业、停课、停止各类群众性活动;

(四)实行交通管制;

(五)依法临时征用房屋、运输工具、设施设备和场地等应急救援所需的物品;

(六)法律、法规规定的其他措施。

第十八条 气象主管机构应当在启动气象灾害应急预案后,

组织所属气象台站对灾害性天气进行跟踪监测,开展现场气象服务,及时向本级人民政府、有关部门报告灾害性天气实况、变化趋势和评估结果,为本级人民政府组织防御气象灾害提供决策依据。

第十九条 各级人民政府应当组织有关部门对气象灾害造成的损失进行调查统计,制订恢复重建计划,并如实向上一级人民政府报告。

气象灾害发生地的单位和个人应当向调查人员如实提供情况,不得瞒报、谎报、虚报气象灾害情况。

任何单位和个人不得传播虚假或非法获取的气象灾情信息。

第二十条 违反本条例规定,应当进行气候可行性论证的项目,项目建设单位未进行气候可行性论证的,由气象主管机构给予警告,责令其限期改正;逾期未改正的,处3万元以下罚款。

第二十一条 违反本条例规定,有下列行为之一的,由县级以上气象主管机构或者其他有关部门按照权限责令停止违法行为,处5万元以上10万元以下的罚款;有违法所得的,没收违法所得;给他人造成损失的,依法承担赔偿责任:

(一)无资质或者超越资质许可范围从事雷电防护装置设计、施工、检测的;

(二)在雷电防护装置设计、施工、检测中弄虚作假的;

(三)违反本条例第十一条第一款的规定,雷电防护装置未经设计审核或者设计审核不合格施工的,未经竣工验收或者竣工验收不合格交付使用的。

第二十二条 违反本条例规定,危害气象观测站、人工影响天气设备等气象设施的,由气象主管机构责令停止违法行为,限期恢复原状或者采取其他补救措施;逾期拒不恢复原状或者采取其他补救措施的,由气象主管机构依法申请人民法院强制执行,并对违法单位处1万元以上5万元以下罚款,对违法个人处100元以上1000元以下罚款;造成损害的,依法承担赔偿责任;构成违反治安管理行为的,由公安机关依法给予治安管理处罚;构成犯罪的,依法追究刑事责任。

第二十三条　违反本条例规定的其他行为,有关法律、法规已有处罚规定的,依照其规定。

第二十四条　本条例自 2021 年 9 月 1 日起实施。

长春市人工影响天气管理办法

（2014 年 9 月 22 日长春市政府令 57 号公布，2021 年
10 月 22 日长春市政府令第 87 号修订）

第一章 总 则

第一条 为了加强人工影响天气工作的管理，防御和减轻气象灾害，支持生态保护与修复，根据有关法律、法规的规定，结合本市实际，制定本办法。

第二条 本市行政区域内从事人工影响天气活动，适用本办法。

第三条 本办法所称人工影响天气，是指为避免或者减轻气象灾害，合理利用气候资源，在适当条件下通过科技手段对局部大气的物理、化学过程进行人工影响，实现增雨雪、防雹、消雨、消雾、防霜等目的的活动。

第四条 人工影响天气工作实行政府领导、部门联动、科学管理、专业操作、注重效益的原则。

第五条 市、县（市）、双阳区、九台区人民政府应当加强对人工影响天气工作的领导，建立健全人工影响天气工作的指挥机构和工作机构，保证人工影响天气工作的顺利开展。

第六条 市气象主管机构在上级气象主管机构和本级人民政

府的领导下,负责本市人工影响天气工作的组织实施和指导。

县(市)、双阳区、九台区气象主管机构在市气象主管机构和本级人民政府的领导下,负责本辖区人工影响天气作业的组织实施工作。

有关部门应当按照职责分工,配合气象主管机构做好人工影响天气工作。

乡(镇)人民政府、街道办事处和村(居)民委员会应当协助当地气象主管机构做好人工影响天气作业站的勘测、建设和管理工作,配合处理人工影响天气工作中发生的各类事故。

第七条 市、县(市)、双阳区、九台区气象主管机构应当制订人工影响天气工作年度计划,报本级人民政府批准后组织实施。

第八条 按照人工影响天气工作年度计划开展的人工影响天气工作属于公益性事业,所需经费纳入同级财政预算,实行专款专用。

从事人工影响天气作业的单位,在完成人工影响天气工作年度计划确定的公益性任务的前提下,可以根据用户的需要,依法开展人工影响天气专项服务。

第九条 市、县(市)、双阳区、九台区气象主管机构应当在本级人民政府组织下,会同有关部门和单位制定人工影响天气工作突发事件应急预案。

人工影响天气作业发生突发事件时,当地人民政府应当及时组织救援和处置,并向上一级人民政府和气象主管机构报告。

第十条 市、县(市)、双阳区、九台区人民政府应当鼓励和支持人工影响天气科学技术的研究,推广使用先进技术。

第二章　作业管理

第十一条 从事人工影响天气作业的单位,应当符合下列条件：

（一）具有法人资格；

（二）具有掌握相关作业规范和操作规程的作业人员，并达到国务院气象主管机构规定的人数；

（三）具有保证安全有效地实施人工影响天气作业的指挥中心、业务技术体系和规章制度；

（四）具备实施人工影响天气作业所必需的作业装备、作业平台、作业通道、作业装备库、临时弹药库、值班室、安全防范监控报警设施、电力通信设施、防雷设施、消防设施。

人工影响天气作业的发射装置、弹药，应当符合国家气象主管机构要求的技术标准。

第十二条 人工影响天气作业地点应当具备下列条件：

（一）选择在气象灾害多发地带的上风方；

（二）高射炮、火箭作业点分别距离居民区方圆以外；

（三）视野开阔，交通、通讯方便。

第十三条 从事人工影响天气作业的单位，应当为作业人员提供必要的工作、生活保障，配备必需的作业保护用品，并为作业人员办理人身意外伤害保险。

从事飞机人工影响天气工作的作业人员，享受国家规定的空地勤待遇；野外作业人员，享受国家规定的野外工作待遇。

鼓励从事人工影响天气作业的单位办理公众责任险。

第十四条 从事人工影响天气的作业人员应当符合下列条件：

（一）按照国务院气象主管机构制定的人工影响天气作业人员培训标准参加岗前培训，掌握相关作业规范和操作规程；

（二）熟悉高射炮、火箭等发射装置的结构、操作规程和安全使用要求，并能够正确使用；

（三）能够按照要求完成高射炮、火箭等发射装置的保养、维护工作,排除一般故障。

第十五条 人工影响天气作业站周围环境受法律保护。

任何单位和个人不得在作业站周围五百米以内建设妨碍人工影响天气作业的建筑物和其他设施;不得侵占人工影响天气作业场地,损毁、移动人工影响天气作业设施、设备;不得占用、干扰人工影响天气作业通讯频道。

第十六条 有下列情形之一的,市、县(市)、双阳区、九台区气象主管机构应当按照同级人民政府批准的人工影响天气工作年度计划,适时组织开展人工影响天气作业:

(一)可能出现冰雹天气;

(二)发生森林火灾或者长期处于高森林火险时段;

(三)已出现干旱,预计旱情将会加重;

(四)因水资源严重短缺导致生态环境恶化;

(五)水库蓄水、供水严重不足;

(六)出现突发性公共污染事件;

(七)其他需要实施人工影响天气作业的情形。

第十七条 组织实施人工影响天气作业,应当具备下列条件:

(一)符合防灾、减灾的需要;

(二)有适宜的天气条件;

(三)有飞行管制部门批准使用的空域和作业时限;

(四)已提前发布作业公告;

(五)与具有审批权限的飞行管制部门和市气象主管机构保持通讯畅通;

(六)有符合规定的指挥、操作人员;

(七)高射炮、火箭等发射装置技术状态良好;

(八)有完善的事故应急处置和救助预案及相关安全应急措施;

(九)法律、法规规定的其他条件。

第十八条　实施人工影响天气作业,市气象主管机构应当提前向社会发布作业公告。作业公告包括下列内容和事项:

(一)发布作业公告的依据;

(二)开展作业的时段;

(三)作业影响区域;

(四)作业所用高射炮、火箭等设备;

(五)落地未自毁的故障炮弹、火箭弹及残留物的处理和联系方式等。

第十九条　实施人工影响天气作业,应当按照下列规定,向具有审批权限的飞行管制部门提出申请,并按照批准的空域和时限组织实施。作业完成后应当即时向飞行管制部门报告。

(一)利用高射炮、火箭等作业装置实施人工影响天气作业的,由市、县(市)、双阳区、九台区气象主管机构提出申请;

(二)需要跨县(市)、双阳区、九台区实施人工影响天气作业的,由市气象主管机构提出申请;

(三)利用飞机实施人工影响天气作业的,由市气象主管机构向省气象主管机构提出申请。

第二十条　空域和作业时限申请未经批准不得实施作业。

经批准的作业地点、时间,任何单位和个人不得擅自变更;特殊情况下需要变更的,应当重新报批。

禁止超出批准空域和时限作业。

作业单位在收到飞行管制部门停止对空射击指令后,应当立即停止作业。

第二十一条　在每年人工影响天气作业期前,市、县(市)、双阳区、九台区气象主管机构应当将本年度作业站的名称、位置、作业人员名单、联系电话等资料抄送当地公安机关备案,并通知当地公安机关做好安全保卫工作。

第二十二条　实施人工影响天气作业,应当按照国务院气象主管机构规定的作业规范和操作规程进行,确保作业安全。

第二十三条 人工影响天气作业结束后,作业单位应当按照规定及时将作业情况、作业效果评估等信息逐级报上一级气象主管机构。

第三章 发射装置和弹药管理

第二十四条 购置人工影响天气作业的高射炮、火箭等发射装置或者弹药由作业地气象主管机构提出申请,经本级人民政府同意,报省气象主管机构统一组织采购。购置的高射炮、火箭等发射装置或者弹药不得用于与人工影响天气作业无关的活动。

任何单位和个人,不得擅自购买或者转让、转借人工影响天气作业的高射炮、火箭等发射装置或者弹药。

人工影响天气作业单位之间转让人工影响天气作业设备的,应当自转让之日起三十日内向省气象主管机构备案。

第二十五条 人工影响天气作业使用的高射炮、火箭等发射装置,应当按照有关规定,在每年作业期前进行年检。年检合格的,方可使用。

第二十六条 未经年检、年检不合格、经确认报废的高射炮、火箭等发射装置以及已超过有效期的弹药,不得用于人工影响天气作业活动。

第二十七条 县(市)、双阳区、九台区气象主管机构应当建立高射炮、火箭等发射装置档案,报市气象主管机构备案。

第二十八条 运输人工影响天气作业使用的高射炮、火箭等发射装置或者弹药,应当遵守国家有关武器装备、爆炸物品管理法律、法规的规定。

第二十九条 气象主管机构应当对实施人工影响天气作业的车辆统一张贴标志。

实施人工影响天气作业的车辆,公安机关交通管理部门应当按照应急车辆管理办法,提供通行方便。

第三十条　用于人工影响天气作业的高射炮、火箭等发射装置和炮弹、火箭弹应当按照武器装备、爆炸物品管理的相关规定,分库储存在当地人民武装部专用库房或者公安部门批准的专用库房;作业期间存放炮弹、火箭弹的临时弹药库应当符合国家气象行业标准。

第三十一条　气象主管机构之间需要调运高射炮、火箭等发射装置和炮弹、火箭弹的,由县(市)、双阳区、九台区气象主管机构依照国家有关武器装备、爆炸物品管理的法律、法规的规定办理手续,并由市气象主管机构统一组织调运。

第三十二条　人工影响天气作业期间,存放在临时弹药库的炮弹、火箭弹数量应当符合国家气象行业标准要求。人工影响天气作业期结束后,剩余弹药应当及时运送至当地人民武装部专用库房或者公安部门批准的专用库房存储,也可以运回生产厂家存放。

第三十三条　人工影响天气作业后,作业单位应当对高射炮、火箭等发射装置进行检修、保养,并按照要求油封入库。

第三十四条　用于人工影响天气作业的高射炮、火箭等发射装置,炮弹、火箭弹有下列情形之一的,应当报废:

(一)高射炮、火箭等发射装置经维修仍达不到国家规定的技术标准和要求的;

(二)弹药变形、过期、失效或者从二米以上高度掉落的;

(三)哑弹。

第三十五条　用于人工影响天气作业的高射炮、火箭等发射装置需要报废的,由县(市)、双阳区、九台区气象主管机构提出申请,由市气象主管机构报省级气象主管机构按照规定统一处理。属于政府投资购置的,应当按照国有资产管理的有关规定报同级国有资产管理部门备案。

需要报废的人工影响天气作业弹药,由购置单位联系生产厂家运回处理。

第四章　法律责任

第三十六条　违反本办法第十一条规定的,由气象主管机构责令改正,给予警告,可以并处十万元以下的罚款;给他人造成损失的,依法承担赔偿责任;构成犯罪的,依法追究刑事责任。

第三十七条　违反本办法规定,有下列行为之一,尚不构成犯罪的,由气象主管机构责令改正,给予警告;情节严重的,禁止从事人工影响天气作业;造成损失的,依法承担赔偿责任;构成犯罪的,依法追究刑事责任:

（一）未按照批准的空域和时限实施人工影响天气作业的;

（二）未按照国务院气象主管机构规定的作业规范和操作规程进行作业的;

（三）擅自购买或转让人工影响天气作业的高射炮、火箭等发射装置或者弹药的;

（四）人工影响天气作业单位之间转让人工影响天气作业设备,未按照规定备案的;

（五）将购置的高射炮、火箭等发射装置或者弹药用于与人工影响天气作业无关的活动的。

第三十八条　违反本办法规定,有下列行为之一的,由气象主管机构责令改正,可处以五百元以上一千元以下的罚款;造成损失的,依法承担赔偿责任:

（一）使用不合格、报废的高射炮、火箭等发射装置或者超过有效期的弹药的;

（二）侵占人工影响天气作业场地,损毁、移动人工影响天气作业设施、设备的；

（三）占用、干扰人工影响天气作业通讯频道的。

第三十九条　气象主管机构的工作人员违反本办法规定，滥用职权、玩忽职守、徇私舞弊，由其所在单位或者有关部门给予处分；构成犯罪的，依法追究刑事责任。

第五章　附　　则

第四十条　本办法自 2021 年 12 月 1 日起施行。

吉林市气象灾害防御条例

(2021年3月30日吉林市第十六届人民代表大会常务委员会第三十八次会议审议通过,2021年5月27日吉林省第十三届人民代表大会常务委员会第二十八次会议批准,自2021年7月1日起施行)

第一章 总 则

第一条 为防御气象灾害,保障人民生命和财产安全,保护生态环境,促进经济和社会发展,根据《中华人民共和国气象法》及有关法律、法规,结合本市实际,制定本条例。

第二条 凡在本市行政区域内从事气象灾害防御活动的,均应当遵守本条例。

第三条 市、县(市)区人民政府应当加强对气象灾害防御工作的领导,并将气象灾害防御工作纳入国民经济和社会发展计划,所需专项资金列入本级财政预算。

第四条 市、县(市)气象主管机构负责本行政区域内气象灾害的监测、预报、预警,气候可行性论证、雷电防护及人工影响天气管理工作。

市、县(市)区人民政府和吉林高新技术产业开发区管理委员会、吉林经济技术开发区管理委员会(以下称开发区管委会)的有关部门应当按照职责分工,做好气象灾害防御工作。

　　第五条　乡(镇)人民政府、街道办事处、村民(社区居民)委员会确定的气象灾害防御协理员、信息员负责气象灾害防御设施管理、气象灾情收集上报、气象灾害预警信息传播、气象科普宣传等工作。

　　县(市)区人民政府、开发区管委会应当定期组织气象灾害防御协理员、信息员培训,为其配备必要设备,并给予经费保障。

第二章　防御规划与设施建设

　　第六条　市、县(市)人民政府应当组织有关部门结合本地气象灾害特点、风险评估结果以及经济社会发展趋势,利用本市地理系统信息资料,编制气象灾害防御系统规划和应急预案,并根据气象灾害变化情况及时修订。

　　气象灾害防御系统规划应当包括气象灾害易发区、趋势分析预测、防御标准、防御项目与措施、监测站(点)布局、防御设施建设及有关部门职责、应急处置措施等内容。

　　气象灾害应急预案应当包括气象灾害指挥体系及其职责、预防及预警机制、应急处置及保障措施、灾后恢复、重建措施等内容。

　　市、县(市)人民政府应当根据气象主管机构所属气象台(站)提供的气象灾害预测和预报、预警信息以及气象灾害的严重性、紧急程度和灾情变化情况,及时做出启动相应级别应急预案的决定。启动气象灾害应急预案后,有关单位、部门应当按照规定的职责分工,做好气象灾害发生和受影响区域的各项应急处置工作。

　　第七条　市、县(市)气象主管机构应当根据气象灾害防御规划,编制气象灾害监测、气象灾害信息分析加工处理、气象灾害预报发布、人工影响天气指挥及作业、雷电灾害防御等系统和预警标识设施的建设规划,按有关规定上报批准后实施。

第八条　市气象主管机构应当根据气象灾害防御系统建设规划,会同市有关部门和县(市)区人民政府编制全市气象灾害防御重要设施装备建设计划,按有关规定上报批准后实施。

第九条　市、县(市)气象主管机构根据气象灾害防御装备计划建设气象灾害监测预警、气象雷达、气象卫星综合应用、自动气象探测系统和闪电定位、气象信息传输网络等气象灾害信息监测设施。

第十条　气象灾害防御系统建设规划和气象灾害防御重要设施装备建设计划的调整、修改,必须报原批准机关批准。

第三章　监测及预警、预报

第十一条　市气象主管机构应当组织对重大灾害性天气和气象灾害实施联合监测,并根据防御气象灾害的需要,建立跨区域、跨部门的气象灾害联合监测网络。

联合监测网络的成员单位由市气象主管机构提出,报市人民政府审定。

联合监测网络成员单位应当及时、准确地向市气象主管机构提供监测、预报气象灾害所需的气象、水情、雨情、灾情等信息。

第十二条　市、县(市)人民政府应当建立气象灾害应急联动机制,由气象部门牵头,协调一致开展工作。

气象、应急、水利、规划和自然资源、农业农村、林业等部门应当根据气象灾害发生的情况,加强对气象因素引发的衍生、次生灾害的联合监测,并根据相应的应急预案,做好各项应急处置工作。

第十三条　各级气象台(站)监测到灾害性天气和气象灾害可能发生或者已经发生时,应当立即报告本级气象主管机构。

气象主管机构对气象台(站)报送的气象灾害信息汇总分析

后,应当及时报告本级人民政府和上级气象主管机构。对尚未完全核实的紧急重大气象灾害信息,应当边核实边上报,不得迟报或瞒报。

第十四条 灾害性天气预警预报由市、县(市)气象主管机构所属气象台(站)按职责分工统一发布;气象衍生灾害预报由气象主管机构所属气象台(站)会同有关部门向社会统一发布;其他组织或个人不得以任何形式向社会发布。国家另有规定的,从其规定。

车站、码头及旅游景点等人员密集场所,必须设置统一的灾害性天气预警设施,在雷电、大风、暴雨等灾害性天气预警信息发布时,向社会公众发布灾害性天气警示。

广播、电视、网络等新闻媒体和电信运营企业应当及时无偿向社会公众发布重大气象灾害预警信息。

第四章 气候可行性论证

第十五条 与气候条件密切相关的城市规划、国家重点建设工程、重大区域性经济开发项目,大型太阳能、风能等气候资源开发利用项目,核、化工等项目应当按照国家和省有关规定,由气象主管机构组织气候可行性论证机构进行气候可行性论证,分析、评估气候适宜性、气象灾害风险性以及项目实施后可能对局地气候产生的影响。

第十六条 气候可行性论证机构应当根据项目需要以及项目建设单位的委托,开展气候可行性论证。

气候可行性论证应当根据项目所在地的气象灾害种类、特点,进行现场勘察、资料收集、分析处理,并按照有关标准、规范、规程编制论证报告。

第十七条 气候可行性论证,应当使用气象主管机构所属的气象台(站)直接提供或者经当地气象主管机构审查的气象资料。

第十八条 市、县(市)气象主管机构应当组织设立气候可行性论证评审委员会,负责气候可行性论证报告的评审工作。

评审委员会由不少于 30 人的法律、经济、科技及相关行业的专家组成,并报市、县(市)人民政府备案。

第十九条 市、县(市)气象主管机构应当在评审委员会成员中选取 5 人以上奇数人员组成专家评审组,在 10 个工作日内对规划或者建设项目的气候可行性论证报告进行评审,出具书面评审意见。

第二十条 对依法确定需要进行气候可行性论证的建设项目,负责规划或者建设项目审批、核准的部门应当将气候可行性论证结果和专家评审通过的气候可行性论证报告纳入规划或者建设项目可行性研究报告的审查内容。

第二十一条 评审通过的气候可行性论证报告,应当同其他建设档案材料一并存入城乡建设档案。

第五章　人工影响天气

第二十二条 在市、县(市)区人民政府的领导和协调下,气象主管机构及有关部门应当适时组织开展人工增雨、人工防雹、人工防霜等人工影响天气作业,减轻或避免因干旱、冰雹和霜冻等气象灾害造成的损失。

第二十三条 从事人工影响天气作业的单位,应当符合吉林省气象主管机构规定的条件。

人工影响天气作业人员应当掌握人工影响天气相关作业规范和操作规程后,方可实施人工影响天气作业。

第二十四条 按照气象灾害防御规划应当设立人工影响天气作业点的,有关县(市)区必须设立;已设立作业点的,不得擅自变更;特殊情况下需要变更的,必须报原批准机关批准。

任何单位和个人不得侵占人工影响天气作业场地、毁坏作业设备、设施;禁止在作业点周围500米以内建设妨碍人工影响天气作业的建(构)筑物和其他设施。

作业点必须按照规定适时开展人工影响天气作业;需要统一作业时,必须服从指挥和调度。

第二十五条　人工影响天气作业人员应当保持相对稳定。作业点所属单位应当按照规定为作业人员配备必要的作业保护用品,并且办理作业期间的人身保险。

第六章　雷电灾害防御

第二十六条　新建、改建、扩建建设工程雷电防护装置的设计、施工,可以由取得相应建设、公路、水路、铁路、民航、水利、电力、核电、通信等专业工程设计、施工资质的单位承担。

第二十七条　各类建(构)筑物、场所和设施安装雷电防护装置应当符合国家有关防雷标准的规定。新建、改建、扩建建(构)筑物、场所和设施的雷电防护装置应当与主体工程同时设计、同时施工、同时投入使用。

第二十八条　油库、气库、弹药库、化学品仓库和烟花爆竹、石化等易燃易爆建设工程和场所,雷电易发区内的矿区、旅游景点或者投入使用的建(构)筑物、设施等需要单独安装雷电防护装置的场所,以及雷电风险高且没有防雷标准规范、需要进行特殊论证的大型项目,其雷电防护装置的设计审核和竣工验收由县级以上气象主管机构负责。未经设计审核或者设计审核不合格的,不得施工;未经竣工验收或者竣工验收不合格的,不得交付使用。

房屋建筑、市政基础设施、公路、水路、铁路、民航、水利、电力、核电、通信等建设工程的主管部门,负责相应领域内建设工程的防雷管理。

第二十九条 防雷工程的施工单位应当按照审核同意的防雷装置设计方案进行施工,并依法接受监督管理。

防雷隐蔽工程施工不合格的,不得进入下一道工序。

施工中变更防雷装置设计方案,应当按照原审批程序重新报批。

第三十条 各类建(构)筑物、场地或设施的防雷装置的维修、养护,由产权单位或委托管理的单位负责。

气象、发改、住建、交通、水利、电力、通信、铁路、教育、旅游、商务、工信等行业主管部门承担本行业的防雷安全监管责任。

第三十一条 防雷装置实行定期检测制度。防雷装置的产权单位或委托管理单位应当按规定接受检测。

具有防雷装置检测资质的检测单位对防雷装置检测后,应当出具检测报告,检测项目全部合格后颁发合格证书。

第三十二条 从事雷电防护装置检测的单位应当取得国务院气象主管机构或者省、自治区、直辖市气象主管机构颁发的资质证。

第三十三条 任何单位和个人未经气象主管机构或者其他有关部门批准,不得擅自安装影响防雷装置效能或者超出防雷装置保护范围的导电构件。

任何单位和个人不得擅自拆改或毁损防雷装置。

第三十四条 遭受雷电灾害的单位和个人,应当自遭受雷电灾害之日起 3 日内,向市、县(市)气象主管机构报告情况。市、县(市)气象主管机构应当按有关规定对雷电灾害进行调查和鉴定。

第七章 法律责任

第三十五条 违反本条例规定,有下列行为之一的,由市、县

（市）气象主管机构按下列规定予以处罚；给他人造成损失的，依法承担赔偿责任：

（一）违反第十四条第一款规定，擅自向社会发布灾害性天气预警预报或气象衍生灾害预报的，给予警告，与气象主管机构所属气象台（站）最新预报、预警信息不一致的，对个人可以处1000元以上2000元以下的罚款，对责任单位可以处5000元以上10000元以下的罚款；通过传播气象信息获得收益的，没收违法所得，对个人可以处2000元以上5000元以下的罚款，对责任单位可以处30000元以上50000元以下的罚款；

（二）违反第十六条第二款、第十七条规定，未按照有关标准、规范、规程编制论证报告，或者进行气候可行性论证未使用气象主管机构所属的气象台（站）直接提供或者经当地气象主管机构审查的气象资料的，责令限期改正，给予警告；逾期不改正的，处5000元以上10000元以下的罚款。

第三十六条　违反本条例规定，有下列行为之一的，由县级以上气象主管机构或者其他有关部门按照权限责令停止违法行为，处50000元以上100000元以下的罚款；有违法所得的，没收违法所得；给他人造成损失的，依法承担赔偿责任：

（一）违反第二十八条规定，雷电防护装置未经设计审核或者设计审核不合格施工的，未经竣工验收或者竣工验收不合格交付使用的；

（二）在雷电防护装置设计、施工、检测中弄虚作假的；

（三）违反第三十二条规定，无资质或者超越资质许可范围从事雷电防护装置检测的。

第三十七条　违反本条例规定，有下列行为之一的，由县级以上气象主管机构或者其他有关部门按照权限给予警告，责令限期改正，逾期未改正的，可以处10000元以上30000元以下罚款；给他人造成损失的，依法承担赔偿责任：

（一）违反第三十一条规定，已有防雷装置，拒绝进行检测或者经检测不合格又拒不整改的；

（二）违反第三十三条规定，擅自安装影响防雷装置效能或者超出防雷装置保护范围的导电构件，擅自拆改或者损毁防雷装置的。

第三十八条　各级人民政府、气象主管机构、有关部门的工作人员由于玩忽职守，给气象灾害防御工作造成影响的，依法追究责任。

第八章　附　则

第三十九条　本条例下列用语的含义是：

气象灾害防御，是指对气象灾害的监测、预警、预报、预防和减灾活动。

气象灾害，主要是指因暴雨（雪）、寒潮、大风（沙尘暴）、低温、高温、干旱、雷电、冰雹、霜冻和大雾等所造成的灾害，以及由上述气象原因引起的农业灾害、森林火灾、城市火灾、洪涝、泥石流、山体滑坡、大气污染、交通事故和疫病传播等衍生灾害。

人工影响天气，是指为避免或减轻气象灾害，合理利用气候资源，在适当条件下通过科技手段对局部大气的物理、化学过程进行人工影响，实现增雨（雪）、防雹、消雨、消雾、防霜等目的的活动。

防雷装置，是指接闪器、引下线、接地装置、电涌保护器以及其他连接导体等防雷产品和设施的总称。

第四十条　本条例由吉林市人民代表大会常务委员会负责解释。

第四十一条　本条例自 2021 年 7 月 1 日起施行。

鸡西市防御雷电灾害管理条例

（2021 年 9 月 1 日鸡西市第十五届人民代表大会常
务委员会第四十八次会议通过,2021 年 10 月 29 日
黑龙江省第十三届人民代表大会常务委员会第二十
八次会议批准）

第一条　为防御雷电灾害,保护人民群众生命财产安全,促进
经济社会发展,根据《中华人民共和国气象法》《气象灾害防御条
例》等法律、法规的有关规定,结合本市实际,制定本条例。

第二条　在本市行政区域内从事防御雷电灾害以及相关行政
管理活动,适用本条例。

第三条　防御雷电灾害工作,实行安全第一、预防为主、防治
结合、政府主导、部门联动、多方参与的原则。

第四条　市、县(市)区人民政府应当加强对防御雷电灾害工
作的组织领导,建立健全协调机制,督促有关部门和单位依法履行
防御雷电灾害管理职责,将防御雷电灾害纳入公共安全监督管理
工作,所需经费纳入本级财政预算。

乡(镇)人民政府、街道办事处应当加强对本行政区域内生产
经营单位防御雷电灾害安全状况的监督检查,协助上级人民政府
有关部门依法履行防御雷电灾害监督管理职责。

第五条　市气象主管机构负责组织管理和指导监督全市的防

御雷电灾害工作。县（市）气象主管机构负责组织管理本行政区域内的防御雷电灾害工作。

市、县（市）气象主管机构应当加强雷电监测、预报预警和雷电灾害调查鉴定等工作，负责易燃易爆等相应领域建设工程、场所的防御雷电灾害监督管理工作。

发改、住建、交通运输、水务等部门负责本行政区域相应领域内建设工程的防御雷电灾害监督管理工作。应急、城管、教育、文化旅游、卫生健康、市场监管、农业农村、科技等部门按照各自职责，做好有关防御雷电灾害工作。

第六条　市、县（市）气象主管机构及有关部门应当利用各类大众传播媒介向社会宣传普及防御雷电灾害知识，增强公众防御雷电灾害意识和自救互救能力。

学校应当把防御雷电灾害知识纳入教育内容，培养和增强学生防御雷电灾害意识和自救互救能力。教育、气象、科技等部门应当给予指导和监督。

鼓励法人和其他组织结合实际开展防御雷电灾害知识科普宣传。

第七条　市、县（市）人民政府应当统筹规划，合理布局，建立完善雷电监测站网。气象主管机构及有关部门应当有效利用站网资源，并实现信息共享。

市、县（市）气象主管机构应当加强雷电监测和预警系统建设，提高雷电灾害监测预警和防御雷电灾害服务能力。

第八条　市、县（市）气象主管机构所属气象台站应当加强雷电灾害性天气监测，及时发布雷电灾害预报预警信息。其他组织和个人不得以任何形式向社会发布。

报纸、广播、电视等媒体应当及时、准确、无偿将气象主管机构所属气象台站提供的雷电灾害预报预警信息向社会公布，对重大雷电天气的补充预报预警信息，有关媒体应当及时插播或者增播。

第九条 各类建（构）筑物、场所和设施安装雷电防护装置应当符合国家有关防雷标准的规定。新建、改建、扩建建（构）筑物、场所和设施的雷电防护装置应当与主体工程同时设计、同时施工、同时投入使用。

新建、改建、扩建建设工程雷电防护装置的设计、施工，可以由取得相应建设、公路、水路、铁路、民航、水利、电力、核电、通信等专业工程设计、施工资质的单位承担。

第十条 市、县（市）气象主管机构依法负责下列工程、场所雷电防护装置的设计审核和竣工验收：

（一）油库、气库、弹药库、化学品仓库和烟花爆竹、石化等易燃易爆建设工程和场所；

（二）雷电易发区内的矿区、旅游景点或者投入使用的建（构）筑物、设施等需要单独安装雷电防护装置的场所；

（三）雷电风险高且没有防雷标准规范、需要进行特殊论证的大型项目。

雷电防护装置未经设计审核或者设计审核不合格的，不得施工；未经竣工验收或者竣工验收不合格的，不得交付使用。

房屋建筑工程和市政基础设施工程雷电防护装置的设计审核、竣工验收由住建部门监管。公路、水路、铁路、民航、水利、电力、核电、通信等专业建设工程的防雷管理，由各专业部门负责。

第十一条 雷电防护装置检测机构应当依法取得相应的资质证书，并按照资质等级承担相应的雷电防护装置检测工作。从事雷电防护装置检测的技术人员应当具备相应检测能力，并按照国家有关标准和技术规范开展检测工作。

禁止无资质机构和不具备相应检测能力人员从事雷电防护装置检测工作。

第十二条 已投入使用的雷电防护装置所有权人或者管理人应当承担雷电防护装置管理主体责任，对雷电防护装置进行日常维护,委托具备相应雷电防护装置检测资质的单位按照规定进行定期检测,做好维护、检测、整改记录,保持安全防护性能良好。

生产、储存易燃易爆物品的场所的防雷装置,应当每半年检测一次;其他防雷装置应当每年检测一次。

安装雷电防护装置的生产经营单位应当在生产安全事故应急救援预案中明确防御雷电灾害相关内容,每年至少组织一次包含防御雷电灾害应急内容的演练,建立健全防御雷电灾害安全事故隐患排查治理制度。

第十三条 单位和个人遭受雷电灾害,应当及时向当地气象主管机构报告。

气象主管机构接到雷电灾情报告后,应当及时开展雷电灾害调查和鉴定,查清并确定雷电灾害原因和性质,提出整改措施,并按照相关规定及时报告同级人民政府和上级气象主管机构,通报同级有关管理部门。气象主管机构进行雷电灾害调查和鉴定时,有关部门、单位和个人应当予以配合,如实提供相关情况。

市、县(市)区人民政府接到雷电灾情报告后,应当根据灾情程度组织有关部门迅速启动雷电灾害应急救援预案。

第十四条 任何单位违反本条例规定,受到行政处罚的,相关信息按照规定纳入公共信用信息系统,根据国家有关规定向社会公布。

第十五条 违反本条例规定,有下列情形之一的,由气象主管机构责令改正,国家、省有关法律、法规和规章规定给予行政处罚的,按照有关规定予以处罚;给他人造成损失的,依法承担赔偿责任:

(一)擅自向社会发布雷电灾害预报预警信息的;

(二)应当安装雷电防护装置而拒不安装的;

(三)依法应由气象主管机构负责设计审核的雷电防护装置未经设计审核或者设计审核不合格施工的;

（四）依法应由气象主管机构负责竣工验收的雷电防护装置未经竣工验收或者竣工验收不合格交付使用的；

（五）使用不符合要求的雷电防护装置或者产品的；

（六）未按照要求对雷电防护装置进行检测或者经检测不合格又拒不整改的；

（七）在雷电防护装置检测活动中弄虚作假的。

第十六条 有关机构和部门工作人员在防御雷电灾害工作中违反本条例规定，滥用职权、玩忽职守、徇私舞弊的，由所在单位或者相关部门依法依规予以处理。

第十七条 本条例中下列用语的含义：

（一）雷电灾害是指由于直击雷、雷电感应、雷电波侵入、雷击电磁脉冲等造成的人员伤亡、财产损失；

（二）雷电防护装置是指接闪器、引下线、接地装置、电涌保护器及其连接导体等构成的，用以防御雷电灾害的设施或者系统。

第十八条 本条例自 2022 年 1 月 1 日起施行。

江苏省气象灾害防御条例

(2006 年 7 月 28 日江苏省第十届人民代表大会常务委员会第二十四次会议通过。根据 2017 年 6 月 3 日江苏省第十二届人民代表大会常务委员会第三十次会议《关于修改〈江苏省固体废物污染环境防治条例〉等二十六件地方性法规的决定》第一次修正,根据 2021 年 9 月 29 日江苏省第十三届人民代表大会常务委员会第二十五次会议《关于修改〈江苏省河道管理条例〉等二十九件地方性法规的决定》第二次修正)

第一章 总 则

第一条 为了规范气象灾害防御活动,加强气象灾害防御工作,保障人民生命财产安全,防止和减轻气象灾害造成的损失,促进经济社会发展,根据《中华人民共和国气象法》等有关法律、行政法规,结合本省实际,制定本条例。

第二条 本省行政区域和管辖海域内的气象灾害防御活动,适用本条例。

第三条 本条例所称气象灾害,是指热带气旋(含台风)、暴雨(雪)、雷电、寒潮、大风、干旱、大雾、高温、低温、龙卷风、冰雹、霜冻、连阴雨等灾害性天气气候造成的灾害。

本条例所称气象灾害防御,是指对气象灾害的监测、预报、预防和减灾活动。

第四条 县级以上气象主管机构(以下简称气象主管机构)在上级气象主管机构和本级人民政府领导下,负责管理和监督本行政区域内的灾害性天气气候监测、预报预警及人工影响天气作业、雷电灾害防御等工作。

县级以上地方人民政府农业农村、水利、住房城乡建设、交通运输、应急、公安、民政、卫生健康、广播电视、生态环境、自然资源等有关部门及海事等有关单位,按照职责分工,共同做好气象灾害防御有关工作。

第五条 县级以上地方人民政府应当加强对气象灾害防御工作的领导,将气象灾害防御工作纳入本地区国民经济和社会发展规划,将地方气象事业基本建设投资和地方气象事业所需经费纳入本级地方财政预算,加大对气象事业的投入,并根据气象防灾减灾的需要和有关规定增加资金的投入。

第六条 县级以上地方人民政府应当组织气象主管机构和有关部门加强气象灾害防御法律、法规和防灾减灾知识的宣传,增强社会公众防御气象灾害的意识,提高防灾减灾能力。

第二章 防御规划与组织实施

第七条 县级以上地方人民政府应当组织发展改革部门、气象主管机构和其他有关部门,根据当地气象灾害特点,编制本地区气象灾害防御规划,制定气象灾害应急预案。

气象灾害防御规划主要包括下列内容:

(一)气象灾害现状和发展趋势;

(二)气象灾害防御的目标和任务;

（三）气象灾害防御设防标准、关键时段和重点防御区域；

（四）气象灾害防御工作机制和部门职责；

（五）气象灾害防御系统及相关基础设施建设。

气象灾害应急预案主要包括气象灾害的性质和等级，应急组织指挥与应急联动体系，相关部门职责，监测和预警机制，应急启动、响应程序，应急保障和后期处置，监督管理和责任追究等内容。

第八条 气象主管机构和有关部门应当根据本级人民政府的气象灾害防御规划和气象灾害应急预案，制定部门气象灾害应急预案，并报本级人民政府备案。

易受气象灾害影响的单位，应当根据本单位的实际情况制定相应的气象灾害应急预案。

第九条 县级以上地方人民政府及其部门根据气象灾害的具体情况，启动或者终止气象灾害应急预案，并及时向社会公布。

第十条 气象主管机构应当依法组织对城市规划编制、重大工程建设、重大区域性经济开发项目进行气候可行性论证，对气象灾害风险作出评估。

气候可行性论证的范围和程序，由省发展改革部门会同省气象主管机构制定。

第十一条 气象主管机构应当会同交通运输、公安、自然资源、农业农村、海事等部门和单位，建立、完善专业气象监测网络和灾害预警系统，为道路交通安全、水上交通和作业安全、地质灾害防治、渔业生产安全和海洋资源开发、应急救援提供气象保障与实时服务。

有关部门应当在气象灾害易发地段设立警示牌。

第十二条 气象主管机构应当会同农业农村、水利等部门，建立农业气象灾害预警、评估体系，完善粮食等主要农作物安全气象预警系统，减轻气象灾害对农业生产造成的损失。

第十三条 气象主管机构应当与卫生健康、生态环境等部门建立合作机制,健全气象环境变化对疾病、疫情、环境质量影响的气象预警系统,为突发公共卫生事件、环境事件等应急处置提供气象保障服务。

第十四条 气象主管机构应当会同发展改革、工业和信息化、住房城乡建设、生态环境、交通运输、水利、民航、通信管理等部门和单位,建立建设工程防雷管理工作协调机制,监督落实防雷设计、施工、监理、检测和业主单位等的主体责任。

第十五条 气象主管机构应当会同本级人民政府有关部门及时对本行政区域内的重、特大气象灾害作出评估,报送本级人民政府和上级气象主管机构,为组织减灾救灾提供决策依据。

气象灾害的性质和等级由气象主管机构确定并公布,其他任何单位或者个人不得确定并公布。

第十六条 县级以上地方人民政府及有关部门在组织抵御重、特大气象灾害时,应当根据灾害危害程度采取停工、停业、停课、停运、交通管制等必要的紧急措施,动员社会力量抵御重、特大气象灾害,避免和减轻人民生命财产损失。

县级以上地方人民政府及有关部门采取和解除前款所列紧急措施时,应当通过有效方式及时通知相关单位和人员,并根据实际需要及时向社会公布。

第十七条 民政、公安、卫生健康等有关部门在气象灾害发生后应当按照各自职责及时组织开展救灾、减灾工作,保障人民生命财产安全和社会稳定。

任何单位和个人对救灾、减灾机构实施的救灾、减灾措施应当予以配合,不得妨碍气象灾害救助活动。

鼓励单位和个人进行气象灾害互救活动。

第十八条 有关部门应当按照各自职责,做好因气象因素引发的农林业病虫害、地质灾害、洪涝、海洋灾害和森林火灾、城市火灾、积涝、酸雨、大气污染等气象次生、衍生灾害的防御工作。

第三章　监测与预报预警

第十九条　县级以上地方人民政府应当按照合理布局、有效利用的原则,组织建立本行政区域气象灾害监测网络。

气象灾害监测网络成员单位包括气象主管机构所属的气象台站,水利、生态环境、民航、农业农村、交通运输、自然资源、盐业等有关部门和单位所属的观(监)测台站、哨点。

第二十条　气象主管机构应当会同有关部门和单位建立气象信息共享平台,监测网络成员单位应当向气象信息共享平台提供与气象有关的大气、水文、海洋、环境、生态等数据信息。

气象主管机构对气象灾害网络成员单位的气象灾害监测工作实行统一监督、指导。

第二十一条　公众气象预报和灾害性天气气候警报,由气象主管机构所属的气象台站按照规定的职责和预报服务责任区统一发布,其他单位或者个人不得向社会发布。

气象主管机构所属的气象台站提供的气象预报超出预报服务责任区的,应当使用所跨责任区内气象主管机构所属的气象台站提供的实时气象预报。

第二十二条　气象主管机构应当做好灾害性、关键性、转折性天气预报警报和旱涝趋势气候预测,及时向当地人民政府报告,并通报相关防灾减灾机构和有关部门。

气象主管机构及其所属的气象台站应当加强对灾害性天气气候的科学技术研究,提高灾害性天气气候预报预警的准确性、及时性和服务水平。

第二十三条　在可能发生气象灾害时,有关监测网络成员单位应当进行加密观测;有关气象主管机构所属的气象台站应当组织跨区域预报会商和监测联防,并根据天气变化情况,及时发布灾害性天气预警信息。

第二十四条　广播、电视、报纸、电信和互联网等各类新闻媒体和信息服务单位应当根据法律、法规的规定以及与当地气象主管机构所属的气象台站的协议，准确、及时传播当地气象主管机构所属的气象台站直接提供的适时气象信息或者气象预报节目。

前款规定的新闻媒体和信息服务单位通过传播气象信息获得收益的，应当提取一部分支持地方气象事业的发展。

第二十五条　广播、电视气象预报节目应当符合国务院气象主管机构和广播电视行政部门制定的节目播出的标准规范。

第二十六条　具备实时传播能力的新闻媒体和信息服务单位在接到重大或者突发灾害性天气气候警报信息后，应当即时插播或者增播。

第四章　人工影响天气与雷电灾害防御

第二十七条　县级以上地方人民政府应当根据防灾减灾的需要，配备必要的设备、设施，建立统一协调的指挥和作业体系，及时开展增雨、消雹、消雾等人工影响天气作业。

气象主管机构根据气象灾害监测情况，制定人工影响天气作业方案，报本级人民政府批准后组织实施，所需经费由本级人民政府承担。

公安、民航等部门应当在条件允许的情况下支持人工影响天气作业。

第二十八条　实施人工影响天气作业应当遵守国务院气象主管机构规定的作业规范和操作规程，并向社会公告。

人工影响天气作业导致的意外事故，由批准该作业方案的人民政府依照国家和本省有关规定处理。

第二十九条　生产、储存易燃易爆物品的场所，计算机信息系统,通信和广播电视设施,电力设施,公共场所易遭受雷击的设施,以及国家建筑物防雷设计规范规定的其他一、二、三类防雷建(构)筑物,应当安装雷电灾害防护装置(以下简称防雷装置)。防雷装置应当与主体工程同时设计、同时施工、同时投入使用。

第三十条　防雷装置检测单位应当取得省级以上气象主管机构颁发的资质证书。有关资质申请的程序、条件、时限按照国家有关规定执行。

第三十一条　气象主管机构负责油库、气库、弹药库、化学品仓库、烟花爆竹、石化等易燃易爆建设工程和场所,雷电易发区内的矿区、旅游景点或者投入使用的建(构)筑物、设施等需要单独安装雷电防护装置的场所,以及雷电风险高且没有防雷标准规范、需要进行特殊论证的大型项目的防雷装置设计审核和竣工验收。

前款规定的防雷装置施工图设计文件未经审核或者审核不合格的,建设单位不得交付施工。防雷装置竣工验收不合格的,气象主管机构应当责令建设单位限期整改,逾期不整改或者整改不合格的,建设工程不得投入使用。

房屋建筑和市政基础设施工程以及公路、水路、铁路、民航、水利、电力、核电、通信等专业建设工程防雷装置应当符合国家规定的防雷技术规范和标准,由有关行政部门负责管理和监督。

第三十二条　防雷装置的所有者应当加强对防雷装置的维护、保养,并委托有资质的单位实施定期检测。生产、储存易燃易爆物品的场所的防雷装置应当每半年检测一次,其他防雷装置应当每年检测一次。防雷装置检测不合格的,防雷装置的所有者应当按标准和规范主动整改。

检测单位出具的检测报告应当符合标准规范和规程的要求,同时将检测结论和整改建议抄送气象主管机构。对检测不合格的,气象主管机构应当会同有关部门责令防雷装置所有者限期整改。

使用防雷装置和防雷产品应当接受气象、住房城乡建设等有关部门的监督管理。

第五章　设施建设与保护

第三十三条　县级以上地方人民政府应当加强气象灾害监测、预报预警的基础设施建设,并根据当地气象灾害防御工作的需要建设应急移动气象设施,提高气象灾害监测、预报预警能力。

县级以上地方人民政府应当在城市市区规划设置气象灾害预警信息播发设施。机场、港口、车站、高速公路和人口密集的旅游景点等场所,应当具备及时播发气象灾害预警信息的条件。

第三十四条　有关部门应当加强气象灾害专业防御系统基础设施的建设。

高速公路、大型桥梁等基础设施按照建设规范要求必须建设气象灾害监测、预警设施的,应当与项目同时建设。

第三十五条　气象主管机构所属的气象台站以及其他监测网络成员单位的气象观(监)测台站的站址及其设施应当保持稳定,任何单位和个人不得侵占、损毁、擅自移动。

第三十六条　县级以上地方人民政府及其有关部门应当按照国家规定的标准划定本地气象探测环境的保护区域,并纳入城市规划或者村庄和集镇规划。

气象主管机构应当将当地气象探测环境和设施的保护区域和标准,送当地发展改革、住房城乡建设、自然资源、工业和信息化等有关部门备查。发展改革、自然资源等部门在审批气象探测环境保护区域内的建设项目时,应当事先征求同级气象主管机构的意见。

对不符合国家规定的气象探测环境保护标准的建设项目,有关部门不得批准建设。

第三十七条　破坏气象探测环境的,责任人必须按照标准及时整改。无法整改或者整改后仍达不到标准的,应当由地方人民政府组织建设符合标准的探测场地及相关基础设施,有关费用由责任人承担。

确因实施城市规划或者国家和省重点工程建设需要,必须迁移气象台站或者其气象设施的,拆迁人必须报省级以上气象主管机构批准。迁移、重建气象台站或者气象设施的费用由拆迁人承担。

迁移气象台站的,应当进行对比观测,对比观测时间不得少于一年。

第六章　法律责任

第三十八条　新闻媒体和信息服务单位违反法律和本条例规定,不使用气象主管机构所属的气象台站提供的适时气象信息的,由气象主管机构按照权限责令改正,给予警告,可以并处五千元以上三万元以下罚款。

第三十九条　单位或者个人违反本条例第十五条第二款规定,擅自确定并公布灾害性天气气候性质、等级的,由气象主管机构按照权限责令停止违法行为,给予警告;造成不良后果的,处以五千元以上三万元以下罚款。

第四十条　监测网络成员单位违反本条例第二十条第一款规定,不向气象信息共享平台提供与气象有关的大气、水文、海洋、环境、生态等数据信息的,由气象主管机构会同其主管部门责令改正。

第四十一条　有下列情形之一的,由气象、住房城乡建设、生态环境、交通运输、水利、民航、通信管理等部门或者单位按照权限责令改正,没收违法所得,并按照下列规定处以罚款:

（一）违反本条例第二十九条规定，应当安装防雷装置而拒不安装的，处以一万元以上三万元以下罚款；

（二）违反本条例第三十一条第二款规定，防雷装置施工图设计文件未经审核或者审核不合格，擅自交付施工；防雷装置未经竣工验收或者竣工验收不合格，经气象主管机构责令限期整改，逾期不整改投入使用的，处以五万元以上十万元以下罚款；

（三）违反本条例第三十二条第一款规定，拒绝进行防雷装置检测，或者检测不合格又拒不整改的，处以一万元以上三万元以下罚款。

第四十二条　违反本条例第三十条规定，不具备防雷装置检测单位资质或者超出资质等级范围从事检测活动的，由气象主管机构按照权限责令停止违法行为，没收违法所得，并处以五万元以上十万元以下罚款。

第四十三条　各级广播、电视台站拒不插播、增播重大或者突发灾害性天气气候警报的，由主管机关或者所在单位对直接负责的主管人员和其他直接责任人员依法给予处分。

第四十四条　气象主管机构和其他有关部门及其工作人员有下列行为之一的，对直接负责的主管人员和其他直接责任人员依法给予处分；构成犯罪的，依法追究刑事责任：

（一）未按照气象灾害防御规划和应急预案的要求采取必要措施、履行有关职责的；

（二）因玩忽职守导致重大漏报、错报灾害性天气警报的；

（三）其他玩忽职守、滥用职权、徇私舞弊的行为。

第七章　附　　则

第四十五条　本条例自 2006 年 9 月 1 日起施行。

温州市气候资源保护和利用条例

(2020 年 12 月 23 日温州市第十三届人民代表大会常务委员会第三十三次会议通过,2021 年 3 月 26 日浙江省第十三届人民代表大会常务委员会第二十八次会议批准)

第一条 为了有效保护和合理利用气候资源,科学应对气候风险,推进生态文明建设,促进经济社会全面、协调、可持续发展,根据《中华人民共和国气象法》等有关法律、法规,结合本市实际,制定本条例。

第二条 在本市行政区域内从事气候资源保护和利用活动,适用本条例。

本条例所称气候资源,是指能为人类生产生活所利用的太阳辐射、风、热量、云水、大气成分等自然物质和能量。

第三条 气候资源的保护和利用应当尊重自然生态规律,遵循统筹规划、保护优先、合理利用、趋利避害的原则。

第四条 市、县(市、区)人民政府应当加强对气候资源保护和利用工作的领导,将其纳入国民经济和社会发展规划,所需经费纳入本级财政预算。

市、县(市、区)人民政府应当建立跨区域、跨部门的气候资源保护和利用工作协调联动及信息共享机制。

第五条　市、县(市、区)气象主管机构负责本行政区域内气候资源保护和利用管理工作。

发展改革、科技、财政、自然资源和规划、生态环境、住房城乡建设、交通运输、水行政、农业农村、文化旅游、应急管理、大数据发展管理等部门在各自职责范围内,做好气候资源保护和利用相关工作。

乡镇人民政府、街道办事处协助做好气象知识宣传、气象设施巡查、气候资源普查、人工影响天气作业等相关工作。

第六条　市、县(市、区)人民政府以及气象主管机构应当发挥国家气候标志评价作用,推动当地气候资源保护和气候资源优势利用。

第七条　市、县(市、区)气象主管机构和其他有关部门应当向社会公众宣传、普及气候资源保护和利用基本知识、气候风险及气候变化应对措施。

鼓励单位和个人参与气候资源保护和利用,研究、挖掘与气候相关的历史和文化。

每年3月23日世界气象日所在周为气候资源宣传周。

第八条　鼓励开展气候资源保护和利用科学技术研究,应用现代信息技术提升科研能力,促进气候资源保护和利用领域的产品研发、信息服务和应用示范,推动产业化发展。

第九条　市、县(市、区)人民政府应当加强太阳辐射、风、热量、云水、负氧离子、温室气体等气象探测基础设施的统筹规划、合理布局和科学建设,提高气候资源及其变化的监测能力。

第十条　气象探测活动所获得的气象探测资料,应当按照国家规定向国家或者省气象主管机构汇交。气象台站以外的单位和个人汇交气象探测资料,可以通过探测地气象主管机构汇交。

鼓励从事气象探测的单位和个人向气象主管机构提供前款规定之外的其他气象相关信息。

市、县(市、区)发展改革、科技、水行政、农业农村等部门在行政监督管理过程中发现有关活动可能需要气象探测的,应当及时通报同级气象主管机构。

第十一条　市、县(市、区)人民政府应当组织气象主管机构和发展改革、自然资源和规划、生态环境、农业农村、文化旅游等部门开展气候资源调查,并依据调查结果对气候资源的可利用性进行评估,开展气候资源区划工作。

气候资源区划应当包括气候资源的分布状况、采用的区划指标、区划结果、区划气候资源优势和问题以及相应的对策措施等内容。

编制国土空间规划、产业发展规划等应当利用气候资源区划成果。

第十二条　市、县(市、区)人民政府应当将城市通风廊道布局和控制要求纳入国土空间规划,合理利用空气污染物扩散气象条件,科学布局、优化应用通风廊道,促进城市空气流动,缓解大气污染和热岛效应。

市、县(市、区)气象主管机构应当会同自然资源和规划、生态环境等部门开展城市通风廊道研究。

第十三条　市、县(市、区)气象主管机构组织开展城市热岛效应评估,发展改革、自然资源和规划、生态环境、水行政、交通运输、城市管理、公安机关交通管理、电力等部门应当予以配合。

市、县(市、区)人民政府应当依据城市热岛效应评估结果,采取应对热岛效应的有效措施。

第十四条　市、县(市、区)气象主管机构应当会同自然资源和规划、生态环境、水行政等部门定期开展三垟湿地、珊溪水库等气候效应评估,提出保护局地气候资源、应对气候风险的具体措施。

第十五条　市、县(市、区)气象主管机构应当按照国家和省有关规定,组织对国土空间规划、国家重点建设工程、重大区域性经济开发项目和大型太阳能、风能等气候资源开发利用项目进行气候可行性论证。

自然资源和规划主管部门在国土空间规划编制、发展改革主管部门在前款所列项目立项中,应当统筹考虑气候可行性论证结论,合理开发利用气候资源,避免和减少规划、建设项目受气象灾害、气候变化的影响或者可能对局地气候产生的不利影响。

第十六条 在开发区(园区)和其他有条件的区域推行区域气候可行性论证,由市人民政府组织对该区域内的气候可行性论证开展区域评估,区域内符合条件的建设项目可以不再单独组织气候可行性论证。

第十七条 市、县(市、区)人民政府应当综合利用气候资源调查、区划成果,发挥当地农业气候资源优势,发展特色农业。

鼓励瓯柑、杨梅、茶叶等农产品生产经营者申请农产品气候品质认证,打造区域品牌。

市、县(市、区)农业农村、自然资源和规划等部门开展规模化引种或者调整种植制度前,应当组织开展气候适宜性评估。气象主管机构应当提供气象信息服务和技术支持。

第十八条 市、县(市、区)气象主管机构会同文化旅游、自然资源和规划等部门发布气候旅游指引、气候康养指数等信息。

市、县(市、区)文化旅游主管部门应当综合利用气候资源调查成果,鼓励、引导有关经营主体合理利用天气景观、气候环境、人文气象等资源,发展特色旅游产业。

第十九条 市、县(市、区)发展改革主管部门应当综合利用气候资源调查、区划成果,统筹规划并鼓励支持太阳能、风能的合理利用,引导科学建设太阳能光伏发电场,稳妥推进海上风力发电等风能利用项目。

太阳能、风能等气候资源利用应当科学有序进行,开发利用的范围和强度应当避免和减少对生态环境的不利影响。

第二十条　鼓励单位和个人合理安装使用太阳能热水、光伏发电等太阳能利用系统。

建筑设计和施工应当结合太阳能利用的实际需要,按照有关建筑技术规范,为太阳能利用设施建设提供必要条件。

第二十一条　市、县(市、区)人民政府应当根据抗旱蓄水、森林防火、生态修复、防灾减灾等需要,领导、协调气象主管机构等部门适时开展人工影响天气作业,支持人工影响天气能力建设、运行和作业保障,提高云水资源利用能力。

第二十二条　市、县(市、区)气象主管机构应当加强台风等对本市影响严重的气象灾害的气候特征分析和气候预测研究,发布台风、雨涝、干旱、高温、低温冰冻等气候指数,开展气候风险区划。

气候风险区划成果应当包含当地台风、暴雨、干旱、高温、低温、雷电、大风等气象灾害的发生频率、时空分布规律、风险等级及其风险变化趋势等内容。

市政、交通、能源、电力、水利等设施以及其他建(构)筑物的建设和管理单位及个人应当结合气象数据,按照有关技术标准科学设置设施以及其他建(构)筑物,增强防御气候风险的能力。

第二十三条　市、县(市、区)气象主管机构每年第一季度公开发布当地上一年度的气候公报。气候公报应当包括当地基本气候概况、主要气候事件、气候影响评价等内容。

有关单位和个人应当协助做好气候公报的编制。

第二十四条　鼓励、支持保险机构开发巨灾保险、政策性农业保险、气象指数保险等气象保险相关产品和服务,提升社会灾害救助能力。

市、县(市、区)气象主管机构、农业农村等部门应当为保险机构开发农产品气象指数保险提供必要的技术支持。

第二十五条　本条例自 2021 年 8 月 1 日起施行。

河南省气象条例

(2001 年 3 月 30 日河南省第九届人民代表大会常务委员会第二十一次会议通过。根据 2004 年 11 月 26 日河南省第十届人民代表大会常务委员会第十二次会议《关于修改〈河南省气象条例〉的决定》第一次修正,根据 2021 年 5 月 28 日河南省第十三届人民代表大会常务委员会第二十四次会议《关于修改〈河南省气象条例〉〈河南省实施中华人民共和国水土保持法办法〉的决定》第二次修正)

第一章 总 则

第一条 根据《中华人民共和国气象法》和国家有关规定,结合我省实际,制定本条例。

第二条 在本省行政区域内从事气象探测、预报、服务和气象灾害防御、气候资源利用、气象科学技术研究等活动,应当遵守气象法律、行政法规和本条例。

第三条 县级以上人民政府应当加强对气象工作的领导和协调,把气象事业纳入当地国民经济和社会发展计划及财政预算,逐步建立健全防御和减轻气象灾害的服务体系,以保障气象事业充分发挥为社会公众、政府决策和经济发展服务的功能。

第四条　各级气象主管机构在上级气象主管机构和本级人民政府的领导下,负责本行政区域内的气象工作,承担气象工作的行政管理职能。

第二章　　地方气象事业

第五条　县级以上人民政府应当根据需要发展地方气象事业。

各级气象主管机构在承担国家气象事业任务的同时,应当坚持地方气象事业与国家气象事业共同发展的原则,做好地方气象事业工作。

第六条　地方气象事业项目主要包括:

(一)为当地经济建设和防灾减灾服务的大气探测、气候监测、气象通信、气象卫星遥感、气象灾害预警、森林火险等级预测预报、天气预报制作与发布等项目;

(二)农业气象情报、农作物产量气象预测、农业气象灾害防御技术的推广应用,以及农村气象科技服务体系建设;

(三)人工影响天气、雷电灾害防御、气候资源开发利用和城市环境气象服务;

(四)气象科学研究、气象科学知识宣传教育及其他气象服务项目。

第七条　发展地方气象事业所需基本建设投资、事业经费、专项经费等,应当列入同级人民政府财政预算,并按照国家有关规定逐年增加投入。

第八条　县级以上人民政府应当关心和改善气象职工工作、生活条件,支持贫困地区、滞洪区、山区等艰苦地区气象台站的建设和运行。

县级以上人民政府对在气象工作中做出显著成绩的单位和个人，应当给予表彰和奖励。

第三章 气象设施与探测环境保护

第九条 各级气象主管机构应当加强气象设施的规划建设，并依法保护气象设施。

气象设施因不可抗力遭受破坏时，气象主管机构应及时报告当地人民政府，由当地人民政府采取紧急措施，组织力量修复，确保气象设施正常运行。

第十条 各级人民政府应当依法保护气象探测环境，支持气象主管机构依法制止各种危害气象探测环境的行为。任何组织和个人都有保护气象探测环境的义务。

第十一条 气象台站站址应当保持长期稳定，任何单位或者个人不得擅自迁移气象台站。

因国家重点工程建设或者城市（镇）总体规划变化，确需迁移气象台站的，建设单位或者当地人民政府应当向省气象主管机构提出申请，由省气象主管机构组织专家对拟迁新址的科学性、合理性进行评估，符合气象设施和气象探测环境保护要求的，在纳入城市（镇）控制性详细规划后，按照先建站后迁移的原则进行迁移。

申请迁移大气本底站、国家基准气候站、国家基本气象站的，由省气象主管机构签署意见并报送国务院气象主管机构审批；申请迁移其他气象台站的，由省气象主管机构审批，并报送国务院气象主管机构备案。

气象台站迁移、建设费用由建设单位承担。

第十二条 县级以上人民政府应当按照国务院气象主管机构确定的气象探测环境保护标准，划定当地各类气象台站气象探测环境的具体保护范围，纳入城市和村镇规划，并竖桩立界，实行分类分级保护。

在气象探测环境保护范围内,新建、扩建、改建建设项目必须事先征得省气象主管机构同意,并采取相应措施后,方可建设。

气象台站现有探测环境不符合规定标准的,经省气象主管机构认定后,由当地人民政府负责改善或建设新的气象探测场地。

第四章 气象预报、警报与气象灾害防御

第十三条 公众气象预报和灾害性天气警报依法实行统一发布制度。除气象主管机构所属气象台站按照职责发布公众气象预报和灾害性天气警报外,其他任何组织或者个人不得向社会发布公众气象预报和灾害性天气警报。

第十四条 各级气象主管机构所属的气象台站应当根据需要,加强农业、城市环境、火险等级等专业气象的探测和预报,做好特殊需求的气象预报工作。

第十五条 各级广播、电视台站和当地人民政府指定的报纸应当安排专门的时间或者版面,每天播发或刊登公众气象预报或者灾害性天气警报。

第十六条 广播、电视、报纸、电信、计算机网络等媒体向社会传播气象信息,必须使用当地气象主管机构所属的气象台站直接提供的适时气象信息,注明发布台站的名称和时间,并不得改变气象信息内容。通过传播气象信息获得的收益,应当按照国家规定提取一部分支持气象事业发展。

第十七条 县级以上人民政府应当加强气象灾害监测、预警系统建设,组织有关部门编制气象灾害防御规划,制定防御方案,并根据气象主管机构提供的气象信息,组织和指挥有关单位和个人,按照防御方案,采取有效措施,避免或者减轻气象灾害。

第十八条 各级气象主管机构应当建立雨情、墒情和气象灾

害监测网络,组织对重大灾害性天气的跨地区、跨部门的联合监测、预报工作,及时提出气象灾害防御措施,并对重大气象灾害作出评估,为本级人民政府组织防御气象灾害提供决策依据。

各级气象主管机构所属的气象台站应当加强对可能影响当地的暴雨、暴雪、干旱、雷电、寒潮、大风、大雾、沙尘暴、霜冻、冰雹等灾害性天气的监测和预报,并及时报告上级气象主管机构。

其他有关部门所属的气象台站及与灾害性天气监测、预报有关的单位,应当及时向当地气象主管机构提供监测、预报灾害性天气所需的气象探测和有关的水情等监测信息。

第十九条 各级气象主管机构应当加强本行政区域内的雷电灾害防御工作的组织管理和雷电灾害预警系统的建设,提高雷电灾害预警和防雷减灾服务能力。

第二十条 高层建筑、电力设施、计算机设备和网络系统、易燃易爆物资仓储场所,以及其他需要防雷的建筑物、构筑物和设施,必须按照国家和本省有关防雷技术要求采取防雷措施。防雷装置实行定期检测制度。各级气象主管机构会同有关部门指导对可能遭受雷击的建筑物、构筑物和其他设施安装的雷电灾害防护装置的检测工作。

第二十一条 从事防雷装置检测的单位,应当取得国务院气象主管机构或者省气象主管机构颁发的资质证。

新建、改建、扩建建设工程雷电防护装置的设计、施工,可以由取得相应建设、公路、水路、铁路、民航、水利、电力、核电、通信等专业工程设计、施工资质的单位承担。

防雷装置的设计审核、施工监督、竣工验收,依照国家有关规定执行。

雷电灾害调查工作由各级气象主管机构负责。具体办法按国务院气象主管机构的规定执行。

第五章　人工影响天气

　　第二十二条　县级以上人民政府应当加强对人工影响天气工作的领导,根据实际情况有组织、有计划地开展人工影响天气工作,并保证所需经费。

　　第二十三条　各级气象主管机构在本级人民政府的领导和协调下,负责人工影响天气的日常管理工作。

　　省气象主管机构应当按照国家有关规定,编制全省人工影响天气工作规划和计划;制定管理规章制度;组织、管理全省人工影响天气重大工程建设、科学实验、技术开发及装备供应;组织指导技术培训;审定人工影响天气作业组织的资质条件;组织、实施全省人工影响天气作业。

　　市、县(市)气象主管机构应当按照职责分工,制定当地人工影响天气实施方案;执行人工影响天气的规范和标准;管理、组织人工影响天气作业。

　　第二十四条　各级气象台站应当做好人工影响天气作业所需的各项气象保障工作。

　　民航、公安等部门和有关军事机关应当在职责范围内积极配合气象主管机构,保障人工影响天气作业顺利实施。

　　对人工影响天气所需有关资料,农业、水利、林业等部门应当及时提供。

　　第二十五条　进行人工影响天气作业和实验,必须向当地空域管制部门履行申报手续,经批准后方可实施。

　　实施人工影响天气作业和实验,应当遵守操作规程,确保安全。

第六章　气象行业管理

第二十六条　各级气象主管机构负责气象行业管理,通过规划、指导、监督、协调、服务,促进气象事业发展。

第二十七条　凡在本行政区域内进行的气象业务服务活动,应当执行气象技术标准、技术规范和技术规程。进行气象探测所获得的原始资料必须在探测活动结束后九十日内移交当地气象主管机构,实施探测单位可以使用该资料,但不得对外公布或者转让。

各级气象主管机构应当按照气象资料共享、共用的原则,与其他从事气象工作的机构交换有关气象信息资料。

第二十八条　气象计量器具必须经法定气象计量检定机构依法检定。禁止使用未经检定、检定不合格或超过检定有效期的气象计量器具。

第二十九条　与气候条件密切相关的城乡规划、重点领域或者区域发展建设规划,重大基础设施、公共工程和大型工程建设项目,重大区域性经济开发、区域农(牧)业结构调整建设项目,大型太阳能、风能等气候资源开发利用建设项目应当进行气候可行性论证。

建设项目大气环境影响评价使用的气象探测资料应当使用符合国家气象技术标准的气象资料。

第三十条　从事升放无人驾驶自由气球、系留气球的单位,应当经省或省辖市气象主管机构进行资质认定。

从事升放无人驾驶自由气球、系留气球的单位和个人,应当执行国务院气象主管机构规定的技术规范,具体管理办法按国家有关规定执行。

第三十一条　各级气象主管机构应当监督气象台站在确保公

益性气象服务的前提下,根据用户需求依法开展气象有偿服务。气象有偿服务的范围、项目、收费等具体管理办法,按照国务院有关规定执行。

第七章 法律责任

第三十二条 违反气象法律、行政法规和本条例的行为,气象法律、行政法规有处罚规定的,由有关气象主管机构或者法律、行政法规规定的部门依法予以处罚。

第三十三条 违反本条例有下列行为之一的,由气象主管机构责令限期改正;拒不改正的,按照下列规定给予处罚;给他人造成损失的,依法承担赔偿责任;构成犯罪的,依法追究刑事责任:

(一)拒不接受对防雷装置依法进行定期检测的,给予警告,可以并处一千元罚款;

(二)从事防雷装置检测的单位未取得资质证书或者超出资质证书核定的范围从事防雷装置检测的,没收违法所得,并处五千元以上一万元以下的罚款;

(三)违反本条例第三十条第一款规定的,给予警告,可以并处一千元以上三千元以下的罚款。

第三十四条 气象主管机构及其所属气象台站的工作人员有下列行为之一的,依法给予行政处分;致使国家利益和人民生命财产遭受重大损失,构成犯罪的,依法追究刑事责任:

(一)由于玩忽职守,导致重大漏报、错报公众气象预报、灾害性天气警报以及丢失或者毁坏原始气象探测资料、伪造气象资料等事故的;

(二)依法应当办理的事项,不按照规定办理的;

(三)不依法履行职责,致使气象设施和探测环境遭受破坏的。

第八章 附 则

第三十五条 本条例自 2001 年 7 月 1 日起施行。

广东省防御雷电灾害管理规定

(2021年7月7日广东省人民政府令第284号公布，
自2021年9月1日起施行)

第一章 总 则

第一条 为了加强雷电灾害的防御，避免、减轻雷电灾害造成的损失，保障人民生命财产安全，根据《中华人民共和国气象法》《气象灾害防御条例》等有关法律、法规，结合本省实际，制定本规定。

第二条 本规定适用于本省行政区域内从事防御雷电灾害的活动。

第三条 防御雷电灾害工作坚持以人为本、安全第一、预防为主、防治结合的原则。

第四条 各级人民政府应当将防御雷电灾害工作纳入公共安全监督管理范围，加强对防御雷电灾害工作的组织领导，建立健全协调机制，逐步加大对防御雷电灾害工作的投入。

第五条 各级气象主管机构负责管理、指导和监督本行政区域内的防御雷电灾害工作，组织做好雷电监测和预报预警、雷电易发区域划定、雷电灾害风险评估、雷电灾害调查鉴定、雷电防护装置检测管理等工作。

县级以上人民政府住房城乡建设、交通运输、水利、农业农村、教育、应急管理、电力、通信等部门应当在各自的职责范围内做好防御雷电灾害工作。

第六条 县级以上人民政府应当鼓励和支持防御雷电灾害科学技术研究与开发，推广应用先进的防御雷电灾害技术，推动建立防御雷电灾害先进标准体系。

各级气象主管机构及政府有关部门应当加强防御雷电灾害标准化建设，组织做好防御雷电灾害标准的宣传贯彻实施。

鼓励和支持有条件的地区和单位建设雷电科学实验场所，开展防御雷电灾害新技术研究。

第七条 防御雷电灾害行业协会应当加强行业自律，规范行业行为，提高行业技术能力和服务水平。

鼓励防御雷电灾害行业协会推动防御雷电灾害团体标准建设，提供信息、培训等服务。

第八条 公民、法人和其他组织应当配合并参与防御雷电灾害活动，根据雷电灾害预警信息及时做好应急准备，依法服从有关部门的指挥，开展自救互救。

第九条 各级人民政府、有关部门应当利用各类传播媒介向社会宣传普及防御雷电灾害法律法规和科学知识，提高社会公众防雷减灾意识和能力。

县级以上人民政府教育行政部门应当督促学校将防御雷电灾害知识纳入有关课程或者课外教育内容，培养和提高学生的防范意识和自救互救能力。

第二章 风险预防与监测预警

第十条 各级气象主管机构应当根据本行政区域的地形、地质、地貌及雷电活动情况等因素，划定雷电易发区域及其防范等级,并向社会公布。

第十一条 大型建设工程、重点工程、爆炸和火灾危险环境、人员密集场所等项目应当进行雷电灾害风险评估,以确保公共安全。

自由贸易试验区、开发区、产业园区、新区及其他有条件区域应当开展工程建设项目区域雷电灾害风险评估。符合条件的工程建设项目不再单独进行雷电灾害风险评估。

区域雷电灾害风险评估,由承担区域管理职责的机构或者县级以上人民政府指定的部门组织实施。

第十二条 鼓励建立雷电灾害保险制度。

鼓励大型建设工程、重点工程、爆炸和火灾危险环境、人员密集场所等项目购买雷电灾害保险,减少雷电灾害造成的损失。

第十三条 各级气象主管机构应当按照合理布局、信息共享、有效利用的原则建设雷电监测网,完善雷电监测和预警系统,确保监测和预警系统的正常运行。

各级气象主管机构所属的气象台站应当加强对雷电灾害性天气的监测,及时向社会发布雷电灾害性天气预报、预警。

第十四条 雷电灾害性天气发生时,有关单位应当根据实际情况,按照防御指引或者标准规范采取相应的应急措施。

第三章 雷电防护装置

第十五条 新建、改建、扩建建(构)筑物、场所和设施应当按照有关标准和规定安装雷电防护装置,并与主体工程同时设计、同时施工、同时投入使用。

农村地区的学校、候车亭、文化体育场馆等公共场所以及雷电灾害风险等级较高的村民集中居住区和种养殖区应当按照有关标准安装雷电防护装置。雷电防护装置的安装和维护应当列入农村社会公益事业建设计划。

第十六条　新建、改建、扩建建设工程的雷电防护装置的设计、施工,可以由取得相应建设、公路、水路、铁路、民航、水利、电力、核电、通信等专业工程设计、施工资质的单位承担。

第十七条　新建、改建、扩建建设工程的雷电防护装置的建设、设计、施工、监理、检测单位,按照相应职责承担建设工程雷电防护装置质量安全责任。

建设工程设计单位应当在编制项目设计文件时,同步编制雷电防护装置的设计文件,执行工程建设强制性标准,并对建设项目雷电防护装置设计全面负责。

雷电防护装置施工单位应当按照通过审查的设计文件和施工技术标准进行施工。

雷电防护装置检测单位应当按照国家有关标准和规范,根据施工进度进行分项检测,出具检测意见,并对检测数据的真实性负责。

建设工程监理单位应当根据施工进度对雷电防护装置施工质量实施监理,并对施工质量承担监理责任。

第十八条　雷电防护装置应当每年检测一次,爆炸和火灾危险环境场所的雷电防护装置应当每半年检测一次。

雷电防护装置检测单位对检测合格的雷电防护装置,应当出具检测报告和检测标识,并对检测报告的真实性负责。

雷电防护装置检测单位对检测不合格的雷电防护装置,应当提出整改意见;拒不整改或者整改不合格的,雷电防护装置检测单位应当报告当地气象主管机构,由当地气象主管机构依法作出处理。

第十九条　从事雷电防护装置检测的单位应当依法取得气象主管机构颁发的资质证。

从事电力、通信雷电防护装置检测的单位应当依法取得国务院气象主管机构和国务院电力或者国务院通信主管部门共同颁发的资质证。

第二十条 已安装雷电防护装置的单位或者个人应当做好雷电防护装置的日常维护工作,并委托有相应资质的雷电防护装置检测单位进行定期检测;有物业服务人的,物业服务人应当按照物业服务合同的约定对物业服务区域内的雷电防护装置进行维护管理和委托检测。

鼓励采用新技术对雷电防护装置的工作状态和有效性进行在线实时监测。

第四章 监督管理

第二十一条 各级气象主管机构负责下列工程、场所的雷电防护装置的设计审核和竣工验收:

(一)油库、气库、弹药库、化学品仓库和烟花爆竹、石化等易燃易爆建设工程和场所;

(二)雷电易发区内的矿区、旅游景点或者投入使用的建(构)筑物、设施等需要单独安装雷电防护装置的场所;

(三)雷电风险高且没有防雷标准规范、需要进行特殊论证的大型项目。

未经设计审核或者设计审核不合格的,不得施工;未经竣工验收或者竣工验收不合格的,不得交付使用。

第二十二条 房屋建筑、市政基础设施、公路、水路、铁路、民航、水利、电力、核电、通信等建设工程的主管部门,负责相应领域内建设工程的防御雷电灾害管理,并将雷电防护装置的施工、检测、竣工验收等信息数据与防雷安全监管平台共享。

第二十三条 各级气象主管机构负责对由其设计审核和竣工验收后投入使用的雷电防护装置实施安全监管;住房城乡建设、交通运输、水利、电力、通信等部门负责对本领域投入使用的雷电防护装置实施安全监管。

第二十四条　各级气象主管机构和住房城乡建设、交通运输、水利、电力、通信等部门应当建立协同监管和联合执法机制,对雷电防护装置检测活动实施监督管理。

第二十五条　省气象主管机构应当建立雷电防护装置检测质量管理制度。

各级气象主管机构应当加强对雷电防护装置检测单位检测活动的质量监管,定期组织检测质量检查。

第二十六条　省、地级以上市气象主管机构应当建立雷电防护装置检测单位从业信息档案,将在本行政区域内从事雷电防护装置检测活动的单位的名称、资质等级、主要技术人员信息、检测活动、检测质量检查结果和监督管理等信息纳入从业信息档案,并按照国家规定向社会公示检测单位的行政许可、行政处罚信息。

第二十七条　各级气象主管机构和住房城乡建设、交通运输、水利、电力、通信等部门应当根据防御雷电灾害工作情况,制订年度监督检查计划,加强防御雷电灾害监督管理,督促落实防御雷电灾害责任。

第二十八条　雷电灾害发生后,气象主管机构应当会同其他有关部门组织开展灾害调查鉴定工作,按照实事求是、尊重科学的原则,及时、准确做出调查结论,分析雷电灾害原因,提出整改措施和处理意见。

有关单位和个人应当协助气象主管机构和其他有关部门开展雷电灾害的调查鉴定工作,不得干扰、阻挠对雷电灾害的调查处理。

第五章　法律责任

第二十九条　各级人民政府、气象主管机构和其他有关部门及其工作人员违反本规定,未依法履行职责的,由上级机关责令改正;情节严重的,对直接负责的主管人员和其他直接责任人员依法给予处分;构成犯罪的,依法追究刑事责任。

第三十条　违反本规定的行为,由气象主管机构或者其他有关部门依照有关法律、法规和规章规定给予行政处罚。

第六章　附　　则

第三十一条　本规定自 2021 年 9 月 1 日起施行。

深圳市气象灾害预警信号
发布规定

（2020 年 12 月 15 日深圳市政府六届二百四十六次
常务会议审议通过，自 2021 年 3 月 1 日起施行）

第一条 为了规范气象灾害预警信号发布管理，加强气象灾害防御，保护人民生命财产安全，根据《中华人民共和国气象法》《气象灾害防御条例》《广东省气象灾害防御条例》《广东省防汛防旱防风条例》等有关法律、法规，结合本市实际，制定本规定。

第二条 在本市管辖区域内发布气象灾害预警信号的，应当遵守本规定。

第三条 本规定所称气象灾害预警信号，是指市气象局（台）单独或者会同有关部门向社会公众发布的预警信息，是本市防御气象灾害的统一信号。

气象灾害预警信号共 14 类，包括台风、暴雨、高温、寒冷、大雾、雷雨大风、强季风、冰雹、灰霾、森林火险、干旱、地质灾害、雷电、道路结冰。

气象灾害预警信号由名称、图标、含义及防御措施组成（见附件），气象灾害预警信号所对应的防御措施均包括本级别以及低级别气象灾害预警信号所对应的防御措施。

第四条 市气象局（台）负责本市气象灾害预警信号发布与传播的管理工作，制定相关技术规范，依法制定气象灾害应急预案，会同有关部门依法确定气象灾害防御重点单位,加强气象灾害防灾预警和防灾减灾的宣传教育。

第五条 气象灾害预警信号由市气象局(台)统一发布、更新和解除,但地质灾害预警信号由市规划和自然资源部门会同市气象局(台)发布、更新和解除,森林火险预警信号由市应急管理部门会同市气象局(台)发布、更新和解除。

气象灾害预警信号发布主体应当根据影响区域、程度等情况,将气象灾害预警信号的发布、更新和解除精细化到具体的区、街道和近海海域,并及时向市、区应急指挥、灾害防御和救助机构通报。

其他任何组织和个人不得向公众传播非市气象局(台)提供的气象灾害预警信号。

气象灾害预警信号以中文、英文双语形式发布。

第六条 本市广播、电视和有关通信运营企业应当在收到市气象局(台)直接提供的气象灾害预警信号后十五分钟内向公众传播,并按照规定的频次传播实时气象灾害预警信号,确保气象灾害预警信号传播畅通、准确、及时。

本市广播、电视、有关通信运营企业、网络以及"深圳发布""i深圳"等新媒体在向公众传播气象灾害预警信号时应当使用市气象局(台)发布的实时气象灾害预警信号,完整传播气象灾害预警信号的种类、级别、预警内容和防御措施,并标明市气象局(台)的名称和发布时间。

第七条 应急管理、规划和自然资源、水务、交通运输、住房建设、卫生健康、公安、民政、教育、文化广电旅游体育、城管和综合执法、口岸、海事等部门应当参照本规定的气象灾害防御措施,根据本部门职能制定防御气象灾害的具体措施,采取多种方式宣传气象灾害预警信号及防御措施,拓宽传播渠道,及时向公众传播气象灾害预警信号并组织防御、疏散和救援。

第八条 市、区人民政府以及有关部门应当依法编制气象灾害、地质灾害、森林火险应急预案并定期开展应急演练,结合当地和本部门实际情况组织实施部门联动和社会响应。

企事业单位、其他组织以及个人应当根据气象灾害预警信号及时响应,采取有效措施,积极防御,避免、减轻灾害风险以及造成的损失。

第九条 违反本规定,有关部门及其工作人员有隐瞒、谎报,或者因玩忽职守导致重大漏报、错报气象灾害预警信号的,或者未及时向公众传播气象灾害预警信号并组织防御、疏散和救援的,或者未按照规定组织实施部门联动和社会响应的,由其上级主管机关责令改正;情节严重的,依法依规给予处分;涉嫌犯罪的,移送司法机关依法处理。

第十条 违反本规定第六条、第八条第二款规定,有下列行为之一的,由市气象局(台)依照《中华人民共和国气象法》《气象灾害防御条例》等有关规定予以处罚;构成违反治安管理规定的,由公安机关依法给予处罚;涉嫌犯罪的,移送司法机关依法处理:

(一)未使用市气象局(台)提供的气象灾害预警信号的;

(二)向公众发布或者传播虚假气象灾害预警信号或者通过非法渠道获取的气象灾害预警信号的;

(三)未按照要求传播气象灾害预警信号的;

(四)未按照规定采取气象灾害预防措施的。

第十一条 深圳市气象灾害预警信号及防御措施为本规定附件,市气象局(台)可以结合实际情况,经公开征求意见、组织开展专家论证等程序后对其进行调整,报市人民政府批准后实施。

第十二条 本规定自 2021 年 3 月 1 日起施行。

附件:深圳市气象灾害预警信号及防御措施(2020 版)

深圳市气象灾害预警信号及
防御措施(2020版)

一、台风预警信号

台风预警信号分为五级,分别以白色、蓝色、黄色、橙色和红色表示。

(一)台风白色预警信号

图标:

含义:48小时内将受台风影响。

防御措施:

1.进入台风注意状态,居民关注台风最新消息和防御通知;

2.港口和水上设施、船舶经营管理单位立即启动防台风预案,采取防台风措施或者做好防台风准备,海上作业人员主动做好避风准备;

3.政府及相关部门按照预案做好台风应对工作。

(二)台风蓝色预警信号

图标:

含义:24小时内将受台风影响,平均风力可达6级以上或者阵风8级以上;或者已受台风影响,平均风力为6~7级,或者阵风8~9级并将持续。

防御措施:

1.进入台风戒备状态,居民及时了解台风最新消息和防御通知,避免前往室外人口密集场所和沿海区域;

2.有关单位、物业服务企业和个人加固门窗及临时搭建物,安置室外搁置物和悬挂物;

3.建设单位、施工单位采取加固措施,加强在建工地设施、机械设备的安全防护;

4.港口和水上设施、船舶经营管理单位立即全面启动防台风预案,采取防台风措施或者做好防台风准备,海上作业人员适时撤离;

5.政府及相关部门按照预案,及时组织高空、户外作业人员做好防御工作。

(三)台风黄色预警信号

图标:

含义:24 小时内将受台风影响,平均风力可达 8 级以上,或者阵风 10 级以上;或者已经受台风影响,平均风力为 8～9 级,或者阵风 10～11 级并将持续。

防御措施:

1.进入台风防御状态,避险场所开放,居民留在安全场所暂避;

2.托儿所、幼儿园和中小学停课,未启程上学的学生不必到校上课,上学、放学途中的学生就近到安全场所暂避或者在安全情况下回家,学校妥善安置在校(含校车上、寄宿)学生,在确保安全的情况下安排学生离校回家,具体按照教育部门指引执行;

3.用人单位根据工作地点、工作性质、防灾避灾需要等情况安排工作人员推迟上班、提前下班或者停工,并为在岗以及滞留单位的工作人员提供必要的避险措施;

4.停止大型户外活动,单位和个人(特殊行业除外)立即停止高空、户外作业,处于海边、危房、简易工棚等可能发生危险区域的人员撤离;

5.港口和水上设施、船舶经营管理单位全面落实防台风预案,采取防台风措施,做好应急准备,回港避风船舶不得擅自离港,海上避风船舶应当落实防御措施,海上作业人员立即撤离;

6.滨海浴场、景区、公园、游乐场发出警示信息,适时关闭相关区域、停止营业,组织人员避险;

7.相关应急处置部门和抢险单位加强值班,实时关注灾情,落实应对措施。

(四)台风橙色预警信号

图标:

含义:12小时内将受台风影响,平均风力可达 10 级以上,或者阵风 12 级以上;或者已经受台风影响,平均风力为 10～11 级,或者阵风 12 级以上并将持续。

防御措施:

1.进入台风紧急防御状态,避险场所开放,居民留在室内或者到安全场所避风,密切关注台风最新消息和防御通知;

2.托儿所、幼儿园和中小学停课,未启程上学的学生不必到校上课,上学、放学途中的学生就近到安全场所暂避或者在安全情况下回家,学校妥善安置在校(含校车上、寄宿)学生,在确保安全的情况下安排学生离校回家,具体按照教育部门指引执行;

3.用人单位根据工作地点、工作性质、防灾避灾需要等情况安排工作人员推迟上班、提前下班或者停工,并为在岗以及滞留单位的工作人员提供必要的避险措施;

4.停止大型活动,立即疏散人员,处于海边、危房、简易工棚等可能发生危险区域的人员撤离；

5.港口和水上设施、船舶经营管理单位全面落实防台风预案，采取有效防台风措施，随时准备采取应急行动；

6.滨海浴场、景区、公园、游乐场立即停止营业，组织人员避险；

7.供水、供电、供气、通讯等部门密切关注基础设施受损情况，做好保障工作；

8.机场、轨道交通、高速公路、港口码头等经营管理单位按照行业规定迅速采取措施，保障交通安全；

9.相关应急处置部门和抢险单位密切监视灾情，做好应急抢险救灾工作。

（五）台风红色预警信号

图标：

含义：12小时内将受或者已经受台风影响，平均风力可达12级以上，或者已达12级以上并将持续。

防御措施：

1.进入台风特别紧急防御状态，避险场所开放，居民确保留在安全场所；

2.托儿所、幼儿园和中小学停课，未启程上学的学生不必到校上课，上学、放学途中的学生就近到安全场所暂避或者在安全情况下回家，学校妥善安置在校（含校车上、寄宿）学生，在确保安全的情况下安排学生离校回家，具体按照教育部门指引执行；

3.用人单位（特殊行业除外）适时停工，并为滞留人员提供安全的避风场所；

4.机场、轨道交通、高速公路、港口码头等经营管理单位按照行业规定采取交通安全管制措施；

5.港口和水上设施、船舶经营管理单位全面落实防台风预案，采取有效防台风措施，随时准备采取应急行动；

6.台风中心经过时风力会减小或者静止一段时间，保持戒备，以防强风突然再袭。

二、暴雨预警信号

暴雨预警信号分三级，分别以黄色、橙色、红色表示。

（一）暴雨黄色预警信号

图标：

含义：6小时内本地将有暴雨发生，或者已经出现明显降雨，且降雨将持续。

防御措施：

1.进入暴雨戒备状态，居民关注暴雨最新消息和防御通知；

2.托儿所、幼儿园和中小学采取适当措施，保证在校学生安全；

3.行人及骑行人员避免在桥底、涵洞等低洼易涝等危险区域避雨，行驶车辆尽量绕开积水路段及下沉式立交桥，避免将车辆停放在低洼易涝等危险区域；

4.单位和个人（特殊行业除外）视情况暂停高空、户外作业和活动；

5.地铁、地下商城、地下车库、地下通道、地下实验室等地下设施管理单位或者业主以及低洼易涝等危险区域人员采取有效措施避免和减少损失；

6.注意防御暴雨可能引发的局部内涝、山洪、滑坡、泥石流等灾害；

7.政府及相关部门按照预案做好暴雨应对工作。

（二）暴雨橙色预警信号

图标：

含义：在过去的 3 小时，本地降雨量已达 50 毫米以上，且降雨将持续。

防御措施：

1.进入暴雨防御状态，依规启动防洪排涝应急响应；

2.学生可以延迟上学、放学，上学、放学途中的学生就近到安全场所暂避；

3.暂停大型户外活动，单位和个人（特殊行业除外）停止高空、户外作业；

4.对低洼地段室外供用电设施采取安全防范措施，注意室外用电安全；

5.行驶车辆尽量绕开积水路段及下沉式立交桥，避免将车辆停放在低洼易涝等危险区域，如遇严重水浸等危险情况立即弃车逃生；

6.相关应急处置部门和抢险单位加强值班，密切监视灾情，对积水地区实行交通疏导和排水防涝，转移危险地带人员到安全场所暂避。

（三）暴雨红色预警信号

图标：

含义：在过去的 3 小时，本地降雨量已达 100 毫米以上，且降雨将持续。

防御措施：

1.进入暴雨紧急防御状态,密切关注暴雨最新消息和防御通知,避险场所开放;

2.托儿所、幼儿园和中小学停课,未启程上学的学生不必到校上课,上学、放学途中的学生就近到安全场所暂避或者在安全情况下回家,学校妥善安置在校(含校车上、寄宿)学生,在确保安全的情况下安排学生离校回家,具体按照教育部门指引执行;

3.用人单位根据工作性质、工作地点、防灾避灾需要等情况安排工作人员推迟上班、提前下班或者停工,并为在岗以及滞留人员提供必要的避险措施;

4.立即停止大型户外活动,单位和个人(特殊行业除外)立即停止高空、户外作业;

5.相关应急处置部门和抢险单位严密监视灾情,依规实施防洪排涝应急抢险救灾,做好暴雨及其引发的内涝、山洪、滑坡、泥石流、地面塌陷等灾害应急抢险救灾工作。

三、高温预警信号

高温预警信号分三级,分别以黄色、橙色、红色表示。

(一)高温黄色预警信号

图标:

含义:天气闷热,24 小时内最高气温将升至 35℃或者已经达到 35℃以上。

防御措施:

1.避免长时间户外或者高温条件下的作业;

2.做好用电、用水和防暑降温工作;

3.加强防暑降温保健知识的宣传。

（二）高温橙色预警信号

图标：

含义：天气炎热，24 小时内最高气温将升至 37℃以上或者已经达到 37℃以上。

防御措施：

1. 做好防暑降温，高温时段尽量避免户外活动，有条件的地区开放避暑场所；

2. 用人单位（特殊行业除外）暂停户外露天作业，视情况停止高温条件下作业，并缩短连续作业时间；

3. 注意用电安全，防范因电力设备负载过大而引发火灾；

4. 政府及相关部门、有关单位按照预案，落实防暑降温保障措施，提供防暑降温指导；

5. 有关部门加强食品卫生安全监督检查。

（三）高温红色预警信号

图标：

含义：天气酷热，24 小时内最高气温将升至 39℃以上或者已经达到 39℃以上。

防御措施：

1. 采取有效措施防暑降温，白天尽量减少户外活动，老、弱、病、幼、孕人群采取保护措施，临时避暑场所开放；

2. 用人单位（特殊行业除外）停止户外露天条件下作业，并采取有效措施保障劳动者身体健康和生命安全；

3. 有关单位按照职责采取防暑降温应急措施，优先保障生活用电；

　　4.注意防火。

　　四、寒冷预警信号

　　寒冷预警信号分三级，分别以黄色、橙色、红色表示。

　　(一)寒冷黄色预警信号

图标：

　　含义：预计因冷空气侵袭，当地气温在 24 小时内急剧下降，降温幅度在 10℃以上，或者日平均气温维持在 12℃以下。

　　防御措施：

　　1.居民要注意添衣保暖，关注寒冷天气最新消息和政府及有关部门发布的防御寒冷通知；

　　2.政府及相关部门、相关单位按照预案做好低温应对工作，采取防寒救助措施，临时避寒场所开放。

　　(二)寒冷橙色预警信号

图标：

　　含义：预计因冷空气侵袭，当地最低气温将降到 5℃以下，或者日平均气温维持在 10℃以下。

　　防御措施：

　　1.密切关注寒冷天气最新消息和政府及有关部门发布的防御寒冷通知；

　　2.居民尤其是老、弱、病、幼、孕人群做好防寒保暖工作；

　　3.做好牲畜、家禽的防寒防风，对热带、亚热带水果及有关水产、农作物等采取防寒措施；

4.户外工作人员采取防霜冻、冰冻措施。

（三）寒冷红色预警信号

图标：

含义：预计因冷空气侵袭，当地最低气温将降到0℃以下，或者日平均气温维持在5℃以下。

防御措施：

1.严密关注寒冷天气最新消息和政府及有关部门发布的防御寒冷通知；

2.老、弱、病、幼、孕人群加强防寒保暖工作；

3.各单位采取措施，预防可能出现的霜冻、结冰等寒害，交通运输、供电、林业、水产业等单位采取防寒防冻措施；

4.相关应急处置部门和抢险单位密切监视灾情，做好应急抢险救灾工作。

五、大雾预警信号

大雾预警信号分三级，分别以黄色、橙色和红色表示。

（一）大雾黄色预警信号

图标：

含义：12小时内将出现能见度小于500米的雾，或者已经出现能见度小于500米、大于等于200米的雾且将持续。

防御措施：

1.户外活动注意安全；

2.驾驶人员小心驾驶；

3.港口、水上设施、水上水下作业人员立即采取安全措施或者

暂停作业活动,船舶谨慎驾驶或者停航;

4.机场、轨道交通、高速公路、港口码头等经营管理单位按照行业规定采取措施保障交通安全;

5.政府及相关部门按照预案做好大雾应对工作。

(二)大雾橙色预警信号

图标:

含义:6 小时内将出现能见度小于 200 米的雾,或者已经出现能见度小于 200 米、大于等于 50 米的雾且将持续。

防御措施:

1.居民减少户外活动;

2.港口、水上设施、水上水下作业人员立即采取安全措施或者暂停作业活动,船舶谨慎驾驶或者停航;

3.机场、轨道交通、高速公路、港口码头等经营管理单位及有关主管部门按照行业规定采取措施,保障交通安全。

(三)大雾红色预警信号

图标:

含义:2 小时内将出现能见度小于 50 米的雾,或者已经出现能见度小于 50 米的雾且将持续。

防御措施:

1.居民避免户外活动;

2.驾驶人员采取合理行驶方式,并尽快寻找安全停放区域停靠;

3.各类机动交通工具采取有效措施保障安全;

4.港口、水上设施、水上水下作业人员立即采取安全措施或者暂停作业活动,船舶谨慎驾驶或者停航;

5.机场、轨道交通、高速公路、港口码头等经营管理单位按照行业规定采取交通安全管制措施。

六、雷雨大风预警信号

雷雨大风预警信号分三级,分别以黄色、橙色、红色表示。

(一)雷雨大风黄色预警信号

图标:

含义:6 小时内本地将受雷雨天气影响,平均风力可达 6 级以上,或者阵风 8 级以上,并伴有强雷电;或者已经受雷雨天气影响,平均风力达 6~7 级,或者阵风 8~9 级,并伴有强雷电,且将持续。

防御措施:

1.关注雷雨大风最新消息和有关防御通知,居民尽量避免外出,留在有雷电防护装置的安全场所暂避;

2.有关单位、物业服务企业和个人加固门窗和临时搭建物,安置室外搁置物和悬挂物;

3.停止大型户外活动,单位和个人(特殊行业除外)停止高空、户外作业;

4.港口、水上设施、水上水下作业人员立即采取安全措施或者暂停作业活动,船舶谨慎驾驶或者停航;

5.公园、景区、游乐场等户外场所发出警示信息,做好防护措施;

6.采取必要措施,保障易受雷击的设备设施和场所的安全;

7.对低洼地段室外供用电设施采取安全防范措施,注意室外用电安全;

8.机场、轨道交通、高速公路、港口码头等经营管理单位按照行业规定采取措施,保障交通安全。

(二)雷雨大风橙色预警信号

图标:

含义:2小时内本地将受雷雨天气影响,平均风力可达8级以上,或者阵风10级以上,并伴有强雷电;或者已经受雷雨天气影响,平均风力为8~9级,或者阵风10~11级,并伴有强雷电,且将持续。

防御措施:

1.密切关注雷雨大风最新消息和有关防御通知,迅速做好防御工作;

2.单位和个人(特殊行业除外)立即停止户外活动和作业,处于海边、危房、简易工棚等可能发生危险区域的人员撤离;

3.公园、景区、游乐场等户外场所及时发出警示信息,适时关闭相关区域或者停止营业,组织人员避险;

4.建设单位、施工单位采取加固措施,加强在建工地设施和机械、电器设备的安全防护;

5.对低洼地段室外供用电设施采取安全防范措施,注意室外用电安全;

6.机场、轨道交通、高速公路、港口码头等经营管理单位按照行业规定迅速采取措施,保障交通安全;

7.港口、水上设施、水上水下作业人员立即采取安全措施或者暂停作业活动,船舶谨慎驾驶或者停航;

8.相关应急处置部门和抢险单位密切监视灾情,做好应急抢险救灾工作。

(三)雷雨大风红色预警信号

图标：

含义：2小时内本地将受雷雨天气影响，平均风力可达10级以上，或者阵风12级以上，并伴有强雷电；或者已经受雷雨天气影响，平均风力为10级以上，或者阵风12级以上，并伴有强雷电，且将持续。

防御措施：

1.严密关注雷雨大风最新消息和有关防御通知，居民切勿外出，远离易被大风吹动的搭建物，切勿在树下、电杆下、塔吊下躲避，留在有雷电防护装置的安全场所暂避；

2.公园、景区、游乐场等户外场所立即发出警示信息，立即停止营业，组织人员避险；

3.建设单位、施工单位采取加固措施，加强在建工地设施和机械、电器设备的安全防护，保障人员安全；

4.机场、轨道交通、高速公路、港口码头等经营管理单位按照行业规定迅速采取措施，保障交通安全；

5.港口、水上设施、水上水下作业人员立即采取安全措施或者暂停作业活动，船舶谨慎驾驶或者停航；

6.供水、供电、供气、通讯等部门密切关注基础设施受损情况，做好保障工作；

7.相关应急处置部门和抢险单位密切监视灾情，做好应急抢险救灾工作。

七、强季风预警信号

强季风(指除台风以外的，主要由东北季风和西南季风系统等引起的大风)预警信号分四级，分别以蓝色、黄色、橙色、红色表示。

（一）强季风蓝色预警信号

图标：

含义：6 小时内可能受或者已经受强季风影响，平均风力 6 级以上，或者阵风 8 级以上。

防御措施：

1. 做好防风准备，注意了解强季风最新消息；

2. 有关单位、物业服务企业和个人加固门窗和临时搭建物，安置室外搁置物和悬挂物；

3. 建设单位、施工单位采取加固措施，加强在建工地设施和机械、电器设备的安全防护；

4. 公园、景区、游乐场等户外场所做好防护措施；

5. 船舶采取有效措施避风，谨慎驾驶；

6. 政府及相关部门按照预案做好强季风应对工作。

（二）强季风黄色预警信号

图标：

含义：6 小时内可能受或者已经受强季风影响，平均风力 8 级以上，或者阵风 10 级以上。

防御措施：

1. 居民减少外出，关注强季风防御通知；

2. 有关单位、物业服务企业和个人加固门窗及临时搭建物，安置室外搁置物和悬挂物；

3. 立即停止大型户外活动，单位和个人（特殊行业除外）停止高空、户外作业，危险地带人员撤离；

4.公园、景区、游乐场等户外场所做好防护措施；

5.船舶采取有效措施避风,适时停航；

6.政府及相关部门按照预案做好强季风应对工作。

(三)强季风橙色预警信号

图标：

含义:2小时内可能受或者已经受强季风影响,平均风力10级以上,或者阵风12级以上。

防御措施：

1.居民关紧门窗、避免外出,妥善安置室外搁置物和悬挂物,远离易被大风吹动的搭建物；

2.单位和个人(特殊行业除外)停止高空、户外作业和活动；

3.建设单位、施工单位采取加固措施,加强在建工地设施和机械、电器设备的安全防护；

4.船舶采取有效措施避风,适时停航；

5.机场、轨道交通、高速公路、港口码头等经营管理单位按照行业规定迅速采取措施,保障交通安全。

(四)强季风红色预警信号

图标：

含义:2小时内可能受或者已经受强季风影响,平均风力12级以上,或者已达12级以上并将持续。

防御措施：

1.进入特别紧急防御状态,居民留在室内或者到安全场所避风,远离易被大风吹动的搭建物,切勿在树下、电杆下、塔吊下躲避；

2.单位和个人(特殊行业除外)立即停止高空、户外作业和活动,危险地带人员撤离;

3.托儿所、幼儿园和中小学停课,未启程上学的学生不必到校上课,上学、放学途中的学生就近到安全场所暂避或者在安全情况下回家,学校妥善安置在校(含校车上、寄宿)学生,在确保安全的情况下安排学生离校回家,具体按照教育部门指引执行;

4.公园、景区、游乐场等户外场所立即发出警示信息,立即关闭相关区域,停止营业,组织人员避险;

5.船舶采取有效措施避风,适时停航;

6.相关应急处置部门和抢险单位密切监视灾情,做好应急抢险救灾工作。

八、冰雹预警信号

冰雹预警信号分两级,分别以橙色和红色表示。

(一)冰雹橙色预警信号

图标:

含义:6小时内将出现或者已经出现冰雹,并可能造成雹灾。

防御措施:

1.居民到安全场所暂避;

2.妥善安置室外物品、车辆等;

3.相关应急处置部门和抢险单位密切监视灾情,做好应急抢险救灾工作;

4.政府及相关部门按照预案做好冰雹应对工作。

(二)冰雹红色预警信号

图标:

含义:2 小时内出现冰雹的可能性极大或者已经出现冰雹,并可能造成雹灾。

防御措施:

1.居民到安全场所暂避;

2.相关应急处置部门和抢险单位密切监视灾情,启动抢险应急预案,做好应急抢险救灾工作。

九、灰霾预警信号

图标:

含义:12 小时内将出现灰霾天气,或者已经出现灰霾天气且将持续。

防御措施:

1.空气质量明显降低,居民需适当防护,减少或者停止户外活动,尽量乘坐公共交通工具出行;

2.托儿所、幼儿园和中小学适时停止户外活动;

3.驾驶人员小心驾驶;

4.机场、高速公路、港口码头等经营管理单位采取措施,保障安全;

5.政府及相关部门按照预案做好灰霾应对工作,有关主管部门和其他单位依法采取强制性污染减排措施,各媒体配合加大宣传力度。

十、森林火险预警信号

森林火险预警信号分三级,分别以黄色、橙色、红色表示。森林火险预警信号发布时,居民居家、外出注意防火。

(一)森林火险黄色预警信号

图标:

含义:较高火险,森林火险气象等级为三级,林内可燃物较易燃烧,森林火灾较易发生。

防御措施:

1.进入森林防火防御状态,有关单位加强森林防火宣传教育,普及用火安全指引;

2.加强巡山护林和野外用火的监管工作;

3.森林防火区用火要做好防范措施,勿留火种;

4.充分做好扑火救灾准备工作;

5.政府及相关部门按照预案做好森林火险应对工作。

(二)森林火险橙色预警信号

图标:

含义:高火险,森林火险气象等级为四级,林内可燃物容易燃烧,森林火灾容易发生,火势蔓延速度快。

防御措施:

1.进入森林防火临战状态,有关单位加强森林防火宣传教育;

2.加大巡山护林和野外用火的监管力度;

3.加强检查,禁止携带火种进山,严格管制野外火源。

(三)森林火险红色预警信号

图标:

含义:极高火险,森林火险气象等级为五级,林内可燃物极易燃烧,森林火灾极易发生,火势蔓延速度极快。

防御措施:

1.进入紧急防火状态,有关单位加强值班调度,密切注意林火信息动态；

2.加强巡山护林，落实各项防范措施，及时消除森林火灾隐患；

3.严格检查，禁止携带火种进山，严格管制野外火源；

4.政府可以发布命令，禁止一切野外用火，严格管理可能引发森林火灾的生活用火；

5.做好扑火救灾充分准备工作，森林消防队伍要严阵以待；

6.发生森林火灾时要及时、科学、安全扑救，确保人民群众生命财产安全。

十一、干旱预警信号

图标：

含义：连续3个月累积雨量比历史同期少（汛期偏少30％，非汛期偏少50％以上），且旱情将持续。

防御措施：

1.居民积极节水；

2.政府及相关部门按照预案，启动抗旱措施，做好干旱应对工作；

3.适时进行人工增雨作业。

十二、地质灾害气象风险预警信号

地质灾害气象风险预警信号分三级，分别以黄色、橙色、红色表示。

（一）地质灾害气象风险黄色预警信号

图标：

含义:24 小时内地质灾害发生的风险较高。

防御措施:

1.居民、车辆尽量避免靠近边坡、挡土墙和沟谷地带,如发现边坡出现异常,立即远离并报警;

2.对于已开展专业监测的隐患点,密切关注监测数据变化,视情况做好单点预警工作;

3.停止地质灾害治理工程户外作业和活动,并采取安全防范措施;

4.相关部门、单位落实值班制度,应对地质灾害隐患开展巡查、排查,妥善安置危险区域人员,发现隐患及时处置;

5.政府及相关部门按照预案做好地质灾害应对工作,相关应急处置部门和抢险单位监视灾情,做好应急抢险救灾工作。

(二)地质灾害气象风险橙色预警信号

图标:

含义:24 小时内地质灾害发生的风险高。

防御措施:

1.及时转移危险区域人员;

2.相关部门、单位应当加强值班,加大对地质灾害隐患的巡查、排查的频率,尤其加强对削坡建房、重大交通设施、人流密集区等重点区域的巡查、排查。

(三)地质灾害气象风险红色预警信号

图标:

含义:24 小时内地质灾害发生的风险很高。

防御措施：

相关应急处置部门和抢险单位严密监视灾情，及时做好应急抢险救灾工作；其他主管部门按照职责分工做好地质灾害防御工作。

十三、雷电预警信号

图标：

含义：2 小时内可能受或者已经受雷电影响。

防御措施：

1.居民到安全场所暂避，切勿在树下、电杆下、塔吊下躲避；

2.停止户外易燃、易爆危险作业；

3.有人员活动的露天空旷地带、人员密集场所、高层建筑物、易燃易爆及危险化学品场所的管理单位以及电力电信企业采取必要措施，保障易受雷击的设备设施和场所的安全；

4.政府及相关部门按照预案做好雷电应对工作。

十四、道路结冰预警信号

道路结冰预警信号分三级，分别以黄色、橙色、红色表示。

(一)道路结冰黄色预警信号

图标：

含义：12 小时内将出现对交通有影响的道路结冰。

防御措施：

1.交通运输、公安机关交通管理等部门做好应对准备工作；

2.驾驶人员注意路况，安全行驶；

3.政府及相关部门按照预案做好道路结冰应对工作。

（二）道路结冰橙色预警信号

图标：

含义：6 小时内将出现对交通有较大影响的道路结冰。

防御措施：

1.行人出行注意防滑；

2.交通运输、公安机关交通管理等部门注意指挥和疏导行驶车辆；

3.驾驶人员采取防滑措施，听从指挥，慢速行驶。

（三）道路结冰红色预警信号

图标：

含义：2 小时内将出现或者已经出现对交通有很大影响的道路结冰。

防御措施：

1.居民尽量减少外出；

2.公安机关交通管理等部门适时采取交通安全管制措施，必要时封闭结冰道路；

3.相关应急处置部门和抢险单位密切监视灾情，做好应急抢险救灾工作。

汕头市防御雷电灾害条例

(2005 年 4 月 29 日汕头市第十一届人民代表大会常务委员会第十四次会议通过,2005 年 5 月 26 日广东省第十届人民代表大会常务委员会第十八次会议批准。根据 2018 年 12 月 27 日汕头市第十四届人民代表大会常务委员会第十九次会议通过并经 2019 年 3 月 28 日广东省第十三届人民代表大会常务委员会第十一次会议批准的《关于废止和修改生态环境保护相关地方性法规的决定》修正,2020 年 10 月 28 日汕头市第十四届人民代表大会常务委员会第四十次会议修订,2021 年 1 月 20 日广东省第十三届人民代表大会常务委员会第二十八次会议批准)

第一条　为防御和减轻雷电灾害,规范雷电灾害管理,保护国家利益和人民群众生命财产安全,根据《中华人民共和国气象法》和有关法律法规的规定,结合本市实际,制定本条例。

第二条　本条例适用于本市行政区域内的雷电灾害防御活动。

本条例中下列用语的含义是:

(一)雷电灾害防御活动,是指防御和减轻雷电灾害的活动,包括雷电和雷电灾害的研究、监测、预警、风险评估、防护以及雷电灾害的调查、鉴定等。

（二）雷电防护装置，是指接闪器、引下线、接地装置、电涌保护器及其连接导体等构成的，用以防御雷电灾害的设施或者系统。

（三）雷电防护装置检测机构，是指依法取得雷电防护装置检测资质的单位。

第三条　雷电灾害防御工作，实行安全第一、预防为主、防治结合、政府主导、部门联动、多方参与的原则。

第四条　各级人民政府应当加强对雷电灾害防御工作的领导，将雷电灾害防御工作纳入公共安全监督管理，建立健全组织协调机制，提高雷电灾害防御能力，保障公共安全。

雷电灾害防御工作纳入本级国民经济和社会发展规划，所需经费列入财政预算。

市、区（县）人民政府在组织编制本行政区域的气象灾害防御规划时，应当纳入雷电灾害防御内容，包括防御原则、目标、主要任务、防御设施建设和保障措施等。

第五条　市气象主管机构负责组织管理和指导监督全市的雷电灾害防御工作。

区（县）气象主管机构按照管理权限，负责组织管理本行政区域内的雷电灾害防御工作。未设立气象主管机构的区（县），其雷电灾害防御工作由市气象主管机构负责。

发展改革、教育、工业和信息化、自然资源、住房城乡建设、交通运输、水务、农业农村、旅游、应急管理、市场监督管理、城市管理等相关管理部门，按照职责分工，各负其责，配合气象主管机构共同做好本行政区域的雷电灾害防御工作。

第六条　市、区（县）人民政府应当组织气象主管机构及有关部门或者委托专业机构开展雷电灾害风险评估。

气象主管机构应当根据雷电灾害分布情况、易发区域和灾害风险评估等因素，划分雷电易发区域及其防范等级并及时向社会公布。

　　第七条　市、区(县)人民政府应当组织开展雷电灾害防御知识宣传和应急演练,增强社会公众防灾减灾意识和自救互救能力。

　　国家机关、企事业单位、村(居)民委员会及其他组织结合各自的实际情况,开展雷电灾害防御知识宣传和应急演练。各级各类学校、幼托机构和教育培训机构应当采取多种形式,宣传和普及雷电灾害防御知识。

　　鼓励志愿者参与雷电灾害防御知识宣传、应急演练等活动。

　　第八条　市气象主管机构应当按照国家、省有关规定,组织本行政区域内的雷电监测网建设,建立完善雷电实时监测和短时临近预警业务系统。

　　第九条　可能发生雷电灾害时,市、区(县)气象主管机构所属气象台站应当及时发布雷电灾害预报预警信息。其他组织或者个人不得以任何形式向社会发布。

　　第十条　市、区(县)气象主管机构应当在城乡显著位置、交通枢纽、公共活动场所、户外旅游景点、重点工程所在地、应急避难场所以及雷电灾害易发区域设立明显的雷电防护警示标识,并结合实际设立雷电灾害预警传播设施或者利用现有的传播设施,及时准确传播雷电灾害预报预警信息。

　　第十一条　大型群众性活动的主办者或者承办者应当将雷电影响因素纳入应急预案,并根据雷电灾害预报预警信息调整活动时间、活动方案或者采取相应的应急处置措施。

　　第十二条　下列场所或者设施,应当安装符合国家有关防雷标准的雷电防护装置:

　　(一)国家《建筑物防雷设计规范》规定的一、二、三类防雷建筑物、构筑物;

　　(二)石油、化工、燃气等易燃易爆物资的生产、储运、输送、销售等场所和设施,煤炭、电力主要生产设施和输配电系统;

（三）邮电通信、广播电视、医疗卫生、金融证券、计算机信息系统等社会公共服务系统的主要设施；

（四）体育场馆、影剧院、商场、宾馆、医院、学校、车站、机场、露天的大型娱乐、游乐设施等公共服务设施和人员密集场所；

（五）农村雷电灾害风险等级较高的村民集中居住区和种养殖区；

（六）其他法律、法规规定应当安装雷电防护装置的场所或者设施。

第十三条 新建、改建、扩建建（构）筑物、场所和设施的雷电防护装置应当与主体工程同时设计、同时施工、同时投入使用。

新建、改建、扩建建设工程雷电防护装置的设计、施工，可以由取得相应建设、公路、水路、铁路、民航、水利、电力、核电、通信等专业工程设计、施工资质的单位承担。

第十四条 气象主管机构依法负责下列工程、场所的雷电防护装置的设计审核和竣工验收：

（一）油库、气库、弹药库、化学品仓库和烟花爆竹、民用爆炸物品、石化等易燃易爆建设工程和场所；

（二）雷电易发区内的矿区、旅游景点或者投入使用的建（构）筑物、设施等需要单独安装雷电防护装置的场所；

（三）雷电风险高且没有防雷标准规范、需要进行特殊论证的大型项目。

未经设计审核或者设计审核不合格的，不得施工；未经竣工验收或者竣工验收不合格的，不得交付使用。

第十五条 房屋建筑工程和市政基础设施工程雷电防护装置的设计审核和竣工验收，纳入建筑工程施工图审查和竣工验收备案，由住房城乡建设部门依法进行监管。

房屋建筑工程和市政基础设施工程中含有油库、气库、弹药库、化学品仓库和烟花爆竹、民用爆炸物品、石化等易燃易爆附属工程的,其主体工程纳入建筑工程施工图审查和竣工验收备案管理,由住房城乡建设主管部门负责;其易燃易爆附属工程雷电防护装置的装置设计审核和竣工验收由气象主管机构负责。

公路、水路、铁路、民航、水利、电力、核电、通信等专业建设工程的主管部门,依法负责相应领域内建设工程的防雷管理。

第十六条 各相关部门应当按照谁审批、谁负责、谁监管的原则履行建设工程防雷监管职责。

建设工程设计、施工、监理和雷电防护装置检测机构以及业主单位等应当履行在防雷工程质量安全方面的主体责任。

第十七条 安装雷电防护装置的建设项目开工后,建设单位应当按照国家、行业和地方标准委托具有相应资质的雷电防护装置检测机构,根据工程施工进度进行检测。隐蔽工程在隐蔽前,应当经过雷电防护装置检测机构的检测并形成验收文件。

雷电防护装置检测机构应当按照有关法律法规及技术规范标准开展雷电防护装置检测服务,并对检测数据和结果负责。

雷电防护装置检测机构应当按照行业标准规范要求建立档案管理制度,检测归档文件收集应当与检测工作同步进行,不得事后补编。

第十八条 已投入使用的雷电防护装置的所有权人或者使用权人应当做好雷电防护装置的日常维护工作,委托有相应资质的雷电防护装置检测机构每年检测一次。雷电防护装置检测机构对雷电防护装置检测后,应当在检测完毕之日起五个工作日内出具检测报告;经检测不合格的,应当提出整改意见。雷电防护装置所有权人或者使用权人应当按照雷电防护装置检测机构提出的整改意见及时整改,消除隐患。

油库、气库、弹药库、化学品仓库和烟花爆竹、民用爆炸物品、石化等易燃易爆建设工程和场所,雷电易发区内的矿区、旅游景点或者投入使用的建(构)筑物、设施等需要单独安装雷电防护装置的场所,以及雷电风险高且没有防雷标准规范、需要进行特殊论证的大型项目的雷电防护装置应当每半年检测一次。法律法规另有规定的,从其规定。

第十九条　雷电灾害发生后,气象主管机构应当立即组织防雷专业技术人员开展雷电灾害调查,并及时作出鉴定报告。雷电灾害的调查、鉴定情况应当及时向本级人民政府和上一级气象主管机构报告。

遭受雷电灾害的组织和个人、其他有关部门和单位应当配合协助气象主管机构对雷电灾害进行调查和鉴定。

涉及生产安全事故的,生产经营单位、应急管理部门和负有安全生产监督管理职责的有关部门应当按照有关规定做好事故报告和处置工作。

第二十条　鼓励和支持相关部门与保险行业加强合作,探索符合本地特点的巨灾保险险种、机制和模式。

遭受雷电灾害的组织和个人因保险理赔需要气象灾害证明的,灾害发生地的气象主管机构应当免费为其出具。

第二十一条　气象主管机构应当会同住房城乡建设、应急管理等部门建立多部门联合执法协作机制,提高执法信息共享水平,增强防雷安全行政执法有效性,依法纠正和查处影响防雷安全的违法行为。

第二十二条　气象主管机构应当加强与应急管理等部门的沟通协调和工作联动,深化气象为安全生产服务保障工作,督促相关行业和部门将防雷安全工作纳入安全生产责任制,预防气象生产安全事故和气象因素直接造成的相关重特大生产安全事故发生。

第二十三条　市气象主管机构应当为在本市行政区域内从事雷电防护装置检测活动的机构建立信用档案;对出现失信行为的,依据国家有关规定向社会公布。

第二十四条　任何组织和个人均有权向行业主管部门投诉举

报防雷市场违法行为,并对行业主管部门及其工作人员的监管行为进行监督。

第二十五条 违反本条例规定,有下列行为之一的,由气象主管机构责令改正,国家、省有关法律、法规和规章规定给予行政处罚的,依照有关规定进行处罚;给他人造成损失的,依法承担赔偿责任:

(一)擅自向社会发布雷电灾害预报预警信息的;

(二)应当安装雷电防护装置而拒不安装的;

(三)依法应由气象主管机构负责设计审核的雷电防护装置未经设计审核或者设计审核不合格施工的;

(四)依法应由气象主管机构负责竣工验收的雷电防护装置未经竣工验收或者竣工验收不合格交付使用的;

(五)使用不符合要求的雷电防护装置或者产品的;

(六)已有雷电防护装置,未按要求进行检测或者经检测不合格又拒不整改的;

(七)在雷电防护装置检测活动中弄虚作假的。

第二十六条 各级人民政府、气象主管机构和其他有关部门及其工作人员违反本条例规定,未依法履行职责的,由其上级机关或主管部门责令改正;情节严重的,对直接负责的主管人员和其他直接责任人员依法给予处分。

第二十七条 本条例自 2021 年 3 月 1 日起施行。

潮州市气象灾害防御规定

（2021 年 5 月 27 日十五届潮州市人民政府第 95 次常务会议通过，自 2021 年 7 月 1 日起施行）

第一章 总 则

第一条 为加强气象灾害防御，避免、减轻气象灾害造成的损失，保障人民生命和财产安全，促进经济社会可持续发展，根据《中华人民共和国气象法》《气象灾害防御条例》《广东省气象灾害防御条例》等法律、法规，结合本市实际，制定本规定。

第二条 本规定适用于本市行政区域内气象灾害的预防、监测、预报、预警和应急处置等防御活动。

本规定所称气象灾害，是指台风、大风、龙卷风、暴雨、高温、干旱、雷电、大雾、灰霾、寒冷、道路结冰和冰雹等所造成的灾害。

第三条 气象灾害防御遵循以人为本、科学防御、统筹规划、社会参与的原则，实行政府主导、部门联动、分级负责的工作机制。

第四条 县级以上人民政府应当加强对气象灾害防御工作的组织领导，建立健全气象灾害防御工作协调机制，将气象灾害的防御纳入本级国民经济和社会发展规划；加强气象灾害监测预报、预警信息发布和传播、防雷减灾、气象应急保障、人工影响天气等气象灾害防御服务工作；加大气象灾害防御经费投入，将气象观测、预警信息发布和传播、应急处置、灾害评估与调查、人工影响天气以及基础设施等所需经费纳入本级财政预算。

镇人民政府、街道办事处应当建立健全气象灾害防御工作机制，协助各级气象主管机构、应急管理行政主管部门开展气象灾害防御知识宣传、信息传递、应急联络、应急处置、灾害报告和灾情调查等工作。

居民委员会、村民委员会应当在气象主管机构和有关部门的指导下做好气象灾害防御知识宣传和气象灾害应急演练等气象灾害防御工作。

第五条 县级以上气象主管机构负责本行政区域内灾害性天气的监测、预报、预警以及气候可行性论证、气象灾害风险评估、气象灾害防御重点单位评审、人工影响天气等气象灾害防御的管理、服务和监督工作。未设立气象主管机构的区，区人民政府应当落实有关部门安排固定岗位人员配合市气象主管机构做好上述工作。

教育行政主管部门应当根据气象灾害预警信号组织做好停课、复课有关工作，并做好停课期间在校学生安全工作。

公安部门应当负责灾区的社会治安和道路交通秩序维护工作，协助有关单位组织灾区群众紧急转移。

应急管理行政主管部门应当指导协调受灾群众转移安置，做好受灾群众救助、灾情核查、灾情信息发布等工作。

自然资源行政主管部门应当组织开展地质灾害监测、预防工作。

交通运输行政主管部门应当优先保障救灾物资、设备、药物、食品的运送，及时抢修被毁的道路交通设施。

水务行政主管部门应当统筹协调主要河流、水库的水量调度，做好水情旱情监测、预警工作。

城市管理综合执法行政主管部门应当做好城市道路绿化和市

政设施的加固和防雷击工作,督促城区户外广告设施业主做好防御台风和雷击措施,保障市政公用设施的安全运行。

农业农村行政主管部门应当组织开展农业防灾救灾指导工作。

住房城乡建设行政主管部门应当组织做好台风暴雨雷雨大风期间建筑工地停工、危旧房屋检查加固、燃气设施巡查排障等工作。

发展改革、工业和信息化、民政、林业、文化广电旅游体育、卫生健康、海事等有关行政主管部门和单位应当按照职责分工,共同做好气象灾害防御工作。

供电、通信部门应当组织做好供电、通信应急保障工作。

第六条 气象灾害防御工作涉及两个以上县、区的,有关县级人民政府及有关部门应当建立监测、预报、预警的联防制度和应急预案主动响应、信息沟通制度,上级人民政府应当加强指导、协调和监督检查。

第七条 各级人民政府及有关行政主管部门应当采取多种形式,向社会宣传普及气象灾害防御知识,提高公众的防灾减灾意识和能力。

气象主管机构应当在学校、社区、气象灾害防御重点单位等开展气象灾害防御知识宣传,利用世界气象日、全国防灾减灾日等活动,定期开放气象台站,向社会宣传普及气象灾害防御知识,提高公众气象灾害防御的意识和能力。

教育行政主管部门应当督促学校将气象灾害防御知识纳入中、小学校有关课程或者课外教育内容,培养和提高学生的气象灾害防范意识和自救互救能力。

住房城乡建设行政主管部门应当督促施工单位将气象灾害防御知识纳入建设工地工人安全培训、日常管理和应急演练内容。

应急管理行政主管部门应当将气象灾害防御知识纳入社区居

民防灾减灾宣传、应急救灾演练内容。

第八条 县级以上人民政府应当鼓励和支持气象灾害防御科学技术研究,推广和应用先进的气象灾害防御技术,提高气象灾害防御的科技水平。

第九条 公民、法人和其他组织有义务参与气象灾害防御工作,提高风险防范意识和避灾避险能力,在气象灾害发生后开展自救互救。

鼓励公民、法人和其他组织依法参加气象灾害防御知识宣传、参与应急演练等志愿服务活动。

县级以上人民政府应当按照国家和省有关表彰奖励规定,对在气象灾害防御工作中做出突出贡献的单位和个人给予表彰和奖励。

第十条 县级以上人民政府应当组织气象主管机构和有关行政主管部门定期开展气象灾害普查,建立气象灾害数据库并及时更新,进行气象灾害风险评估,划定气象灾害风险区划,确定气象灾害防御重点区域,建立气象灾害风险阈值库,并依法向社会公布气象灾害数据库、风险区划、防御重点区域和风险阈值等信息。

第二章 预 防

第十一条 县级以上人民政府应当依法编制本行政区域气象灾害防御规划并纳入到国土空间规划。

第十二条 县级以上人民政府应当根据本级气象灾害防御规划和本行政区域的实际情况,组织气象主管机构和有关行政主管部门制定本级气象灾害应急预案并报上一级人民政府、有关部门备案。

第十三条 发展改革、教育、工业和信息化、公安、民政、自然资源、住房城乡建设、交通运输、水务、农业农村、文化广电旅游体育、卫生健康、应急管理、城市管理综合执法、林业等行政主管部门和电力、通信等单位的应急预案应当与本级气象灾害应急预案相衔接。

第十四条 编制国土空间规划、重点领域或者区域发展建设规划,以及市级以上重点建设工程、重大区域性经济开发项目和大型太阳能、风能等气候资源开发利用项目立项,有关部门应当统筹考虑气候可行性和气象灾害的风险性,避免和减少气象灾害、气候变化的影响。

市气象主管机构应当根据有关规定和标准,会同发展改革、交通运输、水务等行政主管部门编制涉及安全的重大规划、重点工程气候可行性论证强制性评估目录,报市人民政府批准后公布实施。

涉及安全的重大规划、重点工程气候可行性论证强制性评估目录中的规划和建设项目,项目单位应当在可行性研究阶段一并开展气候可行性论证。

负责规划或者建设项目审批、核准的部门在编制规划和审批、核准建设项目时应当征求同级气象主管机构的意见,并将气候可行性论证报告作为审查内容。

第十五条 下列建设项目应当依照国家和省有关规定开展雷电灾害风险评估:

(一)大型建设工程、重点工程。

(二)各类体育场馆、医院、学校、影剧院、商业综合体、宾馆、汽车站、火车站、公共博物馆、公共展览馆、公共图书馆、旅游景区、劳动密集型企业等人员密集场所。

(三)油库、气库、弹药库、化学品仓库和烟花爆竹、石化等爆炸和火灾危险环境场所。

第十六条 各类开发区、产业园区、新区及其他具备条件推行工程建设项目区域性气候可行性论证或雷电灾害风险评估的区域,由区域管理机构负责具体实施气候可行性论证或雷电灾害风险评估,尚未成立管理机构的,由所在地县级以上人民政府指定的单位负责。

实行区域评估的片区,且符合区域评估适用条件的工程建设项目,可以不再对项目单独进行气候可行性论证或雷电灾害风险评估。

第十七条 房屋建筑和市政基础设施、公路、水路、铁路、民航、水务、电力、核电、通信等建设工程的行政主管部门,应当负责职责范围内建设工程的防雷管理工作。

油库、气库、弹药库、化学品仓库和烟花爆竹、石化等易燃易爆场所,雷电易发区内的矿区、旅游景点或者投入使用的建(构)筑物、设施等需要单独安装雷电防护装置的场所,以及雷电风险高且没有防雷标准规范、需要进行特殊论证的大型项目,其雷电防护装置的设计审核和竣工验收由县级以上气象主管机构负责。

第十八条 各类建(构)筑物、场所和设施应当按照国家有关标准和规定安装雷电防护装置。新建、改建、扩建建(构)筑物、场所和设施的雷电防护装置应当与主体工程同时设计、同时施工、同时投入使用,并按照国家有关标准进行检测。未经设计审核或者设计审核不合格的,不得施工;未经竣工验收或者竣工验收不合格的,不得交付使用。

第十九条 投入使用后的雷电防护装置实行定期检测制度。雷电防护装置应当每年检测一次,油库、气库、加油(加气)站、弹药库、化学品仓库、烟花爆竹、粉尘涉爆、燃气站场、阀室、燃气管道及其调压装置等爆炸和火灾危险环境场所的雷电防护装置应当每半年检测一次。

雷电防护装置检测机构应当执行国家有关标准和规范,出具的雷电防护装置检测报告必须全面真实可靠,并作出合格性判断的结论。县级以上气象主管机构负责组织开展辖区内从事雷电防护装置检测活动的单位的监督管理和执法检查。

第二十条　县级以上人民政府应当加强对人工影响天气工作的组织领导,建立统一协调标准的指挥和作业体系,建立完善人工影响天气联席会议制度,按照国家和省有关规定开展人工影响天气工作。

气象主管机构应当加强与发展改革、财政、工业和信息化、公安、自然资源、生态环境、交通运输、水务、农业农村、应急管理、林业等行政主管部门和飞行管制部门的协作配合,共同做好人工影响天气工作。

第二十一条　各级人民政府及有关部门应当对易受台风、暴雨等气象灾害影响的区域加强堤防、避风港、防护林、避风锚地、山塘、水库、紧急避难场所等防御设施建设,提高气象灾害应急处置能力。

易受气象灾害影响的学校、医院、车站、码头、岛屿、易燃易爆场所、危险化学品仓库、江河湖泊、交通干线、工(农)业园区、生态林区、旅游景区、大型商场、广场、城市易涝点等区域或场所,以及重大基础设施、公共工程、大型工程等在建工程,其经营管理单位应当设立气象灾害预报、预警信息的接收和播发设施,并保障设施正常运行。

第二十二条　县级以上人民政府应当组织气象主管机构和有关行政主管部门确定气象灾害防御重点单位,向社会公布,并加强对气象灾害防御重点单位的监督检查。

气象灾害防御重点单位应当设置接收气象灾害预报和气象灾害预警信息终端。

县级以上气象主管机构应当提高气象灾害预报预警能力和水平,利用信息共享机制,及时向重点单位发送灾害性天气警报和气象灾害预警信号。

第三章　监测、预报和预警

第二十三条　县级以上人民政府应当在气象灾害易发区域和气象灾害防御重点区域,加强气象灾害综合监测设施建设,完善气象灾害监测体系。

第二十四条　县级以上人民政府应当建立健全气象灾害信息共享机制,有关部门和单位应当及时、准确、完整、无偿地向气象主管机构提供大气、水文、旱涝、森林火险、农业灾害、地质灾害、环境污染、电网故障、交通监控、城乡积涝等与气象灾害有关的信息,保障信息资源共享,共同做好气象灾害防御工作。

第二十五条　潮州市行政区域内实行灾害性天气风险预判通报制度。

台风、暴雨等灾害性天气可能对本市产生较大影响,但尚未达到气象灾害预警信号发布标准时,气象主管机构应当将风险预判信息提前向本级人民政府和有关部门通报。本级人民政府和有关部门应当提前采取气象灾害防御措施,做好应急预案启动准备。

第二十六条　县级以上气象主管机构所属气象台站应当及时发布灾害性天气警报和气象灾害预警信号,并及时对所发布的气象灾害预警信号进行更新或者解除,其他组织和个人不得向社会发布。

气象灾害预警信号的名称、图标、含义和防御指引,依照《广东省气象灾害预警信号发布规定》规定执行。

气象次生、衍生灾害的预警信息,可以由有关监测部门会同气象主管机构所属气象台站联合发布。

第二十七条　气象灾害预警信息统一通过突发事件预警信息发布系统及时向社会发布。

广播、电视、通信、报纸、网络等媒体和电信、移动、联通等通信运营单位应当及时、准确、无偿地播发当地气象主管机构所属气象台站提供的灾害性天气警报、气象灾害预警信号,标明发布时间和发布的气象台站名称,并根据当地气象台站要求及时增播、播报或者刊登。

台风黄色、橙色、红色或者暴雨红色预警信号生效后,广播、电视应当不间断滚动播出预警信号、天气实况和防御指引等相关信息。电信、移动、联通等通信运营单位应当确保气象信息传递和救灾通信线路畅通,建立气象灾害预警信息快速播发绿色通道,通过手机短信等方式向受灾区域内的手机用户播发气象灾害预警信息。

第二十八条 有关部门接收到当地气象台站发布的灾害性天气警报和气象灾害预警信号后,应当及时向本行业、本系统传播,并组织做好防御工作。

镇人民政府、街道办事处、村民委员会、居民委员会在收到当地气象台站发布的灾害性天气警报和气象灾害预警信号后,应当利用广播、鸣锣吹哨等多种方式及时传播气象灾害预警信息。

学校、医院、车站、码头、岛屿、易燃易爆场所、危险化学品仓库、江河湖泊、交通干线、工(农)业园区、生态林区、旅游景区、大型商场、广场、城市易涝点等场所以及重大基础设施、大型工程、公共工程等在建工程的经营管理单位在收到当地气象台站发布的灾害性天气警报和气象灾害预警信号后,应当利用电子显示装置、广播等途径,及时在其管辖区域内传播。

鼓励社会组织、机构和个人通过微信、微博、QQ 等信息传播方式,以转发的形式及时、准确、规范地传播气象灾害预警信息。

第二十九条 台风预警信号生效时,相关行政主管部门、单位和有关人员应当做好以下应对措施:

(一)住房城乡建设行政主管部门应当指导、督促房屋建筑和市政基础设施在建工地的施工单位开展防风避险工作,对存在安全隐患的施工设施,予以加固或者拆除。

(二)城市管理综合执法行政主管部门应当督促有关管理单位、业主加强户外广告和招牌的检查和加固。

(三)林业和园林行政主管部门应当加强对树木、设施的排查,及时加固或者清除存在安全隐患的树木、设施等,督促市政公园及时暂停开放并做好已入园游客的安全防护工作。

(四)交通运输行政主管部门应当协调公路客运站场、公交站场等交通运输机构,适时调整或者取消车次,妥善安置滞留旅客,及时组织修复受灾中断的公路和相关交通设施。

(五)港务、海事、渔业等行政主管部门应当按照各自职责督促船舶避风避险,督促海水养殖、海上作业人员撤离,并做好防御措施。

(六)教育、培训、托管等行政主管部门应当密切关注台风最新消息和政府及有关部门最新发布的防御台风通知,并加强监督中小学校、幼儿园、托儿所、托管和培训机构等单位落实台风防御工作。当发布台风黄色以上预警信号时,中小学校、幼儿园、托儿所应当停课,未启程上学的学生不必到校上课;上学、放学途中的学生应当就近到安全场所暂避或者在安全情况下回家;学校应当妥善安置在校(含校车上、寄宿)学生,在确保安全的情况下安排学生离校回家。

(七)水务行政主管部门应当督促水库、河道、堤防、涵闸、泵站等管理单位加强巡查,重点监视堤围险段、病险水库等重要部位,及时处置险情、灾情。

(八)公安、民政、文化广电旅游体育、应急管理、卫生健康、生态环境等行政主管部门、气象主管机构和抢险单位应当加强值班,密切监视灾情,落实应对措施,做好应急抢险救灾工作。

(九)台风黄色以上预警信号生效期间,公众应当根据气象灾害预警信号以及防御指引,减少或者停止户外活动;处于危险地带和危房中的人员应当及时撤离。滨海浴场、景区、公园、游乐场应当适时停止营业,关闭相关区域,组织人员避险。

(十)台风黄色、橙色、红色预警信号生效期间,除必须在岗的工作人员外,用人单位应当根据工作地点、工作性质、防灾避灾需要等情况安排工作人员推迟上班、提前下班或者停工,并为在岗工作人员以及因天气原因滞留单位的工作人员提供安全的避风场所。

第三十条 暴雨预警信号生效时,相关行政主管部门、单位和有关人员应当做好以下应对措施:

(一)各级排水防涝行政主管部门应当做好城市排水防涝安全常识的宣传工作。

(二)住房城乡建设、城市管理综合执法、水务、交通运输等行政主管部门应当按照各自职责对建筑工地、危旧房屋、低洼地带、桥梁道路涵洞、城市交通干道等容易出现积涝的地区及时疏通排水管网,确保排水畅通。水务行政主管部门应当督促水库、河道、堤防、涵闸、泵站等管理单位加强巡查,重点监视堤围险段、病险水库等重要部位,及时处置险情、灾情。

(三)山洪、地质灾害防治工作的行政主管部门应当加强巡查,防范因暴雨引发山洪、滑坡、泥石流等灾害,配合相关部门做好山洪、地质灾害应急救援工作。

(四)公共场所供用电设施产权和维护单位应当对存在漏电风险的供用电设施加强巡查,避免因供用电设施绝缘破损、漏电保护配置不当等引发触电险情,紧急情况时可以切断电源,及时消除安全隐患。

(五)教育、培训、托管等行政主管部门应当密切关注暴雨最新消息和政府及有关部门最新发布的防御暴雨通知,加强监督中小学校、幼儿园、托儿所、托管和培训机构落实暴雨防御工作。当发布暴雨红色预警信号时,中小学校、幼儿园、托儿所应当停课,未启程上学的学生不必到校上课;上学、放学途中的学生应当在安全情况下回家或者就近到安全场所暂避;学校应当保障在校(含校车上、寄宿)学生的安全。

第三十一条　高温预警信号生效时,相关行政主管部门、单位应当做好以下应对措施:

(一)负责供电、供水工作的主管部门应当按照电网运营监控和电力调配方案、供水应急预案,保障高温预警信号生效期间居民生活用电、用水。

(二)高温预警信号生效期间,用人单位应当依照《广东省高温天气劳动保护办法》有关规定,合理安排工作时间,减少或者停止户外作业,做好防暑降温工作,保障劳动者身体健康和生命安全。

第三十二条　寒冷预警信号生效时,相关行政主管部门、单位应当做好以下应对措施:

(一)广播、电视、报纸、网络等媒体和通信运营单位在播报寒冷预警信号时,应当提示公众做好防寒保暖措施。

(二)民政、应急管理行政主管部门应当开放救助站和应急避难场所,做好困难人员以及流浪乞讨人员的防寒防冻措施。

(三)农业、林业和园林行政主管部门应当指导农业、畜牧业、渔业和林业等行业采取防寒措施,做好农作物、畜禽、水生动物和古树名木的防寒防冻工作。

第三十三条　大雾、灰霾预警信号生效时,相关行政主管部门、单位和有关人员应当做好以下应对措施:

(一)公安、交通运输、海事、农业农村等行政主管部门应当加强车辆、船舶运行的科学调度和安全运行,必要时可以采取交通管制、停运、停航等措施。

(二)公众应当根据大雾、灰霾预警信号以及防御指引减少户外活动,避免在交通干线等地方停留;呼吸疾病患者避免外出;中小学校、幼儿园、托儿所适时停止户外活动。

第三十四条　雷雨大风预警信号生效时,相关行政主管部门、单位和有关人员应当做好以下应对措施:

(一)旅游、城市管理综合执法行政主管部门应当严密关注雷雨大风最新消息和有关防御通知,迅速组织公园、景区、游乐场等户外场所发出警示信息,适时关闭相关区域,停止营业,组织人员避险。

(二)住房城乡建设、交通运输、水务等行政主管部门应当加强在建工地防护措施的检查,督促施工单位加强工棚、脚手架、井架等设施和塔吊、龙门吊、升降机等机械、电器设备的安全防护,保障人员安全。

(三)轨道交通、高速公路、港口码头行政主管部门应当督促经营管理单位迅速采取措施,确保安全。

(四)居民应当关紧门窗,妥善安置室外搁置物和悬挂物,避免外出,远离户外广告牌、棚架、铁皮屋、板房等易被大风吹动的搭建物,切勿在树下、电杆下、塔吊下躲避,应当留在有雷电防护装置的安全场所暂避。遭受雷击的单位或个人应及时向当地气象主管机构报告,并协助气象主管机构对雷电灾害进行调查与鉴定。

第三十五条　道路结冰预警信号生效时,相关行政主管部门、单位和有关人员应当做好以下应对措施:

(一)交通运输、公安行政主管部门应当做好车辆行驶指挥和疏导工作,适时采取交通安全管制措施,必要时封闭结冰道路。

(二)车辆驾驶人员应当根据气象灾害防御信号以及防御指引采取防滑措施,保障行驶安全。

第三十六条　冰雹预警信号生效时,相关行政主管部门、单位和有关人员应当做好以下应对措施:

(一)公众应当妥善安置易受冰雹影响的室外物品。户外人员应当尽快到安全场所暂避。

(二)农业农村行政主管部门应当及时通知养殖户、种植户提前做好防范措施,养殖户、种植户应当结合实际采取有效措施保障动植物安全。

第三十七条 森林火险预警信号生效时,相关行政主管部门、单位和有关人员应当做好以下应对措施:

(一)森林防火行政主管部门应当加强森林防火宣传教育,提高公众森林防火意识,加强值班调度和巡山护林,密切注意林火信息动态,落实各项防范措施,及时消除森林火灾隐患。森林消防救援队伍要严阵以待,做好扑火救灾充分准备工作。

(二)森林火险橙色预警信号和森林火险红色预警信号发布后,林业行政主管部门应当提请县级以上人民政府发布命令,在森林高火险区内,禁止一切野外用火。

第四章 应急处置

第三十八条 县级以上人民政府及有关行政主管部门和单位应当根据灾害性天气警报和气象灾害预警信号,及时研判气象灾害可能造成的影响,适时启动应急预案,向社会公布,并报告上一级人民政府。

应急响应启动后,各级人民政府有关部门和单位应当采取相应的联动措施或者按照各自职责做好气象灾害应急处置工作。

应急响应的启动和终止,应当及时向社会公布。

第三十九条 县级以上人民政府根据气象灾害应急处置的需要,除依照《广东省气象灾害防御规定》的有关规定采取相应的应急处置措施外,还可以依法采取下列应急处置措施:

(一)决定停产、停工、停课、停业、停市、停运。

(二)组织具有特定专长的人员参加应急救援和处置工作。

(三)依法临时征用房屋、运输工具、通信设备和场地等。

(四)法律、法规规定的其他应急处置措施。

对各级人民政府及有关行政主管部门采取的气象灾害应急处置措施,任何单位和个人应当配合实施。

第四十条 气象灾害应急处置工作结束后,各级人民政府应当组织气象、民政、自然资源、住房城乡建设、交通运输、水务、应急管理、电力、通信等行政主管部门对气象灾害造成的损失开展调查、核实、评估工作,组织受灾地区尽快恢复生产、生活、工作和社会秩序,制订恢复重建计划,并向上一级人民政府报告。

气象灾害发生地的单位和个人应当向调查人员如实提供情况,不得隐瞒、谎报气象灾害情况。

第四十一条 鼓励单位和个人通过保险等方式提高气象灾害风险抵御水平。

第五章 法律责任

第四十二条 各级人民政府、气象主管机构和其他有关行政主管部门及其工作人员违反本规定,未依法履行气象灾害防御职责的,由有关机关责令改正;情节严重的,对直接负责的主管人员和其他直接责任人员依法给予处分;构成犯罪的,依法追究刑事责任。

第四十三条 单位和个人违反本规定,有下列行为之一的,由各级人民政府、气象主管机构或者文化广电旅游体育、工业和信息化、教育等行政主管部门责令改正;情节严重的,对直接负责的主管人员和其他直接责任人员依法给予处分;构成违反治安管理行为的,由公安机关依法给予处罚;构成犯罪的,依法追究刑事责任:

(一)广播、电视、通信、报纸、网络等媒体未按照要求向公众传播灾害性天气警报、气象灾害预警信号的。

(二)中小学校、幼儿园、托儿所等单位应当停课而未停课的。

(三)未按照规定采取气象灾害预防措施,造成严重后果的。

（四）不服从所在地人民政府及有关部门发布的气象灾害应急处置决定、命令，或者不配合实施其依法采取的气象灾害应急措施的。

（五）对重大气象灾害瞒报、谎报、拖延不报或者阻挠气象灾害调查、事故鉴定的。

（六）其他不依法履行气象灾害防御职责的。

第六章　附　则

第四十四条　本规定自 2021 年 7 月 1 日起施行。

云南省人工影响天气管理办法

(2013 年 12 月 17 日云南省人民政府第 27 次常务会
议通过,2014 年 1 月 17 日云南省人民政府令第 190
号公布,2021 年 6 月 21 日根据云南省人民政府第
112 次常务会议《关于废止和修改部分规章的决定》
修订)

第一章 总 则

第一条 为了规范人工影响天气工作,合理开发利用空中云
水资源,防御和减轻气象灾害,促进生态环境建设,根据《中华人
民共和国气象法》《人工影响天气管理条例》等有关法律、法规,结
合本省实际,制定本办法。

第二条 在本省行政区域内从事人工影响天气及其管理活
动,应当遵守本办法。

第三条 县级以上人民政府应当加强人工影响天气工作的领
导,将人工影响天气工作纳入气象事业发展规划,建立和完善人工
影响天气工作的指挥和协调机制。

第四条 按照县级以上人民政府批准的人工影响天气工作计
划开展的人工影响天气工作属于公益性事业,所需经费列入本级

财政预算。

县级以上人民政府应当建立和完善烟草、保险等受益主体人工影响天气经费投入机制。

第五条 县级以上气象主管机构在上级气象主管机构和本级人民政府的领导下,负责本行政区域人工影响天气工作的管理指导和组织实施。

发展改革、工业和信息化、公安、民政、财政、自然资源、生态环境、农业农村、林业和草原、水利、应急管理、民航、烟草、保险等部门和单位应当按照各自职责,做好人工影响天气相关工作。

第六条 县级以上人民政府应当加强人工影响天气的科普宣传,鼓励和支持人工影响天气的科学研究、技术开发和创新,促进人工影响天气科学技术研究成果的推广和应用。

第二章　组织实施

第七条 人工影响天气年度工作计划由县级以上气象主管机构会同有关部门,根据防灾减灾、生态环境建设、空中云水资源开发利用等需要进行编制,报本级人民政府批准后组织实施。

第八条 从事人工影响天气地面作业的单位应当具备法人资格,并符合下列条件:

(一)高射炮、火箭发射装置和流动作业车、作业装备库房、弹药库房等设施符合国家相关标准和要求;

(二)人工影响天气指挥系统健全,专用通信网畅通;

(三)指挥人员和作业人员应当由作业单位按照国务院气象主管机构制定的人工影响天气作业人员培训标准进行岗前培训,掌握相关作业规范和操作规程,并符合规定的人数;

(四)作业空域申报制度、作业安全管理制度和作业设备的维护、运输、储存、保管等制度完善。

第九条　人工影响天气的作业点,由当地气象主管机构根据作业区域的气候特点、地理、交通、通信、人口密集度等条件,依照有关规定提出布局规划,报省气象主管机构会同飞行管制部门确定。

经审核确定的人工影响天气作业点不得擅自变更;确需变更的,应当按照原程序重新确定。

第十条　人工影响天气作业点建设用地属于公益性事业用地,当地人民政府应当依法予以解决。

人工影响天气作业点应当按照国家相关标准进行建设,并经县级气象主管机构验收。

第十一条　任何单位和个人不得侵占人工影响天气作业场地,不得损毁、移动人工影响天气专用设备、设施。

人工影响天气作业点所在地的乡(镇)人民政府、街道办事处和村(居)民委员会对人工影响天气作业场地和设施负有协助保护的义务。

第十二条　作业单位应当掌握其作业点的高炮、火箭发射装置的射程及残余物品下落范围内人员、财产分布情况,绘制安全射界图,实施人工影响天气作业时应当避开人口稠密区。

第十三条　有下列情形之一的,县级以上气象主管机构应当根据当地人民政府批准的人工影响天气工作计划,组织实施人工影响天气作业:

(一)出现干旱或者预计旱情持续加重的;

(二)库塘蓄水严重不足的;

(三)可能出现危害农作物的冰雹天气的;

(四)发生森林火灾或者森林长期处于高火险等级时段的;

(五)因天气气候因素导致生态环境恶化的;

(六)其他确实需要实施人工影响天气作业的情形。

第十四条　县级以上人民政府应当组织气象主管机构及有关

部门,针对预防森林火灾、污染物扩散、环境污染等重大突发公共事件,制定人工影响天气作业应急预案并组织实施。

第十五条 需要跨行政区域实施人工影响天气作业的,由有关州(市)、县(市、区)人民政府协商确定;协商不成的,由上一级气象主管机构商有关州(市)、县(市、区)人民政府确定。

第十六条 实施人工影响天气作业,作业地的气象主管机构应当提前公告作业的时间和地域范围,并将具体情况告知当地公安机关。公告的具体办法由省气象主管机构制定。

人工影响天气作业期间,作业单位应当在作业点设置警示标志。

第十七条 气象、农业农村、水利、林业和草原、民政、生态环境、应急管理等有关部门,应当及时无偿提供实施人工影响天气作业所需的气象信息、灾情、水文、火情、污染状况等资料。

第十八条 利用高射炮、火箭发射装置实施人工影响天气作业的,作业单位应当严格按照飞行管制部门批准的空域和作业时限进行作业,作业结束后应当按照规定立即报告气象主管机构和飞行管制部门。

在作业过程中,发现飞行器或者收到飞行管制部门发出停止作业的指令时,应当立即中止作业。

第十九条 利用飞机实施人工影响天气作业的,由省气象主管机构向飞行管制部门申请空域和作业时间,并负责在批准的空域及时间内组织实施。

作业所需飞机由省气象主管机构商有关单位提供。飞行管制部门、机场管理机构应当根据作业单位提交的飞机实施人工影响天气作业计划,在空域协调、飞机起降和地勤保障等方面给予支持和配合。

第二十条 人工影响天气作业完毕后,作业单位应当对作业的时段、方位、工具、弹药种类和用量、作业空域申请和批复、作业效果等情况如实记录,并及时存档备查。

第三章 安全管理

第二十一条 县级以上人民政府应当加强人工影响天气作业的安全管理,建立健全人工影响天气安全生产责任制度。气象主管机构应当组织作业单位制定人工影响天气安全事故应急预案。

作业单位应当为人工影响天气作业人员办理人身意外伤害保险。

第二十二条 实施人工影响天气作业应当严格执行作业规范和操作规程,并接受县级以上气象主管机构的监督和管理。

第二十三条 实施人工影响天气作业使用的高射炮、火箭发射装置、炮弹、火箭弹应当符合国家有关强制性标准。

人工影响天气作业使用的高射炮、火箭发射装置、炮弹、火箭弹只能用于人工影响天气作业和检修后的试射、实弹训练。

第二十四条 人工影响天气作业使用的高射炮、火箭发射装置、炮弹、火箭弹的运输、存储,应当遵守国家有关武器装备、爆炸物品管理的法律、法规的规定。

作业期间,具备条件的固定作业点可以临时存放作业所需炮弹、火箭弹,并设专人管理、看护。作业单位应当建立作业炮弹、火箭弹存储、使用和配发等情况的登记和管理制度。

第二十五条 人工影响天气作业使用的高射炮、火箭发射装置、炮弹、火箭弹由省气象主管机构统一组织采购。其他任何单位、个人不得擅自采购和转让。

第二十六条 禁止使用检测不合格的高射炮、火箭发射装置和超过有效期的炮弹、火箭弹。

高射炮、火箭发射装置的报废以及出现故障及超过有效期的炮弹、火箭弹的销毁,由省气象主管机构按照国家有关规定统一处理。

第二十七条　投入使用的增雨飞机和相关作业设备及机组人员、作业人员应当符合国家相关标准和要求，确保飞行及作业安全。

第二十八条　人工影响天气工作中发生安全事故，作业单位应当立即报告当地人民政府和上级气象主管机构，并按照人工影响天气安全事故应急预案及时处置。

因实施人工影响天气作业造成安全事故的，由批准该作业计划的人民政府及有关部门依法调查处理。

第四章　　法律责任

第二十九条　气象主管机构及其工作人员违反本办法规定，玩忽职守、滥用职权、徇私舞弊的，由所在单位或者上级主管部门责令改正；情节严重的，依法给予处分；构成犯罪的，依法追究刑事责任。

第三十条　违反本办法规定，人工影响天气作业单位或者作业人员有下列行为之一的，由县级以上气象主管机构责令改正，对作业单位可以处 1 万元以上 3 万元以下罚款，对作业人员可以处 500 元以上 1000 元以下罚款；给他人造成损害的，应当依法承担赔偿责任：

（一）在未经气象主管机构验收的作业点实施人工影响天气作业的；

（二）未对作业实施情况如实记录并存档备查的；

（三）违反人工影响天气作业规范和操作规程的；

（四）使用检测不合格的高射炮、火箭发射装置和超过有效期的炮弹、火箭弹的。

第三十一条　违反本办法规定的其他行为，依照《中华人民共和国气象法》、国务院《人工影响天气管理条例》等法律、法规的规定处罚。

第五章　附　则

第三十二条　本办法自 2014 年 3 月 1 日起施行。

玉溪市人工影响天气管理办法

（五届玉溪市人民政府第59次常务会议通过,2021年1月30日公布,自4月1日起施行）

第一章 总 则

第一条 为了规范人工影响天气工作,合理开发利用空中云水资源,防御和减轻气象灾害,促进生态文明建设,根据《中华人民共和国气象法》《人工影响天气管理条例》《云南省人工影响天气管理办法》等有关法律、法规和规章,结合本市实际,制定本办法。

第二条 在本市行政区域内从事人工影响天气及其管理活动,应当遵守本办法。

第三条 市、县(市、区)人民政府应当加强人工影响天气工作的领导,将人工影响天气工作纳入当地气象灾害防御规划,建立和完善人工影响天气工作的管理、指挥和协调机制。

县(市、区)人民政府应当统筹各类专业队伍集约发展,加强基层人工影响天气专业化作业队伍建设。

第四条 按照市、县(市、区)人民政府批准的人工影响天气工作计划开展的人工影响天气工作属于公益性事业,为地方经济、社会和生态文明建设服务,所需经费列入同级财政预算,其中用于人工影响天气建设和科学技术研究应用经费不少于15%。

市、县(市、区)人民政府应当建立和完善烟草、保险等有关受益主体人工影响天气经费投入保障机制。

第五条 市、县(市、区)气象主管机构在上级气象主管机构和本级人民政府的领导下,负责本行政区域人工影响天气工作的管理指导和组织实施。

发展改革、工业和信息化、公安、财政、自然资源规划、生态环境、湖泊管理、农业农村、林草、水利、应急、烟草、保险等部门应当按照各自职责,做好人工影响天气有关工作。

第六条 市、县(市、区)人民政府应当加强人工影响天气的公益性科普宣传,鼓励和支持人工影响天气的科学研究、技术开发和创新,促进人工影响天气科学技术研究成果的推广和应用。

第二章 组织实施

第七条 市、县(市、区)气象主管机构会同有关部门,结合本行政区域气候、环境资源分布、农业产业发展规划、布局等情况,根据防灾减灾、生态文明建设、空中云水资源开发利用等需要,制订年度人工影响天气工作计划,报同级人民政府批准后组织实施。

第八条 乡(镇)人民政府、街道办事处应当配合、协助市、县(市、区)气象主管机构,共同做好辖区内人工影响天气工作,主要履行下列职责:

(一)协助做好所在地作业点日常管理工作;

(二)协助气象主管机构完成固定作业点的勘测和选址工作;

(三)协助做好固定作业点建设、保护和维护,包括土地征用、水、电、路、通讯和作业点基础设施建设等;

(四)协助处理作业中发生的安全事故;

(五)协助做好干旱、冰雹、大风等气象灾情的调查、收集和上报工作;

（六）协助做好人工影响天气其他有关工作。

第九条 从事人工影响天气地面作业的单位应当具备法人资格，并符合下列条件：

（一）高射炮、火箭发射装置和流动作业车、作业装备库房、弹药库房等设施符合国家相关标准和要求；

（二）人工影响天气指挥系统健全，专用通信网畅通；

（三）指挥人员和作业人员应当身体健康，满足岗位要求，并按照有关规定经培训、考核合格，符合规定的人数；

（四）作业空域申报制度、作业安全管理制度和作业设备的维护、运输、储存、保管、转让等制度完善。

第十条 人工影响天气作业单位应当按照省以上气象主管机构制定的人工影响天气作业人员培训标准，对从事人工影响天气作业的人员进行岗前培训。人工影响天气作业人员应当掌握相关作业规范和操作规程后，方可实施人工影响天气作业。

第十一条 地面人工影响天气的作业点，由县（市、区）气象主管机构根据作业区域的气候特点、地理、交通、通信、气象探测、农业产业发展规划等条件，依照有关规定提出布局规划，经市气象主管机构审定后，报省气象主管机构会同飞行管制部门确定。

经审核确定的人工影响天气作业点不得擅自变更，确需变更的，应当按照原程序重新确定。

第十二条 人工影响天气作业点建设用地属于公益性事业用地，当地人民政府应当依法予以解决。

人工影响天气作业点应当按照有关标准进行建设，并经县级气象主管机构验收。

第十三条 任何单位和个人不得侵占人工影响天气作业场地，不得损毁、移动人工影响天气专用设备、设施。

人工影响天气作业点所在地的乡（镇）人民政府、街道办事处和村（居）民委员会、村民小组对人工影响天气工作的作业场地和设施负有协助保护的义务。

第十四条 作业单位应当掌握其作业点的高炮、火箭发射装置的射程及残余物品下落范围内人员、财产分布情况,按有关标准要求绘制安全射界图,实施人工影响天气作业时应当避开人口稠密区。

第十五条 有下列情形之一的,县(市、区)气象主管机构应当根据当地人民政府批准的人工影响天气工作计划,组织实施人工影响天气作业:

(一)出现干旱或者预计旱情持续加重时;

(二)库塘蓄水严重不足时;

(三)可能出现危害农作物的冰雹天气时;

(四)发生森林长期处于高火险等级时段时;

(五)重要生态系统保护和修复需要时;

(六)因天气气候因素导致生态环境恶化时;

(七)其他确实需要实施人工影响天气作业的情形。

第十六条 市、县(市、区)人民政府应当组织气象主管机构及有关部门,完善应对森林草原火灾、污染物扩散、环境污染等重大突发公共事件的人工影响天气应急工作机制,制定应急预案,及时启动相应的人工影响天气作业。

第十七条 市内需要跨县(市、区)实施人工影响天气的,由有关县(市、区)人民政府协商确定,协商不成的,由市气象主管机构协商有关县(市、区)人民政府确定。

第十八条 实施人工影响天气作业,作业地的县(市、区)气象主管机构应当会同公安机关提前公告作业的时间和地域范围。公告方式和内容按照省气象主管机构有关规定执行。

人工影响天气作业期间,作业单位应当在作业点设置警示标志。

第十九条 市、县(市、区)农业农村、水利、水文、自然资源规划、林草、应急、生态环境、湖泊管理等有关部门,应当及时无偿提供实施人工影响天气作业所需的灾情、水文、火情、污染状况等资料。

第二十条　利用高射炮、火箭发射装置实施人工影响天气作业的,作业单位应当严格按照飞行管制部门批准的空域和作业时限进行作业,作业结束后应当按照规定立即报告县(市、区)气象主管机构和飞行管制部门。

在作业过程中,发现飞行器或者收到飞行管制部门发出停止作业的指令时,应当立即中止作业。

第二十一条　人工影响天气每次作业完毕后,作业单位应当对作业的地点、时段、方位、工具、弹药种类和用量、作业空域申请和批复、作业效果等情况如实记录,并及时存档备查。

第三章　安全管理

第二十二条　市、县(市、区)人民政府应当加强人工影响天气作业的安全管理,建立健全人工影响天气安全生产责任制度。县(市、区)气象主管机构应当组织作业单位制定人工影响天气安全事故应急预案。

作业单位应当办理人工影响天气作业人员、指挥人员人身意外伤害保险和人工影响天气作业涉及的公众责任保险。

第二十三条　实施人工影响天气作业应当严格执行有关作业技术标准,并接受市、县(市、区)气象主管机构的监督和管理。

实施人工影响天气作业使用的高射炮、火箭发射装置、炮弹、火箭弹应当符合国家有关强制性标准。

第二十四条　人工影响天气作业使用的高射炮、火箭发射装置、炮弹、火箭弹只能用于人工影响天气作业和检修后的试射、实弹训练。

第二十五条　人工影响天气作业使用的高射炮、火箭发射装置、炮弹、火箭弹的运输、存储,应当遵守国家有关武器装备、爆炸物品管理的规定。

作业期间,具备条件的固定作业点可以依法临时存放作业所需炮弹、火箭弹,并设专人管理、看护。作业单位应当建立作业炮弹、火箭弹存储、使用和配发等情况的登记及管理制度。

第二十六条　人工影响天气作业使用的高射炮、火箭发射装置、炮弹、火箭弹由县(市、区)气象主管机构向市气象主管机构提出申请,由市气象主管机构报省气象主管机构统一组织采购。其他任何单位、个人不得擅自采购和转让。

第二十七条　禁止使用检测不合格的高射炮、火箭发射装置和超过有效期的炮弹、火箭弹。

高射炮、火箭发射装置的报废,出现故障及超过有效期的炮弹、火箭弹的销毁,由省气象主管机构按照国家有关规定统一处理。

第二十八条　人工影响天气工作中发生安全事故,作业单位应当立即报告当地人民政府和上级气象主管机构,并按照人工影响天气安全事故应急预案及时处置。

因实施人工影响天气作业造成安全事故的,由批准该作业计划的人民政府及有关部门依法调查处理。

第四章　法律责任

第二十九条　市、县(市、区)气象主管机构及其工作人员违反本办法规定,玩忽职守、滥用职权、徇私舞弊的,由所在单位或者上级主管部门责令改正;情节严重的,依法给予处分;构成犯罪的,依法追究刑事责任。

第三十条　违反本办法规定的,依照《中华人民共和国气象法》《人工影响天气管理条例》《云南省人工影响天气管理办法》等法律、法规和规章的规定处罚。

第五章 附 则

第三十一条 本办法自 2021 年 4 月 1 日起施行。2009 年 11 月 9 日印发的《玉溪市人工影响天气管理办法》（玉溪市人民政府公告第 24 号）同时废止。

西宁市防御雷电灾害条例

(2003 年 10 月 24 日西宁市第十三届人民代表大会
常务委员会第十三次会议通过,2004 年 3 月 26 日青
海省第十届人民代表大会常务委员会第九次会议批
准。根据 2018 年 2 月 8 日西宁市第十六届人民代表
大会第四次会议通过并经 2018 年 5 月 31 日青海省
第十三届人民代表大会常务委员会第三次会议批准
的《西宁市人民代表大会关于修改和废止部分地方
性法规的决定》的决议第一次修正,根据 2020 年 10
月 30 日西宁市第十六届人民代表大会常务委员会
第三十二次会议通过并经 2021 年 3 月 31 日青海省
第十三届人民代表大会常务委员会第二十四次会议
批准的《西宁市人民代表大会常务委员会关于废止
和修改部分地方性法规的决定》的决议第二次修正)

第一章 总 则

第一条 为了防御和减轻雷电灾害(以下简称防雷减灾),维
护社会公共安全和保护人民生命财产,根据《中华人民共和国气象
法》等有关法律法规的规定,结合本市实际,制定本条例。

第二条　在本市行政区域内从事防雷减灾活动,应当遵守本条例。

本条例所称防御雷电灾害,是指防御和减轻雷击、静电灾害的活动,包括防御雷电灾害活动的组织管理,雷电防护工程的设计、施工、验收以及雷电防护装置检测与维护等。

第三条　防雷减灾必须纳入安全监督的工作范围,实行预防为主、防治结合的方针。

第四条　各级人民政府应当加强对防雷减灾工作的领导,组织有关部门采取有效措施,做好防雷减灾工作,提高防雷减灾的能力,保障公共安全。

市、县气象主管机构在上级气象主管机构的指导下,负责本行政区域内的防雷减灾的组织管理和监督工作。

市辖各区的防雷减灾工作由市气象主管机构负责。

自然资源规划、城乡建设、市场监管、应急等主管部门应当按照各自职责,做好防雷减灾工作。

第五条　对在防雷减灾工作中有突出贡献的单位和个人,由市、县人民政府给予表彰和奖励。

第二章　雷电防护工程的设计与施工

第六条　各类建(构)筑物、场所和设施安装雷电防护装置应当符合国家有关防雷标准的规定。气象主管机构发现不合格的防雷产品后,应当书面通报市场监管部门依法处理。

雷电防护装置,是指接闪器、引下线、接地装置、电涌保护器及其他连接导体等雷电防护产品和设施的总称。

第七条　新建、改建、扩建建(构)筑物、场所和设施的雷电防护装置应当与主体工程同时设计、同时施工、同时投入使用。

新建、改建、扩建建设工程雷电防护装置的设计、施工,可以由取得相应建设、公路、水路、铁路、民航、水利、电力、通信等专业工程设计、施工资质的单位承担。油库、气库、弹药库、化学品仓库和烟花爆竹、石化等易燃易爆建设工程和场所，雷电易发区内的矿区、旅游景点或者投入使用的建（构）筑物、设施等需要单独安装雷电防护装置的场所，以及雷电风险高且没有防雷标准规范、需要进行特殊论证的大型项目，其雷电防护装置的设计审核和竣工验收由市、县气象主管机构负责。未经设计审核或者设计审核不合格的，不得施工；未经竣工验收或者竣工验收不合格的，不得交付使用。

房屋建筑、市政基础设施、公路、水路、铁路、民航、水利、电力、通信等建设工程的主管部门，负责相应领域内建设工程的防雷管理。

第八条 建设单位应当将易燃易爆建设工程和场所雷电防护装置施工图设计文件送市、县气象主管机构审核。气象主管机构应在收到施工图设计文件之日起二十个工作日内出具审核意见书。

雷电防护工程施工图设计文件不符合国家防雷技术标准和规范规定的，建设单位应当按照审核结论进行修改并重新送审。

易燃易爆建设工程和场所雷电防护装置施工图设计文件未经气象主管机构审核同意的，城乡建设主管部门不得发放施工许可证。

第九条 施工单位必须按照经相关主管部门同意的雷电防护工程施工图设计文件进行施工，接受相关主管部门根据施工进度进行的雷电防护工程质量监督。施工中需变更和修改雷电防护工程施工图设计文件的，应当报原主管部门同意。

雷电防护工程，是指防直击雷、雷电感应、静电感应、电磁感应、雷击电磁脉冲和雷电波侵入等设施的总称。

第三章 雷电防护装置检测与维护

第十条 投入使用后的雷电防护装置实行定期年检制度,每年的三月至五月检测一次,其中易燃易爆场所应当每半年检测一次,并接受当地气象主管机构和应急部门的监督检查。

雷电防护装置检测单位应当按照国家有关标准和规范,进行雷电防护装置检测,对检测结果负责,并接受当地气象主管机构的抽检。

第十一条 检测单位对雷电防护装置检测后,应当在检测完毕之日起五个工作日内出具检测报告。不合格的,提出整改意见。雷电防护装置所有单位接到整改意见后应当及时整改,消除隐患。

第十二条 雷电防护装置所有单位应当做好雷电防护装置的日常维护工作,发现问题及时报告承担该装置检测的机构进行技术处理,并接受气象主管机构及城乡建设、应急等主管部门的监督检查。

第十三条 发(变)电设施和电力线路及相关辅助设施的雷电防护装置的检测工作,由具备资质和资格的检测机构的技术人员进行检测。

第十四条 在本市行政区域内所有从事雷电防护检测工作的机构必须接受市、县气象主管机构的指导和监督管理。

第十五条 从事雷电防护装置检测的单位,应当具备法律法规规定的相应的资质等级。严禁无资质或者超出资质等级承接防雷装置检测业务。雷电防护装置检测资质证不得转让、出借。

第四章 雷电灾害调查、鉴定

第十六条 市、县气象主管机构负责组织雷电灾害调查、统计、评估和鉴定工作。

其他有关部门应当配合当地气象主管机构做好雷电灾害调查与鉴定工作。

第十七条 遭受雷电灾害的单位和个人,应当及时向市、县气象主管机构或者当地人民政府报告,并协助当地气象主管机构对雷电灾害进行调查与鉴定。

第十八条 市、县气象主管机构应当及时向上一级气象主管机构和当地人民政府报告本行政区域内的雷电灾情,按时上报年度雷电灾害情况。

第十九条 雷电灾害调查、统计、评估与鉴定应当坚持实事求是原则。任何组织和个人不得干预雷电灾害的调查、统计、评估与鉴定工作。

第五章　罚　则

第二十条 气象主管机构和其他国家机关工作人员在防雷减灾活动中不履行职责或者滥用职权、徇私舞弊的,由有关部门依法给予处分;构成犯罪的,依法追究刑事责任。

第二十一条 违反本条例规定的行为,法律、法规已规定法律责任的,从其规定。

第六章　附　则

第二十二条 本条例自 2004 年 5 月 1 日起施行。

附录：

2021年1月1日至2021年12月31日应予废止的气象方面规章和规范性文件目录(9件)

序号	文件名称	文号与发文日期	说　明
1	中国气象局创新团队建设与管理办法(试行)	(气发〔2010〕152号)2010年9月20日	已被(气发〔2021〕11号)2021年11月25日《中国气象局创新团队建设与管理办法》所代替
2	中国气象局重点工程建设项目管理办法	(气发〔2009〕314号)2009年8月10日	已被(气发〔2021〕88号)2021年9月23日《中国气象局重点工程项目管理办法》所代替
3	气象部门综合考评办法	(气发〔2018〕107号)2010年12月12日	已被(气发〔2021〕97号)2021年9月29日《气象部门综合考评办法》所代替
4	气象部门综合考评"一票否决"实施办法	(气办发〔2018〕1号)2018年1月5日	已被(气发〔2021〕97号)2021年9月29日《气象部门综合考评办法》所代替

序号	文件名称	文号与发文日期	说　明
5	中国气象局督查督办工作管理办法	（气发〔2018〕103号）2018 年 12 月 11 日	已被（气发〔2021〕105号）2021 年 10 月 20 日《中国气象局督查检查工作实施办法》所代替
6	气象部门审计结果整改情况跟踪检查办法	（气发〔2013〕125号）2013 年 12 月 25 日	已被（气发〔2021〕142号）2021 年 12 月 3 日《气象部门内部审计查出问题整改办法》所代替
7	中国气象局重点开放实验室建设与运行管理办法	（气发〔2012〕54号）2012 年 7 月 10 日	已被（气发〔2021〕143号）2021 年 12 月 9 日《中国气象局重点开放实验室管理办法》所代替
8	关于印发中国气象局机关文书档案保管期限表的通知	（中气函〔2010〕447 号）2010 年 12 月 24 日	已被（气办发〔2021〕5号）2021 年 2 月 25 日《中国气象局机关文件材料归档范围和文书档案保管期限规定》所代替

序号	文件名称	文号与发文日期	说　　明
9	玉溪市人工影响天气管理办法	（玉溪市人民政府公告第 24 号）2009 年 11 月 9 日	已被（玉溪市人民政府公告第 1 期）2021 年 1 月 30 日《玉溪市人工影响天气管理办法》所代替